理论法全解

2024年国家法律职业资格考试

客观

高晖云 编著

中国政法大学出版社

2024·北京

得之在俄顷　积之在平日

2024年厚大社群服务清单

主题班会
每月一次，布置任务，总结问题

学情监督
记录学习数据，建立能力图谱，针对薄弱有的放矢

备考规划
学习规划，考场应急攻略，心理辅导策略

干货下载
大纲对比、图书勘误、营养资料、直播讲义等

同步小测
同步练习，当堂讲当堂练
即时检测听课效果

单科测试
全真模拟，摸底考试
考试排名，知己知彼

专业答疑
语音、图片、文字多方式提问
专业专科答疑

扫码获取专属服务

主观破冰
破译主观题的规律和奥秘，使学员对主观题从一知半解到了如指掌

模拟机考
全真模拟，冲刺法考，进阶训练，突破瓶颈

高峰论坛
大纲解读，热点考点精析，热点案例分析等

法治思想素材
精编答题素材、传授答题套路，使考生对论述题
万能金句熟记于心

主观背诵金句
必背答题采分点，"浓缩"知识，择要记忆
法言法语，标准化答题

代总序
做法治之光
—— 致亲爱的考生朋友

如果问哪个群体会真正认真地学习法律，我想答案可能是备战法考的考生。

当厚大的老总力邀我们全力投入法考的培训事业，他最打动我们的一句话就是：这是一个远比象牙塔更大的舞台，我们可以向那些真正愿意去学习法律的同学普及法治的观念。

应试化的法律教育当然要帮助同学们以最便捷的方式通过法考，但它同时也可以承载法治信念的传承。

一直以来，人们习惯将应试化教育和大学教育对立开来，认为前者不登大雅之堂，充满填鸭与铜臭。然而，没有应试的导向，很少有人能够真正自律到系统地学习法律。在许多大学校园，田园牧歌式的自由放任也许能够培养出少数的精英，但不少学生却是在游戏、逃课、昏睡中浪费生命。人类所有的成就靠的其实都是艰辛的训练；法治建设所需的人才必须接受应试的锤炼。

应试化教育并不希望培养出类拔萃的精英，我们只希望为法治建设输送合格的人才，提升所有愿意学习法律的同学整体性的法律知识水平，培育真正的法治情怀。

厚大教育在全行业中率先推出了免费视频的教育模式，让优质的教育从此可以遍及每一个有网络的地方，经济问题不会再成为学生享受这些教育资源的壁垒。

最好的东西其实都是免费的，阳光、空气、无私的爱，越是弥足珍贵，越是免费的。我们希望厚大的免费课堂能够提供最优质的法律教育，一如阳光遍洒四方，带给每一位同学以法律的温暖。

没有哪一种职业资格考试像法考一样，科目之多、强度之大令人咂舌，这也是为什么通过法律职业资格考试是每一个法律人的梦想。

法考之路，并不好走。有沮丧、有压力、有疲倦，但愿你能坚持。

坚持就是胜利，法律职业资格考试如此，法治道路更是如此。

当你成为法官、检察官、律师或者其他法律工作者，你一定会面对更多的挑战、更多的压力，但是我们请你持守当初的梦想，永远不要放弃。

人生短暂，不过区区三万多天。我们每天都在走向人生的终点，对于每个人而言，我们最宝贵的财富就是时间。

感谢所有参加法考的朋友，感谢你愿意用你宝贵的时间去助力中国的法治建设。

我们都在借来的时间中生活。无论你是基于何种目的参加法考，你都被一只无形的大手抛进了法治的熔炉，要成为中国法治建设的血液，要让这个国家在法治中走向复兴。

数以万计的法条，盈千累万的试题，反反复复的训练。我们相信，这种貌似枯燥机械的复习正是对你性格的锤炼，让你迎接法治使命中更大的挑战。

  亲爱的朋友，愿你在考试的复习中能够加倍地细心。因为将来的法律生涯，需要你心思格外的缜密，你要在纷繁芜杂的证据中不断搜索，发现疑点，去制止冤案。

  亲爱的朋友，愿你在考试的复习中懂得放弃。你不可能学会所有的知识，抓住大头即可。将来的法律生涯，同样需要你在坚持原则的前提下有所为、有所不为。

  亲爱的朋友，愿你在考试的复习中沉着冷静。不要为难题乱了阵脚，实在不会，那就绕道而行。法律生涯，道阻且长，唯有怀抱从容淡定的心才能笑到最后。

法律职业资格考试不仅仅是一次考试，它更是你法律生涯的一次预演。

我们祝你顺利地通过考试。

不仅仅在考试中，也在今后的法治使命中——

不悲伤、不犹豫、不彷徨。

但求理解。

厚大®全体老师 谨识

前　言

本书的写作初衷就是为了解决书看不完、课听不完的痛点。为此，我把十六年讲授法考的经验浓缩成为本书——就这一本书，知识都够用。

本书共五编，分别对应理论法学的五个学科：第一编"法理学"、第二编"宪法学"、第三编"中国法律史"、第四编"习近平法治思想"、第五编"司法制度和法律职业道德"。

本书编下分章、章下分节，每一编、每一章之下均有思维导图，脉络清晰、内容明了。每一编下的思维导图是知识的"骨架"，直观呈现该编所包括的章、节，每一章节均附上我总结的核心句，一句话让你掌握本章、本节的精髓和神韵。每一章节的思维导图是知识的"血肉"，具体展示了该章节知识的内容，在这里，尤其要注意思维导图右侧的概括，它们直接指向考试重点、难点和命题规律、陷阱。建议大家认真揣摩这些思维导图，从整体上掌握知识边界，避免复习到后期把知识点记混了。

本书的正文以"考点+举例"的方式写作，直击考点、形象直观。考点用字为宋体；举例用字为仿宋体，且以"例如"二字起头。在考点部分，关键字词均以下划波浪线标出，建议大家读完一节后，就将这些关键字词直接抄到本章节的思维导图上，感受一下纲举目张、豁然开朗，体验一把立地飞升、欲罢不能的上头。对于举例，务必看懂，理论法学比其他科目更抽象，因而更需要直白生动的例子，如果立足于我的举例再进一步、举一反三，那么，你就是学霸。

本书的正文中有"注意"字样，它们对应着考试的难点和陷阱，被真题反复考查、运用，虽然它们的数量不算多，但是，掌握到位了就能集腋成裘、聚沙成塔，掌握不到位就可能一招不慎、功亏一篑。

本书中的"记忆口诀"是考点背诵的捷径。记忆口诀一般以细黑字在正文中单独列出，部分记忆口诀附在思维导图右侧——它们放在那里更直观，宪法学、司法制度和法律职业道德的少量记忆口诀放在表格中。记忆口诀必须反复背诵，因为记忆是通关之母，重复是记忆之祖。

本书中的"经典真题"都是高频考题，它们所对应的知识点被反复考查。经典真题主要有两种：一种是针对某一个考点，另一种是综合考查数个考点，跨越了章节界限。前一种放在相应的考点之下，后一种放在相应的章节之下。如果某一处有两道以上的真题，这一处就是绝对的重点！真题的用法是结合知识点，正误都要弄懂——要弄清选项为什么错，更要弄清选项为什么对，否则"正误一换，全都白干"。

本书怎么用？不同用法造就不同段位，如下表所示：

基础版	书+免费视频课
PLUS 版	书+免费视频课+刷题
PRO 版	书+免费视频课+刷题+另记笔记
PRO MAX 版	书+免费视频课+刷题+另记笔记+反复背诵

上表中的"刷题"是指刷有效真题，并不是刷所有真题，随着考纲、法律的修改，好些真题都过时了。一般来说，"近五年的真题刷三遍"，或者"近三年的真题刷五遍"，刷到疑难问题，就来问问老师。我把两个二维码放在前言的结尾处，摇我就扫码。

本书最大的特色就是浅显直白。它适用于理论法学小白、非法本、零基础等各种理论法学不适应的人群。为此，本书以生动的语言、传神的案例来解说考点，如果文字的效果不够生动，就配上图画——效果好不好，用过都知道。

用好本书的法门就六个字：抠字眼、讲逻辑。本书中的重点字眼都有相应标注，不同字眼对应着不同的逻辑。在客观的考题中，往往一字之差，就有天壤之别。因此，看书、听课，一定要注意字眼和逻辑。

得理论法者，得天下也。理论法学是法考八科中性价比最高的学科，分值最大、难度最小。理论法学的分值如下图所示：

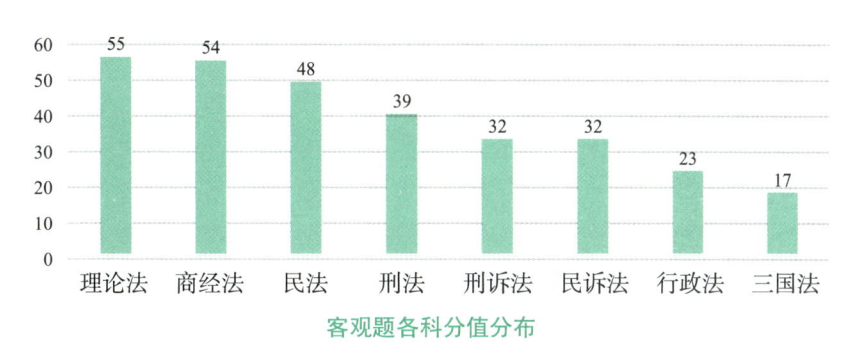

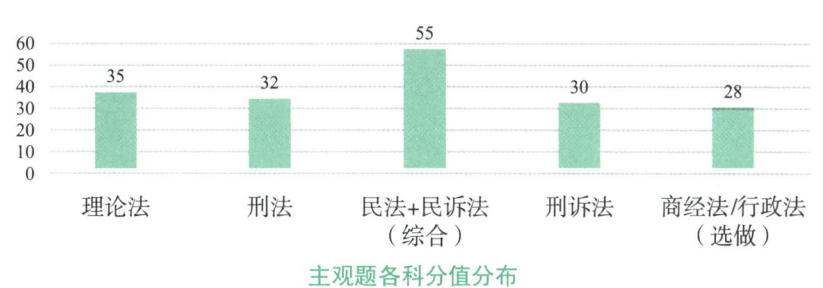

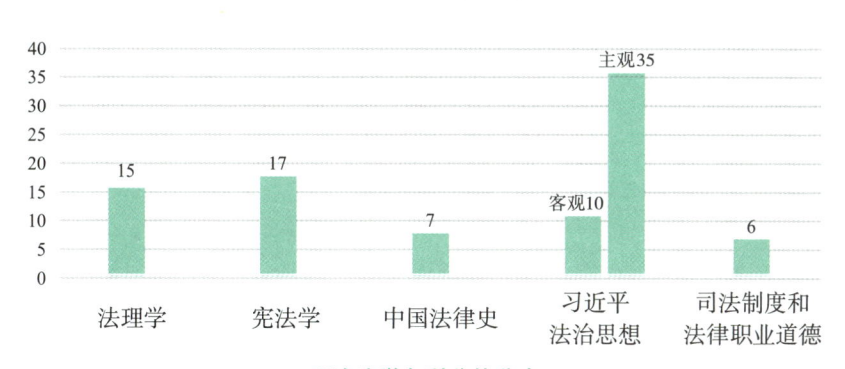

客观题各科分值分布
- 理论法：55
- 商经法：54
- 民法：48
- 刑法：39
- 刑诉法：32
- 民诉法：32
- 行政法：23
- 三国法：17

主观题各科分值分布
- 理论法：35
- 刑法：32
- 民法+民诉法（综合）：55
- 刑诉法：30
- 商经法/行政法（选做）：28

理论法学各科分值分布
- 法理学：15
- 宪法学：17
- 中国法律史：7
- 习近平法治思想：客观10，主观35
- 司法制度和法律职业道德：6

最后，祝大家顺利通关！

高晖云
2024 春于成都寓所

理论法高晖云

高小云管理员

CONTENTS 目录

第 1 编 法 理 学

第 1 章 法的本体 …… 002
- 第 1 节 法的概念 …… 002
- 第 2 节 法的价值 …… 011
- 第 3 节 法的要素 …… 016
- 第 4 节 法的渊源 …… 027
- 第 5 节 法的效力 …… 034
- 第 6 节 法律部门与法律体系 …… 039
- 第 7 节 法律关系 …… 041
- 第 8 节 法律责任 …… 046

第 2 章 法的运行 …… 051
- 第 1 节 法的制定与法的实施 …… 051
- 第 2 节 法适用的一般原理 …… 056
- 第 3 节 法律解释 …… 060
- 第 4 节 法律推理 …… 064
- 第 5 节 法律漏洞的填补 …… 069

第 3 章 法的演进 …… 072
- 第 1 节 法的起源 …… 072
- 第 2 节 法的发展 …… 074
- 第 3 节 法的现代化 …… 077

第 4 章 法与社会 079
- 第 1 节 法与社会的一般理论 079
- 第 2 节 法与经济、政治、道德 080

第 2 编 宪 法 学

第 5 章 宪法基本理论 085
- 第 1 节 宪法的概念 086
- 第 2 节 宪法的基本原则 089
- 第 3 节 宪法的渊源与宪法典的结构 092
- 第 4 节 宪法规范与宪法效力 095

第 6 章 我国宪法的制定、实施、监督和宪法宣誓 098
- 第 1 节 我国宪法的制定 099
- 第 2 节 我国宪法的实施 100
- 第 3 节 我国宪法的监督 105
- 第 4 节 宪法宣誓 109

第 7 章 国家的基本制度 111
- 第 1 节 基本政治制度 112
- 第 2 节 基本经济制度 115
- 第 3 节 基本文化制度 116
- 第 4 节 基本社会制度 117
- 第 5 节 国家结构形式 119
- 第 6 节 国家标志 121
- 第 7 节 人大代表选举制度 123
- 第 8 节 民族区域自治制度 128
- 第 9 节 特别行政区制度 129
- 第 10 节 基层群众自治制度 136

第 8 章　公民的基本权利和义务 …… 139
第 1 节　我国公民的基本权利 …… 140
第 2 节　我国公民的基本义务 …… 145

第 9 章　国家机构 …… 147
第 1 节　国家机构概述 …… 147
第 2 节　全国人大、全国人大常委会和各委员会 …… 149
第 3 节　国家主席、国务院和中央军委 …… 157
第 4 节　地方各级人大、人大常委会和地方各级人民政府 …… 158
第 5 节　监察委员会、人民法院和人民检察院 …… 162

第 3 编　中国法律史

第 10 章　法律思想和立法活动 …… 165
第 1 节　法律思想 …… 166
第 2 节　立法活动 …… 171

第 11 章　主要法典及其内容 …… 173
第 1 节　《法经》与魏晋南北朝律典 …… 174
第 2 节　隋唐宋时期的法典 …… 175
第 3 节　明清时期的法典 …… 177
第 4 节　清末修律与民国时期的法典 …… 179
第 5 节　中国共产党民主政权宪法性文件 …… 181

第 12 章　刑事法律制度 …… 183
第 1 节　法律适用原则 …… 184
第 2 节　罪　　名 …… 186
第 3 节　刑　　罚 …… 187

第 13 章　民事法律制度 …… 191
第 1 节　契　　约 …… 192

第 2 节 婚　　姻 …… 192

第 3 节 继　　承 …… 194

第 14 章　司法制度 …… 196

第 1 节 司法机关 …… 197

第 2 节 诉讼制度 …… 200

第 4 编　习近平法治思想

第 15 章　习近平法治思想的形成发展及重大意义 …… 207

第 1 节 习近平法治思想的形成发展 …… 208

第 2 节 习近平法治思想的重大意义 …… 210

第 16 章　习近平法治思想的核心要义（"十一个坚持"） …… 213

第 1 节 坚持党对全面依法治国的领导 …… 214

第 2 节 坚持以人民为中心 …… 215

第 3 节 坚持中国特色社会主义法治道路 …… 217

第 4 节 坚持依宪治国、依宪执政 …… 218

第 5 节 坚持在法治轨道上推进国家治理体系和治理能力现代化 …… 220

第 6 节 坚持建设中国特色社会主义法治体系 …… 223

第 7 节 坚持依法治国、依法执政、依法行政共同推进，法治国家、法治政府、法治社会一体建设 …… 225

第 8 节 坚持全面推进科学立法、严格执法、公正司法、全民守法 …… 226

第 9 节 坚持统筹推进国内法治和涉外法治 …… 229

第 10 节 坚持建设德才兼备的高素质法治工作队伍 …… 230

第 11 节 坚持抓住领导干部这个"关键少数" …… 232

第 17 章　习近平法治思想的实践要求 …… 234

第 1 节 充分发挥法治对经济社会发展的保障作用 …… 235

第 2 节 正确认识和处理全面依法治国一系列重大关系 …… 236

第 5 编　司法制度和法律职业道德

第 18 章　司法制度和法律职业道德概述 ······ 240
第 1 节　中国特色社会主义司法制度概述 ······ 241
第 2 节　法律职业与法律职业道德概述 ······ 244

第 19 章　审判制度和法官职业道德 ······ 246
第 1 节　审判制度概述 ······ 247
第 2 节　法官职业道德 ······ 249

第 20 章　检察制度和检察官职业道德 ······ 253
第 1 节　检察制度概述 ······ 254
第 2 节　检察官职业道德 ······ 255

第 21 章　律师制度和律师职业道德 ······ 258
第 1 节　律师制度 ······ 259
第 2 节　律师职业道德 ······ 261
第 3 节　法律援助制度 ······ 263

第 22 章　公证制度和公证员职业道德 ······ 266
第 1 节　公证制度 ······ 266
第 2 节　公证员职业道德 ······ 269

第 23 章　其他法律职业人员职业道德 ······ 271
第 1 节　其他法律职业人员概述 ······ 271
第 2 节　其他法律职业人员职业道德 ······ 272

第一编 法理学

- **法理学**
  - **法的本体（给"法"拍照片）**
    - 1. 法的概念："法"是什么
    - 2. 法的价值：法有什么用处
    - 3. 法的要素：法的构成元素
    - 4. 法的渊源：法的表现形式（正式的/非正式的）
    - 5. 法的效力：法的强制力
    - 6. 法律部门与法律体系："书库"与"图书馆"
    - 7. 法律关系：法律主体间的关系
    - 8. 法律责任：法律上的不利后果
  - **法的运行（给"法"拍视频）**
    - 1. 宏观层面
      - 法的制定（立法）
      - 法的实施
        - 法的执行（执法）
        - 法的适用（司法）
        - 法的遵守（守法）
      - 法律监督
    - 2. 微观层面（司法判断）
      - 法适用的一般原理：如何运用法条作出判断
      - 法律推理：如何从法条、案情推导出结论
      - 法律证成：如何证明你的判断站得住脚
      - 法律解释：如何抠字眼、讲道理
      - 法律漏洞的填补：如何应对"钻法律空子"的起诉
  - **法的演进（给"法"修族谱）**
    - 1. 法的起源：法从哪里来
    - 2. 法的发展：法的长成与其精气神
    - 3. 法的现代化：法如何从前现代走向现代
  - **法与社会（与"法"作对比）**
    - 1. 法与社会的一般理论：法这一社会现象与社会母体的关系
    - 2. 法与经济：法与经济基础、科学技术的关系
    - 3. 法与政治：法与政治、国家、政策的关系
    - 4. 法与道德：法与道德的异同以及二者的关系

第1章 法的本体

第1节 法的概念

[举个例子] 小镇上的老六媳妇偷了汉子，老六气不过把奸夫打成轻伤。你觉得处理老六的行为，要不要考虑道德因素？要不要考虑一国国情？要不要考虑风俗习惯？

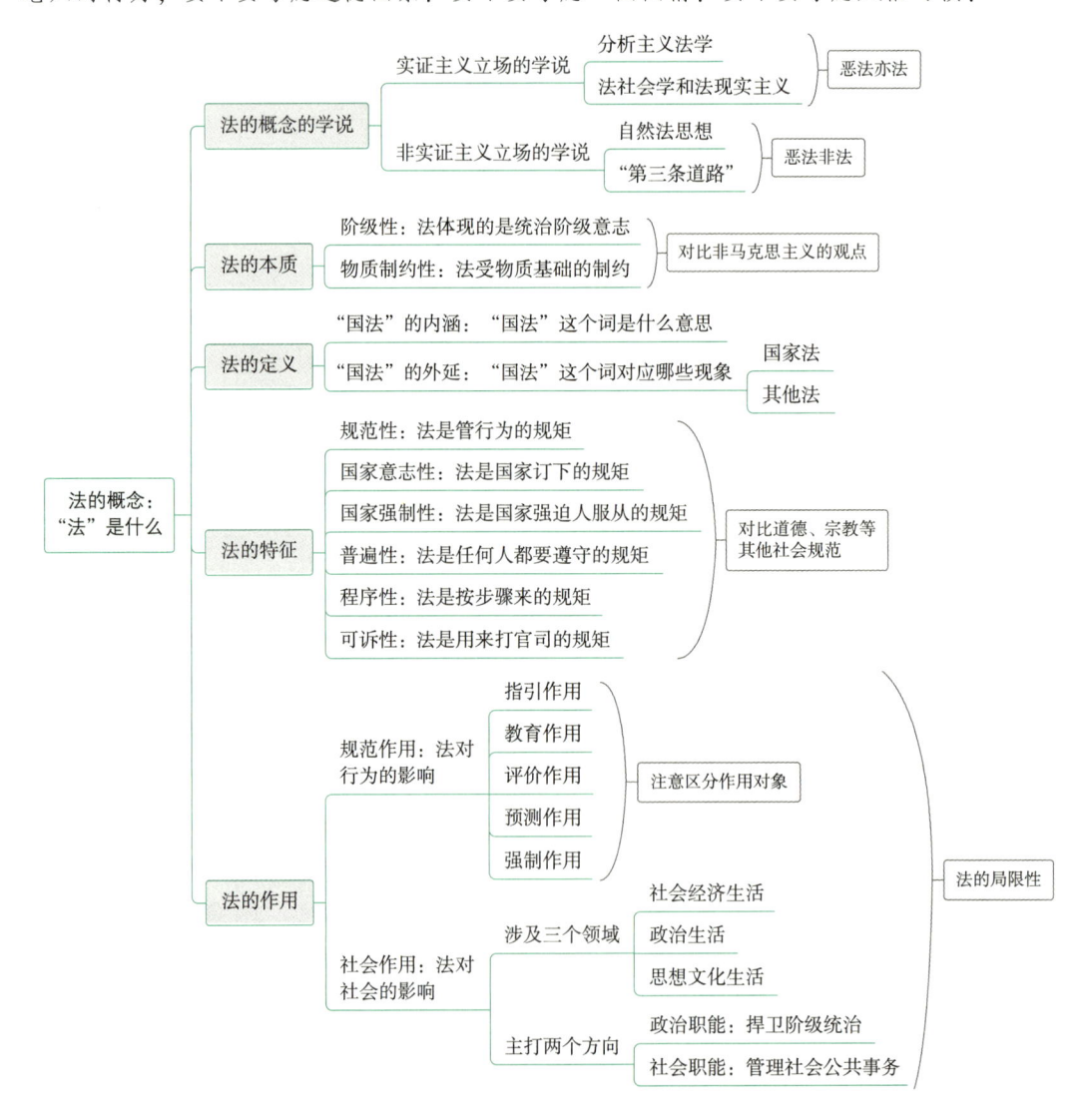

法的概念："法"是什么
- 法的概念的学说
  - 实证主义立场的学说
    - 分析主义法学
    - 法社会学和法现实主义
    - } 恶法亦法
  - 非实证主义立场的学说
    - 自然法思想
    - "第三条道路"
    - } 恶法非法
- 法的本质
  - 阶级性：法体现的是统治阶级意志
  - 物质制约性：法受物质基础的制约
  - → 对比非马克思主义的观点
- 法的定义
  - "国法"的内涵："国法"这个词是什么意思
  - "国法"的外延："国法"这个词对应哪些现象
    - 国家法
    - 其他法
- 法的特征
  - 规范性：法是管行为的规矩
  - 国家意志性：法是国家订下的规矩
  - 国家强制性：法是国家强迫人服从的规矩
  - 普遍性：法是任何人都要遵守的规矩
  - 程序性：法是按步骤来的规矩
  - 可诉性：法是用来打官司的规矩
  - → 对比道德、宗教等其他社会规范
- 法的作用
  - 规范作用：法对行为的影响
    - 指引作用
    - 教育作用
    - 评价作用
    - 预测作用
    - 强制作用
    - → 注意区分作用对象
  - 社会作用：法对社会的影响
    - 涉及三个领域
      - 社会经济生活
      - 政治生活
      - 思想文化生活
    - 主打两个方向
      - 政治职能：捍卫阶级统治
      - 社会职能：管理社会公共事务
  - → 法的局限性

一、法的概念的学说

了解关于法的概念的学说，是为了解决"法是什么"这一问题，不同的学说对法的概念有不同的看法。就此而言，古今中外的法学家迄今尚未达成共识，根本分歧在于法与道德是否存在概念上的必然联系，换句话来说，就是在讨论"法"的时候，要不要考虑道德因素。

据此，可以将各学说大致划分为两大立场：

实证主义立场
（恶法亦法）

非实证主义立场
（恶法非法）

（一）实证主义立场

实证主义立场认为法与道德在概念上不存在必然联系，故"恶法亦法"——不道德的、邪恶的法是法，仍然具有法律效力。因此，违反那些不道德的法律，也构成"违法"。例如，《悲惨世界》中，冉阿让为了养活7个孩子而偷窃一块面包，被判刑5年，警探沙威笃信"法律就是法律"，无需考虑道德因素，认定冉阿让是罪犯。警探沙威的观点属于实证主义立场。

> [抠字眼、讲逻辑] 法与道德"在概念上不存在必然联系"，不等于法与道德在任何层面上都不存在联系。

1. 分析主义法学。以"权威性制定"为首要定义要素（即首先要考虑的因素）。也就是说，判断一个规范是不是"法"，首先看这个规范是不是权威制定的，只要是权威机关（如立法机关）制定的规范，就算它"缺德"，它也是"法"。例如，有人认为，对于老六打伤奸夫的行为，可以依据当时的国法作出判决，因为"国法"是最大的权威所定的规范，它才是真正的"法"。这就是分析主义法学的观点。

2. 法社会学和法现实主义。以"社会实效"为首要定义要素（即首先要考虑的因素）。也就是说，判断一个规范是不是"法"，首先看这个规范有没有实际的社会效果（如人们都服从这个规范），有实际效果的话，就算它"缺德"，就算它不是由权威机关制定，它也是"法"。例如，有人认为，对于老六打伤奸夫的行为，可以依据当地通行的习惯作出判决，因为"当地通行的习惯"是生活中实际通行的规范，它才是真正的"法"。这就是法社会学和法现实主义的观点。

（二）非实证主义立场

非实证主义立场认为法与道德在概念上存在必然联系，故"恶法非法"——不道德的、邪恶的法不是法，不具有法律效力。因此，违反那些不道德的法律，不构成"违法"。

例如，《悲惨世界》中，冉阿让为了养活 7 个孩子而偷窃一块面包，被判刑 5 年，他认为法律不道德、不公正，屡次越狱，最终被加刑至 19 年。出狱后，冉阿让逃离指定居住地，改名换姓、舍己救人、扶危济困。冉阿让认为当时的法律不道德，无需遵守，其观点属于非实证主义立场。

  1. 自然法思想。以法的"内容的正确性"即道德为唯一定义要素（即唯一要考虑的因素）。也就是说，判断某个规范是不是"法"，就看它缺不缺德，只要是"缺德"的规范，不管它是权威机关制定的，还是有实际的社会效果，它都不是法。例如，有人认为，对于老六打伤奸夫的行为，只能依据不"缺德"的规范作出判决，因为只有符合道德的规范，才是真正的"法"。这就是自然法思想的观点。

  传统的自然法理论通常关注"高级法"。"高级法"，是指体现了最普遍德性的法，它高于"人定法"，通常包括自然法、神定法。古代法律传统往往以"高级法"批判"人定法"。例如，皇帝昏庸无道、倒行逆施时，就有人以"替天行道"的名义批判、对抗皇帝的做法；又如，古希腊戏剧《安提戈涅》中，波吕涅克斯被国王下令处死并暴尸田野、不得下葬，可是波吕涅克斯的妹妹安提戈涅却以"天条"为由埋葬了其兄，并质疑、批判国王说："（你）一个凡人，竟敢僭越诸神不成文的且永恒不衰的法?!"

  2. "第三条道路"。以"内容的正确性"（即道德）与"权威性制定""社会实效"同时作为定义要素。也就是说，判断某个规范是不是"法"，要综合来看，不能失之片面。例如，有人认为，对于老六打伤奸夫的行为，只能依据不"缺德"、有权威或者有实效的规范作出判决，因为这样的规范才是真正的"法"。这就是"第三条道路"的观点。

  注意："第三条道路"引入道德作为判断因素，所以它属于非实证主义立场。但是，"第三条道路"并不认为自己是传统的自然法思想，而只承认自己是非实证主义立场。

> 道德立场非实证，
> 实证立场不道德。
> 分权社效自然法，
> 兼容并包看斑马。

经典真题

1. "法学作为科学无力回答正义的标准问题，因而是不是法与是不是正义的法是两个必须分离的问题，道德上的善或正义不是法律存在并有效力的标准，法律规则不会因违反道德而丧失法的性质和效力，即使那些同道德严重对抗的法也依然是法。"关于这段话，下列说法正确的是：（2015/1/90-任）[1]

  A. 这段话既反映了实证主义法学派的观点，也反映了自然法学派的基本立场

  B. 根据社会法学派的看法，法的实施可以不考虑法律的社会实效

  C. 根据分析实证主义法学派的观点，内容正确性并非法的概念的定义要素

---

[1] C

D. 所有的法学学派均认为，法律与道德、正义等在内容上没有任何联系

2. 关于实证主义法学和非实证主义法学，下列说法不正确的是：(2013/1/88-任)[1]
   A. 实证主义法学认为，在"实际上是怎样的法"与"应该是怎样的法"之间不存在概念上的必然联系
   B. 非实证主义法学在定义法的概念时并不必然排除社会实效性要素和权威性制定要素
   C. 所有的非实证主义法学都可以被看作是古典自然法学
   D. 仅根据社会实效性要素，并不能将实证主义法学派、非实证主义法学派和其他法学派（比如社会法学派）在法定义上的观点区别开来

二、法的本质：马克思主义的基本观点

（一）阶级性

1. **法主要体现的是统治阶级意志**。例如，习近平总书记指出："我们党领导人民制定的宪法，集中了人民智慧，体现了全体人民共同意志。"

> [抠字眼、讲逻辑] 虽然法具有一定的公共性、中立性，但是它反映的"意志"只能是统治阶级意志，而不能是被统治阶级意志，它充其量只是反映了被统治阶级的某些愿望和要求。

2. 法所体现的"统治阶级意志"仅仅是统治阶级的**整体意志**、**共同意志**，而不是统治阶级中单个成员的意志，也不是所有成员意志的简单相加。例如，老六虽然是统治阶级的一个成员，但是老六的个人意志并不等于"统治阶级意志"。

3. 统治阶级通过国家机关把整体意志、共同意志上升为国家意志，把它们变成法律规定。例如，法律和政策都是"统治阶级意志"，二者的区别在于，法律是通过国家表达的统治阶级意志，政策是通过政党表达的统治阶级意志。

（二）物质制约性

1. **物质基础决定法**。法的内容受社会存在制约，最终由一定社会物质生活条件决定，俗称"经济基础决定上层建筑"，因此，"立法者不是在创造法律，而只是在表述法律"，立法者不可能脱离特定的物质生活条件而随心所欲地创造法律。例如，在奴隶制社会中，无论统治者有多大的能耐，也不可能创造出社会主义社会的法律。

2. 法对物质基础有相对**独立性**。法不仅受社会物质生活条件的制约，还受其他因素的影响。例如，电影《刮痧》中，旅居美国的中国家庭按照中国传统给孩子刮痧，却被美国法律认为是虐待儿童，因此剥夺了父亲对孩子的监护权。在这里，显然是文化因素而非物质因素制约着法律。

[记忆口诀] 法的本质是"接人待物"：阶（级）、物（质）。

三、法的定义：国法

"国法"，即特定国家现行有效的法，包括以下四种形式：

---

[1] C

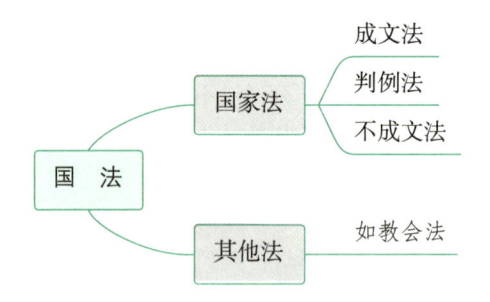

```
        ┌─ 国家法 ─┬─ 成文法
        │         ├─ 判例法
国  法 ──┤         └─ 不成文法
        │
        └─ 其他法 ─── 如教会法
```

[抠字眼、讲逻辑]"国法"不等于"国家法",不等于"国家立法机关创制的法"。

(一)成文法

成文法是指国家立法机关制定条文化、法典化的法律。例如,我国全国人大制定的《中华人民共和国宪法》《中华人民共和国民法典》。

(二)判例法

判例法是指国家审判机关(法院)或法官在判决中创制的法。例如,英美国家的普通法、衡平法。

(三)不成文法

不成文法是指国家通过一定方式认可的习惯法。例如,我国"以宪法修正案方式修改宪法"的习惯,这一习惯在1982年《宪法》修改时确立,它并未在宪法条文中予以明确规定,但是在实际政治生活中,它得到了国家认可并为国家机关、政党及公众普遍遵循。当今世界各国广泛存在的宪法惯例都属于不成文法。

(四)其他执行国法职能的法

其他执行国法职能的法,是指除了以上三种形式之外的其他的现行有效的法。例如,教会法,中世纪的教会法通行于当时的欧洲多国,执行着国法的职能。

[记忆口诀] 国法的形式包括"你闻不闻他":(判)例、(成)文、不(成)文、(其)他。

四、法的特征

(一)规范性

法是调整人的行为的一种社会规范。

1. **法仅调整行为。**一般而言,法仅调整行为而非思想,这明显区别于道德、宗教等其他社会规范。例如,"万恶淫为首",法律对此是"论迹不论心",也就是说,有"淫心"无"淫行"的话,法律是不管的。但是,道德、宗教等其他社会规范对此是"论心也论迹",有"淫行"要惩罚,有"淫心"也免不了惩罚。

2. **法调整关系行为。**法调整交互行为、涉他行为,一般不调整自涉行为(如自残、自虐)。例如,老六恨自己长得太帅,屡屡对社会造成不良影响,于是猛抽自己大嘴巴子,并不构成违法。但是,老六恨他人长得太帅,可能对社会造成不良影响,于是猛抽他人大嘴巴子,就构成违法。

💡**注意**：道德规范、宗教规范不同于法律规范，它们既调整涉他行为，也调整自涉行为。例如，法律规范一般不调整自毁、自伤、自虐、自杀行为，但传统中国的道德规范强调"身体发肤、受之父母，不敢毁伤"，西方基督教规范多有反对自杀的表述。

3. 法属于社会规范。法作为社会规范，不同于技术规范和自然法则。

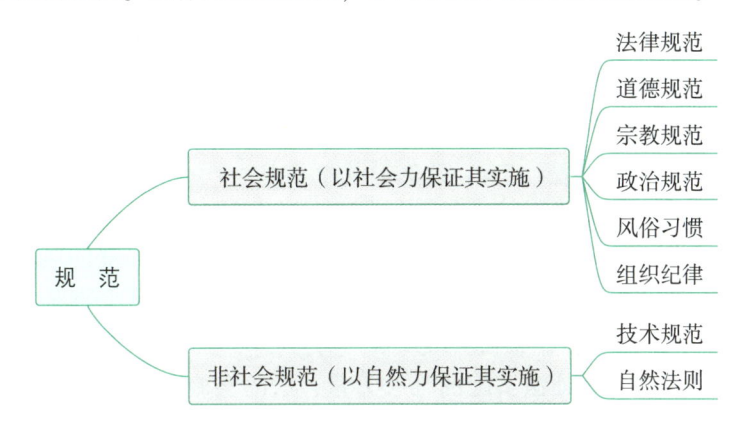

```
                              ┌─ 法律规范
                              ├─ 道德规范
         ┌─ 社会规范（以社会力保证其实施）├─ 宗教规范
         │                    ├─ 政治规范
规  范 ──┤                    ├─ 风俗习惯
         │                    └─ 组织纪律
         │
         └─ 非社会规范（以自然力保证其实施）┬─ 技术规范
                                            └─ 自然法则
```

💡**注意**：

（1）社会力与自然力的区别在于，社会力是人类所能控制的力量，自然力则不然。因此，法所运用的国家强制力属于社会力而非自然力。例如，依法执行死刑的方式可以是注射、枪决，却不能是用雷电劈死、用地震震死、用海啸卷死。

（2）法律规范可以吸收技术规范的内容，形成"技术法规"。例如，一般情形下，胚胎基因编辑属于技术规范的内容，但是，根据我国《刑法》第336条之一的规定，将基因编辑、克隆的人类胚胎植入人体或者动物体内，或者将基因编辑、克隆的动物胚胎植入人体内，情节严重的和情节特别严重的，构成非法植入基因编辑、克隆胚胎罪。这就是法律规范吸收了技术规范。

（二）国家意志性

法是由国家制定或认可的社会规范。

1. 制定。国家立法机关按照法定程序创制法律规范。例如，1949年新中国成立之时，我国并没有宪法，1954年第一届全国人民代表大会第一次会议制定了新中国第一部宪法——"五四宪法"。

2. 认可。国家通过一定的方式承认非法律规范（道德规范、宗教规范、政治规范、风俗习惯、组织纪律等）具有法律效力。它又分为两种方式：立法认可、司法认可。

（1）立法认可：又叫明示认可，即国家立法机关（如全国人大、全国人大常委会等）认可其他社会规范。例如，我国法律起初不管彩礼纠纷，彩礼一直按照民间风俗习惯来处理，但是，实践中确有必要运用法律手段调整这一现象，于是全国人大（我国最高立法机关）在制定《民法典》时，吸纳了部分彩礼习俗。这就是法律对彩礼习俗的立法认可/明示认可。

（2）司法认可：又叫默示认可，即国家司法机关（如法院）认可其他社会规范。例如，老六无视妻子劝告包养情人，并立下遗嘱，将夫妻共同财产中"属于自己的一半"指定给情人继承，法院认为"反对包养情人"符合民法中的"公序良俗"原则，据此判决老六的遗嘱无效。这就是法律对风俗习惯的司法认可/默示认可。

（三）国家强制性

法是以国家强制力保证其实施的社会规范。

1. **任何社会规范都有保证自身得以实现的力量，只是其力量大小不同**。例如，"家有家规，国有国法"，一般而言，家规依靠爸爸的肌肉形变产生的力量和妈妈持续发力的唠叨来保证实现，而国法依靠警察、法院、监狱等国家机器所形成的暴力来保证实现。

2. 法律规范的保障力量是国家强制力，强调外在的"他律"，只关注外在的行为是否符合法律规定，这明显不同于内在的"自律"。例如，道德规范首先内化于心，由内而外起作用，而法律规范则首先关注行为，在人们身外施加强制。

3. 国家强制力是法的**最终保障力量**，但是，具体到法的运行环节上来看，不一定每一个环节都需要国家强制力介入其中。通俗地说，法有肌肉，但是法的运行并不是自始至终、时时刻刻都需要"秀肌肉"。例如，老六欠债不还被诉上法庭，但是，老六立马与债主和解，主动还债，法庭就不会通过动用国家强制力强迫老六服法。

4. 国家强制力并不是保证法实施的唯一力量，法的实施还可以通过舆论宣传、文化熏陶、宗教劝诫等方式进行。

（四）普遍性

法是具有普遍性的社会规范。法的普遍性有以下内涵：

1. 在效力上，法的效力范围与国家权力的效力范围相一致。通俗地说，国家的地盘有多大，法律的地盘就有多大。例如，风俗习惯往往是"十里不同风、百里不同俗"，一个地方的风俗习惯不见得适用于另一个地方，但是，法律规范却是统一、平等地适用于全国每一个地方。

2. 在对象上，法律面前人人平等，即法律给所有社会成员以同等待遇，对他们一律平等适用。例如，老六认为猥亵妓女不如猥亵普通女性恶劣，这一观点显然错误，因为保护妇女不受猥亵的法律并不区分妓女和普通女性，而是对其予以同等待遇和平等适用。

注意：①"法律面前一律平等"的前提是"在法律上"人人平等，不等于每个人在任何意义上都能够平等；②法律允许合理差别的存在，如我国公民未满18周岁不能行使选举权和被选举权；③近现代以来，人人平等地享有法律权利和承担法律义务，法律不允许任何人享有超越法律的特权，也不允许任何人对其他人的奴役与人身依附（古代并非如此）。

3. 在内容上，法律会因为国家、民族、地域等差别而呈现出差异，但是，其内容始终趋向于人类的普遍要求。例如，不管是哪个国家、哪个民族、哪个地域的法律，都认可"杀人偿命、欠债还钱"这些人同此心、心同此理的普遍要求。

（五）程序性

法是具有严格、明确程序的社会规范。

程序即步骤，法的创制、执行、适用、监督都有严格的步骤要求。国家强制力是"合法"的暴力，它要符合程序法的规定，不可随意滥用。例如，某犯罪嫌疑人有99.999%的可能性就是犯罪人，对此，老六主张一步到位伸张正义，派出金牌特工将该犯罪嫌疑人一枪击毙、就地正法。老六的主张显然不合法，因为根据法律的规定，执行刑罚之前，必须依法进行侦查、起诉、审判。

（六）可诉性

法是具有可诉性的社会规范。

1. 可争讼性。任何人都可以将法律作为提起诉讼和辩护的依据。
2. 可裁判性。法可以作为司法裁判的直接依据。

注意：现代国家，当事人不应直接将道德、宗教等其他社会规范作为起诉和辩护的有效根据，法院也不得将它们作为判决的依据（道德、宗教等非正式的法的渊源可以作为判决的参照）。

[记忆口诀] 法的特征包括"归宿已变成墙"：规（范）、（可）诉、（国家）意（志）、（普）遍、程（序）、（国家）强（制）。

经典真题

《最高人民法院关于审理盗窃案件具体应用法律若干问题的解释》（现已失效）规定：各地高级人民法院可根据本地区经济发展状况，并考虑社会治安状况，在本解释规定的数额幅度内，分别确定本地区执行"数额较大""数额巨大""数额特别巨大"的标准。依据法理学的有关原理，下列正确的表述是：（2007/1/92-任）[1]

A. 该规定没有体现法的普遍性特征
B. 该规定违反了"法律面前人人平等"的原则
C. 该规定说明：法律内容的决定因素是社会经济状况
D. 该规定说明：政治对法律没有影响

五、法的作用

（一）法的规范作用/法的功能

法的规范作用即法对行为的影响。

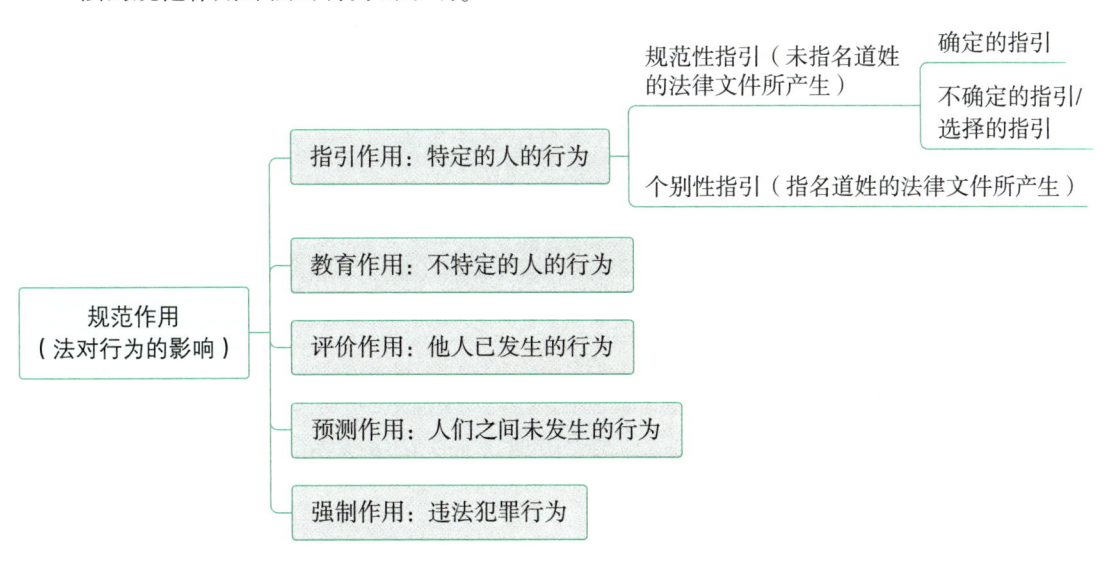

规范作用（法对行为的影响）
- 指引作用：特定的人的行为
  - 规范性指引（未指名道姓的法律文件所产生）
    - 确定的指引
    - 不确定的指引/选择的指引
  - 个别性指引（指名道姓的法律文件所产生）
- 教育作用：不特定的人的行为
- 评价作用：他人已发生的行为
- 预测作用：人们之间未发生的行为
- 强制作用：违法犯罪行为

---

[1] C

1. 指引作用。作用于特定的人的行为。例如，老六看到刑法后流下了悔恨的泪，这体现了刑法对老六的指引作用，因为老六是特定的人。

（1）规范性指引：由规范性法律文件产生，如法典、法条所产生的指引。它又可以分为两种：

❶ 确定的指引，即通过设置义务（应为义务、勿为义务）而产生的指引。例如，我国《宪法》规定："禁止任何组织或者个人用任何手段侵占或者破坏国家的和集体的财产。"这一法条所产生的指引作用就属于确定的指引。

❷ 不确定的指引/选择的指引，即通过宣告权利（可为、可不为）而产生的指引。例如，根据我国《民法典》的规定，子女可以随父姓，也可以随母姓。这一法条所产生的指引作用就属于不确定的指引。

（2）个别性指引：由非规范性法律文件产生，如判决书、合同、协议所产生的指引。

📖 注意：如何区分规范性法律文件与非规范性法律文件？就看文件有没有指名道姓。规范性法律文件就是没有指名道姓、具体到某人的法律文件。例如，《民法典》《刑法》的法律条文从头到尾都不会出现某个人的姓名，不会具体到某个特定的人。非规范性法律文件就是指名道姓、具体到某人的法律文件。例如，刑事判决书必须载明被告的姓名、性别、年龄、民族、职业、户籍地、罪名等详细信息。

2. 教育作用。作用于一般人（不特定的人）的行为。例如，老六被判处有期徒刑，来来往往的人听闻之后，都说"活该"，这体现了法的教育作用，因为"来来往往的人"属于"不特定的人"。

教育作用具体表现为示警作用和示范作用。例如，老六见义勇为将连环杀手扭送公安机关，连环杀手伏法而产生了示警作用，老六受到奖励而产生了示范作用。

3. 评价作用。作用于他人的行为，即判断、衡量他人的行为是否合法。例如，法院认定老六的行为构成违法，这体现了法的评价作用。

4. 预测作用。作用于人们之间的行为，即依据法律预估人们相互之间会如何行为。例如，李四为了狙杀情敌而网购弓弩一把，老六说李四："你这操作，可真'刑'！"后来李四果然被判刑，这体现了法的预测作用。

5. 强制作用。作用于违法犯罪行为，通过国家运用强制力而表现出来。例如，老六因造谣被行政处罚，这体现了法的强制作用。

[记忆口诀]

1. 法的规范作用是"加强测英语"：（评）价、强（制）、（预）测、（指）引、（教）育。
2. 五大规范作用：指引特定，教育大拨。评价已然，预测互动。违法犯罪，强制作用。

（二）法的社会作用

法的社会作用即法对社会的影响，由法的内容、目的决定。主要涉及三个领域（社会经济生活、政治生活、思想文化生活），两个方向（捍卫阶级统治的政治职能、管理社会公共事务的社会职能）。

（三）法的局限性

法的局限性是指法律不是万能的。具体而言，包括以下四点：

1. 法的作用范围不可能是无限的。例如，老六被同一位女友反复抛弃后，决定提起法律诉讼，捍卫自己的爱情，这当然不可能实现，因为法不调整感情关系。

2. 法律受到其他社会规范以及社会条件和环境的制约。例如，老六自封"月球大使馆中华区大使""月球开发总公司 CEO"，兜售月球土地，每 100 平方米售价 500 元人民币，并附赠折叠伞一把，获利 2 万多元。老六的行为并不构成"投机倒把罪"，因为法律之所以规定投机倒把罪，是因为计划经济体制的影响，而在 1993 年我国实行社会主义市场经济体制以后，刑法就取消了"投机倒把罪"。

3. 法律与事实之间的对应难题也非法律自身能够完全解决。例如，"渐冻人"老六仅能通过两根手指控制机器表达自己的意思，其余的表达能力完全丧失，他操控机器写了一份遗嘱，这是否属于《民法典》所规定的自书遗嘱的情形？

4. "辞不尽意"等法律自身条件的制约。例如，对于"父母有抚养子女的义务"这一规定，老六反问，其中的"父母"是否包括智力严重障碍的父母？

经典真题

关于法的规范作用，下列哪一说法是正确的？（2014/1/10-单）[1]
- A. 陈法官依据诉讼法规定主动申请回避，体现了法的教育作用
- B. 法院判决王某行为构成盗窃罪，体现了法的指引作用
- C. 林某参加法律培训后开始重视所经营企业的法律风险防控，反映了法的保护自由价值的作用
- D. 王某因散布谣言被罚款 300 元，体现了法的强制作用

第2节 法的价值

[举个例子] 恐怖分子被抓捕后，拒不交代数枚定时炸弹的安放地点和爆炸时间，随着时间流逝，无辜市民死伤的风险越来越大。对此，老六提议立刻刑讯逼供，挽救无辜生命。对于老六的提议，你怎么看？

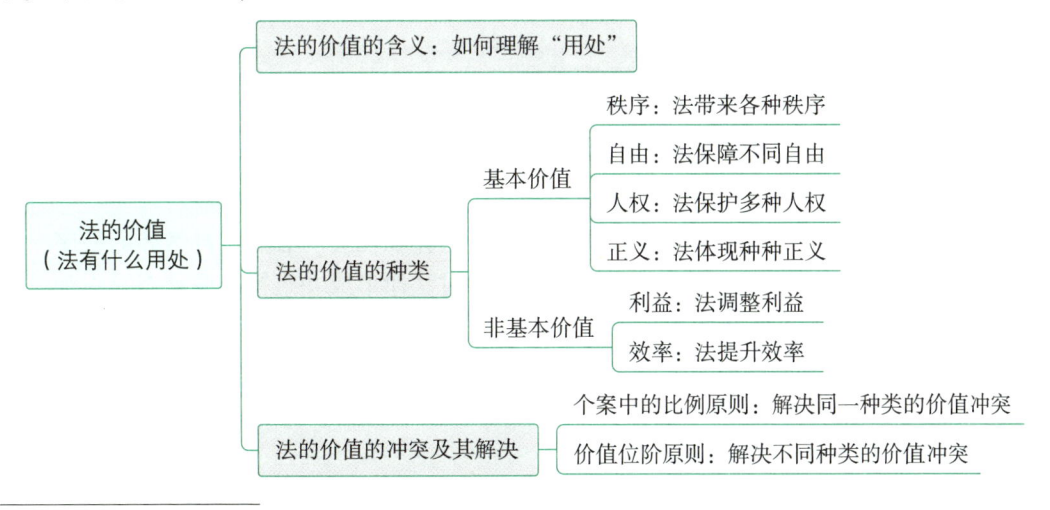

- 法的价值（法有什么用处）
  - 法的价值的含义：如何理解"用处"
  - 法的价值的种类
    - 基本价值
      - 秩序：法带来各种秩序
      - 自由：法保障不同自由
      - 人权：法保护多种人权
      - 正义：法体现种种正义
    - 非基本价值
      - 利益：法调整利益
      - 效率：法提升效率
  - 法的价值的冲突及其解决
    - 个案中的比例原则：解决同一种类的价值冲突
    - 价值位阶原则：解决不同种类的价值冲突

[1] D

一、法的价值的含义

（一）法的价值的概念

"价值"即"用处""有用性"，法的价值是指法对于人的用处、法对人有没有用。例如，老六口干舌燥，急于解渴之时，矿泉水和敌敌畏，哪一个对他有价值？当然是矿泉水，因为矿泉水对于解渴有用处，而敌敌畏对于解渴则没有用处。

法的价值包括秩序、自由、人权、正义，也就是说，法对于人的用处在于：为人类带来秩序，保障人的自由，保护人权不受侵犯，实现人所期待的正义。

（二）法的价值的内涵

理解法的价值——法的正面作用，要注意以下三点：

1. 法的价值体现了主客体间关系。人是主体，法是客体。对于人而言，法有没有价值、有哪些价值，既取决于法自身，也取决于人的主观需要。例如，在计划经济时代，我们需要保护计划体制、打击投机倒把，因此，刑法规定了投机倒把罪；进入市场经济时代，我们需要通过投机行为促进市场的活跃、发展（实践证明，没有投机的市场是一潭死水），因此，刑法顺势而为，废除了投机倒把罪。

2. 法的价值仅仅是指正面作用，而非负面作用。例如，纳粹政权制定的种族歧视、种族灭绝的法，对于全人类而言并无正面意义，因此，以全人类的标准来判断，这一类法律并不具有法的价值。

3. 法的价值既包含实然价值，又包含应然价值。实然价值就是在实践中已然表现出来的用处，应然价值就是在理想上应当达到的标准或要求。例如，人类制定法律，总是立足当下、放眼未来，不仅要在当下的实践中管用，还要能够应对未来的发展变化。

二、法的价值的种类

法的价值可分为基本价值和非基本价值，在这里，我们重点关注基本价值。法的基本价值有以下四类：

（一）秩序

"秩"就是有条理、不混乱，"序"就是有先后、不颠倒。如果一个整体中的每一个单位都以相同的方式来行动，这个整体就呈现出秩序。例如，中国人民解放军阅兵式之所以秩序井然，是因为每一个方队、方队中的每一个人都以相同的方式行动。

1. 秩序是一种"必然存在"。秩序的存在是自然界和社会的必然。自然界的秩序一般表现为自然法则或规律，社会的秩序通常表现为通过法律形成并维持有序状态。例如，罗马格言说，"只要有社会就会有法律"。

2. 秩序价值是法的基础价值。秩序是人生存与发展的前提与基础条件，因此，秩序价值成为法的基础价值。如果失去秩序，则自由、人权、正义等其他价值就会失去保障，从而毫无意义。

3. 秩序价值要与其他价值保持和谐。秩序不是法的唯一价值、最高价值、最根本价

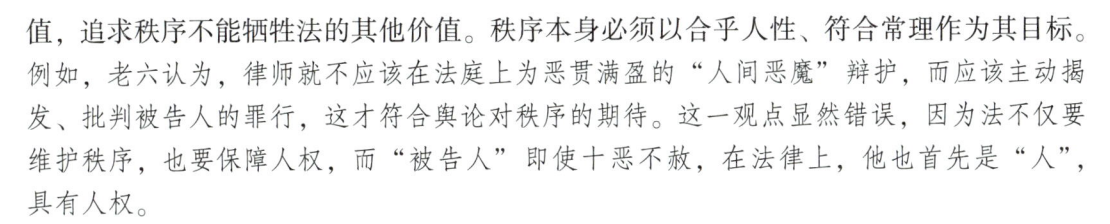

值，追求秩序不能牺牲法的其他价值。秩序本身必须以合乎人性、符合常理作为其目标。例如，老六认为，律师就不应该在法庭上为恶贯满盈的"人间恶魔"辩护，而应该主动揭发、批判被告人的罪行，这才符合舆论对秩序的期待。这一观点显然错误，因为法不仅要维护秩序，也要保障人权，而"被告人"即使十恶不赦，在法律上，他也首先是"人"，具有人权。

（二）自由

自由是指人能够基于自己的意思作出选择或决定。

1. 自由是法的最本质的价值、最高目标，是"真正的法律"的衡量标准，它体现人性最深刻的需要。例如，马克思说，"自由确实是人的本质""不自由对人来说就是一种真正的致命的危险"。

2. 自由可分为"积极自由"（主动的自由，"我想干嘛就干嘛"）和"消极自由"（被动的自由，"我不想干嘛就不干嘛"）。例如，老六强迫他人学狗叫，并称"你哮起来真好看"，这就侵犯了他人的消极自由。

3. 法律限制自由的三个原则：伤害原则、道德主义原则、家长主义原则（或称父爱主义原则）。

（1）伤害原则：行使自由不得伤害他人的合法权利。例如，老六每天半夜在前任楼下将前任送给自己的所有礼物逐一摔在地上，并用高音喇叭大喊"爱情不是你想买，想买就能买"，这一行为侵害了他人的合法权利。

（2）道德主义原则：行使自由不得侵害社会公共道德。例如，老六与其女友在地铁等末班车时，见整个站台无人，于是二人发生性关系，这一行为属于违法行为，法律基于道德主义原则而限制这种有伤风化的行为。

（3）家长主义原则：行使自由不得滥用或误用其自主权。例如，老六自信意志力超凡且有金刚不坏之躯，即使吸毒也能不成瘾、不受害，于是频繁吸食各种毒品，对此，国家法律强制其戒毒。

（三）人权

人权是指作为人应该享有或实际享有的权利。

1. 应有性。人权来自于"人自身"，因此，只要是人，就有人权，除非否认他/她是人。这是人权含义的关键和核心。

2. 历史性。人权不是空头口号，必须有具体内容，但是，其具体内容与范围总是随着人类历史的发展变化而变化。例如，现代社会中人人享有的受教育权，在古代社会中仅仅是贵族的待遇。

3. 道德性。人权在根本上是一种道德权利，把人当人看，给人以人权，这是人类的道德本性。人享受人权，既不依赖国家，也不依赖国家的法，而仅仅凭借自己是人，就能享受人权。因此，人权在逻辑上先于国家和法，先于法律权利，人权可以作为法的评价标准。

4. 法律化。人权必须尽可能被法律化，因为：①作为道德权利的人权总是虚拟的，不能总是保证人权的事实享有；②人权法律化意味着人权实在化，获得"他律"的保证

（道德的保证是"自律"的保证）。

> 经典真题

关于法与人权的关系，下列哪一说法是错误的？（2014/1/15-单）[1]
A. 人权不能同时作为道德权利和法律权利而存在
B. 按照马克思主义法学的观点，人权不是天赋的，也不是理性的产物
C. 人权指出了立法和执法所应坚持的最低的人道主义标准和要求
D. 人权被法律化的程度会受到一国民族传统、经济和文化发展水平等因素的影响

（四）正义

正义在本质上是美德、善德。

1. 正义可以分为个人正义和社会正义。个人正义即主观意义上的正义，就是个人的美德；社会正义即客观意义上的正义，是指社会中正直的、道德上合理的状态和规则。法学中的正义主要涉及社会正义。例如，罗尔斯在《正义论》中说："正义是社会制度的首要美德，正如真理是思想体系的首要美德一样。"

2. 法与正义的关系，包括以下三个方面：

（1）正义内化为法律的内容，法律是正义的体现。例如，一个刑事案件从侦查、公诉、审判到执行，每一个步骤都有《刑事诉讼法》等程序法予以明确规定，由此可见，我们将程序正义内化为程序法的内容，而程序正义借助程序法的规定体现出来。

（2）实施法律的时候，以正义作为对照、对比。在执法、司法、守法中，"善法恶用"的例子屡见不鲜，正义可以弥补这些个案的缺陷，实现个案正义。例如，恐怖分子被抓捕后，拒不交代定时炸弹的安放地点和爆炸时间，反而充分利用法律规定强调自身的人权必须受到严密的保障，对此，我们可以对照正义来弥补本案的缺陷。

（3）正义是检测法律的尺度或标准之一。检测法律的尺度或标准有很多，正义是其中至关重要的一种。法应该与正义相一致，也就是说，法应当与美德、善德相一致。法应该按照正义的标准分配权利和义务。例如，法律意义上的"血债血偿""多劳多得""允诺禁反言（禁止说话不算数）"，都反映了朴素的正义标准。

3. 分配正义的原则，包括以下三点：

（1）平等原则或无差别原则。每一个人享有的基本权利、承担的基本义务都是相同的，基本权利与基本义务是一致的。例如，在宪法这一根本大法的规定中，我国公民的基本权利和基本义务都是相同的，基本权利与基本义务也是一致的。

（2）差别原则。每一个社会成员"应该得到的"待遇，按照其贡献来分配。例如，钟南山获得"共和国勋章"，是因为他在抗击新冠肺炎疫情斗争中的杰出贡献，这一决定是由全国人大常委会依据《国家勋章和国家荣誉称号法》的规定而作出的。

（3）个人需求的原则。根据这一原则，人的必然的、客观的个人需求，应该予以满足。也就是说，分配时，要充分考虑个体差异。这一原则是对差别原则的补正：差别原则

---

[1] A

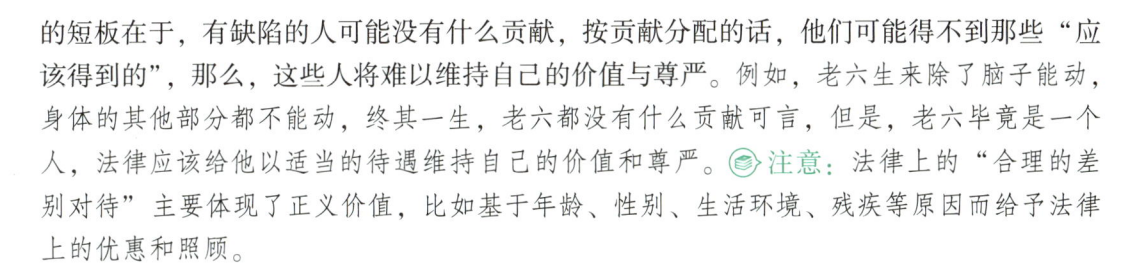

的短板在于，有缺陷的人可能没有什么贡献，按贡献分配的话，他们可能得不到那些"应该得到的"，那么，这些人将难以维持自己的价值与尊严。例如，老六生来除了脑子能动，身体的其他部分都不能动，终其一生，老六都没有什么贡献可言，但是，老六毕竟是一个人，法律应该给他以适当的待遇维持自己的价值和尊严。◎注意：法律上的"合理的差别对待"主要体现了正义价值，比如基于年龄、性别、生活环境、残疾等原因而给予法律上的优惠和照顾。

三、法的价值的冲突及其解决

（一）法的价值的冲突

法的价值有很多，既包括基本价值（秩序、自由、人权、正义），也包括非基本价值（利益、效率等），在特定条件下，这些价值不可能被同等地实现。例如，老六节假日去热门景点旅游，总想着多点自由、少些秩序，而警察维持秩序，却要求老六必须记着规矩，不要由着性子。在这个特定场合中，秩序和自由不可能被同等地实现。

（二）法的价值冲突解决原则

立法、执法、司法是对各种法的价值的衡量、选择，立法者、执法者、司法者必须考虑法的价值的平衡。

在司法中解决法的价值冲突，要按照以下两个原则：

1. 个案中的比例原则。该原则适用于同一位阶/同一种类的价值冲突。例如，歌唱家老六与夜班工人系邻居，老六白天练歌、晚上赶场，夜班工人白天休息、晚上轮班，二人因之成讼，均主张自己有相应的自由。本案中，老六唱歌的自由与邻居休息的自由产生了冲突，二者属于同一位阶/同一种类的价值，对此，应适用个案中的比例原则。

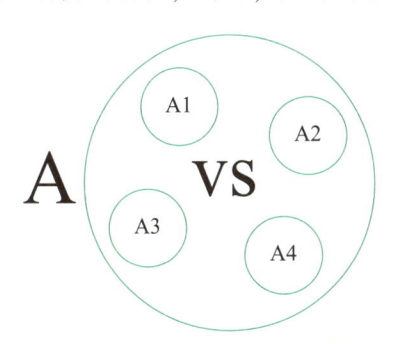

◎注意：适用个案中的比例原则时，要注意"比例"适当，也就是说，要避免价值之间的"过度伤害"。例如，当唱歌的自由与休息的自由发生冲突时，法官应当把冲突限制在妥当的限度之内，不能偏袒唱歌的自由而过度伤害休息的自由，反之亦然。

2. 价值位阶原则。该原则适用于不同位阶/不同种类的价值冲突。例如，对于恐怖分子的审讯，老六主张，为了维护国家安全秩序，可以不讲人权、直接刑讯逼供。老六的主张体现了价值位阶原则，因为国家安全秩序属于秩序价值，恐怖分子的人权属于人权价值，二者是不同位阶/不同种类的价值，对此，应适用价值位阶原则。

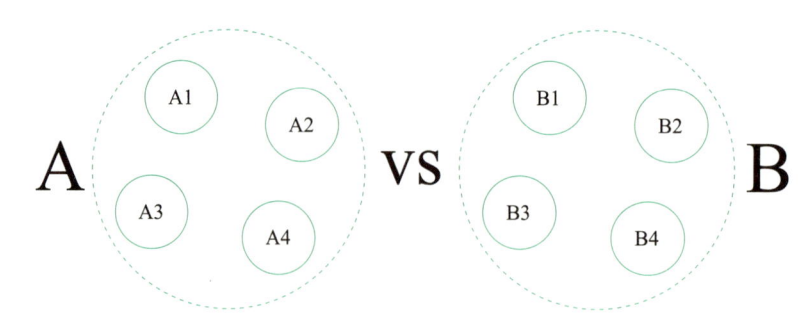

```
    A1              B1
        A2              B2
A               VS              B
    A3              B3
        A4              B4
```

注意：不同位阶/不同种类的价值之间，并没有固定的、僵化的先后顺序或者高下位阶。例如，对于恐怖分子的审讯，老六认为，国家安全秩序高于恐怖分子人权，而其他人的看法可能恰恰相反。一般而言，在适用"价值位阶原则"时，要全面考虑，不同的法的价值之间至少存在三种位阶：①某个具体法中的价值位阶；②该具体法所属部门法中的价值位阶；③特定国家的法体系中的法的价值位阶。

> 同种价值搞个比，
> 过度伤害是大忌。
> 异种价值用位阶，
> 先后顺序不拘泥。

第3节　法的要素

[举个例子] 老六购买一大瓶洗发水后一饮而尽，并称"包装没说不能喝，深层洗护更健康"，因此胃肠道受损，入院治疗。出院后，老六将洗发水生产厂家告上法庭索赔。对于此案，应当适用何种法律规范（是法律规则还是法律原则）予以裁判？

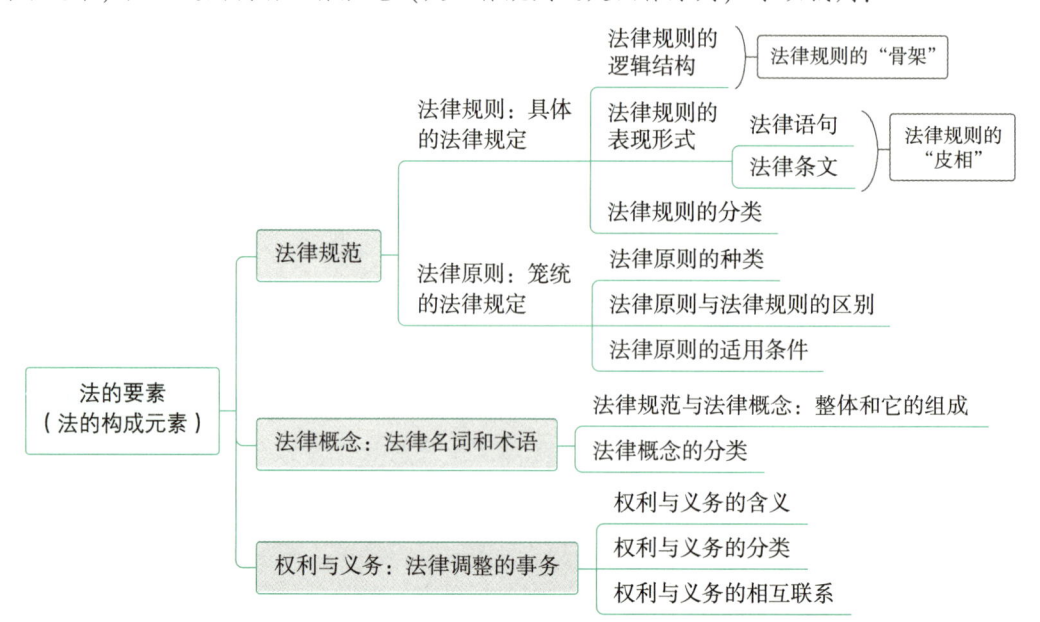

```
                                            ┌─ 法律规则的逻辑结构 ─── 法律规则的"骨架"
                         ┌─ 法律规则：具体 ─┤
                         │    的法律规定    │                     ┌─ 法律语句
                         │                  └─ 法律规则的表现形式 ─┤              ─ 法律规则的"皮相"
                         │                                        └─ 法律条文
         ┌─ 法律规范 ───┤                  ┌─ 法律规则的分类
         │              │                  │
         │              │                  ├─ 法律原则的种类
         │              └─ 法律原则：笼统 ─┤
         │                   的法律规定    ├─ 法律原则与法律规则的区别
法的要素 │                                 │
（法的   │                                 └─ 法律原则的适用条件
构成元素）│
         │                                 ┌─ 法律规范与法律概念：整体和它的组成
         ├─ 法律概念：法律名词和术语 ─────┤
         │                                 └─ 法律概念的分类
         │
         │                                 ┌─ 权利与义务的含义
         │                                 │
         └─ 权利与义务：法律调整的事务 ──┼─ 权利与义务的分类
                                           │
                                           └─ 权利与义务的相互联系
```

一、法律规则

(一) 法律规则的逻辑结构

法律规则是采取一定的结构形式<u>具体规定权利、义务以及相应后果</u>的行为规范。

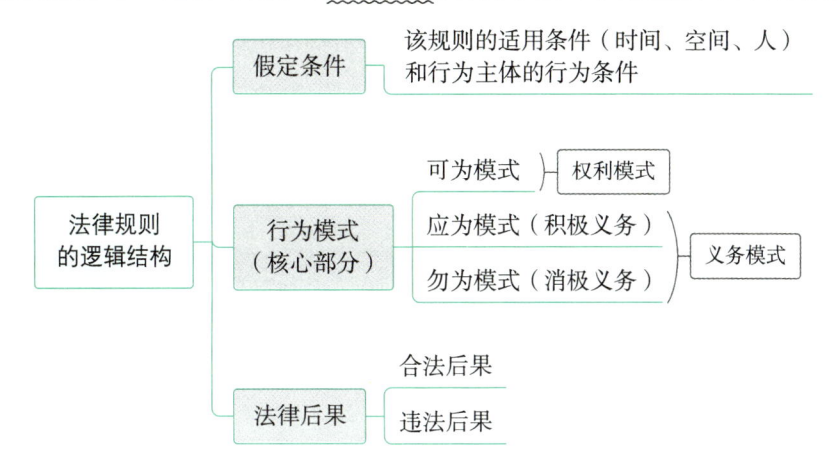

```
                    ┌─ 假定条件 ── 该规则的适用条件（时间、空间、人）
                    │              和行为主体的行为条件
                    │
                    │              ┌─ 可为模式 ──── 权利模式
法律规则   ─────────┼─ 行为模式   │
的逻辑结构          │ （核心部分） ├─ 应为模式（积极义务）┐
                    │              │                      ├─ 义务模式
                    │              └─ 勿为模式（消极义务）┘
                    │
                    └─ 法律后果 ──┬─ 合法后果
                                  └─ 违法后果
```

如何从法律的字面提炼出其背后的逻辑结构？请看以下两例：

[例1]《刑法》第129条规定，依法配备公务用枪的人员，丢失枪支不及时报告，造成严重后果的，处3年以下有期徒刑或者拘役。

假定条件：如果依法配备公务用枪的人员，丢失枪支不及时报告，造成了严重后果。

行为模式：依法配备公务用枪的人员应当及时报告——应为模式。

法律后果：不及时报告的（违背了应为模式），处3年以下有期徒刑或者拘役（违法后果）。

[例2]《刑法》第17条第2款规定，已满14周岁不满16周岁的人，犯故意杀人、故意伤害致人重伤或者死亡、强奸、抢劫、贩卖毒品、放火、爆炸、投放危险物质罪的，应当负刑事责任。

假定条件：如果已满14周岁不满16周岁的人，犯故意杀人、故意伤害致人重伤或者死亡、强奸、抢劫、贩卖毒品、放火、爆炸、投放危险物质罪。

行为模式：已满14周岁不满16周岁的人不得犯以上八种罪行——勿为模式。

法律后果：犯了以上八种罪行的（违背了勿为模式），应当负刑事责任（违法后果）。

◎注意：判断一个法律条文表述的行为模式究竟是可为模式、应为模式还是勿为模式，关键是紧扣"可以""应当""禁止"等道义助动词，理解法律规定的态度。例如：

法条字面	道义助动词	行为模式
子女<u>可以</u>随父姓，<u>可以</u>随母姓。	可　以	可为模式
现役军人的配偶要求离婚，<u>应当</u>征得军人同意。	应　当	应为模式
<u>禁止</u>任何组织或者个人用任何手段侵占或者破坏国家的和集体的财产。	禁　止	勿为模式

（二）法律规则的表现形式

1. 法律语句

要表达抽象的法律规则，离不开具体的法律语句。一切法律规范（无论是法律规则还是法律原则）必须以"法律语句"来表达。换句话说，法律规范的表达具有语言的依赖性，离开了语言，法律就因失去其载体而无法表达。与之相适应，我们只能通过语言来理解并运用法律，被理解和被运用的是隐含在语言背后的语义。

根据有无道义助动词，法律语句分为规范语句和非规范语句，如下表所示：

规范语句	**命令句**：道义助动词是"必须""应该""禁止"等。例如，现役军人的配偶要求离婚，应当征得军人同意。
	允许句：道义助动词是"可以"。例如，子女可以随父姓，可以随母姓。
非规范语句	**陈述句**：无道义助动词。例如，公民以他的户籍所在地的居住地为住所，经常居住地与住所不一致的，经常居住地视为住所。

注意：非规范语句可以被改写为规范语句。

2. 法律条文

现代国家的法典大多以条文为基本构成单位。例如，我国现行《宪法》的正文有143条，《民法典》有1260条。

法律条文又分为规范性条文与非规范性条文，如下表所示：

规范性条文	直接表述法律规范（法律规则、法律原则），即法律条文有明确的行为模式，有行为约束力。 ［例1］《刑事诉讼法》第34条第1款规定，犯罪嫌疑人自被侦查机关第一次讯问或者采取强制措施之日起，有权委托辩护人；在侦查期间，只能委托律师作为辩护人。被告人有权随时委托辩护人。 ［例2］《刑事诉讼法》第12条规定，未经人民法院依法判决，对任何人都不得确定有罪。
非规范性条文	不直接表述法律规范，而是规定某些法律技术内容（法律术语的界定、公布机关、公布时间、法律生效日期等），即法律条文没有明确的行为模式，没有行为约束力。它们总是附属于规范性法律文件中的规范性条文。 ［例1］《刑法》第25条第1款规定，共同犯罪是指2人以上共同故意犯罪。 ［例2］《刑法》第452条第1款规定，本法自1997年10月1日起施行。

注意：法律规则与法律条文之间不是机械的"一文只能表一义"的关系。在立法实践中，法律规则与法律条文的关系大致有以下三种情形：①"一文表一义"，即只用一个法律条文就说全了一条法律规则；②"数文表一义"，即用了数个法律条文才说全了一条法律规则；③"一文表多义"，即只用一个法律条文就说全了数条法律规则。

［记忆口诀］

1. 判断语句是否规范，就看有无道义助动词。
2. 判断条文是否规范，就看有无行为模式。

(三) 法律规则的分类

1. 根据内容不同，将法律规则分为授权性规则和义务性规则。

(1) 授权性规则是具体规定权力或权利的规则。具体规定权力的规则称为职权性规则；具体规定权利的规则称为权利性规则。

(2) 义务性规则是具体规定义务的规则。具体规定积极义务的规则称为命令性规则；具体规定消极义务的规则称为禁止性规则。

授权性规则	职权性规则："有……职权"。例如，"县级以上的地方各级人大行使下列职权：……"，这一法律规则规定了人大的权力。
	权利性规则："有权""可以"。例如，"当事人协商一致，可以变更合同"，这一法律规则规定了当事人的权利。
义务性规则	命令性规则："应当""必须"。例如，"现役军人的配偶要求离婚，须得军人同意"，这一法律规则规定了积极义务。
	禁止性规则："禁止""不得"。例如，"禁止任何组织或者个人用任何手段侵占或者破坏国家的和集体的财产"，这一法律规则规定了消极义务。

2. 根据内容的确定性程度不同，将法律规则分为确定性规则、委任性规则、准用性规则。

(1) 确定性规则的内容已经明确，无需委托其他机关另行制定相应规则，也无需援引其他法律规则；

(2) 委任性规则的内容尚未明确，需要委托其他机关另行制定相应规则；

(3) 准用性规则的内容尚未明确，需要援引其他法律规则来进一步确定。

确定性规则	既未指向其他机关，也未指向其他规则的，即为确定性规则。例如，《民法典》第753条规定："承租人未经出租人同意，将租赁物转让、抵押、质押、投资入股或者以其他方式处分的，出租人可以解除融资租赁合同。"这一法律规则既未指向其他机关，也未指向其他规则。
委任性规则	指向其他机关。例如，《计量法》第32条规定："中国人民解放军和国防科技工业系统计量工作的监督管理办法，由国务院、中央军事委员会依据本法另行制定。"这一法律规则把相关问题的解决指向了国务院、中央军事委员会。
准用性规则	指向其他规则。例如，《商业银行法》第17条第1款规定："商业银行的组织形式、组织机构适用《中华人民共和国公司法》的规定。"这一法律规则把相关问题的解决指向了《公司法》的有关规则。 注意：无论是指向"本法"的其他规则，还是指向"其他法"的规则，都属于准用性规则。

3. 根据规则对人们行为限定的范围、程度不同，将法律规则分为强行性规则、任意性规则。

(1) 强行性规则的内容具有强制性，行为人必须遵从，不得自行协商变更；

(2) 任意性规则的内容具有任意性，行为人不必遵从，可以自由协商变更。

强行性规则	其内容不允许更改。例如，"现役军人的配偶要求离婚，应当征得军人同意"，对于现役军人配偶而言，这一法律规则具有强制性。
任意性规则	其内容可自由选择。例如，"当事人协商一致，可以变更合同"，对于合同当事人而言，这一法律规则具有任意性。

经典真题

《老年人权益保障法》第18条第1款规定："家庭成员应当关心老年人的精神需求，不得忽视、冷落老年人。"关于该条款，下列哪些说法是正确的？（2013/1/54-多）[1]

A. 规定的是确定性规则，也是义务性规则
B. 是用"规范语句"表述的
C. 规定了否定式的法律后果
D. 规定了家庭成员对待老年人之行为的"应为模式"和"勿为模式"

二、法律原则

（一）法律原则的种类

1. 公理性原则与政策性原则

公理性原则，即由法律原理（法理）构成的原则，是严格意义上的法律原则。所谓"公理"，就是"人同此心、心同此理"，被人们普遍认同的法律原理，它在国际上具有较大的普适性，如平等原则、诚实信用原则、等价有偿原则、无罪推定原则、罪刑法定原则等。

政策性原则，即一个国家或民族出于特定的政策考虑而制定的原则。例如，我国现行《宪法》中的"法治原则"，其来源是1997年党的十五大提出的"依法治国，建设社会主义法治国家"这一政策。又如，我国现行《宪法》中的"市场经济原则"，其来源是1993年党的十三届四中全会提出的"国家实行社会主义市场经济"这一政策。

注意：与公理性原则相比，政策性原则具有针对性、民族性和时代性。

2. 基本原则与具体原则

基本原则，即整个法律体系或某一法律部门所适用的、体现法的基本价值的原则。例如，宪法是"根本大法""母法"，它规定的各项原则在刑法、民法、诉讼法等各个"子法"中都有具体的表现。

具体原则，即在基本原则指导下适用于某一法律部门中特定情形的原则。例如，在宪法的"法律面前人人平等"原则的指导下，刑法作出了具体规定："对任何人犯罪，在适用法律上一律平等。不允许任何人有超越法律的特权。"又如，英美契约法中的要约原则、承诺原则等，都是"缔约自由""契约神圣"等基本原则的具体表现。

3. 实体性原则与程序性原则

实体性原则，即直接涉及实体法问题（实体性权利和义务）的原则，如宪法、民法、

---

[1] ABD

刑法、行政法中所规定的原则等。

程序性原则，即直接涉及程序法问题（诉讼和非诉程序法）的原则，如一事不再理原则、辩护原则、无罪推定原则、非法证据排除原则、回避原则、上诉不加刑原则等。

（二）法律原则与法律规则的区别

1. 法律原则是法律规则的基础或本源。二者相比，法律规则"具体且明确"，法律原则"笼统而模糊"。例如，我国《民法典》中关于"公序良俗原则"的规定："民事主体从事民事活动，不得违反法律，不得违背公序良俗。"但是，"民事主体""公序良俗"的具体含义是什么，该原则并未明确。

2. 法律原则与法律规则的区别有三：

（1）在规范内容上：法律规则明确具体、刚性，着眼于共性（一般性、普遍性），其目的是削弱或防止"自由裁量"；法律原则概括性、弹性，同时关注共性和个性（特殊性、个别性），适用余地较大。例如，对于父母杀死逆子与逆子杀死父母这两种情形，法律规则着眼于"杀人"这一共性，法律原则却更多地关注两种情形的个性。

（2）在适用范围上：法律规则仅仅适用于某一类行为；法律原则不仅适用于某一类行为，某一法律部门，甚至全部法律体系均通用。例如，"平等原则"是我国法律体系通用的原则，宪法、民法、刑法等各部门法均规定了"法律面前人人平等"。

（3）在适用方式上：

❶ 适用法律规则时，只采用全有或全无的方式。也就是说，遇到 A 规则和 B 规则都能适用于同一个行为的情形时，我们要么适用 A 规则，要么适用 B 规则，但不能同时适用 A 规则和 B 规则。例如，老六拿 10 万元假币购买名表 1 只，在刑法上，有两个规则对应这一行为，《刑法》第 172 条"使用假币罪"和第 266 条"诈骗罪"，但是，我们只能在两个规则中选择其中之一，要么定使用假币罪，要么定诈骗罪，而不能既定使用假币罪，又定诈骗罪。在这里，适用一个规则就否定、排除了另一个规则。

❷ 适用法律原则时，不采用全有或全无的方式。也就是说，遇到 A 原则和 B 原则都能适用于同一个行为的情形时，我们可以同时适用 A 原则和 B 原则。例如，对于老六拿 10 万元假币购买名表 1 只的行为，我们可以既适用"罪刑法定原则"给他定罪，又适用"罪责刑相适应原则"给他量刑。在这里，适用一个原则并不否定、排除另一个原则。

[记忆口诀] 适用规则时"要么选我，要么选它"；适用原则时"既可选我，还可选它"。

（三）法律原则的适用条件

1. 规则优先适用：一般情形下，穷尽了法律规则，才能适用法律原则。

2. 除非个案正义：除非为了实现个案正义，可以优先适用法律原则，但是，要经过充分论证，为优先适用法律原则提供更强的理由，否则，不得径行适用法律原则。例如，1889 年，美国纽约州，帕尔默的祖父立下遗嘱，指定帕尔默为遗产继承人。为及早获得遗产，帕尔默将祖父毒死。依据当时纽约州的法律规则，谋杀归谋杀，继承归继承，谋杀不妨碍继承，帕尔默有权继承其祖父的遗产。但是，为了个案正义，法庭直接适用了"不当得利"原则，即"任何人都不得从他的不当行为中获利"，剥夺了帕尔默的继承权。

经典真题

全兆公司利用提供互联网接入服务的便利，在搜索引擎讯集公司网站的搜索结果页面上强行增加广告，被讯集公司诉至法院。法院认为，全兆公司行为违反诚实信用原则和公认的商业道德，构成不正当竞争。关于该案，下列哪一说法是正确的？（2016/1/9-单）[1]

A. 诚实信用原则一般不通过"法律语句"的语句形式表达出来
B. 与法律规则相比，法律原则能最大限度实现法的确定性和可预测性
C. 法律原则的着眼点不仅限于行为及条件的共性，而且关注它们的个别性和特殊性
D. 法律原则是以"全有或全无"的方式适用于个案当中

三、法律概念

（一）法律概念的内涵

法律概念，即具有法律意义的概念。

1. **任何具有法律意义的概念都是法律概念。** 它既包括法律和法学中专门法律意义的概念（如法人、债权），也包括日常生活中具有法律意义的概念（如故意、自然人）。注意：没有法律意义的概念不是法律概念。例如，"仅仅""只是""除非""然后""那么""如同""虽然""为了"等连词并没有法律意义，它们属于普通词汇。

2. **任何法律规范均由法律概念组成。** 法律概念的意义受到法律规范的影响，但并不完全取决于法律规范。注意：在执法、司法中，法律概念能否脱离法律规范而独立运用？不能。因为法律概念是对法律事实、法律现象的概括和抽象，它本身并不规定权利和义务，而执法、司法是对权利和义务的处理，人们仅靠法律概念，无法达成执法、司法的要求。

（二）法律概念的分类

是否清晰表述	（1）确定性概念：语义清晰的概念。如"公民""法人""自然人"等概念。 （2）不确定性概念：语义不清晰的概念。例如，"夜间"究竟是几点钟到几点钟？"噪音"究竟是多少分贝？"机动车"究竟是什么车？"严重后果"究竟是什么程度？"显失公平"究竟有多明显的不公平？
定义要素间的关系	（1）分类概念：采用内涵定义的方式而形成的概念。内涵定义关注被定义事物的本质和特征，通常紧扣被定义事物与其他事物的差别。例如，"凡具有中华人民共和国国籍的人都是中华人民共和国公民。"在这里，"中国公民"与"其他国家的公民"最大的区别在于是否具有中国国籍。它分为两种：连言式定义、选言式定义。 ①连言式定义：用到"和""并且"这一类并列关系连词。例如，"明知自己的行为会发生危害社会的结果，并且希望或者放任这种结果发生，因而构成犯罪的，是故意犯罪。"在这里，"故意犯罪"这一概念使用了连言式的定义方式。 ②选言式定义：用到"或""或者"这一类选择关系连词。例如，"犯罪的行为或者结果有一项发生在中华人民共和国领域内的，就认为是在中华人民共和国领域内犯罪。"在这里，"在中国境内犯罪"这一概念使用了选言式的定义方式。

---

[1] C

续表

定义要素间的关系	（2）类型概念：采用描述定义的方式而形成的概念。描述定义关注被定义事物的具体表现，通常选取有代表性的特例做参照物。例如，"人包括男人、女人"，"持有是一种事实上的、社会上的支配"，"物权包括所有权、用益物权和担保物权"。
功能差异	（1）描述性概念：用以描述事实的概念。描述性概念有真假之分：与事实相吻合的（俗称"说准了"），是真概念；与事实不相吻合的（俗称"没说准"），是假概念。例如，老六指着大瓶洗发水说："口~服~液！"然后一饮而尽。在这里，"口服液"这一概念与事实不相吻合，因而是假的描述性概念。描述性概念所描述的"事实"包括三种： ①自然事实：独立于人的意识的事实。例如，"矿藏""河流""森林""自然资源""自然灾害"等，都是描述了自然事实的概念。 ②社会事实：依赖于人的意识的事实。例如，"纠纷""人权""人祸"等，都是描述了社会事实的概念。 ③制度事实：依赖于法律规范的事实。例如，"法律纠纷""法律权利""武装叛乱""武装暴乱"等，都是描述了制度事实的概念。 （2）评价性概念：包含价值判断的概念。价值判断与事实判断相对。事实判断是指对事实的判断，通常表现为"是什么"或"不是什么"等判断，有真假之分。例如，"老六是人"，这是一个事实判断。价值判断是指主体对客体有无价值、有哪些价值、有多大价值的判断，通常表现为好与坏、善与恶、多与少、贵与贱、高尚与卑劣等判断，没有真假之分。例如，"老六是个贱人"，这是一个价值判断。在法律上，公序良俗、淫秽物品、善良、恶意等概念，都是包含价值判断的评价性概念。 （3）论断性概念：基于对一个事实的确认，来认定、推断另一个事实的存在。例如，确认"犯罪"这一事实后，就能认定、推断犯罪人的"责任"，在这里，"罪责"这一概念说的就是"先确认罪，再确定责"，它属于论断性概念。又如，民法的"推定""宣告死亡"也属于论断性概念。

四、权利与义务

权利与义务是一切法律规范、法律部门（部门法），甚至是整个法律体系的核心内容。

（一）权利与义务的含义

1. 法律权利。法律权利，是指法律关系主体依法享有的某种权能或利益，它通常表现为法律关系主体获得法律许可和保障的自主决定作为或不作为的资格。

（1）法律权利的特征有四：

❶法定性：法律权利仅仅是法律规定的权利，未经法律规定的权利不属于法律权利。例如，老六在楼顶搭建鸽舍，养鸽50只，邻居不堪其扰，将老六诉至法院，在法庭上，老六主张自己有"养鸽权"，邻居主张自己有"安居权"，这两种权利都不属于法律权利，因为法律并未对此作出规定。

❷自主性：法律权利不得被强制行使。例如，老六的前妻拒不探视孩子，老六遂将其前妻诉至法院，要求法院强制其前妻每月探视4次，而法院并未支持这一诉求，因为探视孩子是离异父母的权利，法律不能强制权利人行使权利。

❸利益性：法律权利实质上就是利益。换句话说，法律权利其实就是"法律允许你获得的利益"。例如，宪法规定"公民的合法的私有财产不受侵犯"，这一财产权的规定直接体现了法律权利的利益本质。

❹依存性：法律权利与法律义务相互依存。例如，马克思说，在法律上，"没有无义务的权利，也没有无权利的义务"。

[记忆口诀] 权利特征：依法自利。

（2）法律权利的语义类型。从语义类型上看，"老六享有法律权利"这句话里的"法律权利"，可能是自由权，也可能是主张权，还可能是权力权。因此，法律权利的语义类型有三：

❶自由权，是指法律允许权利主体自主决定做什么或不做什么，而且他人不得干涉。例如，探视权就是一种自由权，法律允许老六前妻自主决定探望或不探望孩子，而且包括老六在内的他人不得干涉。

❷主张权，也称请求权，是指权利主体可以要求或请求他人作出或不作出一定的行为。例如，债权就是一种请求权，债权人自己无法实现债权，只能请求债务人还债才能实现债权。

❸权力权，也称法律能力，是指法律允许权利主体拥有力量使得他与别人的关系发生变化。权力权可以依法运用强力创立、维持、变更法律关系，因此，它可以把自由权和主张权作为对象或客体加以调整。例如，民事行为能力就是权力权的具体表现。老六的妻子始终拒绝生娃，并称"我就不想生娃，谁也不得干涉，因为生育权是自由权"，老六因此离婚，也称"我有法律能力，消灭婚姻关系，因为权力权可以调整自由权"。

鉴于权力权相对于自由权、主张权的地位，法理学把自由权和主张权称为"一阶权利"，把权力权称为"二阶权利"。

```
                    二阶权利
        一阶权利      权力权
         自由权
         主张权
```

[口诀] "一姐资助了二姐的权力"：一阶自主，二阶权力。

2. 法律义务。法律义务，是指法律关系主体依法被强制履行的作为或不作为的约束。

（1）法律义务的内涵有三：

❶边界性。法律义务是义务人必要的行为尺度。例如，宪法规定，"禁止用任何方法对公民进行侮辱、诽谤和诬告陷害"，而老六通过精神控制的方法让他人学狗叫，并称"你哮起来真好看"，这就违背了宪法规定的禁止侮辱他人的义务，因为"任何方法"包括精神控制的方法，老六的行为超出了宪法规定的行为尺度。

❷强制性。法律义务是必须履行的法律约束，它具有强制履行的性质。例如，老六败诉后执意当"老赖"，拒绝履行法院判决的赔偿义务，则法院执行局可以对其强制执行。

注意：义务人对于义务的内容不可随意转让或违反。例如，老六不能拒绝赡养父母或把赡养父母的义务转让给无关的他人。

❸应然性。法律义务所指出的是人们的"应然"行为或未来行为,而不是人们事实上已经履行的行为。已履行的"应然"行为是义务的实现,而不是义务本身。例如,老六有缴纳个人所得税的义务,这意味着只要老六的个人所得达到了纳税标准,他就应当纳税,而老六每次纳税是对纳税义务的实现,纳税行为并不等于纳税义务本身。

(2) 法律义务包括两个部分:积极义务和消极义务。

❶积极义务,又称作为义务,是指义务人必须作出一定行为的义务。例如,赡养父母的义务、抚养子女的义务、纳税的义务、服兵役的义务,都要求义务人以作为的方式(即积极的身体活动)履行义务。

❷消极义务,又称不作为义务,是指义务人不得作出一定行为的义务。例如,不得破坏公共财产的义务、禁止非法拘禁的义务、严禁刑讯逼供的义务,都要求义务人以不作为的方式(即消极的身体活动)履行义务。

(3) 法律义务的语义类型有二:职责性义务和服从性义务。

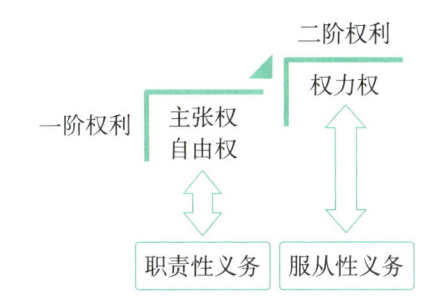

```
                      二阶权利
                       权力权
       一阶权利  主张权
              自由权
                ↕        ↕
              职责性义务  服从性义务
```

❶职责性义务与自由权、主张权相对应。

与自由权相对应的职责性义务一般表现为禁止义务人作出或不作出某些行为,即自由权的拥有者有权要求义务人不阻碍其行为自由。例如,老六的妻子依法享有生育权这一自由权,那么,其妻子有权要求义务人老六不阻碍她不生娃的自由。

与主张权相对应的职责性义务一般表现为命令义务人作出或不作出某些行为,即主张权的拥有者有权主张或要求义务人作出或不作出某些行为。例如,债权人老六依法享有债权这一主张权,那么,老六可以要求债务人作出还债的行为。

❷服从性义务与权力权相对应。一般而言,当权力权的拥有者改变他与义务人的法律关系或法律地位时,义务人只能服从或屈服。例如,老六的妻子因为老六整天要求自己生娃,终于跟老六离婚,老六虽然不理解、不接受,却只能服从。

(二) 权利与义务的分类

1. 基本权利义务与普通权利义务

(1) 基本权利义务,即基于宪法规定的权利和义务。例如,人格尊严权、选举权和被选举权都是基于宪法规定的基本权利,依法纳税、依法服兵役、夫妻计划生育都是基于宪法规定的基本义务。

(2) 普通权利义务,即基于普通法律规定的权利和义务。例如,姓名权、肖像权、名誉权、荣誉权、隐私权都是基于民法规定的普通权利,对特定危险源的管理义务、对特定对象的保护义务、对特定领域的管理义务都是基于刑法规定的普通义务。

2. 绝对权利义务与相对权利义务

（1）绝对权利义务，又称"对世权利"和"对世义务"，是对应不特定的法律主体的权利和义务。

❶绝对权利对应不特定的义务人，也就是说，绝对权利可以向不特定主体（即任何人）主张。例如，所有权是绝对权利，这意味着如果这个杯子属于我所有，那么我可以向任何人主张"谁都不能侵犯我的杯子"。

❷绝对义务对应不特定的权利人，也就是说，绝对义务应当向不特定主体（即任何人）履行。例如，宪法规定公民"不得侵犯他人的人格尊严"，这里的"他人"是指任何人，这意味着公民不能侵犯任何人的人格尊严，因此，不侵犯他人的人格尊严就是公民的绝对义务。

（2）相对权利义务，又称"对人权利"和"对人义务"，是对应特定的法律主体的权利和义务。

❶相对权利对应特定的义务人，也就是说，相对权利只能向特定主体（即特定人）主张。例如，在甲、乙签订的合同中，甲的权利只能向乙主张，乙的权利只能向甲主张，甲、乙都不能向大街上任意的、不特定的人主张合同中的权利。

❷相对义务对应特定的权利人，也就是说，相对义务应当向特定主体（即特定人）履行。例如，在甲、乙签订的合同中，甲的义务应当向乙履行，乙的义务应当向甲履行，甲、乙都无需向大街上任意的、不特定的人履行合同中的义务。

[记忆口诀] 绝对权义对所有人，相对权义对特定人。

3. 个人权利义务、集体（法人）权利义务、国家权利义务

（1）个人权利义务：与公民个人（自然人）相关的权利义务；

（2）集体（法人）权利义务：与国家机关、社会团体、企事业组织相关的权利义务；

（3）国家权利义务：与国际法和国内法上作为法律关系主体的国家相关的权利义务。

（三）权利与义务的相互联系

1. 结构依存：两者紧密联系、不可分割。正如马克思所说，在法律上，"没有无义务的权利，也没有无权利的义务"。

2. 总量相等：在法律上，人们享受多少权利，就相应地履行多少义务。

3. 发展历程：权利和义务经历了从浑然一体到分裂对立再到相对一致的发展过程。

4. 两种本位：权利和义务两者在不同国家的法律体系中的地位有主次之分。

（1）"义务本位"，即义务先于权利，这意味着只有先履行义务，才能享受权利。等级特权社会的法律往往强调"义务本位"。例如，古代社会法律秩序下的贱民阶层"不劳作者不得食"——只有履行了劳动义务才能享受基本的生存权利，否则饿死拉倒。

（2）"权利本位"，即权利先于义务，这意味着享受权利不以履行义务为前提。法治社会的法律重视"权利本位"，其义务设定的目的是保障权利的实现。例如，今日之中国，公民不履行纳税、服兵役的义务，同样可以享受生命权、受教育权，并不会因为不纳税、不服兵役就被剥夺生命和受教育的机会。

第4节 法的渊源

[举个例子] 老六的大伯自幼出家,大伯圆寂后,老六是其唯一的继承人。老六持继承权公证文书去大伯生前所在的佛寺要求继承巨额遗产,却被佛寺拒绝,因之成讼。佛寺辩称,依据教规,"出家的僧人,色身交于常住,性命交于龙天",出家人生养死葬,皆由佛寺负责,与俗家无关,一切财物,统归佛寺,俗家亲属无权干预。老六的大伯生前一切费用由佛寺承担,葬礼由佛寺举办,遗物应归佛寺所有,老六无权继承。你认为,国家法律与宗教教规是什么关系?本案该如何处理?[1]

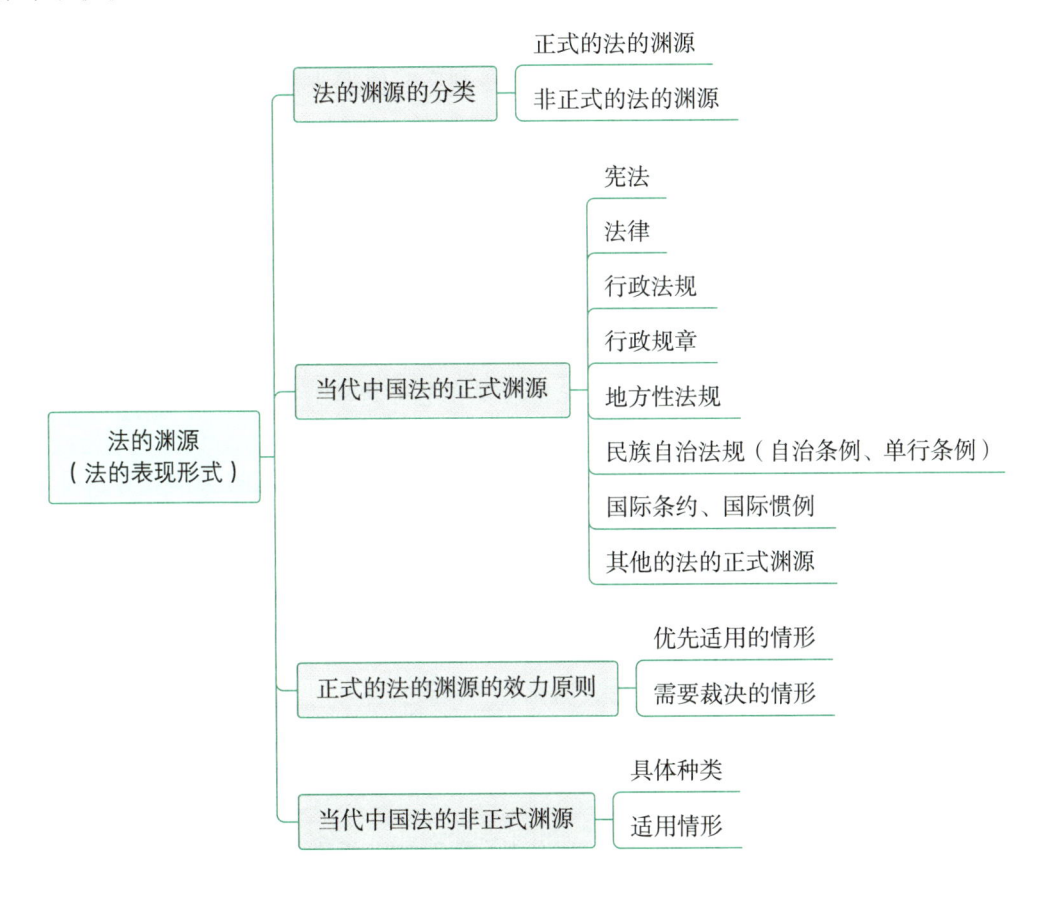

- 法的渊源（法的表现形式）
  - 法的渊源的分类
    - 正式的法的渊源
    - 非正式的法的渊源
  - 当代中国法的正式渊源
    - 宪法
    - 法律
    - 行政法规
    - 行政规章
    - 地方性法规
    - 民族自治法规（自治条例、单行条例）
    - 国际条约、国际惯例
    - 其他的法的正式渊源
  - 正式的法的渊源的效力原则
    - 优先适用的情形
    - 需要裁决的情形
  - 当代中国法的非正式渊源
    - 具体种类
    - 适用情形

一、法的渊源及其分类

法的渊源,即法的表现形式。在这里,"渊源"这个词的意思不是"起源、来源、本源",而是"表现形式"。将"法的渊源"一词作为专业术语,用来指称"法的表现形式",很可能来自日本学者。[2]

---

[1] 参见中国高级法官培训中心编写：《疑难案例评析》，中国政法大学出版社 1992 年版，第 144 页。
[2] 参见周旺生：《法的渊源与法的形式界分》，载《法制与社会发展》2005 年第 4 期，第 125 页。

(一) 法的渊源的性质

1. 被特定法律共同体所承认。换句话说，只有得到了法律共同体承认的规矩，才能成为法的渊源；没有得到法律共同体承认的规矩，不能成为法的渊源。例如，一般而言，法律用于法官处理案件，教规用于法师解决问题，二者各有其位，但是，在老六与佛寺争讼和尚遗产一案之中，教规要成为法官判案的参照，首先要得到法官承认。

2. 具有法律上的约束力或法律上的说服力。①约束力，即强制力、效力，也就是强迫人们就范的力量；②说服力，即引导、劝服之力，也就是沟通、劝导人们就范的力量。例如，法官对于老六与佛寺争讼和尚遗产一案，可以依据国家法律，参照宗教教规，判决老六和佛寺按适当的比例分割和尚遗产。在本案中，国家法律之所以是判决的依据，是因为它具有法律上的约束力；宗教教规之所以成为判决的参照，是因为它虽然没有法律上的约束力，却具有法律上的说服力。

3. 能够作为法律决定的大前提。大前提就是判案时依据或参照的规矩。法律人作出法律决定，总是要依据、参照某些规矩，不能凭空判断。例如，对于老六与佛寺争讼和尚遗产一案，法官判案的依据是国家法律，判案的参照是宗教教规，这二者都是本案"法律决定的大前提"。

(二) 法的渊源的分类

法的渊源分为两种：正式的法的渊源、非正式的法的渊源。法即规矩，正式的法的渊源就是正式的规矩形式，非正式的法的渊源就是非正式的规矩形式。例如，"国有国法，家有家规"，二者相比，国法是正式的，首先就表现在它有起草、提案、审议、表决、公布等一系列国家机关进行的仪式性的程序，而家规显然是非正式的。

1. 正式的法的渊源。即正式的法的表现形式，它具有明文规定的法律效力，可以直接作为法律决定的大前提，即判决的依据。例如，包括宪法、法律（民法、刑法等）、法规（行政法规、地方性法规等）等制定法在内的国家法律，都是正式的法的渊源。

2. 非正式的法的渊源。即非正式的法的表现形式，它不具有明文规定的法律效力，但具有法律说服力，能够构成法律人的法律决定的大前提的准则来源，即判决的参照。例如，宗教教规就属于非正式的法的渊源，除此之外，正义标准、理性原则、公共政策、道德信念、社会思潮、习惯、乡规民约、社团规章、权威性法学著作、外国法等，都属于非正式的法的渊源。

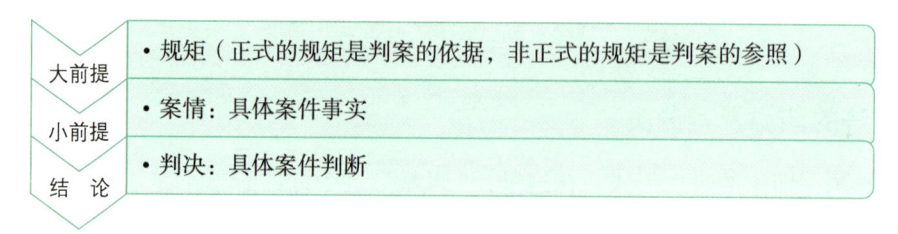

大前提	• 规矩（正式的规矩是判案的依据，非正式的规矩是判案的参照）
小前提	• 案情：具体案件事实
结 论	• 判决：具体案件判断

判案的三个步骤

📖 注意：判决的依据不同于判决的参照。例如，刑事判决书的"判决结果"部分应当写作"依照《中华人民共和国刑法》第×条、《中华人民共和国刑事诉讼法》第×条之规定，判决如下"，这一格式说明了法条之类正式的法的渊源就是判决的依据。与之相对应，在刑事判决书中绝不可能看到"依照我国传统美德，判决如下"的词句，只能看到判决书在释法说理部分援引道德、风俗等非正式的法的渊源强化判决的说服力，这充分说明非正式的法的渊源一般只能作为判决的参照。

二、当代中国法的正式渊源

当代中国法的正式渊源包括宪法、法律、行政法规、行政规章、地方性法规、民族自治法规（自治条例和单行条例）、国际条约和国际惯例等。

📖 注意：如何区分法的正式渊源？关键看"母体"（看它的制定机关是谁）。例如，全国人大常委会制定了《关于实行宪法宣誓制度的决定》，那么它就是"法律"，因为只要是全国人大、全国人大常委会制定的规范，即使名为"决定"，也都是"法律"。

（一）宪法

制定机关	1954年第一届全国人大第一次会议。 [概念辨析] （1）我国宪法的制定主体是人民； （2）我国宪法的制定机关是1954年第一届全国人大第一次会议； （3）我国宪法的起草机关是1953年宪法起草委员会； （4）我国宪法的修改机关是全国人大； （5）我国宪法的解释机关是全国人大常委会。
现行《宪法》不是判决依据	目前我国《宪法》不能作为判决的依据。例如，2016年最高人民法院印发的《人民法院民事裁判文书制作规范》规定："裁判文书不得引用宪法……作为裁判依据，但其体现的原则和精神可以在说理部分予以阐述。"

（二）法律（狭义的法律）

制定机关	全国人大、全国人大常委会。
分 类	（1）基本法律：全国人大制定和修改的规范性法律文件。例如，《刑法》由1979年7月1日第五届全国人大第二次会议通过。 （2）非基本法律：全国人大常委会制定和修改的规范性法律文件。例如，《文物保护法》由1982年11月19日第五届全国人大常委会第二十五次会议通过。 ①在全国人大闭会期间，全国人大常委会也有权对全国人大制定的法律进行部分补充和修改，但是不得同该法律的基本原则相抵触。 ②全国人大及其常委会作出的规范性的决议、决定、规定、办法等，也属于"法律"类的法的渊源。例如，全国人大常委会于1998年12月29日颁布的《关于惩治骗购外汇、逃汇和非法买卖外汇犯罪的决定》，虽名为"决定"，却是"法律"，它与《刑法》的地位、效力相同。
法律保留	法律保留，是指某些事项只能以"法律"的形式加以规定，不能以其他形式加以规定。我国的法律保留体现在《立法法》第11、12条的规定之中。法律保留分为绝对保留和相对保留。

续表

法律保留	（1）绝对保留。以下事项只能以"法律"的形式加以规定，绝对不能以其他形式加以规定：①犯罪和刑罚；②对公民政治权利的剥夺；③限制人身自由的强制措施和处罚；④司法制度。 ［记忆口诀］献身政治，司法最行：限身；政治；司法；罪、刑。 （2）相对保留。下列事项尚未制定法律的，全国人大及其常委会有权作出决定，授权国务院先制定行政法规：①国家主权的事项；②各级人大、人民政府、监察委员会、人民法院和人民检察院的产生、组织和职权；③民族区域自治制度、特别行政区制度、基层群众自治制度；④税种的设立、税率的确定和税收征收管理等税收基本制度；⑤对非国有财产的征收、征用；⑥民事基本制度；⑦基本经济制度以及财政、海关、金融和外贸的基本制度。 ［记忆口诀］主权、机关、自治、钱（税、财、民事、经济、海关、金融、外贸都属于"钱"的范畴）。

（三）行政法规

制定机关	国务院（即中央人民政府）。
权　限	（1）为执行法律的规定需要制定行政法规的事项； （2）《宪法》第89条规定的国务院行使行政管理职权的事项。
命名规范	行政法规的命名可以使用"条例""规定""办法"，或者"暂行条例""暂行规定"（冠以"暂行"则须全国人大及其常委会授权）。国务院各部门和地方人民政府制定的规章不得称"条例"。

（四）行政规章

制定机关	（1）部门规章由国务院各部委、央行、审计署、直属管理机构以及法律规定的机构制定； （2）地方政府规章由设区的市、自治州以上的地方各级人民政府制定。
权　限	部门规章：根据法律和国务院的行政法规、决定、命令，在本部门的权限内制定。 地方政府规章：根据法律、行政法规和本省、自治区、直辖市的地方性法规制定。
命名规范	规章的名称一般称"规定""办法"，但不得称"条例"。

（五）地方性法规

制定机关	设区的市、自治州以上的地方各级人大及其常委会。
权　限	地方性法规可以就下列事项作出规定：①为执行法律、行政法规的规定，需要根据本行政区域的实际情况作具体规定的事项；属于地方性事务需要制定地方性法规的事项。②设区的市、自治州只能就本行政区域的城乡建设与管理、生态文明建设、历史文化保护、基层治理等方面的事项制定地方性法规，省、自治区、直辖市则不受此限。
命名规范	地方性法规一般称"条例""规则""规定""办法"等。

（六）民族自治法规

制定机关	自治区、自治州、自治县（不包括民族乡）的人大（人大常委会无此权力）。
分 类	自治条例系综合性法规，其内容比较广泛。
	单行条例规定某一方面的事务。
权 限	自治条例和单行条例可以依照当地民族的特点，对法律和行政法规的规定作出变通规定。但是，"基、宪、民、专不能变"，即不得违背法律或者行政法规的基本原则，不得对宪法和民族区域自治法的规定以及其他有关法律、行政法规专门就民族自治地方所作的规定作出变通规定。
命名规范	民族自治法规一般称"条例""规定""变通规定""变通办法"等。

（七）国际条约、国际惯例

分 类	国际条约，是指我国与外国缔结的双边、多边协议和其他具有条约、协定性质的文件。
	国际惯例，是指以国际法院等各种国际裁决机构的判例所体现或确认的国际法规则和国际交往中形成的国际习惯。
权 限	(1) 国务院同外国缔结条约和协定，全国人大常委会决定有关条约和重要协定的批准和废除；国家主席根据全国人大常委会的决定，批准和废除有关条约和重要协定。 (2) 加入多边条约和协定，由全国人大常委会或国务院决定；接受多边条约和协定，由国务院决定。
其他规定	我国国内法规定了国际条约和国际惯例的法的效力。例如，《民用航空法》第184条规定，中华人民共和国缔结或者参加的国际条约同本法有不同规定的，适用国际条约的规定；但是，中华人民共和国声明保留的条款除外。中华人民共和国法律和中华人民共和国缔结或者参加的国际条约没有规定的，可以适用国际惯例。

（八）其他的法的正式渊源

军事法规和军事规章	分别由中央军委和军内有关方面制定。
特别行政区的法律	特别行政区立法会在自治范围内制定、修改和废止。
经济特区的规范性文件	由全国人大授权经济特区的人大及其常委会制定。

三、正式的法的渊源的效力原则

[举个例子] 老六为大哥有偿育种，种成之日，因种子定价产生争论。老六主张按照国家《价格法》《种子法》搞市场价，大哥主张按照本省《种子管理条例》搞政府指导价。在这里，《价格法》《种子法》这两部"法律"与该省《种子管理条例》这一部"地方性法规"发生了冲突。对于本案，应适用法律还是地方性法规？（洛阳种子案）

正式的法的渊源之间的冲突，包括以下三种情形：不同位阶/不同等级的法的渊源之间的冲突、同一位阶/同一等级的法的渊源之间的冲突、位阶交叉/等级交叉的法的渊源之间的冲突。

（一）不同位阶/不同等级的法的渊源之间的冲突

1. 基本原则：以宪法（或根本法）为核心，上位法高于下位法。

[记忆口诀] 不同位阶，只管"拼爹"，谁"爹"大谁就大。

2. 等级划分：①第一等级：宪法（或根本法）；②第二等级：法律、国际公约；③第三等级：行政法规；④第四等级：地方性法规、自治条例、单行条例和行政规章。例如，全国人大常委会 2000 年制定的《种子法》与某省人大 2003 年制定的《种子管理条例》相比，哪一个位阶高？当然是《种子法》，因为它的制定机关是全国人大常委会，该机关的地位高于某省人大。

（二）同一位阶/同一等级的法的渊源之间的冲突

1. 新法优于旧法。也称后法优于先法，即同一国家机关制定的法中，如果新法与旧法产生冲突，那么新法的效力优先于旧法的效力。

2. 特别法优于一般法。即同一国家机关制定的法中，适用于特定主体、特定事项的法比适用于一般主体、一般事项的法优先；适用于特定时间、特定空间的法比适用于平时、一般地区的法优先。例如，全国人大常委会 1993 年制定《公司法》、1995 年制定《商业银行法》，二者相比，《公司法》适用于所有的公司，《商业银行法》仅适用于商业银行这种特定形式的公司。因此，如果它们发生冲突，《商业银行法》优先于《公司法》适用。

3. 特殊情形：同一机关制定的法中，新的一般法与旧的特别法发生冲突，不能确定如何适用时，找该法的制定机关裁决。例如，法律之间对同一事项的新的一般规定与旧的特别规定发生冲突，找全国人大常委会裁决。又如，行政法规之间对同一事项的新的一般规定与旧的特别规定发生冲突，找国务院裁决。

[记忆口诀] 同一个"爹"同位阶，特别优先、弟优先；两个原则绞一起，直接找"爹"来裁决。

（三）位阶交叉/等级交叉的法的渊源之间的冲突

1. 变通规定

（1）自治条例和单行条例依法对法律、行政法规、地方性法规作变通规定的，在本自治地方适用自治条例和单行条例的规定；

（2）经济特区法规根据授权对法律、行政法规、地方性法规作变通规定的，在本经济特区适用经济特区法规的规定。

[记忆口诀] 经济特区和自治，变通不出本辖区。

2. 地方性法规与部门规章之间发生冲突时，由国务院提出意见，国务院认为应当适用地方性法规的，则在该地方适用地方性法规；国务院认为应当适用部门规章的，还须提请全国人大常委会裁决。例如，某省人大制定的地方性法规与国家某部制定的部门规章发生冲突时，应当先由国务院提出意见。国务院认为应当适用地方性法规的，则按照国务院的意思来，在当地适用地方性法规；如果国务院认为应当适用部门规章，那么还须提请全国人大常委会对此予以裁决。

[抠字眼、讲逻辑] "提出意见"和"裁决"切不可混为一谈。《立法法》规定由国务院先提出意见，是因为国务院有权对规章是否合法或合理作出判断，如果

是规章的问题，国务院可以行使改变或撤销权。但是，国务院无权改变或撤销地方性法规，因此，如果国务院认为地方性法规有问题，应当适用部门规章，应当提请全国人大常委会作出裁决。

3. 部门规章之间、部门规章与地方政府规章之间发生冲突时，由国务院裁决。

[记忆口诀] 行政系统内冲突，就找总爹国务院。

4. 根据全国人大、全国人大常委会授权制定的法规与法律发生冲突时，由全国人大常委会裁决。

[记忆口诀] 授权法规打法律，全国人常来裁决。

经典真题

1. 特别法优先原则是解决同位阶的法的渊源冲突时所依凭的一项原则。关于该原则，下列哪些选项是正确的？（2016/1/58-多）[1]

    A. 同一机关制定的特别规定相对于同时施行或在前施行的一般规定优先适用
    B. 同一法律内部的规则规定相对于原则规定优先适用
    C. 同一法律内部的分则规定相对于总则规定优先适用
    D. 同一法律内部的具体规定相对于一般规定优先适用

2. 关于法律、行政法规、地方性法规、自治条例和单行条例、规章的适用，下列哪些选项符合《立法法》规定？（2009/1/62-多）[2]

    A. 同一机关制定的特别规定与一般规定不一致时，适用特别规定
    B. 法律、行政法规、地方性法规原则上不溯及既往
    C. 地方性法规与部门规章之间对同一事项的规定不一致不能确定如何适用时，由国务院裁决
    D. 根据授权制定的法规与法律规定不一致不能确定如何适用时，由全国人大常委会裁决

3. 某地法院在审理案件过程中发现，该省人民代表大会所制定的地方性法规规定与国家某部委制定的规章规定不一致，不能确定如何适用。在此情形下，根据我国《宪法》和《立法法》，下列哪种处理办法是正确的？（2006/1/3-单）[3]

    A. 由国务院决定在该地方适用部门规章
    B. 由全国人民代表大会决定在该地方是适用地方性法规还是适用部门规章
    C. 由最高人民法院通过司法解释加以决定
    D. 由国务院决定在该地方适用地方性法规，或者由国务院提请全国人民代表大会常务委员会裁决在该地方适用部门规章

4. 下列关于我国法律效力问题的表述哪些是正确的？（2004/1/54-多）[4]

    A. 地方性法规的效力高于下级地方政府规章但不高于本级地方政府规章
    B. 地方性法规与部门规章之间对同一事项的规定不一致时，由国务院裁决

---

[1] ABCD
[2] ABD
[3] D
[4] CD

C. 按照我国《立法法》的规定，为了更好地保护公民的权利和利益，某些行政法规的特别规定可以溯及既往

D. 经济特区法规根据授权对全国人大及其常委会制定的法律作变通规定的，在本经济特区适用经济特区法规的规定

四、当代中国法的非正式渊源

（一）我国主要的法的非正式渊源

各国的非正式的法的渊源彼此不同，我国主要包括（但不限于）习惯、判例、政策。

1. 习惯。能够作为非正式的法的渊源的习惯仅指社会习惯。适用习惯时不得违背公序良俗。例如，《民法典》第10条规定："处理民事纠纷，应当依照法律；法律没有规定的，可以适用习惯，但是不得违背公序良俗。"

2. 判例（指导性案例）。判例在英美法系属于正式的法的渊源，大陆法系已承认判例的重要性。我国的指导性案例由最高人民法院、最高人民检察院发布。最高人民法院发布的指导性案例，各级人民法院审判类似案例时，应当参照。

3. 政策。政策是政党制定的标准化的政治措施。政策不是道德或伦理原则。它一般不包括法定政策或法律政策，因为法定政策或法律政策属于正式的法的渊源。

当代中国的政策包括国家政策和中国共产党制定的、与国家或政府有关的政策，如果是纯粹关于党自身的行动计划的政策，就不属于非正式的法的渊源。

（二）非正式的法的渊源的适用情形

在正式的法的渊源不能提供明确答案时，才可以适用非正式的法的渊源。具体而言，其情形有三：

1. 正式的法的渊源完全不能提供大前提，俗称"有空白"。
2. 适用正式的法的渊源会与公平正义冲突，俗称"反正义"。
3. 正式的法的渊源可能出现数种解释的模棱两可性和不确定性，俗称"无定论"。

经典真题

下列有关成文法和不成文法的表述，哪些不正确？（2005/1/51-多）[1]

A. 不成文法大多为习惯法
B. 判例法尽管以文字表述，但不能视为成文法
C. 不成文法从来就不构成国家的正式法源
D. 中国是实行成文法的国家，没有不成文法

第5节 法的效力

[举个例子] 美籍华人老六乘坐中国飞机，飞到法国巴黎上空时，杀死了1名日本人。

---

[1] CD

对此，哪些国家的法律有权管辖？

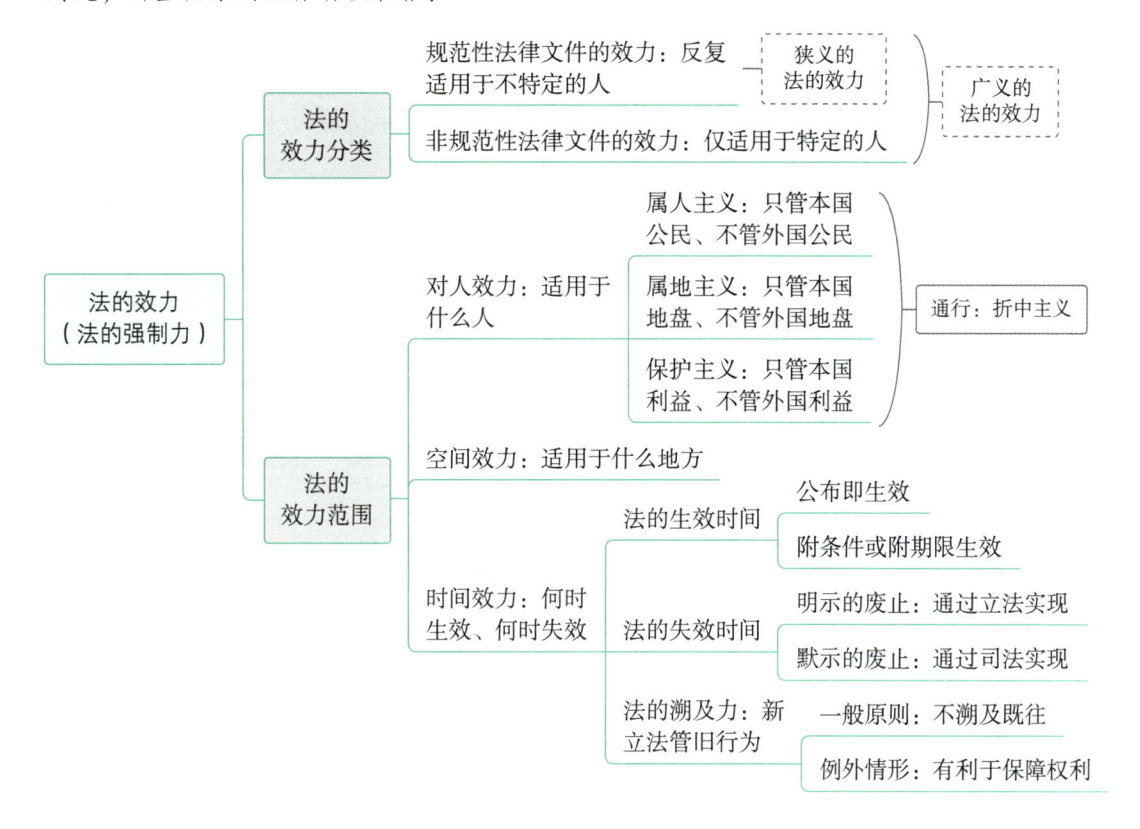

```
法的效力
（法的强制力）
├─ 法的效力分类
│   ├─ 规范性法律文件的效力：反复适用于不特定的人 ┐
│   │                                          狭义的法的效力
│   └─ 非规范性法律文件的效力：仅适用于特定的人  ┘
│                                              广义的法的效力
└─ 法的效力范围
    ├─ 对人效力：适用于什么人
    │   ├─ 属人主义：只管本国公民、不管外国公民
    │   ├─ 属地主义：只管本国地盘、不管外国地盘      通行：折中主义
    │   └─ 保护主义：只管本国利益、不管外国利益
    ├─ 空间效力：适用于什么地方
    └─ 时间效力：何时生效、何时失效
        ├─ 法的生效时间
        │   ├─ 公布即生效
        │   └─ 附条件或附期限生效
        ├─ 法的失效时间
        │   ├─ 明示的废止：通过立法实现
        │   └─ 默示的废止：通过司法实现
        └─ 法的溯及力：新立法管旧行为
            ├─ 一般原则：不溯及既往
            └─ 例外情形：有利于保障权利
```

一、法的效力及其分类

（一）法的效力的概念

法的效力，即法的约束力、强制力，是指人们应当按照法律规定的行为模式来行为，必须予以服从的一种法律之力。

（二）法的效力的分类

1. 规范性法律文件的效力。规范性法律文件是指可对不特定主体反复适用的法律文件，换句话说，它是没有指名道姓、具体到某人的法律文件，如法典、法条。

规范性法律文件具有普遍约束力。例如，《民法典》约束民事主体的民事活动，这里的"民事主体"泛指《民法典》效力范围内的所有主体、一切主体、任何主体，即"普遍约束"。

2. 非规范性法律文件的效力。非规范性法律文件是指仅对特定主体适用的法律文件，换句话说，它是指名道姓、具体到某人的法律文件。例如，刑事判决书必须载明被告的姓名、性别、年龄、民族、职业、户籍地、罪名等详细信息。

非规范性法律文件不具有普遍约束力，它只能约束特定主体。例如，法院对老六作出的判决书，就不能适用于老六之外的其他人。◎注意：非规范性法律文件是法律适用的结果或产物，它本身不是法律。

［记忆口诀］没名没姓规范性，指名道姓非规范。

二、规范性法律文件的效力

规范性法律文件的效力包括对人效力、空间效力、时间效力。对人效力解决的是"我管哪些人"的问题，空间效力解决的是"我管哪些地盘"的问题，时间效力解决的是"法的有效期"的问题。

（一）对人效力

法的对人效力是指法律对谁有效力、适用于哪些人。它包括属人主义、属地主义、保护主义和折中主义四种。

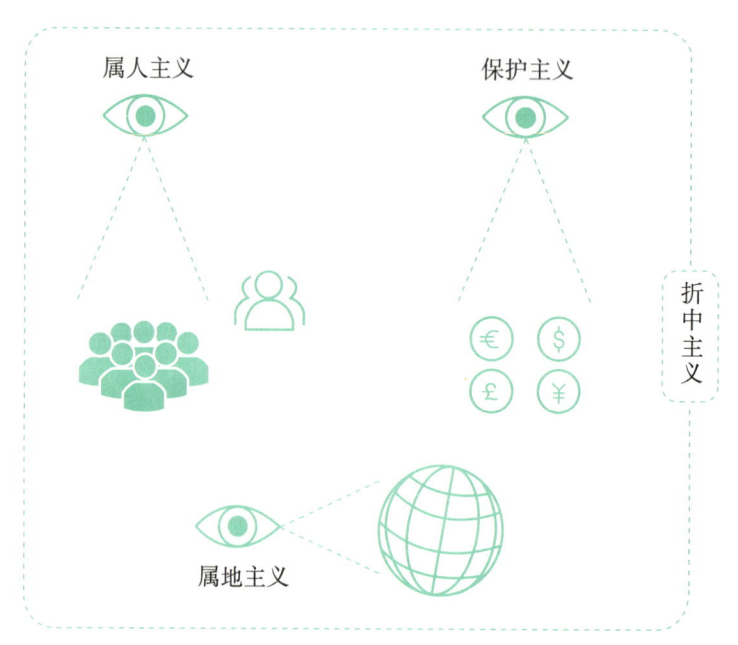

1. 属人主义。顾名思义，它以国籍为界线，关注本国人而不关注外国人。其内涵有二：

（1）法律只适用于本国公民，不论其身在何处。也就是说，"我的人都归我管，不管他们去了谁的地盘"。例如，日本公民在韩国境内焚烧美国国旗，并大喊"虎虎虎"，对此，如果适用日本法律，就体现了属人主义。

（2）法律不适用于非本国公民，即使他们身在该国领域内。也就是说，"外国人我都不管，即使他们在我地盘上我也不管"。例如，日本公民在韩国境内焚烧美国国旗，并大喊"虎虎虎"，对此，如果不适用韩国法律，也体现了属人主义。

2. 属地主义。顾名思义，它以国界为界线，关注国家管辖的区域。也就是说，"我的地盘我做主，谁到我地盘我都管"。具体而言，不管是不是本国公民，只要人在一国管辖地区内，均适用该国法律；若本国公民不在本国，则不适用该国法律。例如，日本公民在韩国境内焚烧美国国旗，并大喊"虎虎虎"，对此，如果适用韩国法律，就体现了属地主义。

3. 保护主义。顾名思义，它以利益为界线，关注本国利益的维护，对于任何侵害本国利益的人，不论其国籍和所在地域，都予以追究。也就是说，"不管是谁动我的蛋糕，我都要管"。例如，日本公民在韩国境内焚烧美国国旗，并大喊"虎虎虎"，对此，如果适用美国法律，就体现了保护主义。

4. 折中主义。近代以来，包括我国在内的多数国家所采用的原则均是以属地主义为主，与属人主义、保护主义相结合。也就是说，目前各国通行的做法是，只要人、地盘、利益中的任何一项或几项跟一国沾边，就适用该国法律，即"沾边就管"。例如，美籍华人老六乘坐中国飞机，飞到法国巴黎上空时，杀死了一名日本人。对此，中国法律能管（属地主义，飞机和船舶也被视为一国领土），美国法律能管（属人主义，因为老六是美籍），法国法律能管（属地主义，因为领空），日本法律能管（保护主义，杀死一国公民即为侵害一国利益）。

（二）空间效力

法的空间效力是指法在哪些地域有效力、适用于哪些地区。

一般而言，一国法律适用于该国主权范围所及的全部领域，包括领土、领水及其底土和领空。根据有关国际条约的规定，一国的法律也可以适用于本国驻外使馆、在外船舶及飞机。

（三）时间效力

法的时间效力是指法何时生效、何时失效、法的溯及力（"新法能不能管旧事情"）。

1. 生效时间。法的生效时间包括两种情形：

（1）公布即生效，即法律自公布之日起生效。例如，在法律实践中，行政规章一般是自公布之日起×日后生效，但是，公布后不立即生效将有碍于规章施行或者不利于保障公共利益的，可以自公布之日起施行。

（2）公布后生效，包括两种情形：

❶由该法律规定具体生效时间。例如，我国《民法典》公布于2020年5月28日，但是，其生效时间却是2021年1月1日。

❷规定法律公布后符合一定条件时生效。例如，在法律文件传递极为困难的条件下，以文件送达时间为生效时间。

2. 失效时间。法的失效包括两种情形：

（1）明示的废止：新法或其他法律文件中明文规定废止旧法。例如，《民法典》第1260条明确规定："本法自2021年1月1日起施行。《中华人民共和国婚姻法》、《中华人民共和国继承法》、《中华人民共和国民法通则》、《中华人民共和国收养法》、《中华人民共和国担保法》、《中华人民共和国合同法》、《中华人民共和国物权法》、《中华人民共和国侵权责任法》、《中华人民共和国民法总则》同时废止。"

（2）默示的废止：在法律适用的过程中出现了新法与旧法的冲突时适用新法，从而使得旧法在事实上被废止。例如，在司法实践中"新法优于旧法""后法优于前法"的做法，实际上使得"旧法""前法"相对于"新法""后法"如同被废止。

[记忆口诀] 明示废止"名亡实亡"，默示废止"名存实亡"。

3. 法的溯及力。即法律对其生效以前的事件和行为具有约束力。

（1）现代法治社会一般以"法不溯及既往"为原则。也就是说，一般而言，新法不判旧案，因为法律溯及既往会破坏法的可预测性、确定性，进而破坏法律塑造的社会秩序。此话怎讲？如果"当下的法律"把"以往的行为"给法办了，那么，顺理成章地，

"未来的法律"也能把"当下的行为"给法办了。如此一来,"当下的人们"该如何行为呢?会不会一不留神、行差踏错而成了"未来的罪犯"呢?进一步看,与其未来成罪犯,不如今天把罪犯了(反正有大把时间去坐牢)……所以,法律一般不可溯及既往。

(2)"法不溯及既往"原则不可绝对化,也有例外。

[例1] 刑法上的"从旧兼从轻"——对于新法生效以前的旧行为,新法不认定为犯罪或者新法的处刑轻于旧法的,则溯及既往、适用新法。

[例2] "有利追溯",或曰"有利原则"——《立法法》第104条规定,法律、行政法规、地方性法规、自治条例和单行条例、规章不溯及既往,但为了更好地保护公民、法人和其他组织的权利和利益而作的特别规定除外。

[例3] 为保护民事权利而溯及既往——《著作权法》第66条第1款规定,本法规定的著作权人和出版者、表演者、录音录像制作者、广播电台、电视台的权利,在本法施行之日尚未超过本法规定的保护期的,依照本法予以保护。

经典真题

1. 《中华人民共和国刑法》第8条规定:"外国人在中华人民共和国领域外对中华人民共和国国家或者公民犯罪,而按本法规定的最低刑为3年以上有期徒刑的,可以适用本法,但是按照犯罪地的法律不受处罚的除外。"关于该条文,下列哪些判断是正确的?(2012/1/52-多)[1]

   A. 规定的是法的溯及力　　　　　　B. 规定的是法对人的效力
   C. 体现的是保护主义原则　　　　　D. 体现的是属人主义原则

2. 赵某因涉嫌走私国家禁止出口的文物被立案侦查,在此期间逃往A国并一直滞留于该国。对此,下列哪一说法是正确的?(2015/1/13-单)[2]

   A. 该案涉及法对人的效力和空间效力问题
   B. 根据我国法律的相关原则,赵某不在中国,故不能适用中国法律
   C. 该案的处理与法的溯及力相关
   D. 如果赵某长期滞留在A国,应当适用时效免责

属人主义看国籍,
属地主义看辖区。
保护主义看利益,
现代流行三合一。

[1] BC
[2] A

法律部门与法律体系 第6节

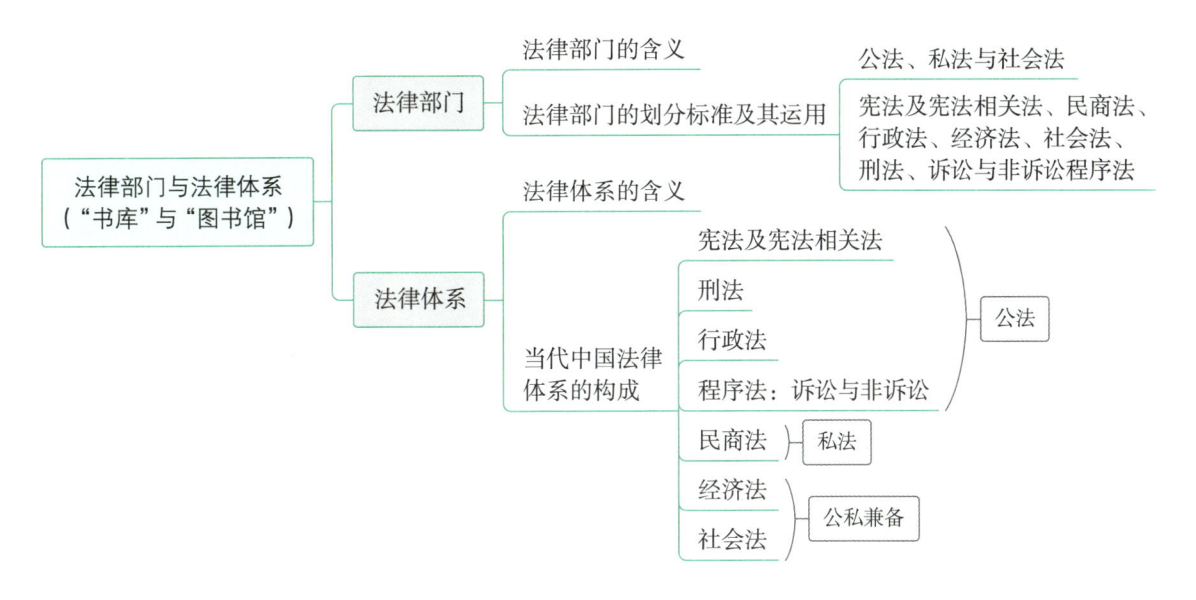

一、法律部门与法律体系

法律体系由不同的法律部门组成，如同图书馆由不同的书库组成。

（一）法律部门

法律部门，又称部门法，是指根据一定标准和原则对一国现行的全部法律规范进行划分所形成的同类法律规范的总称。

1. 法律部门的名称与该法律部门之中规范性法律文件的名称并不完全吻合。打个比方，书库的名称与该书库之中的书的名称不一定吻合，并不是所有的文学书籍都要在名称里带上"文学"二字。例如，《钢铁是怎样炼成的》是文学书籍，不能想当然把它当成冶金类书籍。

2. 法律部门的划分标准。传统的划分标准与当代中国的划分标准并不相同。

（1）传统的法律部门划分标准：公法、私法（古罗马法学家乌尔比安提出）、社会法（20世纪以来出现）。其中，社会法是介于公法和私法之间的法律，亦公亦私，公私兼备。

（2）当代中国的法律部门划分标准：以调整对象为主、调整方法为辅。按照这一标准，可以将中国现行的全部法律规范划为七个法律部门：宪法及宪法相关法、民商法、行政法、经济法、社会法、刑法、诉讼与非诉讼程序法。

（二）法律体系

法律体系是指一国的全部现行法律规范按不同法律部门形成的有机整体。

1. 当代中国的法律体系由前述七个法律部门所组成。

2. 当前，一个立足中国国情和实际、适应改革开放和社会主义现代化建设需要、集中体现党和人民意志的，以宪法为核心，以宪法相关法、民法商法等多个法律部门的法律为主干，由法律、行政法规、地方性法规等多个层次的法律规范构成的中国特色社会主义法律体系已经形成，国家经济建设、政治建设、文化建设、社会建设以及生态文明建设的各个方面实现有法可依。

二、当代中国的七大部门法

（一）宪法及宪法相关法

1. 宪法主要调整国家与公民之间关系，属于公法。
2. 宪法部门主要包括：①构成和组织不同国家机关的规范，其核心是授予公权力，即国家机构的组织方式、职权及其行使；②赋予宪法权利的规范，其核心是约束和指示公共权力。

（二）刑法

1. 刑法部门规定了犯罪和刑罚，主要载体是刑法典和刑法修正案，也有少量单行刑法，属于公法。
2. 相对其他法律部门而言，刑法部门的调整方法最严厉。

（三）行政法

1. 行政法部门是公法的主要组成部分，是宪法的实施和动态部分，属于公法。
2. 行政法部门主要包括：授予行政权的规范、约束行政行为的规范、监督行政行为的规范。
3. 行政法部门的内容包括一般行政法（普遍原则、共同规范）和专门行政法（专门领域）。

注意："行政法"与"行政法规"属于不同范畴，"行政法"是"行政法律规范"，"行政法规"是国务院专用的法的表现形式，其内容既可能是行政法，也可能是其他部门法。

（四）诉讼与非诉讼程序法

1. 诉讼与非诉讼程序法规定诉讼活动和非诉讼活动（如调解、仲裁等）的程序，属于公法。
2. 程序法部门包括民事诉讼、刑事诉讼、行政诉讼、调解和仲裁等法律规范。注意："实体法是规定权利的法律，程序法是规定救济的法律"这一观点是错误的。

（五）民商法

1. 民法属于私法，是私法的一般法和核心部分，其规定的原则与一般规则贯穿整个私法领域，其基本原则是私人自治。
2. 商法是私法的特别法，它强调效率和效益。

注意：民法与商法是一般法与特别法的关系：商法有规定则优先适用商法的规定，商法无规定则以民法予以补充。

（六）经济法

1. 经济法产生于国家对经济活动的干预、管理或调控。由于经济活动既涉及公法主体，也涉及私法主体，因此，经济法的性质既非公法，也非私法，而是公私兼备。

2. 经济法部门主要包括创造平等竞争环境、维护市场秩序方面的法律（反垄断、反不正当竞争、反倾销）和国家宏观调控和经济管理方面的法律（财政、税务、金融、审计、物价、行业和产业发展、对外贸易等）。

3. 经济法调整对象的广泛性、复杂性决定了不可能制定出一部经济法典。

（七）社会法

1. 社会法调整有关劳动关系、社会保障和社会福利关系。与经济法相似，社会法调整的对象既涉及公法领域，也涉及私法领域，因此，社会法的性质也是公私兼备。

2. 社会法部门包括劳动用工、劳动保护、劳动安全、工资福利、社会公益事业发展和管理、社会保险、社会救济、特殊保障等方面的法律规范。

第7节 法律关系

[举个例子] 老六花重金向商家购买了一只小型猛犬给自己撑腰，猛犬威吓隔壁老王，老王将猛犬打伤，老六索赔未果，遂将老王告上法庭，此后老王举报老六没办养犬登记证（俗称狗证），老六因此被行政机关处以罚款。老王仍不解气，整日对猛犬恶语相向，老六无奈将猛犬转卖，委托某司机将猛犬运给外地买家。在本案中，有哪几类法律关系？

法律关系：法律主体间的关系

- 法律关系的特征
  - 法律性：依据法律规范建立
  - 意志性：体现国家意志和当事人意志
  - 特定性：特定法律主体之间的权利义务关系
- 法律关系的种类
  - 第一类：调整性法律关系 / 保护性法律关系
  - 第二类：纵向（隶属）法律关系 / 横向（平权）法律关系
  - 第三类：单向（单务）法律关系 / 双向（双边）法律关系 / 多向（多边）法律关系
  - 第四类：第一性（主）法律关系 / 第二性（从）法律关系
- 法律关系变化的条件
  - 法律规范
  - 法律事实
- 法律关系的要素
  - 法律关系主体
  - 法律关系内容
  - 法律关系客体

一、法律关系的含义及其特征

(一) 法律关系的含义

法律关系是在法律规范调整社会关系的过程中所形成的人们之间的权利和义务关系。

(二) 法律关系的特征

1. 法律性。法律关系是依据法律规范建立的社会关系。与之相比，依据道德规范建立的关系称道德关系，依据宗教规范建立的关系称宗教关系。例如，单身者老六想结婚，几经波折终于与志同道合的女士正式开始交往，二人依照当地习俗确定恋爱关系，此为道德关系；二人根据法律规定缔结婚姻，此为法律关系。

2. 意志性。法律关系是体现意志性的特种社会关系。法律是国家意志的产物，法律关系必然体现着国家意志；与此同时，一般情形下，法律关系也体现了当事人意志。例如，老六与对象去登记结婚，却被民政局工作人员查出二人系血亲兄妹，法律不允许二人结婚。这就体现了蕴含在婚姻法律关系中的国家意志。后经证明血亲关系系当年记载有误，二人符合结婚的法定条件，国家法律允许二人结婚，但是，二人却不想结婚了。这说明婚姻法律关系也体现了当事人意志。

3. 特定性。法律关系是特定法律关系主体之间的权利和义务关系。例如，在婚姻法律关系中，配偶双方必然是特定的，不可能出现配偶不特定的情形。

二、法律关系的种类

根据不同的标准，可以将法律关系分为：调整性法律关系与保护性法律关系，纵向（隶属）法律关系与横向（平权）法律关系，单向法律关系、双向法律关系与多向法律关系，第一性（主）法律关系与第二性（从）法律关系。

(一) 调整性法律关系与保护性法律关系

调整性法律关系基于主体间的合法行为而产生，它是法实现的正常形式，不对应法律制裁。保护性法律关系基于主体间的违法行为而产生，它是法实现的非正常形式，对应着法律制裁。例如，老六与商家合法交易犬只而产生的法律关系即为调整性法律关系，这种买卖关系并不会引起法律制裁；老六与商家非法交易枪支而产生的法律关系即为保护性法律关系，这种买卖关系就会引起法律制裁。

[记忆口诀] 调好的（调整——合法），保坏的（保护——违法）。

(二) 纵向（隶属）法律关系与横向（平权）法律关系

纵向（隶属）法律关系是地位不平等的主体之间的法律关系，具有强制性，其中的权利和义务既不能随意转让，也不能随意放弃。横向（平权）法律关系是地位平等的主体之间的法律关系，具有一定程度的任意性，其中的权利和义务可以转让，也可以放弃。例如，买卖法律关系属于横向法律关系，因为买方和卖方的主体地位平等，而行政处罚的法律关系属于纵向法律关系，因为行政机关和被处罚者的主体地位不平等。

[记忆口诀] 纵有地位高低（纵向的地位不平等），躺平（横向）就能随意（任意性）。

(三) 单向法律关系、双向法律关系与多向法律关系

单向法律关系中，权利人仅享有权利，义务人仅履行义务，二者之间没有反向联系。例如，不附条件的赠与法律关系中，赠与人仅履行赠与的义务，受赠人仅享有受赠的权利。双向法律关系中，一方的权利对应另一方的义务，反之亦然。例如，买卖法律关系中，买方一手交钱、一手收货，与之相对应，卖方一手收钱、一手交货。多向法律关系是 3 个或 3 个以上相关法律关系的复合体。例如，老六将猛犬转卖，委托某司机将猛犬运给外地买家，老六与司机、老六与买家、司机与买家之间均存在法律关系，这些法律关系复合成一个多向法律关系。

(四) 第一性（主）法律关系与第二性（从）法律关系

在一组彼此相关的法律关系中，第一性（主）法律关系是指不依赖其他法律关系而独立存在或居于支配地位的法律关系，它在逻辑顺序上先产生；第二性（从）法律关系是指由主法律关系产生、居于从属地位的法律关系，它在逻辑顺序上后产生。例如，老王将老六的猛犬打伤，老六索赔未果遂将老王告上法庭。其中，损害赔偿关系是第一性法律关系，诉讼法律关系是第二性法律关系，因为在逻辑上，先有损害赔偿，后有当事人提起诉讼。

[记忆口诀] 先生为主，后生随从：逻辑顺序上先产生的是主法律关系，后产生的是从法律关系。

三、法律关系变化的条件

法律关系产生、变更和消灭的主要条件有二：一是法律规范，二是法律事实。

(一) 法律规范

法律规范是法律关系变化的依据。法律关系依法律规范建立，没有法律规范就没有法律关系，有什么样的法律规范就有什么样的法律关系。例如，没有婚姻法律规范，就没有婚姻法律关系（法律意义上的婚姻），充其量只有婚姻事实关系（事实意义上的婚姻）、婚姻社会关系（社会意义上的婚姻）。

(二) 法律事实

法律事实是法律规范所规定的客观情况或现象，它是法律关系变化的直接前提。其分为两种：

1. 法律事件：法律有规定，却不以当事人意志为转移的情形。例如，天灾人祸、生老病死，都属于法律事件。

2. 法律行为：法律有规定，以当事人意志为转移的身体动静。例如，打欠条、做买卖、私自堕胎等，都属于法律行为。

四、法律关系的要素

(一) 法律关系主体

法律关系主体是法律关系的参加者。

1. 法律关系主体的分类

(1) 公民（自然人）。这里的公民既指中国公民，也指居住在中国境内或在中国境内活动的外国公民和无国籍人。

（2）机构和组织（法人）。其主要包括三类：①各种国家机关（如立法机关、行政机关和司法机关）；②各种企事业组织和在中国领域内设立的中外合资经营企业、中外合作经营企业和外资企业；③各政党和社会团体。

（3）国家。一般情况下，国家机关或其授权的组织作为国家的代表参加法律关系，但是在特殊情况下，国家也可以作为一个整体成为法律关系主体。例如，国家可以作为国际公法关系的主体而成为外贸关系中的债权人或债务人，国家可以直接以其名义发行国库券。

2. 法律关系主体的权利能力。权利能力又称权义能力（权利义务能力），是指能够参与一定的法律关系，依法享有一定权利和承担一定义务的法律资格。

（1）公民的权利能力自出生之时起、到死亡之时止，不得被任意剥夺或解除。法人的权利能力自法人成立时产生，至法人终止时消灭。

（2）不同主体具有不同的权利能力。一般权利能力（基本的权利能力），是指一国所有公民均具有的权利能力，它不能被任意剥夺或解除。特殊权利能力，是指公民在特定条件下具有的法律资格，并不是每个公民都可以享有。例如，国家机关及其工作人员行使职权的资格，就是特殊权利能力。

3. 法律关系主体的行为能力。行为能力是法律关系主体能够通过自己的行为实际取得权利和履行义务的能力。其可分为如下两类：

（1）公民的行为能力。公民要具有行为能力必须首先具有权利能力，也就是说，有资格才能去实施相应行为；但是，具有权利能力并不必然具有行为能力。例如，老六就读大班时即宣称要跟中班的女友结婚，这当然不可能实现，因为此时老六尚不具有结婚的权利能力，更不具有结婚的行为能力。此后，女友在老六的23周岁生日宴上允婚，致其当场精神病发作，则老六虽具有结婚的权利能力（资格具备），却不具有结婚的行为能力（神志正常）。

世界各国法律一般将公民划分为完全行为能力人、限制行为能力人、无行为能力人。

（2）法人的行为能力。①公民的行为能力有完全与不完全之分，而法人的行为能力总是有限的，由其成立宗旨和业务范围决定。②公民具有权利能力却不一定同时具有行为能力，公民丧失行为能力也并不意味着丧失权利能力；与此不同，法人的行为能力和权利能力却是同时产生、同时消灭的。例如，公司的行为能力和权利能力自公司形成之时起一同产生，于公司解散时一同消灭。

（二）法律关系内容

1. 法律关系的内容就是法律关系主体之间的法律权利和法律义务。

2. 法律关系中的权利和义务不同于法律规范中的权利和义务。

（1）法律关系中的权利和义务是具体当事人之间的权利和义务，它们是正在履行的、实然领域中的权利和义务，具有现实性、特定性、个性，仅适用于法律关系中的有关主体，仅对特定的法律关系主体有效。例如，老六向商家购买犬只，形成了买卖法律关系，这一法律关系中的权利和义务仅仅约束老六和商家，不约束其他人。

（2）法律规范中的权利和义务是法律所规定的权利和义务，它们是有待实现的、可能性领域中的权利和义务，具有应然性、普遍性、共性，适用于一国之内的所有不特定的主体，具有一般的、普遍的法的效力。例如，《民法典》中有关买卖交易的法律规定，这些法律规定中的权利和义务约束所有从事买卖交易的人。

(三) 法律关系客体

法律关系客体是指法律关系主体之间的权利和义务所指向的对象。它包括以下内容：

1. 物。物是指法律关系主体可支配的客观实体。其特征如下：①应得到法律认可（违禁物不算）；②应为人类所认识和控制（未知天体不算）；③有经济价值；④有独立性（不可分离之物不算）。注意：以下物不得成为私人法律关系客体：①人类公共之物或国家专有之物，如海洋、山川、水流；②除了集体、私人所有的文物之外的文物；③军事设施、武器；④危害人类之物。

2. 人身。人身只能在一定范围内成为法律关系客体。但是，要注意：

（1）活人的（整个）身体不得视为法律上之"物"。例如，老六要将自己的整个身体卖给富婆，这一做法违法。

（2）权利人对自己的人身不得进行违法或有伤风化的活动。例如，老六为吸引富婆而在闹市中裸奔，这一做法违法。

（3）对人身行使权利时须依法进行。例如，老六请求富婆鞭笞自己以验证自己身体非常健壮，这一做法违法。

3. 精神产品。精神产品即思维成果，"无体（形）物""智力成果""无体财产"，属于非物质财富。

4. 行为结果。行为结果是义务人完成其行为所产生的能够满足权利人利益要求的结果。它包括物化结果和非物化结果。物化结果具体表现为物化产品或营建物，如产品完成、房屋竣工；非物化结果则表现为一定的行为过程，如观众购票并欣赏、享受舞台剧的过程。

[记忆口诀] 法律关系的客体包括"勿为人精"（别当人精，别人也不是傻子）：物、（行）为（结果）、人（身）、精（神）。

经典真题

1. 王某恋爱期间承担了男友刘某的开销计20万元。后刘某提出分手，王某要求刘某返还开销费用。经过协商，刘某自愿将该费用转为借款并出具了借条，不久刘某反悔，以不存在真实有效借款关系为由拒绝还款，王某诉至法院。法院认为，"刘某出具该借条系本人自愿，且并未违反法律强制性规定"，遂判决刘某还款。对此，下列哪些说法是正确的？（2014/1/53-多）[1]

A. "刘某出具该借条系本人自愿，且并未违反法律强制性规定"是对案件事实的认定

B. 出具借条是导致王某与刘某产生借款合同法律关系的法律事实之一

C. 因王某起诉产生的民事诉讼法律关系是第二性法律关系

D. 本案的裁判是以法律事件的发生为根据作出的

2. 张女穿行马路时遇车祸，致两颗门牙缺失。交警出具的责任认定书认定司机负全责。张女因无法与肇事司机达成赔偿协议，遂提起民事诉讼，认为司机虽赔偿3000元安装假牙，但假牙影响接吻，故司机还应就她的"接吻权"受到损害予以赔偿。关于本案，下列哪一选项是正确的？（2010/1/7-单）[2]

---

[1] ABC
[2] C

A. 张女与司机不存在产生法律关系的法律事实
B. 张女主张的"接吻权"属于法定权利
C. 交警出具的责任认定书是非规范性法律文件，具有法律效力
D. 司机赔偿3000元是绝对义务的承担方式

第8节　法律责任

[举个例子] 老六在草堆上强奸妇女时，不慎将草堆下熟睡的流浪汉压死。其行为同时触犯强奸罪和过失致人死亡罪。对此，应当如何追究其法律责任？

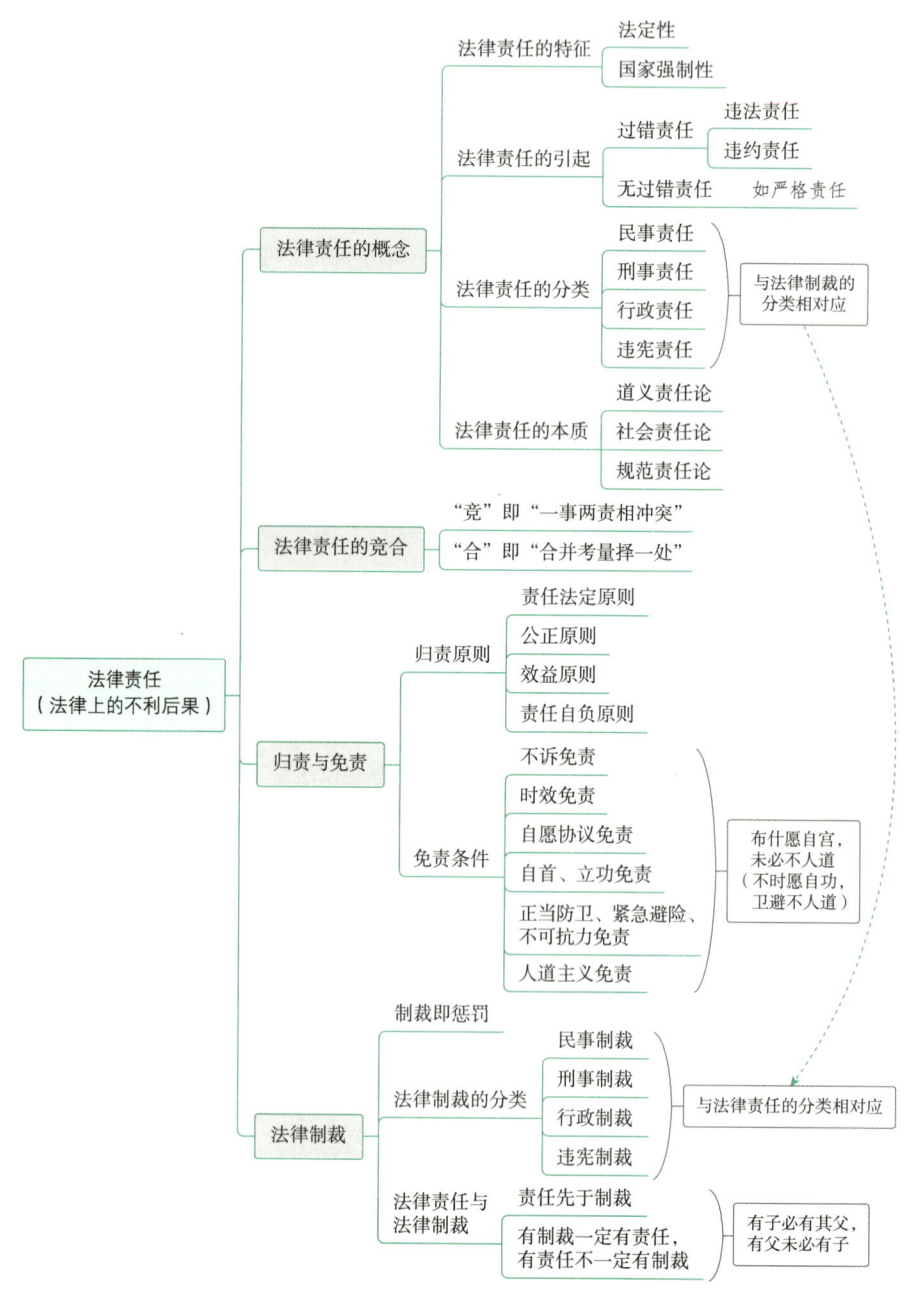

```
法律责任
（法律上的不利后果）
├─ 法律责任的概念
│   ├─ 法律责任的特征
│   │   ├─ 法定性
│   │   └─ 国家强制性
│   ├─ 法律责任的引起
│   │   ├─ 过错责任
│   │   │   ├─ 违法责任
│   │   │   └─ 违约责任
│   │   └─ 无过错责任 —— 如严格责任
│   ├─ 法律责任的分类（与法律制裁的分类相对应）
│   │   ├─ 民事责任
│   │   ├─ 刑事责任
│   │   ├─ 行政责任
│   │   └─ 违宪责任
│   └─ 法律责任的本质
│       ├─ 道义责任论
│       ├─ 社会责任论
│       └─ 规范责任论
├─ 法律责任的竞合
│   ├─ "竞"即"一事两责相冲突"
│   └─ "合"即"合并考量择一处"
├─ 归责与免责
│   ├─ 归责原则
│   │   ├─ 责任法定原则
│   │   ├─ 公正原则
│   │   ├─ 效益原则
│   │   └─ 责任自负原则
│   └─ 免责条件（布什愿自宫，未必不人道；不时愿自功，卫避不人道）
│       ├─ 不诉免责
│       ├─ 时效免责
│       ├─ 自愿协议免责
│       ├─ 自首、立功免责
│       ├─ 正当防卫、紧急避险、不可抗力免责
│       └─ 人道主义免责
└─ 法律制裁
    ├─ 制裁即惩罚
    ├─ 法律制裁的分类（与法律责任的分类相对应）
    │   ├─ 民事制裁
    │   ├─ 刑事制裁
    │   ├─ 行政制裁
    │   └─ 违宪制裁
    └─ 法律责任与法律制裁
        ├─ 责任先于制裁
        └─ 有制裁一定有责任，有责任不一定有制裁（有子必有其父，有父未必有子）
```

一、法律责任的概念

法律责任即行为主体应当承担的法律上的不利后果。

(一) 法律责任的引起

1. 过错责任，即行为主体有过错而引起相应的法律责任。它包括两种情形：①违法行为引起的法律责任。例如，老六强奸妇女，违反了刑法，则应承担相应的刑事责任。②违约行为引起的法律责任。例如，停车场收费员老六收了停车费却不给车主停车票据，违反了"收费须给票"的合约，则应承担相应的民事责任。

2. 无过错责任，即行为主体无过错，却因为法律对此有特别规定，因而引起相应的法律责任。一般而言，环境污染、产品致人损害相关的法律规定，并不要求承担责任的主体有过错。例如，老六去澡堂洗澡，却因锅炉爆炸被烫伤，老六索赔期间，发现锅炉制造厂家和经销商家早已倒闭，而澡堂老板也没有违规使用锅炉。即便如此，澡堂老板也得承担赔偿责任。在这里，虽然澡堂老板并无过错，但是，根据产品致人损害的相关法律规定，这种情形中，澡堂老板须承担赔偿责任。

(二) 法律责任的本质

对于法律责任的本质，目前存在的主流学说有三种：

1. 道义责任论：法律责任以道义为前提，相应地，法律责任的本质是对违法者的道义责难。"道义"即道德和正义，也就是说，违反了道德和正义，就会引发法律责任。

2. 社会责任论：社会是诸多利益的互动系统，相应地，法律责任的本质是对合法利益系统的维护。也就是说，侵犯了法律所维护的利益，就会引发法律责任。

3. 规范责任论：法律是一个规范系统，相应地，法律责任的本质是对行为的否定性规范评价。也就是说，行为不符合法律所规定的模式，就会被法律所否定，从而引发法律责任。

二、法律责任的竞合

(一) 法律责任竞合的含义

1. 法律责任的竞合，是指 1 个法律行为同时引起 2 种或 2 种以上彼此冲突的法律责任，对此情形，在数个相冲突的责任中选择其中之一来追究。"竞"即"责任冲突"，"合"即"择一追究"。法律责任竞合在民法、刑法中多有体现。

[例 1]《民法典》第 186 条规定，因当事人一方的违约行为，损害对方人身权益、财产权益的，受损害方有权选择请求其承担违约责任或者侵权责任。在这里，"或者"一词表明违约责任、侵权责任二者之间存在冲突（"竞"），只能选择其中之一予以追究（"合"）。

[例 2] 刑法上的"想象竞合"属于法律责任竞合的具体体现：对于 1 个行为触犯 2 个罪名的，从一重罪处罚。例如，盗窃公交车上的重要部件致使公交车倾覆而毁坏，这一行为同时触犯了盗窃罪和破坏交通工具罪，应当择一重责予以追究。

[记忆口诀] 竞是"一事两责相冲突"，合是"合并考量择一处"。

2. 法律责任的竞合可以是同一部门法中不同法律责任的竞合，如违约责任与侵权责任的竞合；也可以是不同部门法中的法律责任的竞合，如民事责任、行政责任与刑事责任的竞合。

3. 对于彼此冲突的法律责任如何"择一"追究？须具体情形具体分析，不能一概而论，不能全部套用刑法"择一重罪处罚"的思路。

经典真题

下列构成法律责任竞合的情形是：(2014/1/91-任)[1]

A. 方某因无医师资格开设诊所被卫生局没收非法所得，并被法院以非法行医罪判处3年有期徒刑

B. 王某通话时，其手机爆炸导致右耳失聪，可选择以侵权或违约为由追究手机制造商法律责任

C. 林某因故意伤害罪被追究刑事责任和民事责任

D. 戴某用10万元假币购买一块劳力士手表，其行为同时触犯诈骗罪与使用假币罪

（二）法律责任竞合的成因

1. 特定国家的法中存在不同类型的法律责任。例如，民法规定了民事法律责任，刑法规定了刑事法律责任，行政法规定了行政法律责任。

2. 某法律行为同时符合2个以上构成要件。例如，老六在草堆上强奸妇女时，不慎将草堆下熟睡的流浪汉压死。这一行为同时符合强奸罪和过失致人死亡罪的构成要件。

3. 该行为产生多个后果。例如，老六在草堆上强奸妇女时，不慎将草堆下熟睡的流浪汉压死。这一行为产了两个后果，一个是侵犯妇女的性权利，一个是侵犯他人的生命权利。

三、归责与免责

（一）归责原则

归责即法律责任的归结，须由特定国家机关根据法定职权和程序对法律责任予以判断和认定。其原则包括以下四点：

1. 责任法定原则。它包括：①责任须由法律明确规定。②追责依据既包括刑法、民法等实体法，也包括刑事诉讼法、民事诉讼法等程序法。③禁止擅断责任和法外责罚。例如，"罪刑法定""法无明文规定不为罪，法无明文规定不处罚"就反映了责任法定原则。

2. 公正原则。它包括：①法律面前人人平等。②定性公正，即责任与行为在性质和种类上一致。例如，老王吃"霸王餐"被餐厅老板扣下，为了逃脱，他拿起筷筒将老板打成轻微伤，老板随即报警，老王被警方抓获。老六认为，本案既可定性为转化型抢劫（这意味着量刑很可能在3年以上），也可定性为寻衅滋事罪（因情节显著轻微，可以不起诉），考虑到自己忍老王很久了，就定转化型抢劫。这就没有体现定性公正。③定量公正，即过错、责任、处罚三者相当。例如，刑法上的"罪责刑相适应"就体现了定量公正。公

---

[1] BD

正原则最典型的体现就是责任主体"按比例承担责任"。

3. 效益原则。效益即投入和产出的比例，它追求以最小的投入，获得最大的产出。效益原则意味着我们必须考虑法律责任的效益最大化。其衡量标准是法律有威慑力且责任适度，因此，责任"越大越好""越小越好"都不妥当。例如，"拐卖儿童一律死刑"这种责任"越大越好"的思维，首先就不符合效益原则（此外，这一说法也不符合其他原则），因为脑袋不是韭菜，割了长不出来，所以，与判活刑相比，判死刑的标准更严格，这意味着更大的执法、司法投入，拐卖儿童者，有初犯、有累犯、有首犯、有从犯、有重犯、有轻犯，若一律处以死刑，对初犯、从犯、轻犯的执法、司法投入势必等同于对累犯、首犯、重犯的执法、司法投入，这显然不符合效益最大化的要求。

4. 责任自负原则。它包括：①谁违法谁负责，反对株连或变相株连；②违法责任得追究，无责必然不受追究；③现代社会中，独立的主体自主选择行为，相应地，自己承担后果。 ◎注意：有原则往往就有例外，责任自负原则也有例外。例如，楼上掉花盆砸伤行人，能找到花盆正主的话，就由正主自负其责；如果找不到正主，则由全楼承担赔偿责任。这就是责任自负原则的例外。

[记忆口诀] 法律责任的归责需要"一、定、功、夫"：（效）益、（法）定、公（正）、（责任自）负。

（二）免责条件

1. 免责即法律责任的免除。它包括法定免除条件和意定免除条件。法定免除条件，即法律上规定的责任免除条件。意定免除条件，即法律上允许的责任免除条件。

2. 我国法律上的免责条件主要包括：

（1）不诉免责。即不予起诉，故而免责。例如，对于老王违法赖账，债主老六不予起诉，老王因此免责。

（2）时效免责。即超过追诉期限，故而免责。例如，《刑法》第87条规定，犯罪经过下列期限不再追诉：①法定最高刑为不满5年有期徒刑的，经过5年。②法定最高刑为5年以上不满10年有期徒刑的，经过10年。③法定最高刑为10年以上有期徒刑的，经过15年。④法定最高刑为无期徒刑、死刑的，经过20年。如果20年以后认为必须追诉的，须报请最高人民检察院核准。

（3）自愿协议免责。例如，在调解员主持下，老六自愿与对方达成协议，将责任免除。

（4）自首、立功免责。例如，《刑法》第68条规定，犯罪分子有揭发他人犯罪行为，查证属实的，或者提供重要线索，从而得以侦破其他案件等立功表现的，可以从轻或者减轻处罚；有重大立功表现的，可以减轻或者免除处罚。在这里，视立功大小，予以部分或全部免责。

（5）正当防卫、紧急避险、不可抗力免责。例如，《刑法》规定，为了使国家、公共利益、本人或者他人的人身、财产和其他权利免受正在进行的不法侵害，而采取的制止不法侵害的行为，对不法侵害人造成损害的，属于正当防卫，不负刑事责任。为了使国家、公共利益、本人或者他人的人身、财产和其他权利免受正在发生的危险，不得已采取的紧急避险行为，造成损害的，不负刑事责任。行为在客观上虽然造成了损害结果，但是不是出于故意或者过失，而是由于不能抗拒或者不能预见的原因所引起的，不是犯罪。

（6）人道主义免责。即法律责任超出责任主体的实际履行能力（责任大于能力）时，出于人道主义予以免责。

[记忆口诀] 布什愿自宫，未必不人道：不，时，愿，自，功，卫、避、不，人道。

四、法律制裁

（一）法律制裁的含义

1. 法律制裁是指由特定国家机关对违法者依其法律责任而实施的强制性惩罚措施。

注意：法律制裁只能由特定国家机关实施，因为实施法律制裁的权力是法律授予特定国家机关的，非法定主体不能实施法律制裁。例如，老六手持菜刀残伤奸夫肢体，并称"宫刑是你应得的法律制裁"，这实际上是犯罪。

2. 法律制裁即法律"惩罚"。如无惩罚，则不构成制裁。例如，初中生老六在校与同学打篮球时，锁骨被撞断。对此，法院裁定学校和同学各补偿老六3000元。在这里，法院并未对学校和同学实施法律制裁，因为"补偿"不等于"惩罚"，故不属于法律制裁。

```
                    ┌─ 补偿方式 ── "一比一"的承担 ── "本店商品，假一赔一"
法律责任的承担 ─┤
                    └─ 惩罚方式 ── "多比一"的承担 ── "本店商品，假一赔三" ── 法律制裁
```

（二）法律责任与法律制裁

1. 法律制裁的分类。法律制裁的分类与法律责任的分类具有对应性、一致性。

法律责任可以分为民事责任、刑事责任、行政责任、违宪责任。与之相对应，法律制裁可以分为民事制裁、刑事制裁、行政制裁、违宪制裁。

2. 法律责任与法律制裁的关系。要言之，法律责任先于法律制裁。

在逻辑上，责任先于制裁，这意味着没有法律责任就没有法律制裁。但是，在责任人主动承担与履行责任的情况下，法律责任不一定必然导致法律制裁，即"有责任不一定有制裁"。

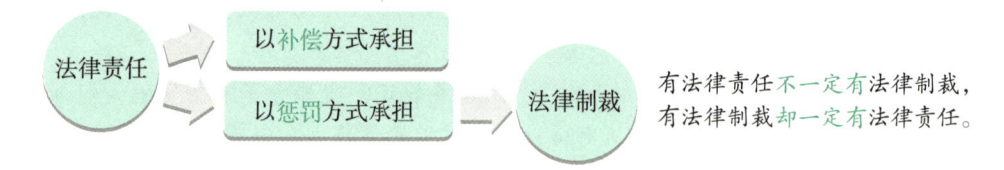

```
              ┌─ 以补偿方式承担
法律责任 ─┤                         ─→ 法律制裁
              └─ 以惩罚方式承担
```

有法律责任不一定有法律制裁，
有法律制裁却一定有法律责任。

法的运行 第2章

第1节 法的制定与法的实施

[举个例子] 老王当街销售食品,并对前来执法的城管大打出手。老六认为,城管执法既要合法,也要合理,城管的执法方式不妥当,遂拨打当地的12345热线投诉,并在国务院"互联网+督查"平台留言,还建议老王可以采用行政复议、行政诉讼的方式寻求救济。老六的做法是否正确?

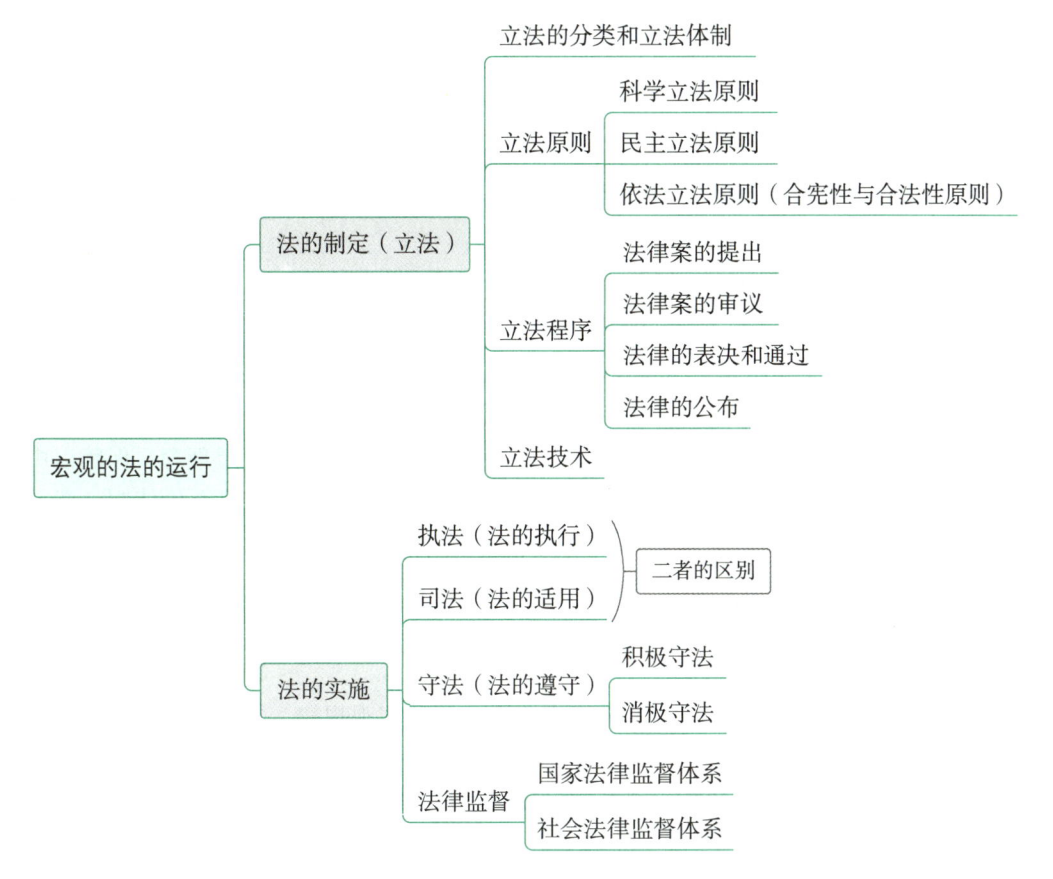

宏观的法的运行
- 法的制定(立法)
  - 立法的分类和立法体制
  - 立法原则
    - 科学立法原则
    - 民主立法原则
    - 依法立法原则(合宪性与合法性原则)
  - 立法程序
    - 法律案的提出
    - 法律案的审议
    - 法律的表决和通过
    - 法律的公布
  - 立法技术
- 法的实施
  - 执法(法的执行)
  - 司法(法的适用)
    - 二者的区别
  - 守法(法的遵守)
    - 积极守法
    - 消极守法
  - 法律监督
    - 国家法律监督体系
    - 社会法律监督体系

[记忆口诀] 法的运行包括五个环节"你这厮手贱":立(法)、执(法)、司(法)、守法、(法律)监(督)。

一、法的制定（立法）

立法是一定的国家机关依照法定的职权和程序，制定、修改和废止规范性法律文件及认可法律的活动，是对社会资源、社会利益进行第一次分配的活动。立法权是国家权力体系中最重要的核心的权力。

（一）立法的分类

1. 广义的立法

泛指一切有法定职权的国家机关依法制定各种规范性法律文件的活动。例如，有关国家机关制定"宪法""法律""行政法规""行政规章""地方性法规""民族自治法规"等法的渊源的活动，均属于广义的立法。

2. 狭义的立法

仅指国家的最高权力机关及其常设机关依法制定、修改和废止宪法和法律的活动。例如，唯有全国人大、全国人大常委会制定"法律"这一法的渊源的活动，才属于狭义的立法。

（二）我国现行的立法体制

1. 中央统一领导，一定程度分权。制宪权和立法权属于中央，整个立法权由中央和地方多元主体行使。

2. 多级并存，多类结合。①多级并存，即法律、行政法规、地方性法规等法律文件由不同主体制定，按照各自的位阶，下位法服从上位法；②多类结合，即不同的国家机关产生各类法律文件，从而形成法律体系。

（三）立法指导思想和立法原则

1. 立法指导思想。根据《立法法》的规定，其内涵如下：

（1）立法应当坚持中国共产党的领导，坚持以马克思列宁主义、毛泽东思想、邓小平理论、"三个代表"重要思想、科学发展观、习近平新时代中国特色社会主义思想为指导，推进中国特色社会主义法治体系建设，保障在法治轨道上全面建设社会主义现代化国家。

（2）立法应当坚持以经济建设为中心，坚持改革开放，贯彻新发展理念，保障以中国式现代化全面推进中华民族伟大复兴；立法应当倡导和弘扬社会主义核心价值观，坚持依法治国和以德治国相结合，铸牢中华民族共同体意识，推动社会主义精神文明建设；立法应当适应改革需要，坚持在法治下推进改革和在改革中完善法治相统一，引导、推动、规范、保障相关改革，发挥法治在国家治理体系和治理能力现代化中的重要作用。

2. 立法原则。其包括三点：

（1）科学立法原则。立法应当尊重客观实际，反映客观规律。例如，有关传染病防控的立法，应当针对传染病的传播规律而制定。

（2）民主立法原则。立法应当坚持和发展全过程人民民主，坚持以人民为中心的根本立场，坚持群众路线。

（3）依法立法原则（合宪性与合法性原则）。立法必须以宪法、法律为依据，维护社会主义法制的统一、尊严和权威。

(四) 立法程序和立法技术

1. 立法程序

立法程序即制定、修改、废除、认可规范性法律文件的法定步骤和方式。

[我国的立法程序]

```
┌─────────────────────┐                    ┌─────────────────────┐
│  全国人大的立法程序  │                    │ 全国人大常委会的立法程序 │
└──────────┬──────────┘                    └──────────┬──────────┘
           ↓                                          ↓
```

全国人大主席团、全国人大常委会、国务院、中央军委、国家监察委、最高人民法院、最高人民检察院、全国人大各专门委员会、全国人大一个代表团或者30名以上的代表联名向全国人大提出议案。 [注意] 一个代表团或者30名以上的代表联名提出的法律案，经全国人大主席团决定不列入本次会议议程的，交有关的专门委员会在全国人大闭会后审议，然后向全国人大常委会提出审议结果报告，经全国人大常委会审议通过后，印发全国人大下次会议。	全国人大常委会委员长会议、国务院、中央军委、国家监察委、最高人民法院、最高人民检察院、全国人大各专门委员会、全国人大常委会成员10人以上联名向全国人大常委会提出法律案。 [注意] 全国人大常委会成员10人以上联名提出的法律案，经委员长会议决定不列入本次常委会会议议程的，应当向全国人大常委会会议报告或者向提案人说明。
1. 全国人大主席团主持审议。 2. 审议形式：各代表团审议、专门委员会审议、各代表团团长审议、全国人大宪法和法律委员会统一审议法律案并提出表决稿。	1. 全国人大常委会委员长主持审议。 2. 审议形式：分组会议审议、联组会议审议、全体会议审议、专门委员会审议、全国人大宪法和法律委员会统一审议法律案并提出表决稿。 3. "三读"程序。

因撤回而终止审议	交付表决	授权全国人大常委会处理	因撤回而终止审议	交付表决	暂不交付表决

1. 表决以无记名方式进行。
2. 对宪法修正案的表决，以全国人大代表2/3以上的多数通过，法律案只须过半数通过。

1. 宪法修正案以全国人大公告的形式，由全国人大主席团公布；法律由国家主席根据全国人大及其常委会的决定，以主席令的形式公布。
2. 公布载体：全国人大常委会公报（以公报所刊文本为标准文本）、中国人大网、全国范围内发行的报纸。

· 053 ·

[其他程序]

（1）法律案的撤回。法律案在列入会议议程之前，提案主体有权撤回。法律案在列入会议议程后、交付表决前，提案主体要求撤回的，应当说明理由：①提案主体向全国人大提出的法律案，须经全国人大主席团同意，并向大会报告；②提案主体向全国人大常委会提出的法律案，须经委员长会议同意，并向全国人大常委会报告。法律案一经撤回，则终止审议。

（2）全国人大"授权全国人大常委会处理"。法律案在审议中有重大问题需要进一步研究的，经全国人大主席团提出，由大会全体会议决定，可以授权全国人大常委会根据代表的意见进一步审议，作出决定，并将决定情况向全国人大下次会议报告；也可以授权全国人大常委会根据代表的意见进一步审议，提出修改方案，提请全国人大下次会议审议决定。

（3）"三读"程序。列入全国人大常委会会议议程的法律案，一般应当经三次常委会会议审议后再交付表决。各方面的意见比较一致的，可以经两次常委会会议审议后交付表决；调整事项较为单一或者部分修改的法律案，各方面的意见比较一致，或者遇有紧急情形的，也可以经一次常委会会议审议即交付表决。

（4）全国人大常委会的"暂不交付表决"。在"三读"之后，仍有重大问题需要进一步研究的，经委员长或者委员长会议提出，联组会议或者全体会议同意，可以暂不付表决，交有关专门委员会进一步审议，提出审议报告。

列入全国人大常委会会议审议的法律案，因各方面对制定该法律的必要性、可行性等重大问题存在较大意见分歧搁置审议满2年的，或者因暂不付表决经过2年没有再次列入常委会会议议程审议的，委员长会议可以决定终止审议，并向全国人大常委会报告；必要时，委员长会议也可以决定延期审议。

立法程序包括以下步骤：

（1）法律案的提出。法律案是依法享有提案权的机关或个人向立法机关提出的关于立法的正式提案。📖注意：主体法定，非法定主体没有资格提出法律案。

法律案是议案的一种，除此之外，议案还有预算案、决算案、质询案等。

法律案有其固定的格式和要求。根据《全国人民代表大会和地方各级人民代表大会代表法》（以下简称《代表法》）的规定，议案应当有案由、案据和方案，在此基础上，根据《立法法》的规定，法律案还应当附有法律草案文本及其说明，并提供必要的参阅资料。

（2）法律案的审议。法律案的审议是指立法机关对已经列入议事日程的法律案正式进行审查和讨论。

（3）法律的表决和通过。即立法机关以法定多数对法律案所附的法律草案表示最终赞同，从而使法律草案成为法律。这是立法程序中具有决定意义的步骤，这一步过去了，法律草案就变成法律；这一步过不去，法律草案就停留在草案阶段。

📖注意：表决分为公开表决和秘密表决两种。公开表决包括举手表决、起立表决、口头表决、行进表决、记名投票表决等各种形式。秘密表决主要是以无记名投票的形式进行。我国自1986年第六届全国人大常委会第十五次会议开始采用"计算机多功能会议事务信息处理系统"电脑表决器进行秘密表决。

（4）法律的公布。其指立法机关或国家元首将已通过的法律以一定的形式予以公布。例如，宪法修正案以全国人民代表大会公告的形式公布，法律以主席令的形式公布。📖注意：未经正式公布的法律规范，不为人们知晓，就不具有普遍约束力。

2. 立法技术。包括预测技术、规划技术、表达技术。当前，《立法法》、《行政法规制定程序条例》、《规章制定程序条例》、全国人大常委会法工委《立法技术规范（试行）》

等文件对立法技术作出了规定。此外，中国民用航空局制定了《民航规章立法技术规范》，一些地方立法机关也制定了相关规定。

经典真题

关于我国立法和法的渊源的表述，下列选项不正确的是：（2013/1/87-任）[1]

A. 从法的正式渊源上看，"法律"仅指全国人大及其常委会制定的规范性文件
B. 公布后的所有法律、法规均以在《国务院公报》上刊登的文本为标准文本
C. 行政法规和地方性法规均可采取"条例""规定""办法"等名称
D. 所有法律议案（法律案）都须交由全国人大常委会审议、表决和通过

二、法的实施

（一）法的实施与法的实现

1. 法的实施。法的实施是指法在社会生活中被人们实际施行。
2. 法的实现。法的实现是指法的要求在社会生活中被转化为现实。⊗注意：法的实施不等于法的实现。例如，老六无视红绿灯，硬闯斑马线，本案中，交通法规在实施，却并未实现。

（二）法的实施的环节

法的实施包括执法（法的执行）、司法（法的适用）、守法（法的遵守）和法律监督等环节。

1. 执法。执法有广义和狭义之分：广义的执法主体包括司法机关及其工作人员，狭义的执法仅指国家行政机关（政府及其工作部门）及其工作人员对法律规范的执行。

（1）执法的特点包括国家权威性、国家强制性、主体特定性、内容广泛性、主动性和单向性、执法权的优益性（执法权具有优先行使和实现的效力）；

（2）执法的原则包括合法性原则（根据法定权限、法定程序和法治精神执法）、合理性原则（执法须目的正当、手段必要且适当、结果均衡而不能轻重不一）、效率原则（主动有效执法以获得最大执法效益）。

2. 司法。司法是指国家司法机关（法院、检察院）具体应用法律处理案件的活动。

（1）司法的特点包括专门性、国家强制性、严格的程序性及合法性、书面性（必须有表明结果的文书）。

⊗注意：执法与司法都是国家活动，但是，二者存在明显的区别：①主体不同：狭义的执法主体是国家行政机关及其工作人员，司法主体是国家司法机关及其工作人员；②内容不同：执法的对象是对社会的全面管理，司法的对象是案件；③程序性要求不同：司法比执法有着更严格、更细致的程序性要求；④主动性不同：执法具有主动性（由执法机关单方面发动），司法具有被动性（当事人不起诉，则司法机关不能主动受理诉讼）。

（2）司法的原则包括司法公正原则、司法平等原则、司法合法原则、司法权独立行使原则、司法责任原则。

---

[1] BD

3. 守法。守法即公民、社会组织、国家机关等主体享受权利、履行义务的活动。守法包括：

（1）积极守法，即积极主动地依法行使权利、履行义务；

（2）消极守法，即不违法。

4. 法律监督。法律监督是指对法律活动的合法性予以检查、监察、督促、指导。狭义的法律监督仅指特定国家机关的监督，广义的法律监督是指所有国家机关、各政党、各社会组织、媒体舆论和公民的监督。

（1）国家法律监督体系。包括国家权力机关、行政机关、监察机关、司法机关的监督。

（2）社会法律监督体系。包括中国共产党、人民政协、各民主党派、人民团体和社会组织、公民、媒体舆论的监督。

经典真题

王某向市环保局提出信息公开申请，但未在法定期限内获得答复，遂诉至法院，法院判决环保局败诉。关于该案，下列哪些说法是正确的？（2016/1/60-多）[1]

A. 王某申请信息公开属于守法行为

B. 判决环保局败诉体现了法的强制作用

C. 王某起诉环保局的行为属于社会监督

D. 王某的诉权属于绝对权利

第2节 法适用的一般原理

[举个例子] 老六对隔壁老王说："你爸爸是人，我是人，所以我是你爸爸。"对此论证，如何破解？

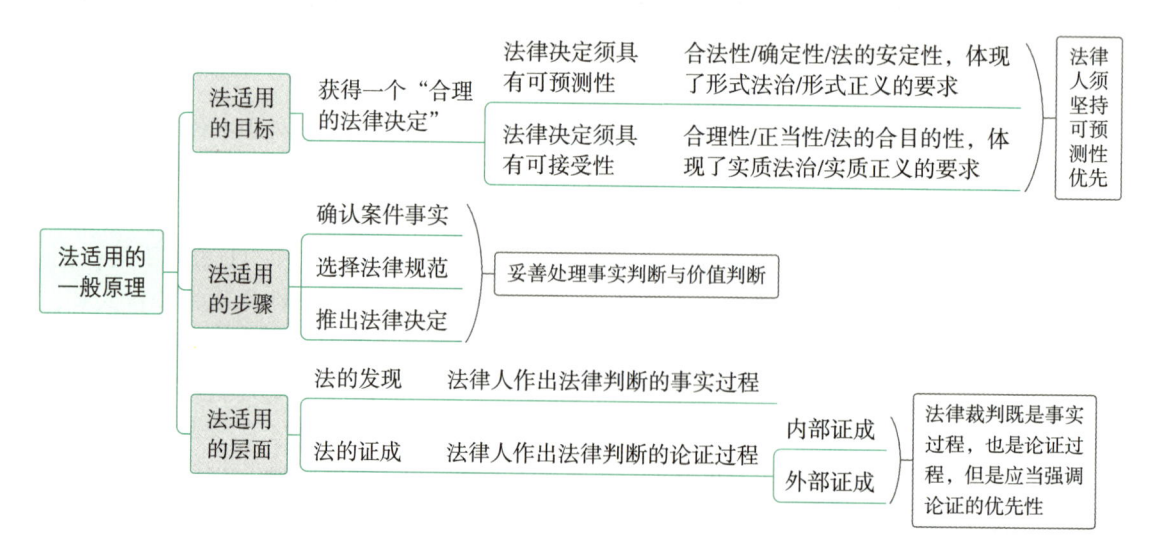

法适用的一般原理
- 法适用的目标
  - 获得一个"合理的法律决定"
    - 法律决定须具有可预测性 — 合法性/确定性/法的安定性，体现了形式法治/形式正义的要求
    - 法律决定须具有可接受性 — 合理性/正当性/法的合目的性，体现了实质法治/实质正义的要求
  - 法律人须坚持可预测性优先
- 法适用的步骤
  - 确认案件事实
  - 选择法律规范
  - 推出法律决定
  - 妥善处理事实判断与价值判断
- 法适用的层面
  - 法的发现 — 法律人作出法律判断的事实过程
  - 法的证成 — 法律人作出法律判断的论证过程
    - 内部证成
    - 外部证成
  - 法律裁判既是事实过程，也是论证过程，但是应当强调论证的优先性

---

[1] ABC

一、法适用的目标

(一) "合理的法律决定"

法的适用即司法，其最直接的目标就是要获得一个"合理的法律决定"。合理的法律决定是指法律决定具有可预测性和可接受性。

1. 可预测性。也称合法性、确定性、法的安定性，体现了形式法治、形式正义的要求。例如，逆子杀死父母，老六依据刑法预测到逆子会被判死刑，法院的判决与老六的预测相吻合，就体现了法律决定的可预测性。

2. 可接受性。也称合理性、正当性、法的合目的性，体现了实质法治、实质正义的要求。例如，父母杀死逆子，老六依据刑法预测到父母会被判刑，法院判处父母有期徒刑，老六觉得还行，就体现了法律决定的可接受性。

(二) 法律决定的内在紧张

法律决定中蕴含的可预测性与可接受性之间存在着一定的紧张关系，俗称"合法与合理"的矛盾。例如，老六包子铺在网络平台卖豆腐脑，被监管部门认定超许可范围经营，违反了《网络食品安全违法行为查处办法》和《网络餐饮服务食品安全监督管理办法》，对其处以罚款15 000元，并没收违法所得7000元。老六不服该处罚，诉至法院却败诉。法院的判决合法，却并不合理。

对于特定国家的法律人来说，首先理当崇尚的是法律的可预测性，因为不可预测的决定不可能被人们接受。例如，老六训练他的金毛寻回犬"波比"捡球，波比第一次捡球的结果是奖赏火腿肠一根，第二次捡球的结果是被暴揍一顿，经老六开导，波比第三次捡球的结果是奖赏狗粮三颗，第四次波比捡回球来却遭遇老六的冷暴力，波比最终精神错乱。正如法学谚语所说，如果因为同一行为时而受到奖赏，时而受到惩罚，即使是一条狗，也会变成疯狗。此谚语生动地诠释了可预测性与可接受性的关系。

经典真题

"法律人适用法律的最直接目标就是要获得一个合理的决定。在法治社会，所谓合理的法律决定就是指法律决定具有可预测性和正当性。"对于这一段话，下列说法正确的是：(2014/1/92-任)[1]

A. 正当性是实质法治的要求
B. 可预测性要求法律人必须将法律决定建立在既存的一般性的法律规范的基础上
C. 在历史上，法律人通常借助法律解释方法缓解可预测性与正当性之间的紧张关系
D. 在法治国家，法律决定的可预测性是理当崇尚的一个价值目标

二、法适用的步骤

(一) 法适用的具体步骤

1. 在理论上，法适用的步骤有三：

---

[1] ABCD

第一步：确认案件事实，法律术语称之为"确认小前提"。
第二步：选择法律规范，法律术语称之为"寻找大前提"。
第三步：推出法律决定，法律术语称之为"推出结论"。

[例] 律师接到朋友来电咨询法律事务，问朋友："具体什么情况？"此即确认案件事实、确认小前提。听完朋友讲述，律师说："容我翻翻法条，琢磨琢磨。"此即选择法律规范、寻找大前提。此后，律师告诉朋友："本案结果大概是这样的……"此即推出法律决定、推出结论。

2. 在实践中，这三个步骤并非界限分明，而是具有融合性。其原因有二：

（1）确认案件事实，要运用法律规范。打个"筛沙"的比方，建房子的时候，通常不会直接用市场上买来的原沙，而是根据建筑需要，选择合适的筛子，把原沙过筛、去除杂粒，形成沙料。"客观事实"如同原沙，"案件事实"如同沙料，法律规范就是筛子。确认案件事实的过程，就是运用法律规范筛选客观事实的过程。例如，老六入室盗窃时，室内的老鼠看到了老六并打了个喷嚏，这二者都是客观事实，但是，只有入室盗窃属于案件事实，因为在本案中，法律不关注老鼠打喷嚏，把它给筛掉了。因此，法律人查明和确认案件事实的过程，不是一个纯粹的事实归结过程，而是一个在法律规范与客观事实之间来回穿梭的循环过程。

（2）选择法律规范，要贴合案件事实。例如，老六在草堆上强奸妇女时，不慎将草堆下熟睡的流浪汉压死。对此案件事实，若选择强奸致人死亡的法律条文，显然很不贴合。

（二）事实判断与价值判断

法适用的步骤中，既涉及事实判断，又涉及价值判断。

1. 事实判断是对案件事实的判断，通常表现为"是什么"或"不是什么"等判断，其特点在于"所有人看都一样"。例如，"老六是不是人"，这是一个事实判断，任何人看见老六，都会得出相同的判断。常见的事实判断包括犯罪金额、鉴定结论、勘验结果、实际损失等。例如，对于老六整只右手被砍掉，任何人拿着伤残鉴定标准，都会得出相同的鉴定结论，不可能张三对此鉴定为重伤，李四对此鉴定为轻微伤。这说明鉴定结论属于事实判断。

2. 价值判断是指主体对客体有无价值、有哪些价值、有多大价值的判断，通常表现为"好与坏""善与恶""多与少""贵与贱""高尚与卑劣"等判断，其特点在于"不同人看不一样"。例如，"老六是不是贱人"，这是一个价值判断，不同的人看见老六，会得出不同的判断。常见的价值判断包括因果关系、情节轻重、主观恶性、危害大小等。例如，老六3刀捅死老王。对此案中的因果关系，张三的观点是"因为捅，所以死，老王的死因是老六的刀捅"；李四的观点是"因为老六他爸生了老六，才有老六捅死了老王，老王的死因是老六他爸生了老六"。张三找"近因"而李四找"远因"，不同人看不一样。这说明因果关系属于典型的价值判断。

[记忆口诀] 事实判断"所有人看都一样"，价值判断"不同人看不一样"。

三、法适用的层面：法的发现与法的证成

法的适用包括两个层面：法的发现和法的证成。作为法律人，应强调法的证成优先于

法的发现。

（一）法的发现

1. 法的发现用来指称法律人作出法律判断的事实过程。

2. 在"法的发现"这一层面上，法律判断与判断者个人的心理因素、社会因素之间是因果关系。所谓"心理因素""社会因素"，是指法律人的直觉、偏见、情感、利益立场、社会阶层、价值偏好等。它们让法律判断带上了不确定性和个人色彩。例如，资深恶霸自幼霸凌同学，成人后聚众抢劫，民愤极大。老六考虑到社会影响，加之自己曾经屡遭校园霸凌，于是在法定量刑区间中，对资深恶霸处以最高刑期。此即"法的发现"层面上的判断。

（二）法的证成

1. 法的证成用来指称法律人作出法律判断的论证过程。

2. 在"法的证成"这一层面上，法律判断与判断者个人的心理因素、社会因素之间不是因果关系，因而法律判断不带有不确定性和个人色彩。例如，法官顶住舆论压力，通过严密的逻辑论证作出判决，就属于"法的证成"层面上的判断。

注意：法的发现和法的证成并存于法的适用过程中，二者不是先后相继的两个环节，而是交织叠加的两个层面或角度。换句话说，"法的发现"告诉我们，法官、检察官、律师是"社会人"，作出法律判断时难以避免普通人的喜怒哀惧爱恶欲；"法的证成"提醒我们，法官、检察官、律师还是"法律人"，应当以严密的逻辑论证作出判决。但是，作为法律人，应强调法的证成的优先性，这是"合理的法律决定"的要求。

3. 法的证成的分类。"证成"即论证。法的证成就是找充足的理由去论证法律决定成立的过程。

（1）内部证成。内部证成是指从前提推出结论的证成。无论是从大前提（法律规范）推出结论（法律决定），还是从小前提（案件事实）推出结论（法律决定），都属于内部证成。例如，李法官依照法律（大前提）作出判决（推出结论），属于内部证成；王法官根据案件事实（小前提）作出判决（推出结论），也属于内部证成。

（2）外部证成。外部证成是指对前提的证成。无论是对大前提（法律规范）作论证，还是对小前提（案件事实）作论证，都属于外部证成。例如，甲对法律条文（大前提）予以论证属于外部证成，乙对案件事实（小前提）予以论证也属于外部证成。**注意**：外部证成能保证内部证成的前提正当，换句话说，如果大前提、小前提有毛病，则通过外部证成消除这些毛病，进而保证结论不翻车，这就是外部证成的价值所在。例如，老六对隔壁老王说："你爸爸是人，我是人，所以我是你爸爸。"这一论证错在违背了逻辑规则。按照逻辑规则，大前提（法律规范）须涵盖小前提（案件事实），如"持武器抢劫加重处罚"这一大前提，就涵盖了"持刀抢劫"这一小前提，由此才能得出"对持刀抢劫加重处罚"的结论，而"你爸爸是人"与"我是人"之间并无涵盖关系，也就是说，这一论证的前提有毛病，因此，无法得出"我是你爸爸"这一结论。由此可见，如果通过外部证成消除了前提的毛病，就能保证结论不翻车。

［记忆口诀］内部证成关注的是"过程、结论不翻车"；外部证成关注的是"大、小前提要靠谱"，即法律规范找没找对、案件事实是否成立。

（3）内部证成与外部证成的相似之处：①二者都借助三段论展开（见下图）；②二者都需要说理；③二者都遵循推理规则。

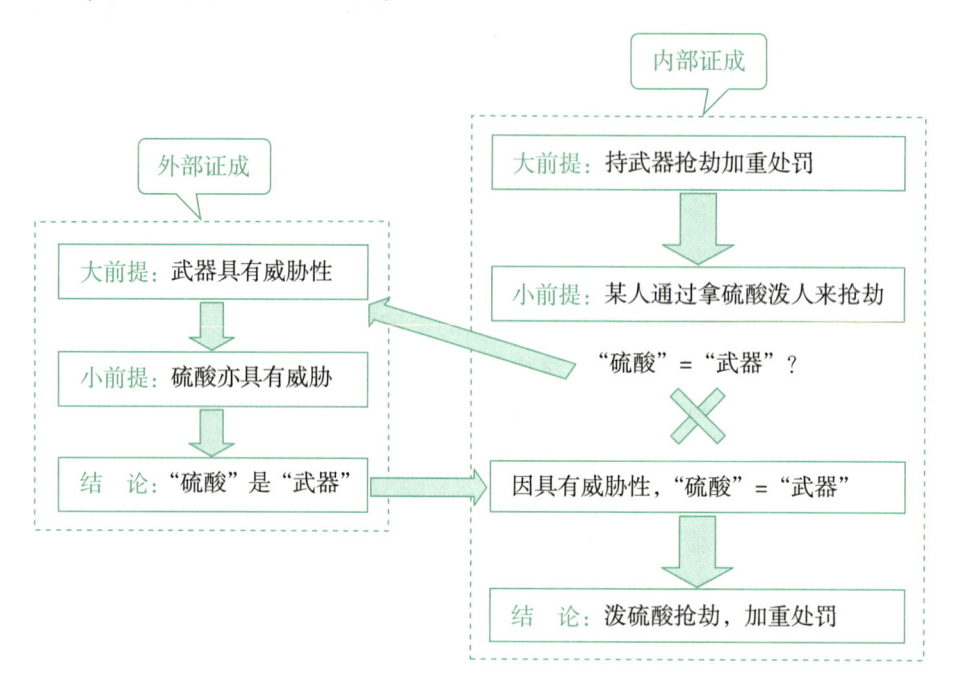

外部证成

大前提：武器具有威胁性
↓
小前提：硫酸亦具有威胁
↓
结论："硫酸"是"武器"

内部证成

大前提：持武器抢劫加重处罚
↓
小前提：某人通过拿硫酸泼人来抢劫

"硫酸" = "武器"？ ✗

因具有威胁性，"硫酸" = "武器"
↓
结论：泼硫酸抢劫，加重处罚

内部证成与外部证成

📖 经典真题

关于法律论证中的内部证成和外部证成，下列哪些选项是错误的？（2008/1/52-多）[1]

A. 法律论证中的内部证成和外部证成之间的区别表现为，内部证成是针对案件事实问题进行的论证，外部证成是针对法律规范问题进行的论证

B. 无论内部证成还是外部证成都不解决法律决定的前提是否正确的问题

C. 内部证成主要使用演绎方法，外部证成主要使用归纳方法

D. 无论内部证成还是外部证成都离不开支持性理由和推理规则

第3节　法律解释

［举个例子］大哥两指夹着点燃的香烟进入电梯，老六提醒说："《控烟条例》规定了电梯里不能吸烟。"大哥反驳说："我'吸'了吗？我没有'吸'呀！我只是用手指'夹'着这根烟，并没有去'吸'它！"对此言论，如何破解？

---

[1]　ABC

第 2 章 法的运行

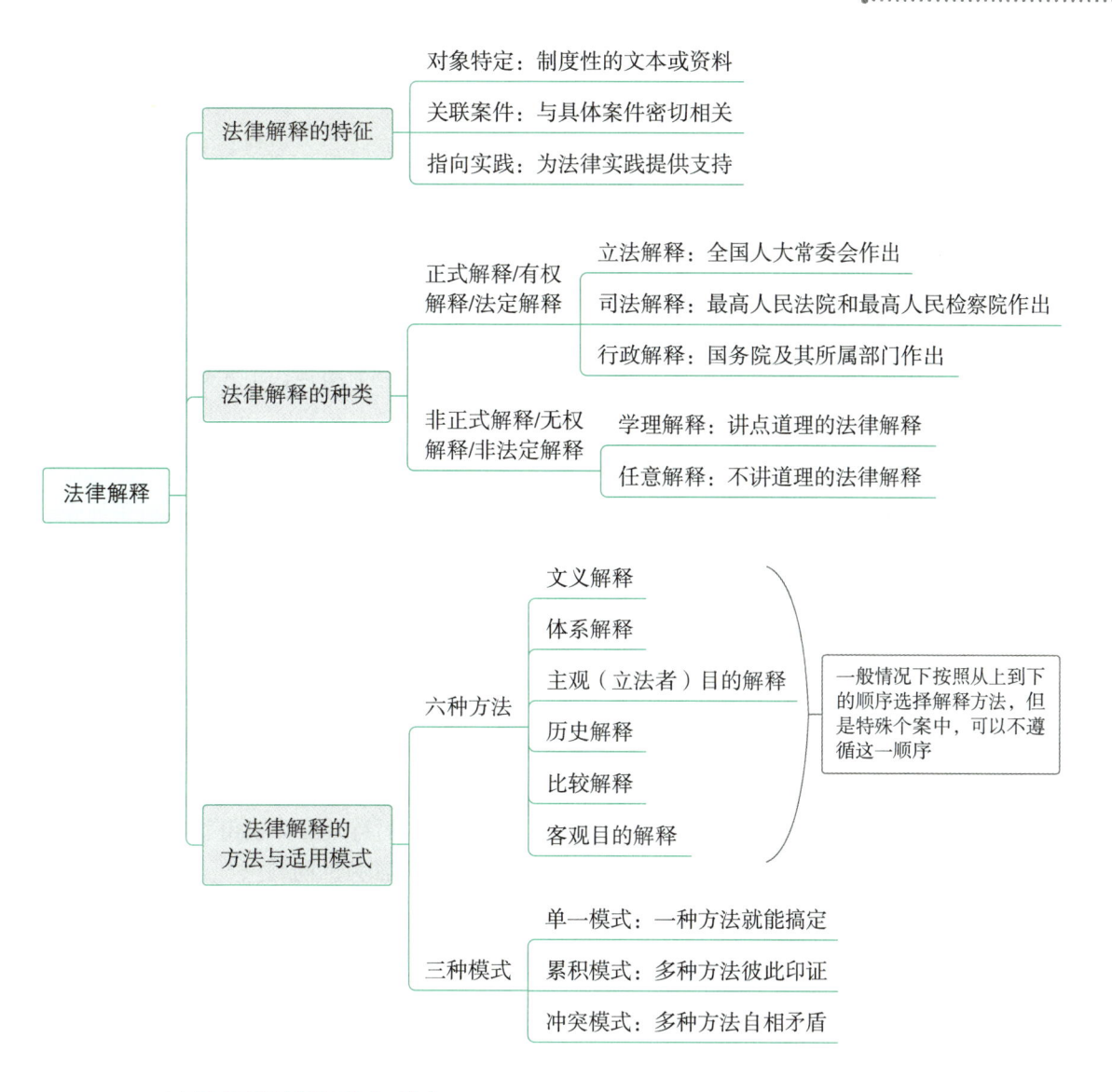

```
法律解释
├── 法律解释的特征
│   ├── 对象特定：制度性的文本或资料
│   ├── 关联案件：与具体案件密切相关
│   └── 指向实践：为法律实践提供支持
├── 法律解释的种类
│   ├── 正式解释/有权解释/法定解释
│   │   ├── 立法解释：全国人大常委会作出
│   │   ├── 司法解释：最高人民法院和最高人民检察院作出
│   │   └── 行政解释：国务院及其所属部门作出
│   └── 非正式解释/无权解释/非法定解释
│       ├── 学理解释：讲点道理的法律解释
│       └── 任意解释：不讲道理的法律解释
└── 法律解释的方法与适用模式
    ├── 六种方法
    │   ├── 文义解释
    │   ├── 体系解释
    │   ├── 主观（立法者）目的解释
    │   ├── 历史解释
    │   ├── 比较解释
    │   └── 客观目的解释
    │   （一般情况下按照从上到下的顺序选择解释方法，但是特殊个案中，可以不遵循这一顺序）
    └── 三种模式
        ├── 单一模式：一种方法就能搞定
        ├── 累积模式：多种方法彼此印证
        └── 冲突模式：多种方法自相矛盾
```

一、法律解释的概念和特征

（一）法律解释的概念

1. 法律解释是指一定的人、组织或国家机关对法律的阐述和说明。

2. 在历史上，特定的人、组织都曾经成为法定的法律解释主体。例如，古罗马时期，《引证法》规定盖尤斯、伯比尼安、保罗、乌尔比安、莫迪斯蒂努斯（五大法学家）有解释法律的权力；无独有偶，我国司马氏建立的晋朝也授予张斐、杜预解释法律的权力。

3. 现代社会通常仅以特定国家机关作为法定的法律解释主体。例如，我国《立法法》规定，由全国人大常委会解释法律。

（二）法律解释的特征

1. 对象特定。法律解释的对象一般都具有制度性，通常是那些能够作为法律决定之

大前提来源的文本或资料，如制定法、判例、国际协议或习惯。

2. 关联案件。法律解释与具体案件密切相关。法律解释往往由具体案件引起，解释过程中要把法律条文与案件事实相结合。

3. 指向实践。法律解释具有实践性和目的性。法律解释所涉及的总是实践命题或规范命题，而不是事实命题或描述命题。法律解释的目的不在于证明事实或描述的真假，而在于证成实践或规范的正当性。

二、法律解释的种类

根据有无国家授予法律解释的权力，可以将法律解释分为两种：正式解释、非正式解释。

（一）正式解释

正式解释又称有权解释、法定解释，是指获得国家授予法律解释权力的特定机关所作的解释。正式解释具有普遍约束力。它包括三种：

1. 立法解释。法律解释的主体是立法机关。当前我国的立法解释权由全国人大常委会行使。其适用情形包括：①法律规定需要进一步明确具体含义时；②新情况出现，需要明确适用法律依据时。

2. 司法解释。法律解释的主体是司法机关。当前我国的司法解释权由最高人民法院和最高人民检察院行使。二者分别负责解释审判工作和检察工作中具体应用法律的问题。如果二者对同一问题有原则性分歧，报请全国人大常委会解释或决定。

3. 行政解释。法律解释的主体是行政机关。当前我国的行政解释权由国务院及其所属部门行使，其负责解释不属于审判、检察工作的具体应用法律的问题。

（二）非正式解释

非正式解释又称无权解释、非法定解释，是指未获得国家授予法律解释权力的主体所作的解释。非正式解释不具有普遍约束力，但是，它具有一定的参考价值。它包括两种：

1. 学理解释：非法定主体作出的，有学术性和常识性的法律解释。例如，老六说电梯里不能吸烟，因为《控烟条例》规定公共场所不能吸烟，而电梯属于公共场所。老六的解释属于非正式解释中的学理解释。

2. 任意解释：非法定主体作出的，可能没有任何道理的法律解释。例如，大哥把"吸烟"解释为"用嘴吸烟"，并不包括"夹着点燃的烟"。大哥的解释属于非正式解释中的任意解释。

三、法律解释的方法、适用模式和位阶

（一）法律解释的方法

法律解释的方法有六，包括文义解释的方法、体系解释的方法、主观（立法者）目的解释的方法、历史解释的方法、比较解释的方法、客观目的解释的方法。

1. 文义解释的方法。又称语法解释、文法解释、文理解释的方法。其解释依据是法律条文的字面含义，通常表现为"抠字眼"，其缺点在于，如果过度了，也就是"死抠字

眼"的话，解释的结果往往不公正、不合理。例如，大哥把"吸烟"解释为"用嘴吸烟"，并不包括"夹着点燃的烟"，就用了文义解释的方法，且因为"死抠字眼"而有失公正、合理。对此，不妨以同等方法反驳："大哥，你坐电梯怎么能站着呢？你吸烟可不能把烟呼出来！"不过，要注意反驳的后果。

2. 体系解释的方法。又称逻辑解释、系统解释的方法。其通过联系其他的法律条文而作出解释，凸显了体系性、逻辑性、系统性，故有此名。其解释依据是其他法律条文。体系解释的优势在于，有助于避免法秩序混乱，保障法律适用的一致性。例如，老六结合《刑法》总则相关条文，解释了《刑法》分则条文中的"醉驾入刑"，此处老六运用的就是体系解释的方法。又如，结合《刑法》《集会游行示威法》等多部法律和地方性法规来解释某一民事案件中"公共场所"的含义，也是对体系解释方法的运用。

3. 主观（立法者）目的解释的方法。即根据立法者的意思或想法来解释法律。其解释依据是会议记录、立法报告等立法资料。例如，1787年《美国宪法》字面上并未规定美国总统统率空军（因为当时连飞机都没有发明），但是，法学家通过制宪会议的记录和制宪者的往来书信，找到了总统统率"一切武装力量"的表述，从而解决了总统统率空军的问题。在这里，法学家使用的就是主观目的解释的方法。

4. 历史解释的方法。其解释依据是历史事实或某现象有史以来的情况。例如，对于铁路部门打算在列车上收取开水费的举措，老六反驳说："自打咱有列车以来，就从来没在列车上收过开水费，过去没收过，现在也不能收。"老六所用的就是历史解释的方法。

5. 比较解释的方法。其解释依据是外国的判例和学说。例如，对于酒吧要不要赔偿当场醉死的消费者一案，法官参考了德国、奥地利等国的判例和相关理论，判决酒吧承担部分赔偿责任。此处法官所用的就是比较解释的方法。

6. 客观目的解释的方法。其解释依据是社会共同伦理道德的需要。该方法侧重于对社会利益和社会效果的衡量。例如，对于民愤极大的案件，法官充分考虑了社会的道德呼声而作出判决，满足了公众的道德期待。法官所用的就是客观目的解释的方法。客观目的解释可以使法律决定与特定社会的伦理和道德要求相一致，从而使法律决定具有最大可能的可接受性（正当性）。

> 文义要抠字眼，
> 体系参考另文，
> 主观揣摩立法人。
> 历史必依史实，
> 比较参详外国，
> 道德期待是客观。

（二）法律解释的适用模式

法律解释的适用模式有三：

1. 单一模式。即只用1种解释方法，而且解释结果符合人的理性。

2. 累积模式。即采用2种以上的解释方法，而且解释结果相同。

3. 冲突模式。即采用2种以上的解释方法，然而解释结果相互对立、冲突。

（三）法律解释方法的位阶

1. 位阶即高低顺序，给法律解释方法排位，是为了解决不同的解释方法之间的冲突，解决"公说公有理，婆说婆有理"的矛盾。通常而言，高位阶的解释方法优先于低位阶的解释方法，这就相对稳定地解决了一般情形下的解释冲突。

2. 法律解释方法的通行位阶：文义解释→体系解释→主观（立法者）目的解释→历史解释→比较解释→客观目的解释。但是，这一顺序并非一成不变，因为它是约定俗成的，而不是法定的。换句话来说，这一通行位阶是法律共同体的共识，遇到极端情形，有必要打乱这一顺序时，也不是不可以。

🔖 经典真题

1. 杨某与刘某存有积怨，后刘某服毒自杀。杨某因患风湿病全身疼痛，怀疑是刘某阴魂纠缠，遂先后3次到刘某墓地掘坟撬棺，挑出刘某头骨，并将头骨和棺材板移埋于自家责任田。事发后，检察院对杨某提起公诉。一审法院根据《中华人民共和国刑法》第302条的规定，认定杨某的行为构成侮辱尸体罪。杨某不服，认为坟内刘某已成白骨并非尸体，随后上诉。杨某对"尸体"的解释，属于下列哪些解释？（2012-1-55-多）[1]
   A. 任意解释　　　　　　　　　　B. 比较解释
   C. 文义解释　　　　　　　　　　D. 法定解释

2. 李某在某餐馆就餐时，被邻桌互殴的陌生人误伤。李某认为，依据《消费者权益保护法》第7条第1款中"消费者在购买、使用商品和接受服务时享有人身、财产安全不受损害的权利"的规定，餐馆应负赔偿责任，据此起诉。法官结合该法第7条第2款中"消费者有权要求经营者提供的商品和服务，符合保障人身、财产安全的要求"的规定来解释第7条第1款，认为餐馆对商品和服务之外的因素导致伤害不应承担责任，遂判决李某败诉。对此，下列哪一说法是不正确的？（2013/1/13-单）[2]
   A. 李某的解释为非正式解释
   B. 李某运用的是文义解释方法
   C. 法官运用的是体系解释方法
   D. 就不同解释方法之间的优先性而言，存在固定的位阶关系

第4节　法律推理

[举个例子] 老六躺平啃老，其母斥曰："养你不如养头猪。"此话错误地运用了哪种推理？

---

[1] AC
[2] D

```
                          ┌─ 典型的演绎推理：三段论 ─┐
          ┌─ 演绎推理：从一般到个别 ─┤                      ├─ 必然性推理
          │               └─ 非典型的演绎推理：涵摄 ─┘   （结论靠谱）
          │               ┌─ 完全归纳推理：穷尽所有样本
          ├─ 归纳推理：从个别到一般 ─┤
          │               └─ 不完全归纳推理：抽取部分样本
法律推理 ─┤
          ├─ 类比推理：同案同判                              ┐
          │                                                  │
          ├─ 当然推理：异案同判                              ├─ 或然性推理
          │                                                  │  （结论未必靠谱）
          ├─ 反向推理：明示其一即否定其余                    │
          │                                                  │
          └─ 设证推理：倒推出曾经发生的事实或前提            ┘
```

一、法律推理与法律证成、法律解释

（一）法律推理的概念和特征

法律推理是指法律人按照一定的推理规则从前提推导出法律结论的过程。其特点如下：

1. 法律推理必须以法律规定和法学原理为基础，依据法的渊源进行。例如，老六基于动物界"弱肉强食"的规律，推导出他抢了狱友的配餐并无过错。这就不属于法律推理，因为其推理的依据是动物界的规律，而不是法的渊源。

2. 法律推理寻求的不是绝对真相，而是结论正当。

（二）法律推理与法律证成、法律解释

法律推理与法律证成、法律解释是同一逻辑活动过程的不同侧面。打个"看山"的比方，看山的角度不同，那么，所看到的山的样貌也随之变化，正所谓"横看成岭侧成峰，远近高低各不同"，山还是那座山，并没有变化，变化的只是看山的视角。法的适用过程如同山，它就在那里，不增不减，而法律推理、法的证成、法律解释如同看山的角度。对于法的适用过程，法律推理侧重于从推理的角度看它，法的证成侧重于从论证的角度看它，法律解释侧重于从解释的角度看它。可以说，法的适用过程实际上就是根据实践需要，综合运用推理、论证、解释的套路，以获得妥当的法律判断的逻辑过程。例如，"法官依据法律规定作出判决"，这一过程既是演绎推理（从一般的法律规范到个别的案件判断），又是内部证成（从法律规定这一前提推导出判决这一结论）。

二、法律推理的分类

（一）演绎推理

1. 演绎推理是从一般到个别的推理。它是最基本的推理形式。例如，法官依法作出判决属于演绎推理，因为"法"即一般规范，"判决"即个案判断，依据一般规范作出个

案判断，就是从一般到个别的推理，即演绎推理。

演绎推理的经典形式是"三段论"，其形式如下：大前提（一般原则）→小前提（相应个案）→结论（具体判断）。例如，大前提"所有的人都会死"（一般原则）→小前提"苏格拉底是人"（相应个案）→结论"苏格拉底会死"（具体判断）。

三段论的大前提是全称判断，小前提和结论都是特称判断。全称判断是一般情形的判断，它的特点在于没有例外、没有遗漏。例如，"所有的人都会死"这一判断就涵盖了古今中外的任何人，没有例外也没有遗漏。特称判断是对具体情形的判断。例如，"苏格拉底是人""苏格拉底会死"这两个判断，仅针对苏格拉底，而不涉及其他人。

2. 涵摄属于演绎推理。演绎推理的理想模型是大前提与小前提能直接地对接，涵摄是大前提、小前提存在落差而不能直接对接的演绎推理。这要求在大前提和小前提中间"搭梯子"，即加上数个阶梯式排列的中间性命题或步骤。如下图所示：

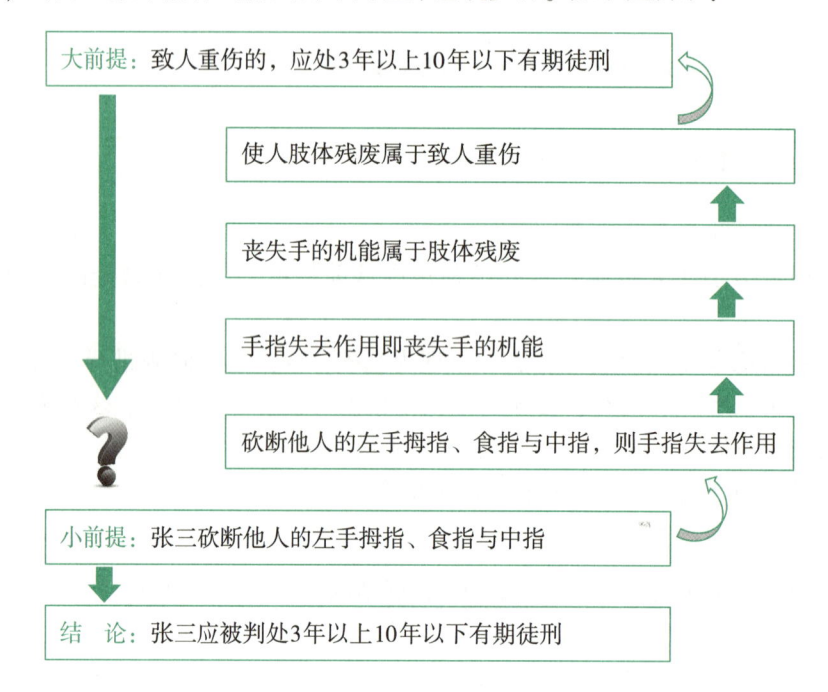

大前提：致人重伤的，应处3年以上10年以下有期徒刑

使人肢体残废属于致人重伤

丧失手的机能属于肢体残废

手指失去作用即丧失手的机能

砍断他人的左手拇指、食指与中指，则手指失去作用

小前提：张三砍断他人的左手拇指、食指与中指

结　论：张三应被判处3年以上10年以下有期徒刑

（二）归纳推理

1. 归纳推理是从个别到一般的推理。归纳推理的典型表现是从很多个案中找出一般认识。例如：

个案一：三国时代，曹操惹了孙权，结果曹操被孙权扁。

个案二：战国时代，庞涓惹了孙膑，结果庞涓被孙膑扁。

个案三：春秋时代，吴姬惹了孙武，结果吴姬被孙武扁。

个案四：很久以前，玉皇大帝惹了孙悟空，结果玉皇大帝被孙悟空扁。

一般认识：惹了姓孙的，会被扁。

2. 归纳推理分为两种：完全归纳推理和不完全归纳推理。

（1）完全归纳推理：从某个集合中所有的个案（特称判断）总结出一般认识（全称判断）。例如，对房间里的108个男人，老六逐个看全了，总结说"这房间里所有的男人都是帅哥"。在实践中，全样本调查属于完全归纳推理。

（2）不完全归纳推理：从某个集合中的部分个案（特称判断）总结出一般认识（全称判断）。例如，对房间里的108个男人，老六挑着看了看，总结说"这房间里所有的男人都是帅哥"。在实践中，抽样调查属于不完全归纳推理。

⊙注意：相对于完全归纳推理，不完全归纳推理更有实践意义。但是，不完全归纳推理容易出现"以偏概全""轻率概括"的毛病，因此，在收集个案或样本时，必须注意，个案或样本的数量要多、范围要广、代表性要突出。

（三）类比推理

1. 类比推理是从个别到个别的推理，又称"相似性论证"，即对于相似的、相当的、同类的个案，作出相同的处理。例如，个案一：对于"击毙半夜闯入者"，作出"主人不负责任"的处理；个案二：对于"重伤半夜闯入者"，也作出"主人不负责任"的处理。

2. 类比推理实质上就是直接类比先例。例如，律师将其代理的案件与3年前的案例对照后，说两案案情相同，因此，法院要作出相同的判决。在这里，律师运用了类比推理。

（四）当然推理

1. 当然推理指的是"如果较强的规范有效，那么较弱的规范就必然更加有效"。它包括两种形式：

（1）举轻以明重。例如，如果"国家合法征收土地要给予补偿"（较强的规范）有效，那么，"国家非法侵犯财产要给予补偿"（较弱的规范）就更有效。换句话说，连"合法征收"都要给予补偿，那么，"非法侵犯"就更要给予补偿。

（2）举重以明轻。例如，如果"故意协助他人自杀不受刑事处罚"（较强的规范）有效，那么，"过失促使他人自杀不受刑事处罚"（较弱的规范）就更有效。换句话说，连"故意协助他人自杀"都不受刑事处罚，那么，"过失促使他人自杀"就更不受刑事处罚。

2. 当然推理近似但不等于类比推理。具体而言：

（1）二者都是从个案到个案的推理，都是寻求相同判决的推理。

（2）类比推理关注个案之间事实上的共同点、相关性，当然推理关注个案之间性质上的关联性、轻重度。类比推理实为"同案要同判"，当然推理实为"异案要同判"。

（五）反向推理

1. 反向推理又称反面推论，是指从"（应当）是什么"推出"（应当）不是什么"。例如，从"老六是男人"推出"老六不是女人"。

2. 反向推理的目的在于限制法律规范的扩大适用，因为在特定情形下，扩大适用法律规范，往往会造成恶果。这些特定情形主要包括以下四类：

（1）职权性规范的适用。职权性规范是授予国家机关及其工作人员公权力（而非私权利）的规范。其表现形式主要有两种：

❶"A机关有某职权"，则"A机关之外的其他机关都没有这一职权"。例如，"全国人大常委会解释宪法"（全国人大常委会有解释宪法的职权），则"国务院、最高法、最

高检等其他国家机关都无权解释宪法"（全国人大常委会之外的其他主体都没有解释宪法的职权）。

❷"某机关有 A 职权"，则"该机关没有 A 职权之外的其他职权"。例如，"全国人大有权决定特别行政区的设立"（全国人大有设立特别行政区的职权），则"全国人大无权决定特别行政区的撤销"（全国人大没有设立权之外的其他职权）。

法律对公权力的规定，通常以"权力清单"的方式，逐一列举国家机关的所有职权，国家机关只能按照"权力清单"行使职权，不得超出"权力清单"的边界。此即"法无明文授权即禁止"；"法定职权必须为，法无授权不得为，既不能不作为，也不能乱作为"。

（2）公民义务性规范的适用。法律对公民义务的规定，也是以"义务清单"的方式，逐一列举公民的义务，"义务清单"之外的事项，都不属于公民的义务。此即在法律上，"明文之外，并无义务"。

（3）刑法规范的适用。在刑法上确立"罪刑法定""法无明文规定不为罪""法无明文规定不处罚"，旨在强调不得任意扩大罪名和刑罚的适用范围。

（4）例外条款的适用。适用例外条款时，不得任意扩大适用范围。例如，"楼上掉花盆砸伤行人，找不着正主的，就全楼赔"，这就是"责任自负"的例外，其适用范围仅限于"全楼"，而不能扩张到"全小区""全街道""全城""全世界"。

[记忆口诀] 反向推理："明示其一即否定其余"。

（六）设证推理

1. 设证推理又称推定，是指从某个事实或结论出发，倒推出某个曾经发生的事实或前提。例如，见到甲被杀的结果，便猜测这是甲之仇家乙所为。设证推理是从"已经发生的"推出"曾经发生的"，因此，进行设证推理时，要尽量找出所有的可能性，并逐个排查，最终确认。

2. 设证推理包括经验推定和规范推定。
（1）经验推定：依据经验法则进行推定。这在生活中很常见，也是刑警的典型思维方式。
（2）规范推定：依据法律规范进行推定。

经典真题

李某因热水器漏电受伤，经鉴定为重伤，遂诉至法院要求厂家赔偿损失，其中包括精神损害赔偿。庭审时被告代理律师辩称，一年前该法院在审理一起类似案件时并未判决给予精神损害赔偿，本案也应作相同处理。但法院援引最新颁布的司法解释，支持了李某的诉讼请求。关于此案，下列认识正确的是：（2015/1/89-任）[1]

A. "经鉴定为重伤"是价值判断而非事实判断
B. 此案表明判例不是我国正式的法的渊源
C. 被告律师运用了类比推理
D. 法院生效的判决具有普遍约束力

---

[1] BC

> 依法判案是演绎，
> 由点到面用归纳。
> 相同个案作类比，
> 当然推理轻重异。
> 反向推理守明文，
> 倒推曾经靠设证。

第5节 法律漏洞的填补

[举个例子] 智力障碍者老六迎娶智力有障碍的妻子，此后育有子女数名却从未履行抚养义务，显然违反"父母有抚养子女的义务"这一民法规定。此案应如何判决？

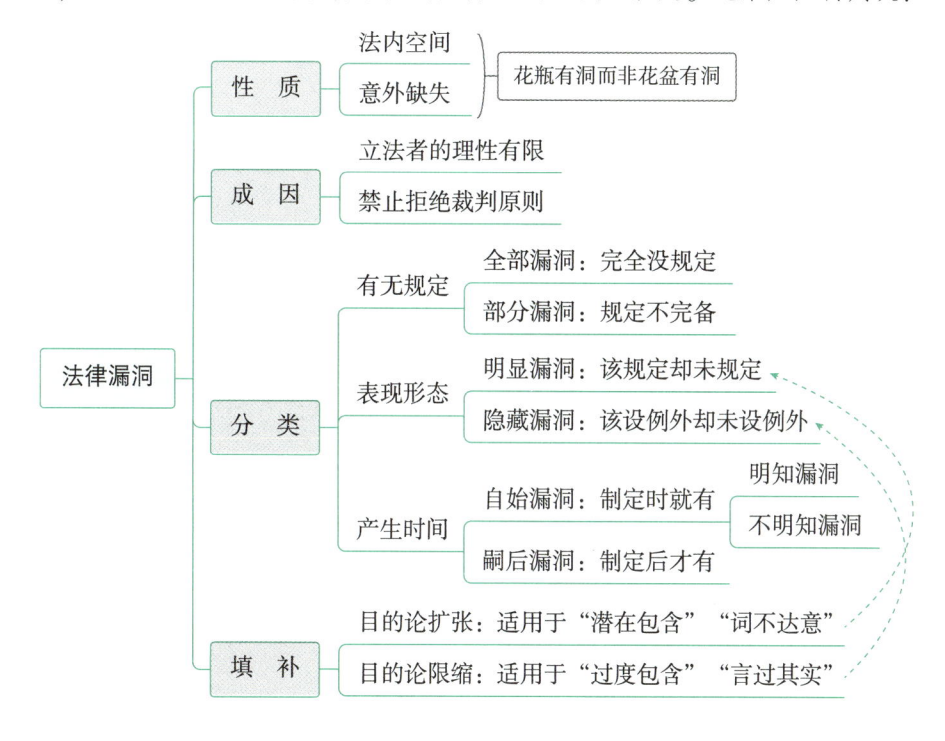

```
          ┌ 性 质 ┬ 法内空间
          │      └ 意外缺失 ── 花瓶有洞而非花盆有洞
          │
          ├ 成 因 ┬ 立法者的理性有限
          │      └ 禁止拒绝裁判原则
          │
          │      ┌ 有无规定 ┬ 全部漏洞：完全没规定
          │      │         └ 部分漏洞：规定不完备
          │      │
法律漏洞 ─┤      │         ┌ 明显漏洞：该规定却未规定
          ├ 分 类 ┼ 表现形态┤
          │      │         └ 隐藏漏洞：该设例外却未设例外
          │      │                                      ┌ 明知漏洞
          │      │         ┌ 自始漏洞：制定时就有 ──────┤
          │      └ 产生时间┤                            └ 不明知漏洞
          │                └ 嗣后漏洞：制定后才有
          │
          │      ┌ 目的论扩张：适用于"潜在包含""词不达意"
          └ 填 补┤
                 └ 目的论限缩：适用于"过度包含""言过其实"
```

一、法律漏洞概述

（一）法律漏洞的定义

1. 法律漏洞即违反立法计划（规范目的）的不圆满性。法律漏洞的特点在于"法律之内、计划之外"。

2. 法律漏洞的性质：①法律漏洞不是法外空间而是"法内空间"。②法律漏洞不是简单的法律缺失，而是不合目的或者依照目的被评价为不好的缺失状态。打个比方，花盆底部的洞不同于花瓶底部的洞，花盆底部的洞是人为设计的，花盆底部理应有洞作为排水

· 069 ·

孔，因此它符合人们的目的；与之相比，花瓶底部本不应有洞，它并不符合人们的目的。法律漏洞如同花瓶底部的洞，本不应有，却不少见，使得法律并不圆满。

（二）法律漏洞的成因

1. 在立法上，法律漏洞的形成是因为立法者的理性有限。立法者并非全知全能，设计法律制度难免出现漏洞。

2. 在司法上，法律漏洞的出现是因为"禁止拒绝裁判原则"。根据这一原则，对于千奇百怪的诉求，对于钻法律空子的起诉，法官不能找借口，比如说法律没有规定，法律规定不明确、不完备之类的，而拒绝裁判。这就为法律漏洞的出现提供了条件。

二、法律漏洞的分类

根据不同的标准，可以将法律漏洞分成以下三大类：

（一）全部漏洞与部分漏洞

1. 全部漏洞：即法律对某事项根本没有规定，俗称"法律空白"。对于这种漏洞，要基于法律体系做整体观察，才能作出判断。例如，刘邦入关中"约法三章"，"杀人者死，伤人及盗抵罪"，仅约束杀人、伤人、盗这三种行为，"三章"之外，就存在大量的法律空白。

2. 部分漏洞：即法律对某事项有规定，但是规定得不完备。例如，长期以来，我国刑法上的猥亵罪仅适用于猥亵妇女，漏掉了男性猥亵男性，此即部分漏洞。后来，将"强制猥亵妇女罪"修改为"强制猥亵罪"，才填补了这一漏洞。

（二）明显漏洞与隐藏漏洞

1. 明显漏洞：即法律对某事项应该积极规定却未规定。例如，网络侵权行为在《侵权责任法》（现已失效）出台之前长期存在，立法却不予以调整。

2. 隐藏漏洞：即法律对某事项已有规定，但是，该设例外却未设例外。例如，《公司法》规定了公司的独立人格与财产及其相应的责任，却没有规定相应的例外情形，即关联公司人格混同时丧失了独立承担责任的基础。

（三）自始漏洞与嗣后漏洞

1. 自始漏洞：即法律制定时就存在的漏洞。它包括两种：

（1）明知漏洞：立法时有意将问题留给其他主体解决，即"有意的沉默"，也称"法律政策漏洞"。例如，《行政处罚法》有意将立案程序、听证的召集和主持交由司法解释或实施细则去规定。

（2）不明知漏洞：立法时因过失而形成的漏洞。

2. 嗣后漏洞：即法律制定、实施后产生的漏洞。整体来看，法律相对滞后于社会现实发展变化，会出现"旧法律跟不上新形势"的问题。

三、法律漏洞的填补方法

（一）目的论扩张

1. 目的论扩张的填补方法就是根据立法目的，扩大法条覆盖范围。该方法适用于法律

"潜在包含""词不达意"的情形，即法条文义的范围小于立法目的所要求的范围，致使法条未能涵盖某类案件。例如，法官认为猥亵罪的立法目的是保护人的性自主权不受侵犯，此处的"人"不应当仅限于"女性"，因此，法官扩大"猥亵妇女罪"的适用范围，涵盖了男性猥亵男性的案件。这就是目的论扩张。

2. 目的论扩张有别于扩张解释。目的论扩张是扩大法条的适用范围以涵盖案件，扩张解释是扩张语词的文义以正确适用法条。

（二）目的论限缩

1. 目的论限缩的填补方法就是根据立法目的，缩小法条覆盖范围。该方法适用于法律"过度包含""言过其实"的情形，即法条文义的范围大于立法目的所要求的范围，致使法条不恰当地涵盖了某类案件。例如，法官认为"父母有抚养子女的义务"的立法目的是保障子女的健康成长，而智力严重障碍的父母没有保障子女健康成长的能力，无法履行抚养义务，因此，法官缩小了这一法条的适用范围，豁免了智力严重障碍夫妇抚养子女的义务。这就是目的论限缩。

2. 目的论限缩有别于限缩解释。目的论限缩是缩小法条的适用范围以排除案件，限缩解释是限缩语词的文义以期限制法条的适用。

第3章 法的演进

第1节 法的起源

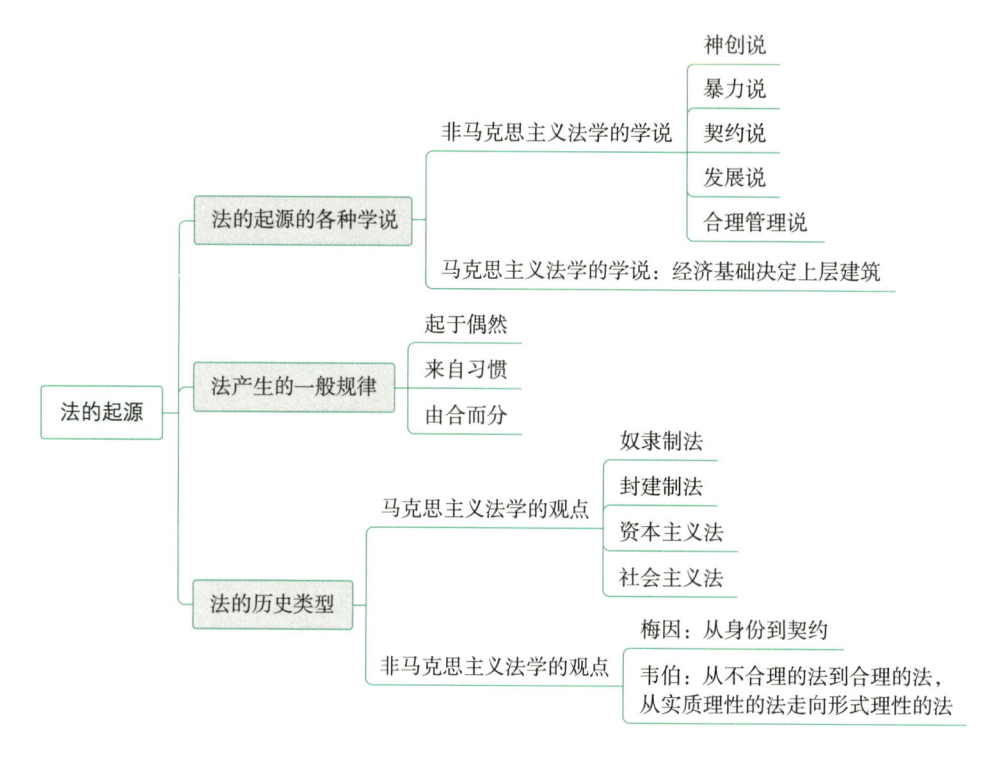

```
法的起源
├── 法的起源的各种学说
│   ├── 非马克思主义法学的学说
│   │   ├── 神创说
│   │   ├── 暴力说
│   │   ├── 契约说
│   │   ├── 发展说
│   │   └── 合理管理说
│   └── 马克思主义法学的学说：经济基础决定上层建筑
├── 法产生的一般规律
│   ├── 起于偶然
│   ├── 来自习惯
│   └── 由合而分
└── 法的历史类型
    ├── 马克思主义法学的观点
    │   ├── 奴隶制法
    │   ├── 封建制法
    │   ├── 资本主义法
    │   └── 社会主义法
    └── 非马克思主义法学的观点
        ├── 梅因：从身份到契约
        └── 韦伯：从不合理的法到合理的法，从实质理性的法走向形式理性的法
```

一、法的起源的各种学说

（一）非马克思主义法学的学说

1. 神创说。该学说认为，法起源于神的创造。例如，中世纪神学政治鼻祖奥古斯丁提出，法是神的意志；中国夏、商、周神权法及类似思想。

2. 暴力说。该学说认为，法起源于暴力的使用。例如，中国法家代表荀子"强权即法律"的思想。

3. 契约说。该学说认为，法起源于各种契约。例如，17、18世纪的古典自然法学者多持此说。

4. 发展说。该学说认为，法起源于人的能力发展需要和人类精神发展需要。例如，黑格尔、萨维尼等持此说。

5. 合理管理说。该学说认为，法起源于对社会的合理性管理的需要。例如，法社会学家多持此说。

（二）马克思主义法学的学说

1. 法起源于一定的社会经济基础。法是随着生产力的发展、社会经济的发展、私有制和阶级的产生、国家的出现而产生的，经历了一个长期渐进的过程。原始社会的习惯只能称为"社会规范"，不足以称为"法"。

2. 法产生的标志包括国家的产生、权利和义务观念的形成，诉讼和司法的出现。

二、法产生的一般规律

法产生的一般规律可以总结为以下三个方面：

（一）调整机制

从调整机制上看，法的产生经历了从个别调整到规范性调整、一般规范性调整到法的调整的过程。

1. 个别调整即针对具体人、具体行为所进行的一次性的调整。
2. 规范性调整和一般规范性调整是针对不特定人的、统一的、反复适用的调整。相对于规范性调整而言，一般规范性调整的范围更广。
3. 法的调整即国家出现之后通过法律而实施的调整。

（二）表现形式

从表现形式上看，法的产生经历了从习惯到习惯法再到制定法的过程。

1. 习惯是公认的、通行的生活方式，它是原始社会的主要社会规范。
2. 习惯法是由习惯转化而来的法律规范，它经过国家的认可，得到国家强制力的保障。
3. 制定法是国家立法机关创制的法律规范。

（三）主要内容

从主要内容上看，法的产生经历了从法与宗教规范、道德规范的浑然一体到法与这二者分离并相对独立发展的过程。

[记忆口诀] 法产生的规律：起于偶然（调整机制上），来自习惯（表现形式上），由合而分（主要内容上）。

经典真题

1. "社会的发展是法产生的社会根源。社会的发展，文明的进步，需要新的社会规范来解决社会资源有限与人的欲求无限之间的矛盾，解决社会冲突，分配社会资源，维持社会秩序。适应这种社会结构和社会需要，国家和法这一新的社会组织和社会规范就出现了。"关于这段话的理解，下列哪些选项是正确的？（2012/1/51-多）[1]

   A. 社会不是以法律为基础，相反，法律应以社会为基础
   B. 法律的起源与社会发展的进程相一致

---

[1] AB

C. 马克思主义的法律观认为，法律产生的根本原因在于社会资源有限与人的欲求无限之间的矛盾

D. 解决社会冲突，分配社会资源，维持社会秩序属于法的规范作用

2. 有学者这样解释法的产生：最初的纠纷解决方式可能是双方找到一位共同信赖的长者，向他讲述事情的原委并由他作出裁决；但是当纠纷多到需要占用一百位长者的全部时间时，一种制度化的纠纷解决机制就成为必要了，这就是最初的法律。对此，下列哪一说法是正确的？（2017/1/13-单）[1]

A. 反映了社会调整从个别调整到规范性调整的规律

B. 说明法律始终是社会调整的首要工具

C. 看到了经济因素和政治因素在法产生过程中的作用

D. 强调了法律与其他社会规范的区别

三、法的历史类型

（一）马克思主义法学的观点

1. 法的历史类型按照经济基础的性质和阶级意志的不同而划分。
2. 法的历史类型有四：奴隶制法、封建制法、资本主义法和社会主义法。

（二）非马克思主义法学的观点

1. 梅因认为，法的发展是从身份到契约的运动。
2. 韦伯认为，法的发展是从不合理的法走向合理的法，从实质理性的法走向形式理性的法。

第2节 法的发展

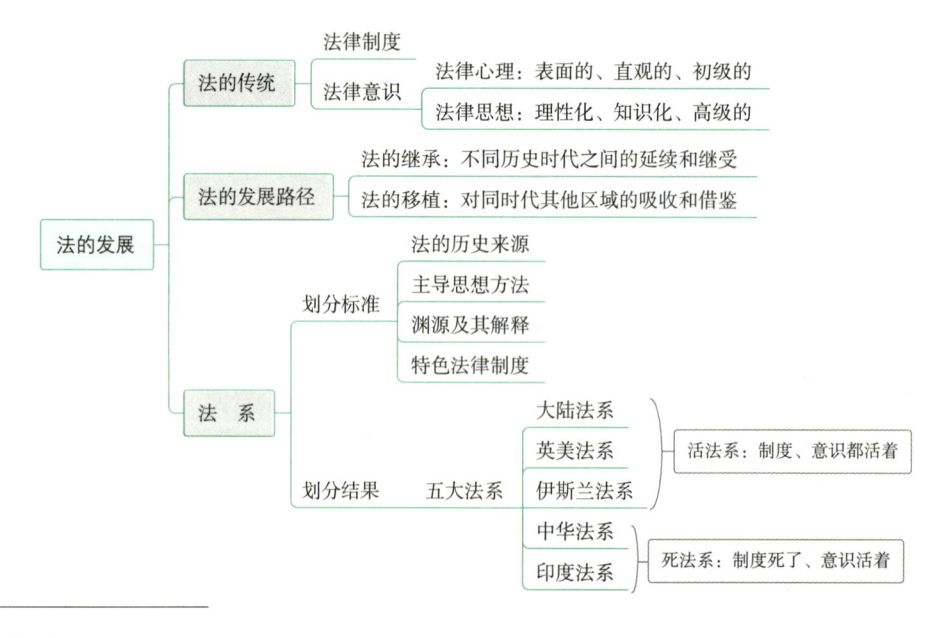

```
               ┌─ 法的传统 ─┬─ 法律制度
               │            └─ 法律意识 ─┬─ 法律心理：表面的、直观的、初级的
               │                         └─ 法律思想：理性化、知识化、高级的
               │
               ├─ 法的发展路径 ─┬─ 法的继承：不同历史时代之间的延续和继受
法的发展 ─┤                └─ 法的移植：对同时代其他区域的吸收和借鉴
               │
               │              ┌─ 划分标准 ─┬─ 法的历史来源
               │              │            ├─ 主导思想方法
               │              │            ├─ 渊源及其解释
               └─ 法  系 ─┤            └─ 特色法律制度
                              │            ┌─ 大陆法系
                              │            ├─ 英美法系 ─┐
                              └─ 划分结果 ─ 五大法系 ─┼─ 伊斯兰法系 ─ 活法系：制度、意识都活着
                                           ├─ 中华法系 ─┐
                                           └─ 印度法系 ─┴─ 死法系：制度死了、意识活着
```

---

[1] A

一、法的传统

法的传统是指特定国家和民族世代相传、辗转相承的有关法的制度、意识（观念）的总和。

（一）法律制度

1. 法律制度，即特定的法定主体（法定的人、组织、国家机关）运用国家强制力确立的规范。

2. 法律制度有创制、修改、废止、认可的规范程序，但是，它容易受政权更迭的影响。

（二）法律意识

1. 法律意识又称法律观念，即人们关于法律现象的思想、观点、知识和心理的总称。它包括法律心理和法律思想。

（1）法律心理：即表面的、直观的、初级的法律意识。例如，"欠债还钱""杀人偿命"都属于法律心理。

（2）法律思想：即理性化、知识化、高级的法律意识。例如，西周的"明德慎罚"理论、中国特色社会主义法治理论，都属于法律思想。

2. 法律意识多以灵活的形式口耳相传、代代相传，它不易受政权更迭的影响。

经典真题

下列哪些选项属于法律意识的范畴？（2011/1/52-多）[1]

A. 法国大革命后制定的《法国民法典》
B. 西周提出的"以德配天，明德慎罚"
C. 中国传统的"和为贵""少讼""厌讼"
D. 社会主义法治理念

二、法的发展路径

（一）法的继承

1. 法的继承是指不同历史时代的法律制度之间的延续和继受。例如，1804年《法国民法典》继承了古罗马法，1900年《德国民法典》继承了古罗马法和日耳曼法。

2. 法的继承的理由和根据：①社会生活条件的历史延续性；②法的相对独立性；③法是人类共同的文明成果。

（二）法的移植

1. 法的移植反映一国对同时代其他国家、地区和国际法律制度的吸收和借鉴。例如，日本《大宝律令》（公元701年）对我国唐朝法律制度的模仿，越南李太尊时期的《刑法》（公元1042年）对唐律的借鉴。

2. 法的移植的理由和根据：①社会发展及其不平衡性；②经济的全球化；③法律移

---

[1] BCD

植有助于推动法的现代化发展。

三、法系

(一) 法系及其划分

1. 凡属同一法律传统或具有某些共同特征的各个国家或民族的法律就构成一个法系。

2. 法系的划分标准有四：

(1) 法的历史来源。例如，中华法系来源于古代中国的成文法，伊斯兰法系来源于《古兰经》，民法法系的来源主要是罗马法，普通法系的来源主要是英格兰中世纪的普通法。

(2) 主导思想方法。例如，伊斯兰法系中的宗教神学思想、中华法系中的儒家德治思想。

(3) 渊源及其解释。例如，民法法系表现为成文法，其法官、学者采用较为严格的文本来解释法律；普通法系表现为判例法，其法官以较为自由的发现和裁量来解释法律。

(4) 特定法律制度。例如，伊斯兰法系的婚姻制度，印度法系的种姓制度，普通法系的信托、约因和陪审团制度，民法法系的物债两分结构、法律行为理论、行政法院设置等。

3. 法系的划分结果："五大法系"。即大陆法系、英美法系、伊斯兰法系、中华法系、印度法系。通俗地说，前三者是"活法系"（制度和意识均活着），后二者是"死法系"（制度死了，意识活着）。

(二) 大陆法系和英美法系

	大陆法系	英美法系
历史渊源	又称民法法系、罗马—德意志法系、法典系，基于古罗马法、1804年《法国民法典》而形成	又称普通法系、普通法法系、英国法系、判例法系，基于英格兰中世纪的普通法而形成
法的渊源	法的正式渊源仅为制定法，判例法不是法的正式渊源	制定法、判例法都是法的正式渊源
法律思维	以演绎思维为主	以归纳思维为主
法律分类	公法、私法	普通法、衡平法
诉讼程序	纠问制，法官主导，接近于教会法	对抗制，法官中立、律师积极
法典编纂	主要阶段均有代表性法典	总体上不倾向于法典编纂

注意：随着法律全球化的发展，两大法系出现了一定程度的融合。近代以来，大陆法系国家开始重视判例的总结及其作用；英美法系国家的成文法增多，更加重视判例的体系化，例如，美国通过加强制定成文法和整理《法律重述》推动了判例的体系化。

经典真题

法系是法学上的一个重要概念。关于法系，下列哪些选项是正确的？（2008/1/55-多）[1]

---

[1] AD

A. 法系是一个比较法学上的概念，是根据法的历史传统和外部特征的不同对法所作的分类
B. 历史上曾经存在很多个法系，但大多都已经消亡，目前世界上仅存的法系只有民法法系和普通法系
C. 民法法系有编纂成文法典的传统，因此，有成文法典的国家都属于民法法系
D. 法律移植是一国对外国法的借鉴、吸收和摄取，因此，法律移植是法系形成和发展的重要途径

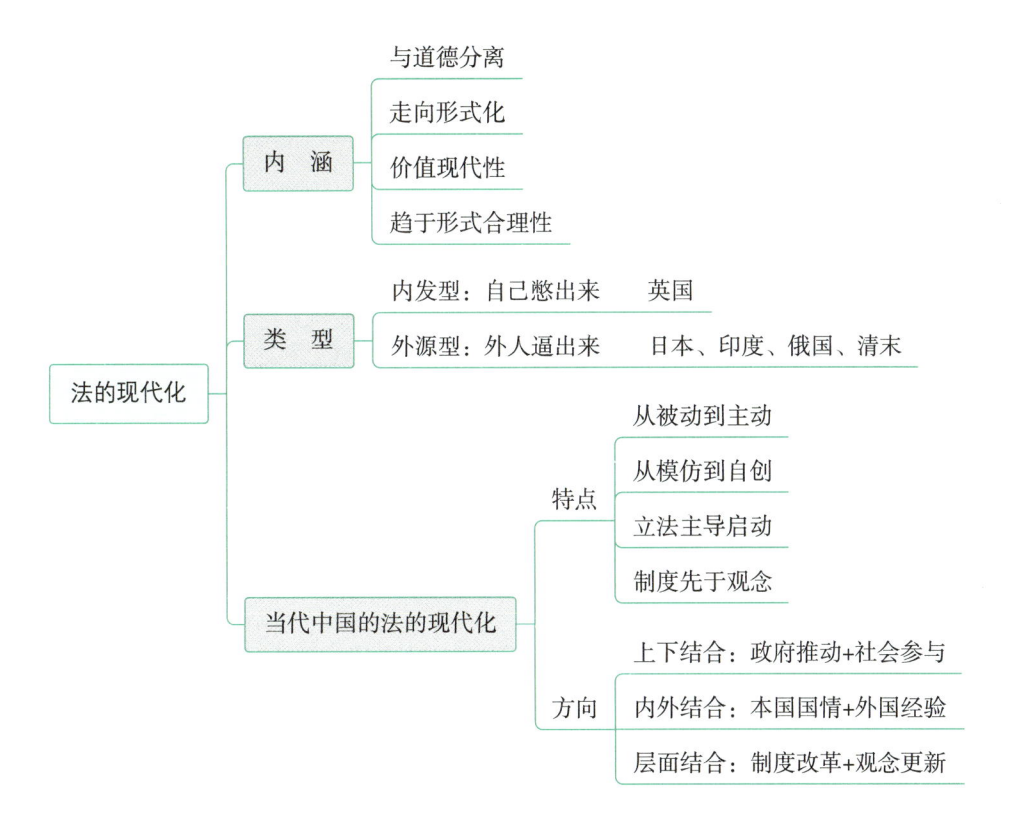

第3节 法的现代化

```
                    ┌─ 与道德分离
            ┌─ 内涵 ─┼─ 走向形式化
            │       ├─ 价值现代性
            │       └─ 趋于形式合理性
            │
            │       ┌─ 内发型：自己憋出来    英国
            ├─ 类型 ─┤
法的现代化 ─┤       └─ 外源型：外人逼出来   日本、印度、俄国、清末
            │
            │                    ┌─ 从被动到主动
            │              ┌─特点─┼─ 从模仿到自创
            │              │     ├─ 立法主导启动
            └─ 当代中国的   │     └─ 制度先于观念
               法的现代化 ─┤
                          │     ┌─ 上下结合：政府推动+社会参与
                          └─方向─┼─ 内外结合：本国国情+外国经验
                                └─ 层面结合：制度改革+观念更新
```

一、法的现代化的内涵及其分类

（一）法的现代化的内涵

法的现代化源于工业化，是指法的现代性因素不断增加的过程。其内涵有四：

1. 法与道德分离。传统社会中，法须合乎道德；现代社会中，法律普遍走向实证化，把道德理性化。

2. 法走向形式化。法的合法性来自于法自身尤其是其立法程序，而非伦理或神学因素（现代化的法之所以足以服众，不靠讲伦理，也不靠跳大神，而是依靠讲程序、讲理性）。

3. 法的价值现代化。法确立并捍卫现代价值而非前现代价值，如人的主体地位、人

权与自由、人人平等、政治民主化。

4. 法趋于形式合理性。现代化的法律是普通人可理解的、精确的、一致的、普遍的、公开的法，一般是成文的且不溯及既往。

(二) 法的现代化的类型

1. 内发型。即法的现代化依靠内部力量而自我创新。例如，西欧的法的现代化经历了中世纪的孕育，英国法是其典型。其特点是具有自发性，经历了自下而上、缓慢渐进的过程。

2. 外源型。即法的现代化受制于外部强力而产生法制革新。如近代以来日本、印度、俄国、清末的法律变革。其特点是具有被动性、依附性（工具色彩，服务于经济、政治变革）、反复性，经历了由外而内、自上而下、迅速突然的过程。

二、当代中国的法的现代化

1902年，以收回领事裁判权为契机，中国的法的现代化在制度层面上正式启动，属于外源型的法的现代化。

(一) 特点

1. 由被动接受到主动选择。
2. 由模仿民法法系到自创有中国特色的社会主义法律制度。
3. 法的现代化的启动形式是立法主导型而非司法主导型。
4. 法律制度变革在前，法律观念更新在后，思想领域斗争激烈。

［记忆口诀］被动模仿，主动创造；立法主导，制度先搞。

(二) 方向："三结合"

1. "上下结合"：将政府推动与社会参与相结合，自上而下和自下而上双向结合。
2. "内外结合"：把立足本国国情与借鉴外国经验相结合，使本土化与国际化、民族性与普遍性相统一。
3. "层面结合"：把制度改革与观念更新相结合，既要构建法律体系，也要启蒙法治观念。

经典真题

关于法的发展、法的传统与法的现代化，下列说法正确的是：（2014/1/93-任）[1]

A. 中国的法的现代化是自发的、自下而上的、渐进变革的过程
B. 法律意识是一国法律传统中相对比较稳定的部分
C. 外源型法的现代化进程带有明显的工具色彩，一般被要求服务于政治、经济变革
D. 清末修律标志着中国法的现代化在制度层面上的正式启动

---

［1］ BCD

法 与 社 会 第4章

第1节 法与社会的一般理论

法与社会的一般理论
- 法以社会为基础
  - 法是社会的产物
  - 社会是法的基础
- 法对社会的调整
  - 法律是首要调整手段
  - 法律相对独立于社会
  - 法律能够整合社会

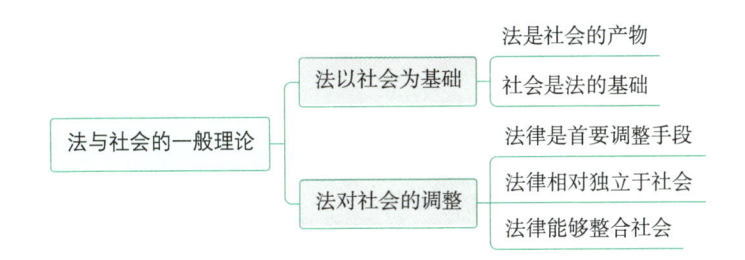

一、法以社会为基础

（一）法是社会的产物

1. 社会的性质决定法的性质。例如，奴隶制社会决定了法必然体现奴隶主阶级意志的性质。

2. 社会的发展阶段及其特征决定法的发展阶段及其特征。

（二）社会是法的基础

1. 法的发展重心不在立法、法学或判决，而在社会本身。

2. 国家以社会为基础，国家权力以社会力量为基础，国家法以社会法为基础，"纸上的法"以"实践中的法"为基础。

3. 法以社会为基础，既指社会决定法的性质与功能，又指法的变迁与社会发展的进程基本一致。例如，马克思说："社会不是以法律为基础，那是法学家的幻想。相反，法律应该以社会为基础，法律应该是社会共同的、由一定的物质生产方式所产生的利益需要的表现，而不是单个人的恣意横行。"又如，马克思说："立法者应该把自己看作一个自然科学家。他不是在创造法律，也不是在发明法律，而仅仅是在表述法律，他用有意识的实在法把精神关系的内在规律表现出来。如果一个立法者用自己的臆想来代替事情的本质，那么人们就应该责备他极端任性。同样，当私人想违反事物的本质任意妄为时，立法者也有权利把这种情况看作是极端任性。"在这里，"精神关系的内在规律""事情的本质"就是"经济基础决定法律"。

二、法对社会的调整

法对社会的调整表现在以下三个方面：

（一）法律是首要调整手段

自 16 世纪以来，法律已成为对社会进行调整的首要手段。所有其他的社会调整手段必须从属于法律手段或者与之配合，并在法律的范围之内运行。

（二）法律相对独立于社会

法律之于社会有相对独立性、自主性，它不仅维护社会的稳定与秩序，还促进社会变迁。

（三）法律能够整合社会

在现代社会，法律具有社会整合作用，法律通常与其他资源分配系统（宗教、道德、政策等）相配合，对社会进行全方位调整。

第 2 节　法与经济、政治、道德

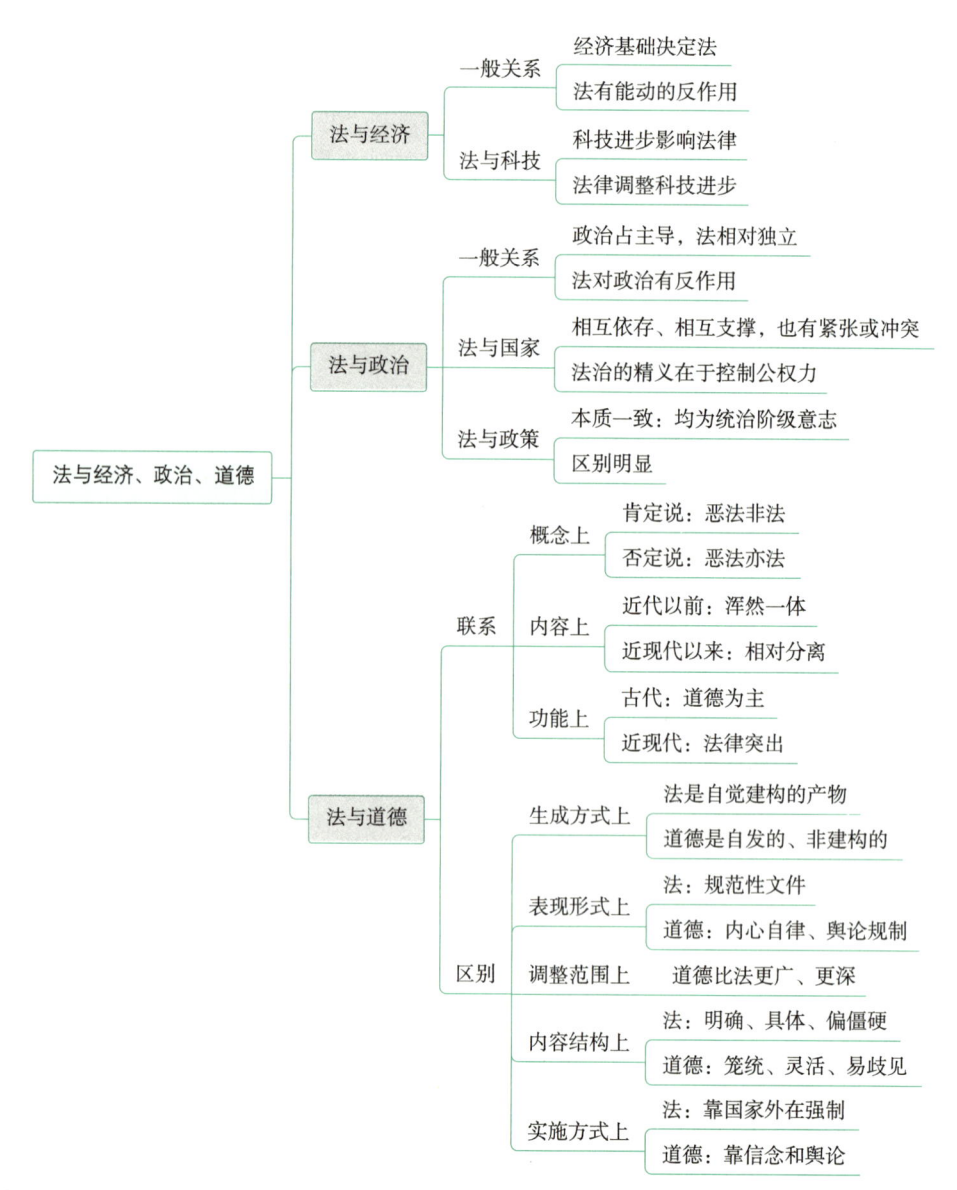

```
法与经济、政治、道德
├── 法与经济
│   ├── 一般关系
│   │   ├── 经济基础决定法
│   │   └── 法有能动的反作用
│   └── 法与科技
│       ├── 科技进步影响法律
│       └── 法律调整科技进步
├── 法与政治
│   ├── 一般关系
│   │   ├── 政治占主导，法相对独立
│   │   └── 法对政治有反作用
│   ├── 法与国家
│   │   ├── 相互依存、相互支撑，也有紧张或冲突
│   │   └── 法治的精义在于控制公权力
│   └── 法与政策
│       ├── 本质一致：均为统治阶级意志
│       └── 区别明显
└── 法与道德
    ├── 联系
    │   ├── 概念上
    │   │   ├── 肯定说：恶法非法
    │   │   └── 否定说：恶法亦法
    │   ├── 内容上
    │   │   ├── 近代以前：浑然一体
    │   │   └── 近现代以来：相对分离
    │   └── 功能上
    │       ├── 古代：道德为主
    │       └── 近现代：法律突出
    └── 区别
        ├── 生成方式上
        │   ├── 法是自觉建构的产物
        │   └── 道德是自发的、非建构的
        ├── 表现形式上
        │   ├── 法：规范性文件
        │   └── 道德：内心自律、舆论规制
        ├── 调整范围上
        │   └── 道德比法更广、更深
        ├── 内容结构上
        │   ├── 法：明确、具体、偏僵硬
        │   └── 道德：笼统、灵活、易歧见
        └── 实施方式上
            ├── 法：靠国家外在强制
            └── 道德：靠信念和舆论
```

一、法与经济

(一) 法与经济的一般关系

1. 经济基础决定法。法由经济基础决定，并为经济基础服务。经济基础决定法的性质、内容、发展变化、法的作用的实现程度。例如，马克思说，法的关系"既不能从它们本身来理解，也不能从所谓人类精神的一般发展来理解，相反，它们根源于物质的生活关系"。

2. 法有能动的反作用。相对于经济基础，法并不是完全被动的、消极的。

(二) 法与科技

1. 科技是第一生产力，一般而言，生产力通过生产关系间接决定法及其发展变化。相应地，法对生产力的作用主要通过生活关系的中介来实现。

2. 法与科技的关系涉及两个方面：

(1) 科技进步对法的影响。主要表现为科技发展向一些传统法律领域提出了新问题。例如，司法上的事实认定、法律适用和法律推理受到现代科学技术的影响；法律意识受到科技的影响和启迪，新的法律思想、法学理论出现；科技进步对法律方法论也产生了影响。

(2) 法对科技进步的作用。主要表现为运用法律管理科技活动。例如，法律积极促进科技、经济一体化，特别是科技成果商品化；法律抑制和预防科技活动和科技发展所引发的各种社会问题。

经典真题

1. 生物科技和医疗技术的不断发展，使器官移植成为延续人的生命的一种手段。近年来，我国一些专家呼吁对器官移植进行立法，对器官捐献和移植进行规范。对此，下列哪种说法是正确的？（2006/1/6-单）[1]

    A. 科技作为第一生产力，其发展、变化能够直接改变法律
    B. 法律的发展和变化也能够直接影响和改变科技的发展
    C. 法律既能促进科技发展，也能抑制科技发展所导致的不良后果
    D. 科技立法具有国际性和普适性，可以不考虑具体国家的伦理道德和风俗习惯

2. 2007年，某国政府批准在实验室培育人兽混合胚胎，以用于攻克帕金森症等疑难疾病的医学研究。该决定引发了社会各界的广泛关注和激烈争议。对此，下列哪些评论是正确的？（2009/1/53-多）[2]

    A. 目前人兽混合胚胎研究在法律上尚未有规定，这是成文法律局限性的具体体现
    B. 人兽混合胚胎研究有可能引发严重的社会问题，因此需要及时立法给予规范和调整

---

[1] C。生产力与法之间的相互作用一般要通过生产关系这一中介来实现，二者彼此之间不能直接决定、影响、改变对方，故A、B项错误。法律是特定国家的意志，它必须以特定的社会为基础，不可能不考虑具体国家的伦理道德和风俗习惯，故D项错误。

[2] ABC。法律具有一定的滞后性，这是成文法律的局限性的体现，故A项正确。法律对科技具有规制作用，但是由于法律的滞后性，其对科技等问题没有规定的，可以根据道德、习惯或正义标准等非正式法律渊源对纠纷进行审理，故B、C项正确。法律是统治阶级意志的体现，只有社会主义国家的法律才是全体公民意志的体现，故D项错误。

C. 如因该研究成果发生了民事纠纷而法律对此没有规定，则法院可以依据道德、习惯或正义标准等非正式法律渊源进行审理

D. 如该国立法机关为此制定法律，则制定出的法律必然是该国全体公民意志的体现

二、法与政治

（一）法与政治的一般关系

法与政治相互作用、相辅相成。

1. 政治占主导，但法有相对独立性：①并非每一具体的法律都有相应的政治内容，都反映某种政治要求；②法在形式、程序和技术上有其自身属性；③法对包括政治在内的上层建筑诸因素都有相对独立性。

2. 法对政治有反作用。近现代以来，法在多大程度上离不开政治，政治就在多大程度上离不开法；法对政治体制、政治功能、政治角色、政治运行和发展都有影响。

（二）法与国家

1. 法与国家权力相互依存、相互支撑，二者之间也存在紧张或冲突。

2. 近代法治的精义在于控权。"控"是规范公权力的行使，而非简单的强化或弱化，"权"是公权力而非私权利。

（三）法与政策

1. 政策一般指国家政策或政党政策，此处指政党政策。政党政策是政党为实现一定政治目标、完成一定任务而作出的政治决策。

2. 法与政党政策在内容和实质方面存在联系，二者的区别也很明显。

经典真题

"近现代法治的实质和精义在于控权，即对权力在形式和实质上的合法性的强调，包括权力制约权力、权利制约权力和法律的制约。法律的制约是一种权限、程序和责任的制约。"关于这段话的理解，下列哪些选项是正确的？（2013/1/51-多）[1]

A. 法律既可以强化权力，也可以弱化权力

B. 近现代法治只控制公权，而不限制私权

C. 在法治国家，权力若不加限制，将失去在形式和实质上的合法性

D. 从法理学角度看，权力制约权力、权利制约权力实际上也应当是在法律范围内的制约和法律程序上的制约

三、法与道德

（一）法与道德的联系

1. 在概念上的联系。对此，有两种基本学说：

（1）"肯定说"。传统自然法思想认为，法与道德之间存在必然联系，恶法非法（恶法无法的本质）。

---

[1] ACD

（2）"否定说"。实证主义法学认为，法与道德之间不存在必然联系，恶法亦法（"法"不等于"正义的法"）。

2. 在内容上的联系。近代以前，法与道德重合度极高，甚或浑然一体；近现代以来，"法律是最低限度的道德"。

3. 在功能上的联系。古代法学家更多地强调道德的首要或主要地位，近现代法学家一般都倾向于强调法律调整的突出作用。

(二) 法与道德的区别

1. 生成方式：法是自觉建构（人为创制）的产物，道德是自发的和非建构的。

2. 表现形式：法一般通过国家机关创制的规范性文件来表现，道德通常以语言的方式存于内心和舆论。

3. 调整范围：道德的调整范围比法更广（如友谊、爱情），比法更深（同时关注外在和内在）。

4. 内容结构：法明确而具体，以规则为主要形式，道德则无特定、具体的形式，笼统而模糊；法易操作但偏僵硬，道德灵活但易歧见。

5. 实施方式：法以国家强制力形成外在强制，道德靠信念和舆论得以实施。

经典真题

1. 孙某早年与妻子吕某离婚，儿子小强随吕某生活。小强15岁时，其祖父去世，孙某让小强参加葬礼。小强与祖父没有感情，加上吕某阻挡，未参加葬礼。从此，孙某就不再支付小强的抚养费。吕某和小强向当地法院提起诉讼，请求责令孙某承担抚养费。在法庭上，孙某提出不承担抚养费的理由是，小强不参加祖父葬礼属不孝之举，天理难容。法院没有采纳孙某的理由，而根据我国相关法律判决吕某和小强胜诉。根据这个事例，下面哪些说法是正确的？(2006/1/54-多)[1]

A. 一个国家的法与其道德之间并不是完全重合的

B. 法院判决的结果表明：一个国家的立法可以不考虑某些道德观念

C. 法的适用过程完全排除道德判断

D. 法对人们的行为的评价作用应表现为评价人的行为是否合法或违法及其程度

2. "一般来说，近代以前的法在内容上与道德的重合程度极高，有时浑然一体。……近现代法在确认和体现道德时大多注意二者重合的限度，倾向于只将最低限度的道德要求转化为法律义务，注意明确法与道德的调整界限。"据此引文及相关法学知识，下列判断正确的是：(2010/1/91-任)[2]

A. 在历史上，法与道德之间要么是浑然一体的，要么是绝然分离的

B. 道德义务和法律义务是可以转化的

C. 古代立法者倾向于将法律标准和道德标准分开

D. 近现代立法者均持"恶法亦法"的分析实证主义法学派立场

---

[1] ABD

[2] B

第二编 宪法学

```
                ┌─ 宪法基本理论
                │  （静态地理解宪法本体）
                │
                ├─ 我国宪法的制定、实施、监督和宪法宣誓
                │  （动态地理解宪法的运行）
                │
  宪法学 ───────┼─ 国家的基本制度
                │  （我国宪法要解决的重大问题）
                │
                ├─ 公民的基本权利和义务
                │
                └─ 国家机构
                   （我国的国家机构及其职权）
```

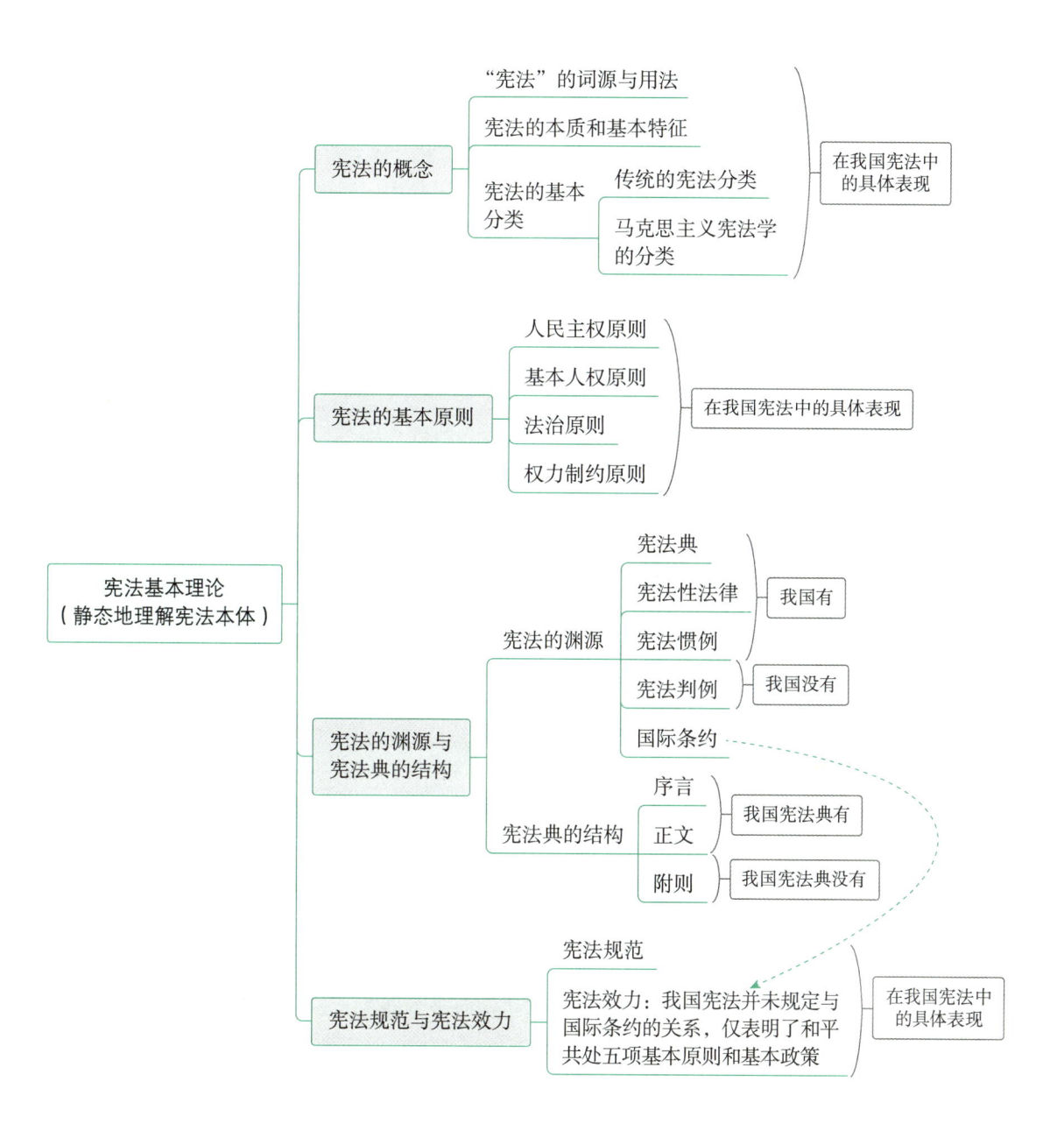

宪法基本理论 第5章

```
                               ┌─ "宪法"的词源与用法 ─┐
                               │                      │
                               ├─ 宪法的本质和基本特征 ┤  在我国宪法中
                    宪法的概念 ─┤                      ├─ 的具体表现
                               │                ┌ 传统的宪法分类 ┐
                               └─ 宪法的基本分类┤                │
                                                └ 马克思主义宪法学的分类 ┘

                               ┌─ 人民主权原则 ┐
                               │              │
                               ├─ 基本人权原则 │
                  宪法的基本原则┤              ├─ 在我国宪法中的具体表现
                               ├─ 法治原则    │
                               │              │
                               └─ 权力制约原则 ┘

宪法基本理论
（静态地理解宪法本体）
                                           ┌─ 宪法典 ─┐
                                           │         │
                                           ├─ 宪法性法律 ┤─ 我国有
                               ┌ 宪法的渊源┤         │
                               │           ├─ 宪法惯例 │
                               │           │         │
                               │           ├─ 宪法判例 ┤─ 我国没有
                宪法的渊源与    │           │
                宪法典的结构    │           └─ 国际条约 ┈┈┈┈┐
                               │                              ┊
                               │            ┌ 序言           ┊
                               │            │               ┊
                               └ 宪法典的结构┤ 正文 ─ 我国宪法典有
                                            │               ┊
                                            └ 附则 ─ 我国宪法典没有
                                                              ┊
                                 ┌─ 宪法规范                   ┊
                                 │                             ↓
                宪法规范与宪法效力┤ 宪法效力：我国宪法并未规定与 ─ 在我国宪法中
                                 │ 国际条约的关系，仅表明了和平    的具体表现
                                 └ 共处五项基本原则和基本政策
```

· 085 ·

第1节 宪法的概念

要弄清宪法的概念，就要厘清"宪法"一词的来源和用法，把握宪法的本质和基本特征，掌握宪法的基本分类。

一、"宪法"的词源与用法

（一）"宪法"的词源

1. "宪法"一词，古已有之，究其含义，迥异今日。无论在中国还是在西方国家，很早就出现了"宪法"一词。例如，《国语·晋语》中就有"赏善罚奸，国之宪法"的说法。

2. 近现代的"宪法"是指国家根本法。在1880年代中国宪政运动开端后，这一意义上的"宪法"才出现于中国。例如，郑观应《盛世危言》中的"宪法"，1908年清政府的《钦定宪法大纲》。

3. 近现代国家的根本法通常称"宪法"，也有其他名称。如《中华民国约法》（1914年）、《德意志联邦共和国基本法》（1949年）等。

（二）"法律"与"宪法"

"法律"一词常常在宪法文本中出现，其用法有两种：广义用法和狭义用法。广义的"法律"包含宪法、狭义的法律、行政法规、地方性法规等所有规范性法律文件在内。狭义的"法律"仅指全国人大及其常委会制定的规范性法律文件。

1. 广义用法。宪法文本中出现"以法律的形式""法律效力"等表述时，此处的"法律"通常是指广义的法律规范。例如，《宪法》序言中规定："本宪法以法律的形式确认了中国各族人民奋斗的成果……具有最高的法律效力。"

2. 狭义用法。有两种表现：

（1）"宪法"和"法律"连用时，"法律"通常是指狭义的法律，即全国人大及其常委会制定的法律。例如，《宪法》第5条第3款规定："一切法律、行政法规和地方性法规都不得同宪法相抵触。"

（2）宪法文本中出现"依照法律规定""依照法律""依照……法律的规定"等表述时，"法律"是指狭义的法律。例如，《宪法》规定，"人民依照法律规定……管理国家事务"，"土地的使用权可以依照法律的规定转让"。

（三）"国家"与"宪法"

"国家"一词常常在宪法文本中出现，其用法有三种：

1. 作为统一的政治共同体的"国家"。其包括两个方面：

（1）主权意义上（对外）的国家。例如，①《宪法》序言第二自然段的表述："一八四〇年以后，封建的中国逐渐变成半殖民地、半封建的国家。中国人民为国家独立、民族解放和民主自由进行了前仆后继的英勇奋斗。"②《宪法》第67条第19项规定，全国人民代表大会常务委员会在全国人民代表大会闭会期间，如果遇到国家遭受武装侵犯或者必须履行国际间共同防止侵略的条约的情况，决定战争状态的宣布。

（2）主权权力意义上（对内）的国家。例如，宪法文本中"国家的权力""国家机关""国家工作人员""国家权力机关""国家行政机关"等表述。

2. 与"社会"相对的"国家"。通常使用"国家和社会"的表述。例如，①《宪法》第45条第1款规定："中华人民共和国公民在年老、疾病或者丧失劳动能力的情况下，有从国家和社会获得物质帮助的权利。国家发展为公民享受这些权利所需要的社会保险、社会救济和医疗卫生事业。"②习近平法治思想中"法治国家、法治政府、法治社会一体建设"的表述。

3. 与"地方"相对的"国家"。其含义主要是指中央。例如，《宪法》第118条规定："民族自治地方的自治机关在国家计划的指导下，自主地安排和管理地方性的经济建设事业。国家在民族自治地方开发资源、建设企业的时候，应当照顾民族自治地方的利益。"

二、宪法的本质和基本特征

（一）宪法的本质

宪法是规定国家的根本制度和根本任务、集中体现各种政治力量对比关系、保障公民基本权利的国家根本法。

[例1] 我国现行《宪法》正文第1条第2款明确规定："社会主义制度是中华人民共和国的根本制度。"

[例2] 我国现行《宪法》在序言中明确规定："国家的根本任务是，沿着中国特色社会主义道路，集中力量进行社会主义现代化建设。"

[例3] 我国现行《宪法》正文第1条明确规定："中华人民共和国是工人阶级领导的、以工农联盟为基础的人民民主专政的社会主义国家。""中国共产党领导是中国特色社会主义最本质的特征。"

[例4] 我国现行《宪法》第二章"公民的基本权利和义务"中明确规定"国家尊重和保障人权"，并对公民的基本权利予以体系化的规定。

（二）宪法的基本特征

与其他法律表现形式相比，宪法有三大特征：国家的根本法、公民权利的保障书、民主事实法律化的基本形式。

1. 宪法是国家的根本法。作为根本法、"母法"，宪法在一国法律体系中内容最重要、效力最高、程序最严格。

（1）在内容上，宪法规定一个国家最根本、最核心的问题。注意：宪法不规定具体、细致的内容。

（2）在法律效力上，宪法具有最高法律效力。宪法的最高法律效力既有直接表现，也有间接表现。

[直接表现] 宪法是一切国家机关、社会团体和全体公民的最高行为准则。

[间接表现] 宪法是普通法律的制定依据，普通法律是宪法的具体化；任何普通法律、法规都不得与宪法的原则和精神相违背。

[例1] 我国现行《宪法》序言第13自然段明确规定，本宪法以法律的形式确认了中国各族人民奋斗的成果，规定了国家的根本制度和根本任务，是国家的根本法，具有最高的法律效力。全国各族人民、一切国家机关和武装力量、各政党和各社会团体、各企业事业组织，都必须以宪法为根本的活动准则，并且负有维护宪法尊严、保证宪法实施的职责。

[例2] 我国现行《宪法》第5条第3~5款规定，一切法律、行政法规和地方性法规都不得同宪法相抵触。一切国家机关和武装力量、各政党和各社会团体、各企业事业组织都必须遵守宪法和法律。一切违反宪法和法律的行为，必须予以追究。任何组织或者个人都不得有超越宪法和法律的特权。

（3）在制定和修改程序上，宪法比普通法律更严格。例如，我国修改《宪法》的提案主体是全国人大常委会（约170人）或者1/5以上的全国人大代表（约600人），而修改普通法律的提案主体可以是全国人大常委会成员10人以上。又如，《宪法》的修改需要全国人大全体代表2/3以上的多数（约2000人）表决通过，而法律的修改一般只需要全国人大全体代表的过半数（约1500人）表决通过。

[记忆口诀] 宪法是国家的根本法的内涵：严惩高跟——程序更严格（严惩）、效力最高（高）、规定最根本的问题（根）。

2. 宪法是公民权利的保障书。宪法最重要、最核心的价值是保障公民的基本权利。例如，我国现行《宪法》正文一共四章，分别是第一章"总纲"、第二章"公民的基本权利和义务"、第三章"国家机构"、第四章"国旗、国歌、国徽、首都"，其中，保障公民的基本权利独占一章。又如，列宁说："宪法就是一张写着人民权利的纸。"1791年法国宪法称："凡权利无保障和分权未确立的社会，就没有宪法。"

注意：在历史上，资本主义宪法和社会主义宪法都曾将保障公民的基本权利作为首要内容。例如，1791年法国宪法将《人权宣言》作为其序言，1918年苏俄宪法将《被剥削劳动人民权利宣言》作为第一编（全文共6编17章90条）。

3. 宪法是民主事实法律化的基本形式。在保卫民主事实的所有法律形式中，宪法是最基本的形式。例如，我国宪法规定了人民民主专政、民主集中制、民主选举等内容，与之相适应，我国刑法明确规定了"保卫人民民主专政"，选举法明确规定了民主选举的具体程序等。

经典真题

我国《立法法》明确规定："宪法具有最高的法律效力，一切法律、行政法规、地方性法规、自治条例和单行条例、规章都不得同宪法相抵触。"关于这一规定的理解，下列哪一选项是正确的？（2016/1/22-单）[1]

A. 该条文中两处"法律"均指全国人大及其常委会制定的法律
B. 宪法只能通过法律和行政法规等下位法才能发挥它的约束力
C. 宪法的最高法律效力只是针对最高立法机关的立法活动而言的
D. 维护宪法的最高法律效力需要完善相应的宪法审查或者监督制度

[1] D

三、宪法的基本分类

（一）传统的宪法分类

有无统一宪法典	（1）成文宪法。如 1787 年美国宪法（世界上第一部成文宪法）、1791 年法国宪法（欧洲大陆第一部成文宪法）。其思想渊源是 17、18 世纪自然法学派提出的社会契约论。 （2）不成文宪法。如英国、新西兰、以色列、沙特阿拉伯等国属于不成文宪法国家。	标准提出者是蒲莱士
制定、修改程序和效力差别	（1）刚性宪法。实行成文宪法的国家往往也是刚性宪法的国家。例外：哥伦比亚、智利、秘鲁、新西兰等少数国家属于成文宪法国家，却不是刚性宪法国家。 （2）柔性宪法。实行不成文宪法的国家往往也是柔性宪法的国家。	
制宪主体不同	（1）民定宪法。如法国 1793 年宪法。 （2）钦定宪法。如法国 1814 年宪法、意大利 1848 年宪法、日本 1889 年明治宪法、中国 1908 年《钦定宪法大纲》。 （3）协定宪法。如法国 1830 年宪法、英国 1215 年《大宪章》。	

（二）马克思主义宪法学的分类

马克思主义宪法学的分类
- 根据国家的类型和宪法的阶级本质
  - 资本主义类型的宪法
  - 社会主义类型的宪法
- 宪法是否与现实相一致
  - 虚假的宪法
  - 真实的宪法

列宁曾经指出："当法律同现实脱节的时候，宪法是虚假的；当它们是一致的时候，宪法便不是虚假的。"

第2节 宪法的基本原则

宪法的基本原则，是指在制定和实施宪法的过程中必须遵循的最基本的准则，是贯穿立宪和行宪过程的基本精神。

宪法的基本原则主要包括人民主权原则、基本人权原则、法治原则和权力制约原则。

一、人民主权原则

人民主权是指国家的最高权力被绝大多数人拥有。人民主权，顾名思义，即人民主宰政权，不同于君王主宰政权、贵族主宰政权。

（一）历史渊源

该原则由卢梭力倡。西方国家宪法一般将其作为资产阶级民主的一项首要原则，社会主义国家宪法普遍规定了"一切权力属于人民"的原则。

（二）我国宪法中的体现

我国宪法对人民主权原则的具体体现包括人民民主专政、一切权力属于人民、人民代表大会制度、公民的基本权利和义务、选举制度。

[例1]《宪法》第1条第1款规定："中华人民共和国是工人阶级领导的、以工农联盟为基础的人民民主专政的社会主义国家。"第2条第1款规定："中华人民共和国的一切权力属于人民。"

[例2]《宪法》第2条第2、3款规定："人民行使国家权力的机关是全国人民代表大会和地方各级人民代表大会。人民依照法律规定，通过各种途径和形式，管理国家事务，管理经济和文化事业，管理社会事务。"

[例3]《宪法》正文第二章规定了"公民的基本权利和义务"。

[例4]《宪法》第3条第2款规定："全国人民代表大会和地方各级人民代表大会都由民主选举产生，对人民负责，受人民监督。"

二、基本人权原则

人权是指作为一个人所应该享有的权利。基本人权，也就是所有的人权分类中都应当包含的最基础、最普遍的人权。基本人权既包含个人权利（如个体的生命健康权、人身权、人格权、财产权、平等权、基本自由等），又包含集体权利（如老、弱、病、残、儿童、妇女等特殊群体的权利等）。

（一）历史渊源

1. 该原则是西方启蒙运动中的"天赋人权"学说作用的产物。资产阶级革命胜利后，人权原则逐步在宪法中确立。

2. 宪法对人权原则的表述方式有三：

（1）宪法文本直接规定人权；

（2）宪法文本中规定公民的具体权利和义务，并不出现人权的字样或概念；

（3）宪法文本中同时出现人权与基本权利、基本的权利等表述，在实践中主要通过宪法解释确定人权的具体内涵。

注意：2004年以前，我国宪法以第二种方式表述人权原则；2004年以后，我国宪法以第三种方式表述人权原则。

（二）我国宪法中的体现

1. 从《中国人民政治协商会议共同纲领》（以下简称《共同纲领》）开始，我国历部宪法都规定了公民的基本权利和义务。例如，《共同纲领》第6条规定，妇女在政治的、经济的、文化教育的、社会的生活各方面，均有与男子平等的权利。第9条规定，中华人民共和国境内各民族，均有平等的权利和义务。

2. 2004年，"国家尊重和保障人权"写入《宪法》，基本人权原则成为国家的基本价值观。

三、法治原则

法治，是指统治阶级按照民主原则把国家事务法律化、制度化，并严格依法进行管理的一种方式。法治的核心在于依法治理国家，法律面前人人平等，反对任何组织和个人享有法律之外的特权。法治与人治相对立，法治是"法在人上"，人治是"人在法上"。

（一）历史渊源

17、18世纪，资产阶级思想家以"法治"批判君主制的"人治"。例如，洛克认为，政府应该以正式公布的既定法律来进行统治，这些法律无论贫富、无论权贵和庄稼人都一视同仁，并不因特殊情况而有出入。又如，潘恩认为，在专制政府中国王便是法律，同样地，在自由国家中法律便应该成为国王。

资产阶级革命胜利后，这一原则确立于资本主义宪法中。例如，作为1791年法国宪法序言的《人权宣言》明确阐述了这一原则。

（二）我国宪法中的体现

我国《宪法》第5条第1款规定："中华人民共和国实行依法治国，建设社会主义法治国家。"其中的"法治国家"既包括实质意义的法治内涵，也包括形式意义的法治要素。从宪法文本的规范内涵来看，"法治国家"包含法治社会。

四、权力制约原则

权力制约原则，是指国家权力的各部分之间相互监督、彼此牵制，从而保障公民权利。它既包括公民权利对国家权力的制约，也包括国家权力相互之间的制约。

（一）历史渊源

在资本主义国家的宪法中，权力制约原则主要表现为分权原则（分权制衡、三权分立），于17、18世纪欧美资产阶级革命时期确立。例如，1787年美国宪法即为分权制衡的典型。又如，法国《人权宣言》称："凡权利无保障和分权未确立的社会，就没有宪法。"

在社会主义国家的宪法中，权力制约原则主要表现为监督原则，由第一个无产阶级专政政权巴黎公社首创。

（二）我国宪法中的体现

我国宪法中"权力监督原则"的具体表现有四：

1. "人民监督人大"。例如，《宪法》第3条第2款规定，全国人民代表大会和地方各级人民代表大会都由民主选举产生，对人民负责，受人民监督。

2. "人大监督其他"。例如，《宪法》第3条第3款规定，国家行政机关、监察机关、审判机关、检察机关都由人民代表大会产生，对它负责，受它监督。

3. "其他互相监督"。例如，《宪法》第127条第2款规定，监察机关办理职务违法和职务犯罪案件，应当与审判机关、检察机关、执法部门互相配合，互相制约。又如，《宪法》第140条规定，人民法院、人民检察院和公安机关办理刑事案件，应当分工负责，互相配合，互相制约，以保证准确有效地执行法律。

4. "公民监督国家"。例如，《宪法》第41条第1、2款规定，中华人民共和国公民对于任何国家机关和国家工作人员，有提出批评和建议的权利；对于任何国家机关和国家工作人员的违法失职行为，有向有关国家机关提出申诉、控告或者检举的权利，但是不得捏造或者歪曲事实进行诬告陷害。对于公民的申诉、控告或者检举，有关国家机关必须查清事实，负责处理。任何人不得压制和打击报复。

[记忆口诀] 我国的权力监督原则包括：人民监督人大，人大监督其他，其他互相监督，公民监督国家。

经典真题

我国宪法规定了"一切权力属于人民"的原则。关于这一规定的理解，下列选项正确的是：（2016/1/91-任）[1]

A. 国家的一切权力来自并且属于人民
B. "一切权力属于人民"仅体现在直接选举制度之中
C. 我国的人民代表大会制度以"一切权力属于人民"为前提
D. "一切权力属于人民"贯穿于我国国家和社会生活的各领域

第3节 宪法的渊源与宪法典的结构

一、宪法的渊源

宪法的渊源即宪法的表现形式。综观世界各国宪法，其主要表现形式有五：宪法典、宪法性法律、宪法惯例、宪法判例、国际条约。

（一）宪法典

1. 宪法典，是指将一国最根本、最重要的问题由统一的法律文本加以明确规定而形成的成文宪法。这一形式是绝大多数国家采用的形式。

2. 我国宪法采用了这一形式，即"一部宪法典（1982年《宪法》）+五个修正案（1988年、1993年、1999年、2004年、2018年）"。

（二）宪法性法律

1. 宪法性法律，是指一国宪法的基本内容不是统一规定在一部法律文书之中，而是由多部法律文书表现出来的宪法。它分为两种情形：不成文宪法国家的宪法性法律与成文宪法国家的宪法性法律。

（1）不成文宪法国家的宪法性法律。即不采用宪法典而通过多部单行法律文书的形式规定宪法内容，其宪法性法律制定和修改的机关、程序通常与普通法律相同。例如，英国没有宪法典，不存在根本法意义上的宪法，只有宪法性法律即部门法意义上的宪法。

（2）成文宪法国家的宪法性法律。即由国家立法机关为实施宪法而制定的有关规定宪

---

[1] ACD

法内容的法律。

2. 我国存在丰富的宪法性法律。例如，我国在宪法典（1982年《宪法》）之下，又制定了《全国人民代表大会组织法》（以下简称《全国人大组织法》）、《地方各级人民代表大会和地方各级人民政府组织法》、《全国人民代表大会和地方各级人民代表大会选举法》（以下简称《选举法》）、《代表法》、《立法法》、《全国人民代表大会议事规则》、《全国人民代表大会常务委员会议事规则》。

（三）宪法惯例

1. 宪法惯例，是指宪法条文无明确规定，但在实际政治生活中已经存在，并为国家机关、政党及公众所普遍遵循，且实际上与宪法具有同等效力的习惯或传统。

2. 宪法惯例的特征有三：①没有具体的法律形式，不以明文加以规定，而是散见于政治实践之中；②内容涉及一国最根本、最重要的问题；③主要依靠社会舆论而非国家强制力来保证实施。

3. 我国有宪法惯例。例如，我国修宪程序不仅以明文规定，还包含两个惯例，即中共中央提出修宪建议，以宪法修正案方式修改宪法。又如，全国人大通常和全国政协同时举行会议，俗称"两会"；有关国家重大问题的决策，先由政协、民主党派、人民团体协商，再由人大依法决定。

（四）宪法判例

1. 宪法判例，是指宪法条文无明文规定，而由司法机关在审判实践中逐渐形成并具有实质性宪法效力的判例。

2. 我国没有宪法判例。目前，我国宪法不能作为判决的依据，因此我国不存在宪法判例。例如，2016年最高人民法院印发《人民法院民事裁判文书制作规范》规定："裁判文书不得引用宪法……作为裁判依据，但其体现的原则和精神可以在说理部分予以阐述。"

（五）国际条约

国际条约是国际法主体之间就权利义务关系缔结的一种书面协议。

1. 国际条约能否成为国内法的渊源以及宪法的渊源，取决于一个国家的参与和认可。例如，1787年美国宪法第6条明确规定了与国际条约的关系，即合众国已经缔结和即将缔结的一切条约，皆为合众国的最高法律，每个州的法官都应受其约束。

2. 我国现行《宪法》并未规定宪法与国际条约的关系，仅在序言中表明了和平共处五项基本原则，坚持和平发展道路，坚持互利共赢开放战略，推动构建人类命运共同体。

经典真题

下列哪些选项属于我国宪法的渊源？（2007/1/59-多）[1]

A. 中华人民共和国现行宪法及其修正案

B. 中华人民共和国地方各级人民代表大会和地方各级人民政府组织法

---

[1] ABC

C. 中华人民共和国立法法
D. 宪法判例

二、宪法典的结构

宪法典的结构是指宪法内容的组织和排列形式。综观世界各国宪法，宪法典的结构通常包括序言、正文、附则三部分。

（一）序言

1. 宪法序言，是指写在宪法条文前面的陈述性表述，以表达本国宪法发展的历史、国家的基本政策和发展方向等。

2. 我国现行《宪法》序言主要包括以下四端：

（1）我国历史发展。序言回顾了自1840年以来中国社会的发展进程，明确规定了工人阶级领导的、以工农联盟为基础的人民民主专政的国体。

（2）国家根本任务。集中力量进行社会主义现代化建设，逐步实现工业、农业、国防和科学技术的现代化，把我国建设成为富强民主文明和谐美丽的社会主义现代化强国，实现中华民族伟大复兴。

（3）国家基本国策。完成祖国统一大业；社会主义建设事业的依靠力量是工人、农民和知识分子；团结一切可以团结的力量，巩固和发展爱国统一战线；维护民族团结，促进各民族共同繁荣等。

[记忆口诀] 统一、依靠、统战、民族：（祖国）统一、依靠（力量）、（爱国）统（一）战（线）、民族（团结）。

（4）宪法的根本法地位和最高效力。台湾是中国神圣领土的一部分，宪法效力及于所有领土。

（二）正文

1. 宪法正文是宪法典的主要部分，规定宪法基本制度和权力体系的安排，确认公民的权利和义务。

2. 我国现行《宪法》正文共分四章。第一章"总纲"（第1~32条），第二章"公民的基本权利和义务"（第33~56条），第三章"国家机构"（第57~140条），第四章"国旗、国歌、国徽、首都"（第141~143条）。

注意：1982年《宪法》首次将"公民的基本权利和义务"置于"国家机构"之前。

（三）附则

1. 宪法附则，是指宪法对于特定事项需要特殊规定而作出的附加条款。其名称包括"附则""附录""暂行条款""过渡条款""最后条款""特别条款""临时条款"等。

2. 我国现行《宪法》无附则。宪法附则是特定性、临时性的附加条款，逾限或超时均无效，在其有效范围和有效时间内，其效力等同于宪法的一般条款。

经典真题

综观世界各国成文宪法，结构上一般包括序言、正文和附则三大部分。对此，下列哪一表述

是正确的？（2016/1/21-单）[1]

A. 世界各国宪法序言的长短大致相当
B. 我国宪法附则的效力具有特定性和临时性两大特点
C. 国家和社会生活诸方面的基本原则一般规定在序言之中
D. 新中国前三部宪法的正文中均将国家机构置于公民的基本权利和义务之前

第4节 宪法规范与宪法效力

一、宪法规范

宪法规范是由国家制定或认可的、调整宪法主体参与国家和社会生活最基本社会关系的行为规范。

（一）主要特点

与一般法律规范相比，宪法规范具有以下主要特点：

1. 根本性。宪法规定国家生活中的根本问题。
2. 最高性。在整个国家的法律体系中，宪法是母法、基础法，其他法律都必须以宪法为制定的依据。
3. 原则性。宪法规范只规定有关问题的基本原则。
4. 纲领性。宪法规范明确表达对未来目标的追求。
5. 稳定性。宪法规范具有相对稳定性，不能朝令夕改。

[记忆口诀] 宪法规范的主要特点是"高原定本领"：（最）高（性）、原（则性）、（稳）定（性）、（根）本（性）、（纲）领（性）。

经典真题

关于宪法规范的特性，下列哪一项表述不成立？（2005/1/13-单）[2]

A. 根本性　　　　　　　　　B. 原则性
C. 无制裁性　　　　　　　　D. 相对稳定性

（二）宪法规范的分类

根据宪法规范性质与调整形式，可将宪法规范分为以下五类：

1. 确认性规范。包括宣言性规范、调整性规范、组织性规范、授权性规范等形式。例如，《宪法》第1条第1款规定："中华人民共和国是工人阶级领导的、以工农联盟为基础的人民民主专政的社会主义国家。"第2条第1款规定："中华人民共和国的一切权力属于人民。"

2. 禁止性规范。又称强制性规范，多用"禁止""不得"等词语。例如，《宪法》第65条第4款规定："全国人民代表大会常务委员会的组成人员不得担任国家行政机关、监

---

[1] D
[2] C

察机关、审判机关和检察机关的职务。"第12条第2款规定："国家保护社会主义的公共财产。禁止任何组织或者个人用任何手段侵占或者破坏国家的和集体的财产。"

禁止性规范有时表现为对某种行为的要求。例如，《宪法》第140条规定："人民法院、人民检察院和公安机关办理刑事案件，应当分工负责，互相配合，互相制约，以保证准确有效地执行法律。"

3. 权利性规范与义务性规范

（1）权利性规范。例如，《宪法》第35条规定："中华人民共和国公民有言论、出版、集会、结社、游行、示威的自由。"

（2）义务性规范。例如，《宪法》第52条规定："中华人民共和国公民有维护国家统一和全国各民族团结的义务。"

（3）权利和义务复合性规范。例如，《宪法》规定，我国公民有劳动的权利和义务、受教育的权利和义务。

4. 程序性规范

（1）直接的程序性规范。例如，宪法中全国人大召开临时会议的程序规定、全国人大延长任期的规定、有关宪法修改程序的规定、全国人大代表质询权的规定等。

（2）间接的程序性规范，即宪法典只作原则性规定，具体程序由部门法规定。例如，法律的具体制定程序、国家机关负责人的选举程序等。

二、宪法效力

宪法效力，是指宪法作为法律规范所发挥的约束力与强制性。

（一）效力来源

宪法效力来自于社会多数人的认可，即宪法是社会多数人共同意志的最高体现，术语称之为宪法具有"正当性基础"。具体而言，包括三点：

1. 宪法制定权的正当性。国家机关取得、行使宪法制定权，必须得到社会多数人的认可。

2. 宪法内容的科学性。宪法规定的内容要正确反映一国的实际情况，符合一国的基本国情（历史传统、现实要求、权力平衡状况等）。

3. 宪法程序的合理性。完备的程序对宪法的重要性不可忽视。

（二）效力表现

1. 对人效力：适用于所有中国公民、华侨。

（1）我国采取出生地主义和血统主义相结合的原则来确定国籍，不承认双重国籍。

［对比］ 对双重国籍的态度

❶间接承认。例如，美国宪法默认或曰不禁止美国公民具有别国国籍。

❷明确承认。例如，俄罗斯宪法规定："俄罗斯联邦公民根据联邦法律或俄罗斯联邦签署的国际公约，可以拥有外国国籍（双重国籍）。"

❸明确否认。例如，中国、缅甸、老挝、马来西亚、朝鲜、科威特、沙特阿拉伯、阿联酋、古巴等。

（2）宪法理论的通说认为，在一定条件下，外国人和法人也能成为某些基本权利的主体。但是，我国宪法并未采用这一通说。我国宪法仅规定对于因为政治原因要求避难的外国人，可以给予受庇护的权利。例如，《宪法》第32条规定："中华人民共和国保护在中国境内的外国人的合法权利和利益，在中国境内的外国人必须遵守中华人民共和国的法律。中华人民共和国对于因为政治原因要求避难的外国人，可以给予受庇护的权利。"

2. 空间效力：我国宪法效力及于中华人民共和国的所有领域。我国《宪法》序言规定，台湾是中华人民共和国的神圣领土的一部分。完成统一祖国的大业是包括台湾同胞在内的全中国人民的神圣职责。

（三）宪法与条约

我国现行《宪法》并未规定宪法与国际条约的关系，仅在序言中表明了和平共处五项基本原则，坚持和平发展道路，坚持互利共赢开放战略，推动构建人类命运共同体。

经典真题

关于宪法效力的说法，下列选项正确的是：（2014/1/94-任）[1]

A. 宪法修正案与宪法具有同等效力
B. 宪法不适用于定居国外的公民
C. 在一定条件下，外国人和法人也能成为某些基本权利的主体
D. 宪法作为整体的效力及于该国所有领域

---

[1] ACD

第6章 我国宪法的制定、实施、监督和宪法宣誓

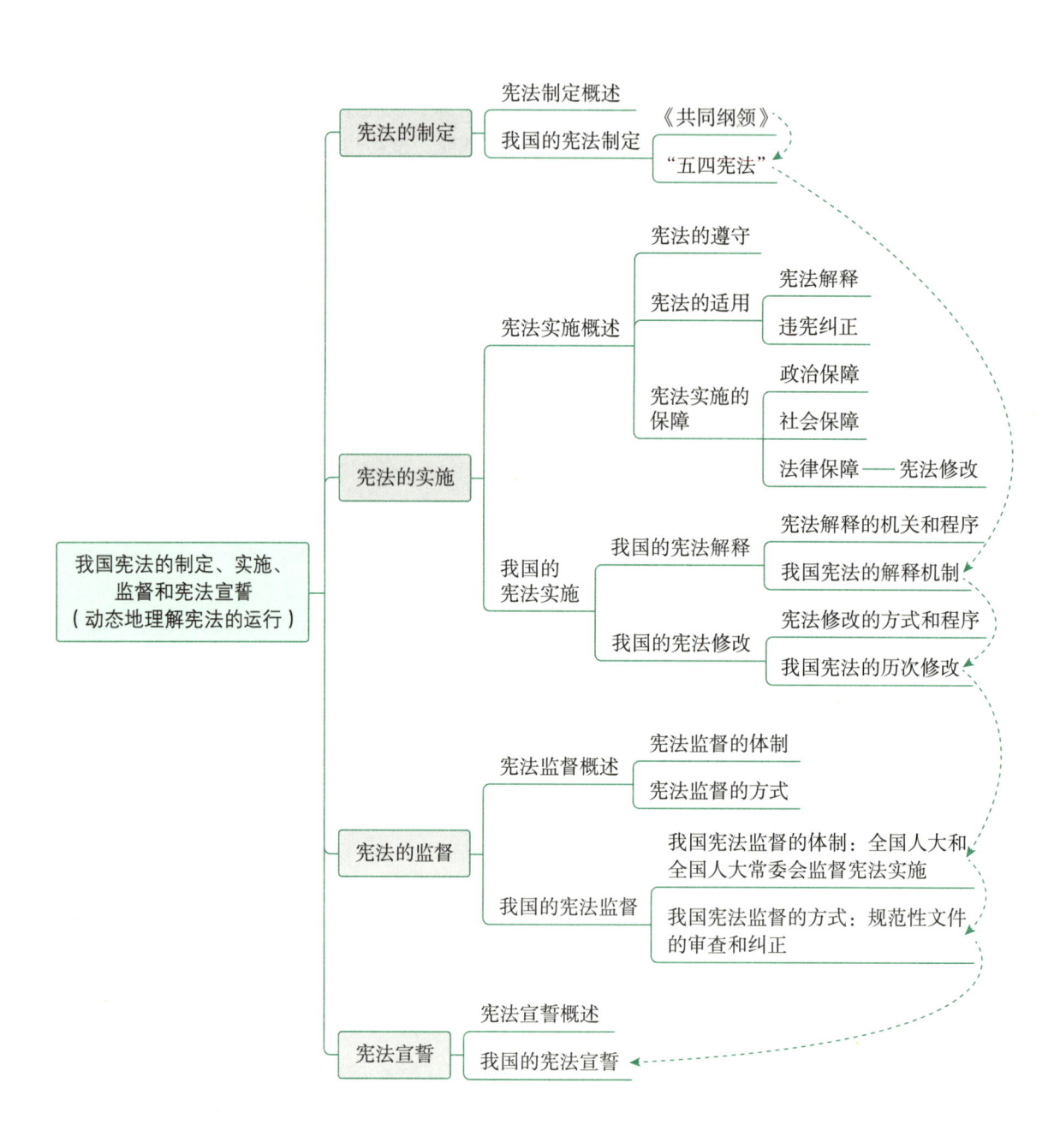

```
                                              ┌─ 宪法制定概述
                          ┌─ 宪法的制定 ──────┤                    ┌─《共同纲领》
                          │                   └─ 我国的宪法制定 ──┤
                          │                                        └─ "五四宪法"
                          │
                          │                                        ┌─ 宪法的遵守
                          │                                        │                ┌─ 宪法解释
                          │                   ┌─ 宪法实施概述 ────┼─ 宪法的适用 ──┤
                          │                   │                    │                └─ 违宪纠正
                          │                   │                    │                ┌─ 政治保障
                          │                   │                    │                │
                          │                   │                    └─ 宪法实施的  ──┼─ 社会保障
                          │                   │                       保障          │
                          │                   │                                      └─ 法律保障——宪法修改
                          ├─ 宪法的实施 ─────┤
                          │                   │                    ┌─ 我国的宪法解释  ┬─ 宪法解释的机关和程序
  我国宪法的制定、实施、   │                   │                                       └─ 我国宪法的解释机制
  监督和宪法宣誓          ─┤                   └─ 我国的宪法实施 ─┤
  （动态地理解宪法的运行） │                                        │                  ┌─ 宪法修改的方式和程序
                          │                                        └─ 我国的宪法修改 ┤
                          │                                                           └─ 我国宪法的历次修改
                          │
                          │                                        ┌─ 宪法监督的体制
                          │                   ┌─ 宪法监督概述 ────┤
                          │                   │                    └─ 宪法监督的方式
                          ├─ 宪法的监督 ─────┤
                          │                   │                    ┌─ 我国宪法监督的体制：全国人大和
                          │                   │                    │  全国人大常委会监督宪法实施
                          │                   └─ 我国的宪法监督 ──┤
                          │                                        └─ 我国宪法监督的方式：规范性文件
                          │                                           的审查和纠正
                          │
                          │                   ┌─ 宪法宣誓概述
                          └─ 宪法宣誓 ───────┤
                                              └─ 我国的宪法宣誓
```

第1节 我国宪法的制定

一、宪法制定概述

宪法制定即制宪，是指制宪主体按照一定的程序创制宪法的活动。它主要关注制宪主体、制宪权与修宪权、制宪程序等基本内容。

（一）制宪主体

制宪主体随着时代的变迁而相应变化，主要包括以下两种情形：

1. 国民制宪。这是近代宪法理论的内容。最早系统地提出制宪权概念并建立理论体系的是法国大革命时期的著名学者西耶斯，他认为只有国民才享有制宪权。
2. 人民制宪。这是现代宪法发展的基本特点。人民作为制宪主体并不意味着人民直接参与制宪的过程。

（二）制宪权与修宪权

1. 制宪权与修宪权的性质不同。修宪权源于制宪权，受到制宪权的约束，并不得违背制宪权的基本精神和原则。
2. 制宪权、修宪权属于根源性的国家权力，即能够创造立法权、行政权、司法权等其他具体组织性国家权力的权力。我国2018年通过修宪创造了监察权。

（三）制宪程序

一般而言，制宪程序包括以下四个步骤：

1. 设立制宪机关。制宪机关，又称为制宪会议、国民议会、立宪会议。制宪机关通常包括宪法起草机关（如我国1954年宪法起草委员会）和宪法通过机关（如美国制宪会议、我国1954年第一届全国人大第一次会议）。
2. 提出宪法草案。宪法草案的提出通常以民主讨论为基础。
3. 通过宪法草案。一般要求2/3以上或3/4以上或全民公决。
4. 公布宪法。宪法一般由国家元首或代表机关公布。

二、我国的宪法制定

（一）《共同纲领》

1949年9月，中国人民政治协商会议第一届全体会议通过了《共同纲领》，起临时宪法作用。

《共同纲领》规定了人民有广泛的权利和自由，男女平等、婚姻自由，还规定：①中华人民共和国的国家政权属于人民。人民行使国家政权的机关为各级人民代表大会和各级人民政府。②国家最高政权机关为全国人民代表大会。全国人民代表大会闭会期间，中央人民政府为行使国家政权的最高机关。③在普选的全国人民代表大会召开以前，由中国人民政治协商会议的全体会议执行全国人民代表大会的职权。

(二)"五四宪法"

1954年9月，第一届全国人大第一次会议在《共同纲领》的基础上制定了我国第一部社会主义类型的宪法，又称"五四宪法"。

第2节 我国宪法的实施

一、宪法实施概述

宪法实施，是指宪法规范在实际生活中的贯彻落实，是宪法制定颁布后的运行状态。

1. 宪法的遵守。宪法的遵守，是指一切国家机关、社会组织和公民个人严格依照宪法规定从事各种行为的活动。通常包括两层含义：①宪法的执行，即国家机关依据宪法履行职权；②狭义的宪法遵守，即社会组织和公民个人依据宪法行使权利、履行义务。

2. 宪法的适用。宪法的适用，是指国家机关纠正并追究违宪行为。主要有两种途径：①宪法解释，借以消除分歧，保证宪法的准确适用；②违宪纠正，借以维护宪法秩序。

3. 宪法实施的保障。包括三个方面：①政治保障（执政党对于宪法的尊重和遵守）。②社会保障（宪法意识的促成、政治环境的稳定）。③法律保障（通过宪法自身的理念宣示、制度程序来实现）。其中，严格的宪法修改程序是保障宪法实施的重要措施。

二、我国的宪法实施

(一) 我国的宪法解释

1. 宪法解释的机关和程序

(1) 宪法解释的机关可分为三类：

❶代议机关。由代议机关解释宪法的制度源自英国。

❷司法机关。由司法机关解释宪法的体制源自美国。1803年"马伯里诉麦迪逊"案开创了司法审查制度的先河。在这一模式下，法院一般遵循"不告不理"的消极主义原则，相关解释一般没有普遍约束力。

❸专门机关。其典型有德国的宪法法院、法国的宪法委员会。奥地利的汉斯·凯尔森最早提出设立宪法法院。在这一模式下，专门机关普遍采用司法积极主义原则，既可抽象解释（不依附于个案），也可具体解释（结合个案）。目前奥地利、西班牙、德国、意大利、俄罗斯、韩国等国均设立了宪法法院，法国等国成立了宪法委员会。

(2) 宪法解释的程序通常包括以下步骤：提请解释→受理请求→审查请求→起草解释→通过解释。

2. 我国的宪法解释属于代议机关模式。

(1) 全国人大常委会解释宪法。根据《宪法》第67条第1项的规定，全国人大常委会行使解释宪法的职权。

(2) 我国《宪法》没有规定宪法解释的具体程序。党的十八大特别是党的十八届四中全会以来，宪法解释程序机制受到高度重视。例如，党的十九届四中全会报告要求健全保证宪法全面实施的体制机制，落实宪法解释程序机制。《法治中国建设规划（2020~2025年）》强调："加强宪法解释工作，落实宪法解释程序机制，回应涉及宪法有关问题的关切。"

（二）我国的宪法修改

宪法修改，是指在宪法实施过程中，宪法内容因社会现实的变化而导致不相适应或者出现漏洞，由有权机关依照宪法规定的程序删除、增加或变更宪法内容的行为。

1. 宪法修改的方式和程序

（1）宪法修改的方式有二：全面修改和部分修改。

❶全面修改。即对宪法全文进行修改，一般是在特殊情况下，或者是在国家生活中的某些重大问题发生变化的条件下，才予以采用。

❷部分修改。即对宪法原有的部分条款加以改变，或者新增若干条款，而不牵动其他条款和整个宪法的修改方式。在通常情况下，部分修改优于全面修改。部分修改的具体方法主要包括修改条文、增补条文和删除条文等。

（2）宪法修改的程序一般包括提案、先决投票、起草和公布修宪草案、通过修正案和公布修正案五个阶段，但并非所有国家都必经这些程序。

2. 我国宪法的历次修改

（1）我国宪法的修改及其主要内容

❶我国宪法共经历了三次全面修改、七次部分修改。

三次全面修改分别形成了"七五宪法""七八宪法"和"八二宪法"（现行《宪法》）。

"七五宪法"	1975年宪法：第二部宪法，它是对"五四宪法"的全面修改，指导思想有严重错误，内容很不完善。
"七八宪法"	1978年宪法：第三部宪法，它是对"七五宪法"的全面修改，总体上不能适应新时期社会发展的需要。
"八二宪法"（现行《宪法》）	1982年宪法：第四部宪法，它是对"七八宪法"的全面修改，在精神上继承发展"五四宪法"。 基本特点：①总结了历史经验，以四项基本原则为指导思想；②进一步完善了国家机构体系，扩大全国人大常委会的职权，恢复设立国家主席等；③扩大了公民权利和自由的范围，恢复"公民在法律面前人人平等"原则，废除了最高国家机关领导职务的终身制；④确认了经济体制改革的成果，如发展多种经济形式、扩大企业的自主权等；⑤维护了国家统一和民族团结，完善了民族区域自治制度，根据"一国两制"的原则规定了特别行政区制度；⑥首次明确规定了修宪提案权，1982年之前的宪法均未规定。

我国宪法经历了七次部分修改：1978年宪法在1979年和1980年两次部分修改，1982年宪法在1988年、1993年、1999年、2004年、2018年五次部分修改。

［记忆口诀］现行宪法的五次修改：爸爸（1988）五岁（1993），舅舅（1999）冻死（2004），爱你要发（2018）。

❷全国人大对"八二宪法"先后通过了共52条修正案。其主要内容如下：

1988年《宪法修正案》

土 地	土地的使用权可以依照法律的规定转让。	我国第一次以宪法修正案的形式修改宪法。
私 营	国家允许私营经济在法律规定的范围内存在和发展。	

[记忆口诀] 1988年：土地私营。

1993年《宪法修正案》

国 有	把"国营"改为"国有"，国有企业"有权自主经营"（国营企业是"服从国家的统一领导和全面完成国家计划"）。
承	家庭联产承包责任制作为农村集体经济组织的基本形式。
市	社会主义市场经济确定为国家的基本经济体制。
初	明确"我国正处于社会主义初级阶段""建设有中国特色社会主义""坚持改革开放"。
县	县级人大任期由3年改为5年。
政 协	增加"中国共产党领导的多党合作和政治协商制度将长期存在和发展"。

[记忆口诀] 1993年：国有城市出现政协。

1999年《宪法修正案》

长 期	明确"我国将长期处于社会主义初级阶段"、"沿着建设有中国特色社会主义的道路"、在"邓小平理论指引下"、"发展社会主义市场经济"。
法 治	明确规定"中华人民共和国实行依法治国，建设社会主义法治国家"。
非 公	明确个体经济、私营经济称为"非公有制经济"，国家对其实行"引导、监督和管理"。
安	将镇压"反革命的活动"修改为镇压"危害国家安全的犯罪活动"。
双 层	规定"农村集体经济组织实行家庭承包经营为基础、统分结合的双层经营体制"。
并 存	规定"公有制为主体、多种所有制经济共同发展"，"按劳分配为主体、多种分配方式并存"。

[记忆口诀] 1999年：长期法治非公安，经济双层加并存。

2004年《宪法修正案》

鼓 励	增加"鼓励、支持"非公有制经济和"引导非公有制经济的发展"的规定。
三	在《宪法》序言第七自然段中增写"三个代表"重要思想。
建	在爱国统一战线中增加"社会主义事业的建设者"。
人	增加规定"国家尊重和保障人权"。
社 保	增加规定"国家建立健全同经济发展水平相适应的社会保障制度"。
急	将"戒严"修改为"紧急状态"。
征	规定"国家为了公共利益的需要，可以依照法律规定对土地实行征收或者征用并给予补偿"。
财	规定"公民的合法的私有财产不受侵犯"，"国家为了公共利益的需要，可以依照法律规定对公民的私有财产实行征收或者征用并给予补偿"。

续表

国 歌	第四章章名中增加"国歌"一词，增加规定"中华人民共和国国歌是《义勇军进行曲》"。
国 事	《宪法》第81条国家主席职权中增加"进行国事活动"的规定。
乡 镇	乡镇人大的任期由3年改为5年。
特 别	在全国人大代表中增加特别行政区全国人大代表。
文 明	《宪法》序言中增加规定"政治文明"。

[记忆口诀] 2004年：鼓励三建人，社保急征财，新增国歌国事，乡镇特别文明。

2018年《宪法修正案》

科 习	《宪法》序言中增加规定"科学发展观、习近平新时代中国特色社会主义思想"作为指导思想。
治	《宪法》序言中将"健全社会主义法制"修改为"健全社会主义法治"。
发 展	《宪法》序言中写入"贯彻新发展理念"。
社生两文明	《宪法》序言中"物质文明、政治文明、精神文明"后增加"社会文明、生态文明"。
和谐美丽现	《宪法》序言中写入"和谐美丽""现代化强国"。
复 兴	《宪法》序言中写入"实现中华民族伟大复兴"。
改 革	《宪法》序言中"革命和建设"修改为"革命、建设、改革"。
复 爱	《宪法》序言在爱国统一战线的组成中增加"致力于中华民族伟大复兴的爱国者"。
谐民族	《宪法》序言和正文有关社会主义民族关系增加"和谐"。
和平共赢命运	对外政策中增加"坚持和平发展道路，坚持互利共赢开放战略"，"推动构建人类命运共同体"。
党 领	《宪法》第1条增加规定"中国共产党领导是中国特色社会主义最本质的特征"。
专 委	《宪法》第70条第1款规定的全国人大专门委员会"法律委员会"改为"宪法和法律委员会"。
立 法	《宪法》第100条增加规定设区的市的人大及其常委会制定地方性法规的立法权。
宣 誓	《宪法》第27条增加规定"国家工作人员就职时应当依照法律规定公开进行宪法宣誓"。
两 届	《宪法》第79条国家主席、副主席任期删去"连续任职不得超过2届"。
监 察	《宪法》在第三章国家机构中增加"监察委员会"作为第七节，并删去政府分管"监察"的规定。
核 心	《宪法》第24条增加规定"国家倡导社会主义核心价值观"。

[记忆口诀] 2018年：科习治发展，社生两文明，和谐美丽现复兴；改革复爱谐民族，和平共赢命运，党领专委立法宣誓，两届监察核心。

经典真题

我国宪法第6至18条对经济制度作了专门规定。关于《宪法修正案》就我国经济制度规定所作的修改，下列哪些选项是正确的？（2011/1/60-多）[1]

A. 中华人民共和国实行依法治国，建设社会主义法治国家
B. 国家实行社会主义市场经济
C. 除第9、12、18条外，其他各条都进行过修改
D. 农村中的生产、供销、信用、消费等各种形式的合作经济，是社会主义劳动群众集体所有制经济

（2）我国宪法修改的程序

我国宪法的修改机关是全国人大。根据《宪法》第62条第1项的规定，全国人大行使修改宪法的职权。

我国宪法修改的步骤如下：

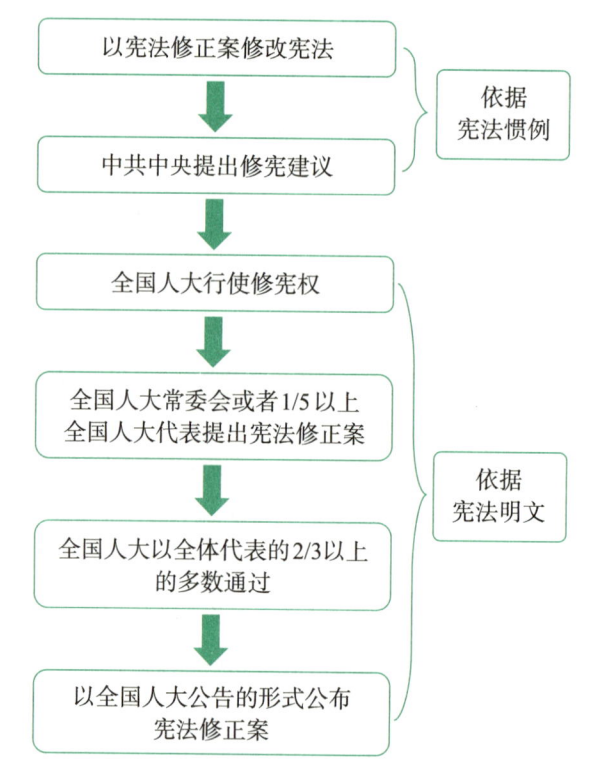

```
以宪法修正案修改宪法
        ↓                    依据
中共中央提出修宪建议          宪法惯例
        ↓
全国人大行使修宪权
        ↓
全国人大常委会或者1/5以上
全国人大代表提出宪法修正案
        ↓                    依据
全国人大以全体代表的2/3以上    宪法明文
的多数通过
        ↓
以全国人大公告的形式公布
宪法修正案
```

[记忆口诀] 修宪程序"四明文""两惯例"："四明文"：全国人大修宪，人常五一提案，通过绝对多数，公告形式公布。"两惯例"：中央建议，用修正案。

---

[1] BCD

第3节 我国宪法的监督

一、宪法监督概述

宪法监督是由宪法授权或宪法惯例所认可的机关，以一定的方式进行合宪性审查，预防和解决违宪，追究违宪责任，从而保证宪法实施的一种制度。宪法监督的对象有二：规范性文件、行为。

（一）宪法监督的体制

综观世界各国的宪法规定和实践，宪法监督主要有以下三种体制：

1. 由代议机关作为宪法监督机关。这一体制源自英国。
2. 由司法机关作为宪法监督机关。这一体制源自美国。自1803年"马伯里诉麦迪逊"案后，美国逐步确立了联邦法院系统审查法律文件合宪性的体制。
3. 由专门机关作为宪法监督机关。这一体制源于法国，其自1799年设立护法元老院。目前，法国的宪法委员会，德国、奥地利的宪法法院均属于专门的宪法监督机关。

（二）宪法监督的方式

综观世界各国的实践，宪法监督主要有以下四种方式：

1. 事先审查。又称预防性审查，是指在规范性文件生效前予以审查，审查通过后，文件方能生效。
2. 事后审查。其指在规范性文件生效后予以审查，若文件违宪，则予以纠正。
3. 附带性审查。其指司法机关在审理案件时，对该案件适用的法律予以审查。这种审查方式必须以诉讼的发生为前提，司法机关不能脱离具体案件孤立地发起合宪性审查，也就是说，这一审查方式附属于诉讼，故称附带性审查。
4. 宪法控诉。又称宪法诉讼、宪法诉愿，是指公民向宪法法院或其他有权机关提出基于宪法的控诉。

（三）违宪的制裁措施

违宪的制裁措施是宪法监督的核心内容。综观世界各国的实践，违宪的制裁措施主要包括：撤销违宪法律，宣布违宪法律无效，允许宪法主体不受该违宪法律的约束或者不适用该法律，不得通过违宪法案并责令立法机关修改，弹劾、罢免违宪责任者。

二、我国的宪法监督

（一）我国宪法监督的体制

我国的宪法监督机关是全国人大和全国人大常委会，属于代议机关监督宪法的模式。根据《宪法》第62条第2项的规定，全国人大行使监督宪法的实施的职权；根据《宪法》第67条第1项的规定，全国人大常委会行使监督宪法的实施的职权。

（二）我国宪法监督的方式

我国的宪法监督采取事先审查与事后审查相结合的方式。

1. 事先审查

（1）自治区的自治条例和单行条例，报全国人大常委会批准后生效。例如，广西壮族自治区的自治条例、单行条例，须报全国人大常委会批准后生效。

（2）自治州、自治县的自治条例和单行条例，报省、自治区、直辖市人大常委会批准后生效。例如，恩施土家族苗族自治州的自治条例、单行条例，须报湖北省人大常委会批准后生效。又如，陵水黎族自治县的自治条例、单行条例，须报海南省人大常委会批准后生效。

（3）设区的市、自治州的地方性法规，报省、自治区人大常委会批准后施行。例如，四川省眉山市的地方性法规，须报四川省人大常委会批准后施行。又如，恩施土家族苗族自治州的地方性法规，须报湖北省人大常委会批准后施行。

（4）海南自由贸易港法规依授权制定，但是，其涉及依法应当由全国人大及其常委会制定法律或者由国务院制定行政法规事项的，应当分别报全国人大常委会或者国务院批准后生效。换句话说，如果海南自贸港法规对某一事项作出了规定，而这一事项原本应当以"法律"的形式加以规定，那么，海南自贸港法规对这一事项的规定必须上报全国人大常委会批准后生效。海南自贸港法规的相关规定上报国务院批准后生效，也是同样的道理。

[记忆口诀]"三批准"：民族自治法规，市州地方法规，海南自贸"要动上级奶酪"。

2. 事后审查

主要体现有二：有权机关接受规范性文件备案后进行审查、有关主体向有权机关提出审查请求。

（1）规范性文件的备案（"六备案"）

文件种类		制定机关	接受备案机关
行政法规		国务院	全国人大常委会
监察法规		国家监察委	
司法解释		最高法、最高检	
省、自治区、直辖市的地方性法规		省级人大及其常委会	全国人大常委会、国务院
行政规章	部门规章	国务院部门	国务院
	省、自治区、直辖市政府规章	省级政府	国务院、本级人大常委会
	设区的市、自治州地方政府规章	设区的市、自治州政府	国务院、省级人大常委会、省级政府、本级人大常委会
根据授权制定的法规（行政法规、经济特区法规、浦东新区法规、海南自由贸易港法规）		被授权机关	授权决定规定的机关

[记忆口诀] 备案要找上级，除开人大、法律，批准机关去备案，规章都备国务院。

"备案要找上级"：备案的原则是找上级机关。例如，全国人大常委会高于国务院、国家监察委、"两高"，因此行政法规、监察法规、司法解释都要报全国人大常委会备案。

"除开人大、法律"：接受备案的机关没有人大，只有人大常委会和政府。法律无须备案。

"批准机关去备案"：被批准的法实际上等同于批准机关自己的立法，因此，如果这些被批准的法需要备案，则由批准机关报送备案。自治州、自治县的自治条例和单行条例，设区的市、自治州的地方性法规，这二者都是先上报批准，再由批准机关备案。例如，恩施土家族苗族自治州的自治条例、单行条例，须先报湖北省人大常委会批准后生效，再由湖北省人大常委会报全国人大常委会和国务院备案。

"规章都备国务院"：凡是行政规章（无论是部门规章还是地方政府规章），最终都要报国务院备案。行政规章的报备规律是"上级都报备，最高国务院"。例如，湖北省政府规章要报湖北省人大常委会和国务院备案。又如，四川省眉山市政府规章要报眉山市人大常委会、四川省政府、四川省人大常委会和国务院备案。再如，恩施土家族苗族自治州的政府规章要报恩施州人大常委会、湖北省政府、湖北省人大常委会和国务院备案。

◉ 注意：自治条例、单行条例报送备案时，应当说明对法律、行政法规、地方性法规作出变通的情况；经济特区法规、浦东新区法规、海南自由贸易港法规报送备案时，应当说明变通的情况。

（2）规范性文件的审查请求。主要包括要求审查和建议审查两种情形。2019 年 12 月 4 日，全国人大常委会在中国人大网开通公民网上提交审查建议功能，公民可以由此提起审查建议。

```
┌─────────────────────────────────────────────────┐
│ 认为行政法规、地方性法规、自治条例和单行条例同宪法│
│ 或者法律相抵触，或者存在合宪性、合法性问题        │
└─────────────────────────────────────────────────┘
           ↓                              ↓
┌──────────────────────┐        ┌──────────────────────┐
│国务院、中央军委、国家 │        │其他国家机关和社会团体、│
│监察委、最高法、最高检 │        │企业事业组织以及公民可  │
│和省级人大常委会向全国 │←主体不同→│以向全国人大常委会提出  │
│人大常委会提出审查要求 │ 待遇有别│审查建议，由常委会工作  │
│，由全国人大有关的专门 │        │机构进行审查；必要时，  │
│委员会和常委会工作机构 │        │送有关的专门委员会进行  │
│进行审查、提出意见。   │        │审查、提出意见。        │
└──────────────────────┘        └──────────────────────┘
           ↓                              ↓
┌─────────────────────────────────────────────────┐
│全国人大专门委员会、常委会工作机构在审查中认为有抵│
│触、有问题的，可以向制定机关提出书面审查意见；也可│
│以由宪法和法律委员会与有关的专门委员会、常委会工作│
│机构召开联合审查会议，要求制定机关到会说明情况，再│
│向制定机关提出书面审查意见。                      │
└─────────────────────────────────────────────────┘
                        ↓
┌─────────────────────────────────────────────────┐
│制定机关应当在2个月内研究提出是否修改或者废止的意 │
│见，并向全国人大宪法和法律委员会、有关的专门委员会│
│或者常委会工作机构反馈。                          │
└─────────────────────────────────────────────────┘
           ↓                              ↓
┌──────────────────────┐        ┌──────────────────────┐
│制定机关按照所提意见对 │        │制定机关不予修改或者废止│
│行政法规、地方性法规、 │        │的，应当向委员长会议提出│
│自治条例和单行条例进行 │        │予以撤销的议案、建议，由│
│修改或者废止的，审查终 │        │委员长会议决定提请常委会│
│止。（改了，审查终止） │        │会议审议决定。（不改，就│
│                      │        │找boss）                │
└──────────────────────┘        └──────────────────────┘
           ↓                              ↓
┌─────────────────────────────────────────────────┐
│全国人大有关的专门委员会、常委会工作机构应当按照规│
│定要求，将审查情况向提出审查建议的国家机关、社会团│
│体、企业事业组织以及公民反馈，并可以向社会公开。  │
└─────────────────────────────────────────────────┘
```

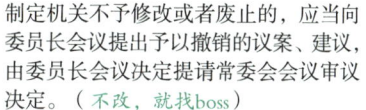

（三）违宪的制裁措施

我国对违宪的制裁措施主要体现为撤销或者改变违宪的规范性文件。换句话说，如果一个规范性文件违宪了，该怎么办？答案是根据《立法法》的规定，由有权机关对于这一规范性文件予以撤销或者改变。

撤销、改变是纠正规范性文件的两种常见方式。打个生活化的比方，孩子作业写得不对，如何纠正？一是把这作业撕了，让孩子重写，这叫"撤销"；二是不让重写，就着这作业修改完成，这叫"改变"。

其具体内容如下：

关系模式	处理方式	具体情形
领导关系	既能撤销，也能改变	人大对其常委会的规范性文件。例如，四川省人大对四川省人大常委会的地方性法规既能撤销，也能改变。
		上级政府对下级政府的规范性文件。例如，四川省政府对成都市政府的地方政府规章既能撤销，也能改变。
		政府对其工作部门的规范性文件。例如，国务院对公安部的部门规章既能撤销，也能改变。
监督关系	只能撤销，不能改变	人大常委会对本级政府的规范性文件。例如，四川省人大常委会对四川省政府的地方政府规章只能撤销，不能改变。
		上级人大常委会对下级人大及其常委会的规范性文件。例如，全国人大常委会对四川省人大的地方性法规、四川省人大常委会的地方性法规只能撤销，不能改变。
		授权机关对于被授权机关的规范性文件。例如，国务院得到全国人大常委会授权后制定了某一暂行条例，那么，对这一暂行条例，全国人大常委会只能撤销，不能改变。
		对于被批准的自治条例、单行条例。例如，全国人大常委会批准了某自治区的自治条例，那么，对这一自治条例，全国人大只能撤销，不能改变。

[记忆口诀]

1. 人大常委会来处理，方式都是撤销；政府来处理，方式是改变和撤销。
2. 遇到自治条例、单行条例，不管谁来处理，方式都是撤销。
3. 政府"只管自家，不管人大"，即上级政府无权处理下级人大及其常委会的规范性文件。
4. 人大"只管自家人常，不管下级机关"，即人大审查与本级人大常委会有关的规范性文件，不直接审查其他的政府系统和下级人大系统的规范性文件，需要审查时则由其人大常委会进行。

经典真题

根据《立法法》，关于规范性文件的备案审查制度，下列哪些选项是正确的？（2017/1/66-多）[1]

A. 全国人大有关的专门委员会可对报送备案的规范性文件进行主动审查

---

[1] ABCD

B. 自治县人大制定的自治条例与单行条例应按程序报全国人大常委会和国务院备案
C. 设区的市市政府制定的规章应报本级人大常委会、市所在的省级人大常委会和政府、国务院备案
D. 全国人大法律委员会经审查认为地方性法规同宪法相抵触而制定机关不予修改的，应向委员长会议提出予以撤销的议案或者建议

第4节 宪法宣誓

一、宪法宣誓概述

宪法宣誓，是指经过合法、正当的选举程序后，当选的国家元首或者其他国家公职人员在就职时，公开宣读誓词、承诺遵守宪法的制度。

当前，包括我国在内的许多国家的宪法均规定了宪法宣誓制度。

二、我国的宪法宣誓

（一）法律依据

1. 2015年，《全国人民代表大会常务委员会关于实行宪法宣誓制度的决定》作了基本规定；2018年2月对其予以修订；2018年3月，我国将其以宪法修正案的形式写入《宪法》。

2. 目前，各省、自治区、直辖市人大常委会参照前述决定，制定了宣誓的具体组织办法。

（二）主要内容

1. 我国宪法宣誓制度包括：①宣誓人员为国家工作人员；②宣誓应当在就职时进行；③宣誓应当公开进行；④宣誓的具体制度由法律规定。

2. 宪法宣誓主体包括各级人大、人大常委会产生的人员，各级政府、监察委、法院、检察院任命的人员。

3. 誓词内容："我宣誓：忠于中华人民共和国宪法，维护宪法权威，履行法定职责，忠于祖国、忠于人民，恪尽职守、廉洁奉公，接受人民监督，为建设富强民主文明和谐美丽的社会主义现代化强国努力奋斗！"

4. 组织机构：①全国人大主席团负责组织全国人大产生的所有人员[1]的宣誓；②全国人大常委会产生的人员[2]原则上由全国人大常委会委员长会议组织宣誓。

---

[1] 这些人员包括：全国人大选举或者决定任命的国家主席、副主席，全国人大常委会委员长、副委员长、秘书长、委员，国务院总理、副总理、国务委员、各部部长、各委员会主任、中国人民银行行长、审计长、秘书长，中央军委主席、副主席、委员，国家监察委员会主任，最高人民法院院长，最高人民检察院检察长，以及全国人大专门委员会主任委员、副主任委员、委员。

[2] 这些人员包括：①在全国人大闭会期间，全国人大常委会任命或者决定任命的全国人大专门委员会个别副主任委员、委员，国务院部长、委员会主任、中国人民银行行长、审计长、秘书长，中央军委副主席、委员；②全国人大常委会任命的全国人大常委会副秘书长，全国人大常委会工作委员会主任、副主任、委员，全国人大常委会代表资格审查委员会主任委员、副主任委员、委员等。

😊 **注意**：以下四类人员虽然由全国人大常委会产生，但是其宣誓程序有所区别：①除主任之外的国家监察委员会副主任、委员，由国家监察委员会组织宣誓；②除院长之外的最高人民法院的其他成员，由最高人民法院组织宣誓；③除检察长之外的最高人民检察院的其他成员，由最高人民检察院组织宣誓；④驻外全权代表，由外交部组织宣誓。

[记忆口诀] 中央"法检监外"，宣誓"各自回家"。

5. 宣誓仪式：①在形式上，可以单独宣誓或者集体宣誓；②宣誓场所应当悬挂中华人民共和国国旗或者国徽，奏唱中华人民共和国国歌；③负责组织宣誓仪式的机关，可以根据相关决定并结合实际情况，对宣誓的具体事项作出规定。

[记忆口诀] 宪法宣誓要"有声有色"。"有声"即奏唱国歌，"有色"即悬挂国旗或国徽。

经典真题

《全国人民代表大会常务委员会关于实行宪法宣誓制度的决定》于2016年1月1日起实施。关于宪法宣誓制度的表述，下列哪些选项是正确的？（2016/1/61-多）[1]

A. 该制度的建立有助于树立宪法的权威
B. 宣誓场所应当悬挂中华人民共和国国旗或者国徽
C. 宣誓主体限于各级政府、法院和检察院任命的国家工作人员
D. 最高法院副院长、审判委员会委员进行宣誓的仪式由最高法院组织

---

[1] ABD

国家的基本制度　第7章

- 国家的基本制度（一）（我国宪法要解决的重大问题）
  - 基本政治制度（谁来掌握政权）
    - 人民民主专政制度：政权由人民群众掌握
    - 人民代表大会制度：国家权力由人民行使
  - 基本经济制度（怎样分配资源）
    - 社会主义市场经济体制：以公有制为主体，非公有制为重要组成部分，多种所有制并存
    - 国家保护社会主义公共财产和公民合法私有财产
  - 基本文化制度（国民如何教化）
    - 教育事业
    - 科学事业
    - 文化事业
    - 道德教育
  - 基本社会制度（保障人的尊严）
    - 社会保障制度
    - 劳动保障制度
    - 医疗卫生事业
    - 婚姻家庭制度
    - 计划生育制度
    - 人才培养制度
    - 维护社会秩序
  - 国家结构形式（央地关系构建）
    - 我国的国家结构形式：单一制
    - 我国的行政区域划分
  - 国家标志（主权尊严象征）
    - 国旗
    - 国歌
    - 国徽
    - 首都
  - 人大代表选举制度（权力运行起点）
    - 基本原则
    - 主持机构
    - 名额分配
    - 选举程序
    - 罢免、辞职和补选
    - 物质保障和法律保障

```
                                    民族自治地方：自治区、自治州、自治县
              民族区域自治制度                    ┌ 人大   民族自治地方的人大常委会、
              （民族团结和谐）   自治机关          │        监察委、法院、检察院都不
                                              └ 政府   是自治机关，而是民族自治
                             自治权                    地方的国家机关

                             特别行政区的概念和特点
国家的基本制度（二）                中央与特别行政区的关系
（我国宪法要解决   特别行政区制度
   的重大问题）    （祖国统一大业） 特别行政区的政治体制
                             特别行政区的法律制度
                             特别行政区维护国家安全的宪制责任

                             基层群众性自治组织的概念
              基层群众自治制度   村民委员会
              （江山根基所在）
                             居民委员会
```

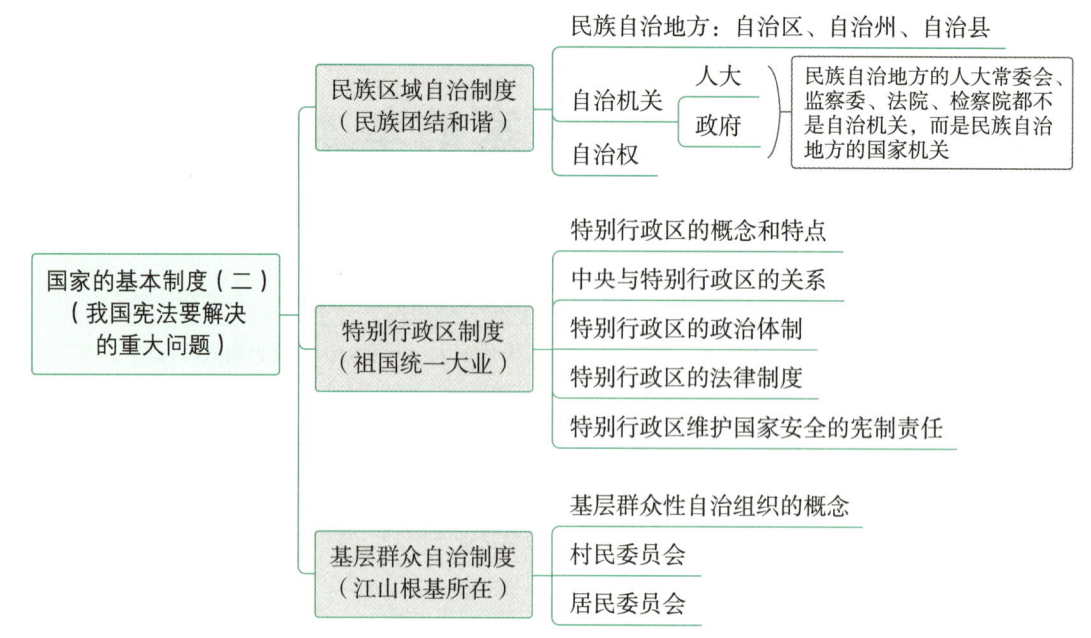

第1节　基本政治制度

国家的基本政治制度，是指统治阶级在特定的社会中通过特定的政权组织形式来实现其政治统治的法律规范的总和。通俗地说，它要解决的是"谁来掌握政权"和"通过什么形式来掌握政权"的问题。

在我国，国家的基本政治制度的主要内容包括：人民民主专政制度、中国共产党领导的多党合作和政治协商制度、人民代表大会制度。也就是说，在我国，人民掌握国家政权，其主要通过人民代表大会、中国人民政治协商会议等形式行使国家权力。

一、人民民主专政制度

（一）我国的国家性质

1. 我国的国家性质是人民民主专政的社会主义国家。在这里，社会主义国家区别于资本主义国家，人民民主专政的社会主义国家区别于其他无产阶级专政的社会主义国家。我国《宪法》第1条第1款规定，中华人民共和国是工人阶级领导的、以工农联盟为基础的人民民主专政的社会主义国家。

注意：我国的人民民主专政是对人民实行民主与对敌人实行专政的统一，实质上即无产阶级专政，但是，它是无产阶级专政的发展，是马克思主义国家理论同中国实际相结合的新产物，更加直观、准确，更具中国特色。

2. 我国的根本制度是社会主义制度。我国《宪法》第1条第2款规定，社会主义制度是中华人民共和国的根本制度。中国共产党领导是中国特色社会主义最本质的特征。禁止任何组织或者个人破坏社会主义制度。

（二）人民民主专政的主要特色

1. 中国共产党领导的多党合作和政治协商制度

在这一制度下，中国共产党同各民主党派[1]"长期共存、互相监督、肝胆相照、荣辱与共"，形成了"共产党领导、多党派合作，共产党执政，多党派参政"的政治格局。其内涵有三：①中国共产党是执政党，各民主党派是亲密友党、参政党；②合作的政治基础是坚持中国共产党的领导，坚持四项基本原则[2]；③中国共产党的领导是政治领导，即政治原则、政治方向和重大方针政策的领导，各民主党派的参政地位和参政权利受宪法保护。

因此，它在根本上既不同于西方国家的两党制、多党制，也不同于其他社会主义国家的政党制。

2. 爱国统一战线

（1）我国新时期的爱国统一战线是由中国共产党领导的，有各民主党派和各人民团体参加的，包括全体社会主义劳动者、社会主义事业的建设者、拥护社会主义的爱国者、拥护祖国统一和致力于中华民族伟大复兴的爱国者的广泛的政治联盟。

[背景知识] 从20世纪20年代新民主主义革命以来，在中国共产党的领导下，先后建立了民主联合战线、工农民主统一战线、抗日民族统一战线、人民民主统一战线，取得了北伐战争、土地革命、抗日战争、解放战争等一系列胜利。1981年6月，党的十一届六中全会通过了《关于建国以来党的若干历史问题的决议》，将新时期统一战线定名为"爱国统一战线"。

（2）爱国统一战线的主要任务有三：①为把我国建设成为富强民主文明和谐美丽的社会主义现代化强国而努力奋斗；②争取台湾回归祖国，实现祖国和平统一的大业；③为维护世界和平作出新的贡献。

（3）爱国统一战线的组织形式是中国人民政治协商会议，简称"政协"。政协不是国家机关，也不同于一般的人民团体。政协是在我国政治体制中具有重要地位和影响的政治性组织，是在我国政治生活中发展社会主义民主和实现各民主党派之间互相监督的重要形式。[3]

二、人民代表大会制度

人民代表大会制度，是指拥有国家权力的人民根据民主集中制原则，通过民主选举组成全国人民代表大会和地方各级人民代表大会，并以人民代表大会为基础，建立全部国家机构，对人民负责，受人民监督，以实现人民当家作主的政治制度。

◎注意：我国的人大产生了哪些国家机构？

1. "全国人大生七娃：常席府军监法检"：全国人大产生了全国人大常委会、国家主

---

[1] "民主党派"是指以下八个参政党：中国国民党革命委员会、中国民主同盟、中国民主建国会、中国民主促进会、中国农工民主党、中国致公党、九三学社、台湾民主自治同盟。
[2] "坚持四项基本原则"，是指坚持社会主义道路，坚持人民民主专政，坚持中国共产党的领导，坚持马克思列宁主义、毛泽东思想。
[3] 政协同人大的联系极为密切。例如，全国人大召开会议的时候，全国政协委员列席。从历史上看，先有全国政协后有全国人大，二者会期基本相同，政协会议略早于人大会议。从1959年全国政协三届一次会议起，全国政协委员开始列席全国人大会议。"文革"十年，政协工作停顿。1978年全国政协五届一次会议举行时，该届政协委员列席了当年第五届全国人大第一次会议。自此，这一传统做法恢复。政协委员听取政府工作报告或参加对某项问题的讨论；在必要的时候，全国人大常委会和全国政协常委会可以举行联席会议商讨有关事项等。

席、国务院（中央人民政府）、中央军委、国家监察委、最高人民法院、最高人民检察院。

2. "县级以上地方人大生五娃：常府监法检"：县级以上地方各级人大产生了本级人大常委会、本级人民政府、本级监察委、本级人民法院、本级人民检察院。

3. "乡级人大生一娃：乡级政府"：乡、民族乡、镇人大产生了乡、民族乡、镇人民政府。

（一）人民代表大会制度的性质

人民代表大会制度是我国的<u>根本政治制度</u>。人民代表大会是我国的政权组织形式，是我国实现社会主义民主的基本形式。资本主义国家的政权组织形式主要包括君主立宪制、总统制、议会共和制、委员会制和半总统半议会制等。社会主义国家的政权组织形式都是人民代表制。

（二）人民代表大会制度的内容

人民代表大会制度的主要内容有四：

1. "权力来自人民"：主权在民是人民代表大会制度的逻辑起点，人民主权构成了人民代表大会制度的核心原则。例如，《宪法》第2条第1、3款规定，中华人民共和国的一切权力属于人民。人民依照法律规定，通过各种途径和形式，管理国家事务，管理经济和文化事业，管理社会事务。

2. "人大代行权力"：全国人大和地方各级人大是人民掌握和行使国家权力的组织形式。例如，《宪法》第2条第2款规定，人民行使国家权力的机关是全国人民代表大会和地方各级人民代表大会。

3. "人民监督人大"：人大代表由人民选举，受人民监督。选民或者选举单位有权依法罢免自己选出的代表。例如，我国的《全国人大组织法》《地方各级人民代表大会和地方各级人民政府组织法》《选举法》《代表法》从不同侧面规定了人民选举并监督人大代表。

4. "人大监督其他"：各级人大是国家权力机关，其他国家机关都由人大产生，对其负责，受其监督。例如，《宪法》第3条第3款规定，国家行政机关、监察机关、审判机关、检察机关都由人民代表大会产生，对它负责，受它监督。

［记忆口诀］人民代表大会制度的主要内容有四：权力来自人民，人大代行权力，人民监督人大，人大监督其他。

经典真题

1. 我国《宪法》第2条明确规定："人民行使国家权力的机关是全国人民代表大会和地方各级人民代表大会。"关于全国人大和地方各级人大，下列选项正确的是：（2015/1/91-任）[1]

   A. 全国人大代表全国人民统一行使国家权力
   B. 全国人大和地方各级人大是领导与被领导的关系
   C. 全国人大在国家机构体系中居于最高地位，不受任何其他国家机关的监督
   D. 地方各级人大设立常务委员会，由主任、副主任若干人和委员若干人组成

---

[1] AC

2. 根据《宪法》和法律规定，关于人民代表大会制度，下列哪一选项是不正确的？（2011/1/24-单）[1]

A. 人民代表大会制度体现了一切权力属于人民的原则
B. 地方各级人民代表大会是地方各级国家权力机关
C. 全国人民代表大会是最高国家权力机关
D. 地方各级国家权力机关对最高国家权力机关负责，并接受其监督

第2节 基本经济制度

经济制度，是指一国通过宪法和法律调整以生产资料所有制形式为核心的各种基本经济关系的规则、原则和政策的总称。它包括生产资料的所有制形式、各种经济成分的相互关系及其宪法地位、国家发展经济的基本方针、基本原则等内容。通俗地说，经济制度要解决的是"分配资源"的问题，社会最基本的矛盾是资源的有限性与人们需要的无限性之间的矛盾，宪法则是人类解决这一矛盾的根本法律规范。

自德国《魏玛宪法》以来，经济制度便成为现代宪法的重要内容之一。一般来说，资本主义宪法通常只规定对作为私有制基础的私有财产权的保护，而社会主义宪法则较为全面、系统地规定了社会主义经济制度。

一、社会主义市场经济体制

（一）宪法规定

1993年对《宪法》第15条的修正案明确规定"国家实行社会主义市场经济"，1999年在《宪法》序言第七自然段的修正案中写入"发展社会主义市场经济"。

（二）基本内容

我国以公有制（全民所有制和集体所有制）为主体，非公有制（个体经济、私营经济、外资企业）为重要组成部分，多种所有制并存。

1. 公有制

社会主义公有制是我国经济制度的基础。

（1）绝对全民所有：城市的土地；矿藏、水流。

[记忆口诀] 城市的土地上摆满了矿泉水。

（2）既可全民又可集体：①"原则上全民所有，例外时集体所有"。矿藏、水流、森林、山岭、草原、荒地、滩涂等自然资源，都属于国家所有，即全民所有；由法律规定属于集体所有的森林和山岭、草原、荒地、滩涂除外。②"原则上集体所有，例外时全民所有"。农村和城市郊区的土地，除由法律规定属于国家所有的以外，属于集体所有。

（3）绝对集体所有：①宅基地、自留地、自留山；②农村集体经济组织的水塘和由农村集体经济组织修建管理的水库中的水，归各该组织使用。

---

[1] D

2. 非公有制

非公有制经济是社会主义市场经济的重要组成部分。它包括：①劳动者个体经济和私营经济；②外商投资。

二、国家保护社会主义公共财产和公民合法私有财产

（一）公共财产

公共财产的主要组成部分包括国有企业和国有自然资源，重要组成部分包括国家机关、事业单位、部队等全民单位的财产。《宪法》第12条规定："社会主义的公共财产神圣不可侵犯。国家保护社会主义的公共财产。禁止任何组织或者个人用任何手段侵占或者破坏国家的和集体的财产。"第9条第2款规定："国家保障自然资源的合理利用，保护珍贵的动物和植物。禁止任何组织或者个人用任何手段侵占或者破坏自然资源。"

[记忆口诀] 公共财产的主要组成部分是国家"开公司（国有企业）挖矿（自然资源）"。

（二）私有财产

《宪法》第13条规定："公民的合法的私有财产不受侵犯。国家依照法律规定保护公民的私有财产权和继承权。国家为了公共利益的需要，可以依照法律规定对公民的私有财产实行征收或者征用并给予补偿。"2013年《中共中央关于全面深化改革若干重大问题的决定》进一步强调："公有制经济财产权不可侵犯，非公有制经济财产权同样不可侵犯。"

第3节 基本文化制度

文化制度，是指一国通过宪法和法律调整以社会意识形态为核心的各种基本关系的规则、原则和政策的综合。任何一个国家都有自己的社会意识形态，它是政治追求、历史传统、民族特色的统一。通俗地说，文化制度要解决的是"国民教化"的问题。我国《宪法》明确规定，国家倡导社会主义核心价值观，培养"有理想、有道德、有文化、有纪律"的社会主义公民。

一、文化制度在各国宪法中的表现

（一）资产阶级宪法对文化的规定

1919年德国《魏玛宪法》不仅详尽地规定了公民的文化权利，而且还明确地规定了国家的基本文化政策。这部宪法第一次比较全面系统地规定了文化制度，为许多资本主义国家宪法所效仿。

（二）社会主义宪法对文化的规定

早期社会主义宪法一般都宣布社会主义文化是大众文化，并重视对公民受教育权和国家教育制度的规定。

二、我国宪法关于基本文化制度的规定

（一）教育事业

国家发展教育事业。例如，《宪法》第19条规定，国家发展社会主义的教育事业，提高全国人民的科学文化水平。国家举办各种学校，普及初等义务教育，发展中等教育、职业教育和高等教育，并且发展学前教育。国家发展各种教育设施，扫除文盲，对工人、农民、国家工作人员和其他劳动者进行政治、文化、科学、技术、业务的教育，鼓励自学成才。国家鼓励集体经济组织、国家企业事业组织和其他社会力量依照法律规定举办各种教育事业。国家推广全国通用的普通话。据此，国家先后颁布了《教育法》《义务教育法》《高等教育法》《教师法》等。

（二）科学事业

国家发展科学事业。例如，《宪法》第20条规定，国家发展自然科学和社会科学事业，普及科学和技术知识，奖励科学研究成果和技术发明创造。据此，国家先后颁布了《专利法》《著作权法》《科学技术进步法》等。

（三）文化事业

国家发展文学艺术及其他文化事业。例如，《宪法》第21条第2款、第22条分别规定，国家发展体育事业，开展群众性的体育活动，增强人民体质。国家发展为人民服务、为社会主义服务的文学艺术事业、新闻广播电视事业、出版发行事业、图书馆博物馆文化馆和其他文化事业，开展群众性的文化活动。国家保护名胜古迹、珍贵文物和其他重要历史文化遗产。

（四）道德教育

国家倡导社会主义核心价值观，开展公民道德教育。例如，《宪法》第24条规定，国家通过普及理想教育、道德教育、文化教育、纪律和法制教育，通过在城乡不同范围的群众中制定和执行各种守则、公约，加强社会主义精神文明的建设。国家倡导社会主义核心价值观，提倡爱祖国、爱人民、爱劳动、爱科学、爱社会主义的公德，在人民中进行爱国主义、集体主义和国际主义、共产主义的教育，进行辩证唯物主义和历史唯物主义的教育，反对资本主义的、封建主义的和其他的腐朽思想。这一规定反映了我国人民为实现社会主义现代化，建设富强民主文明和谐美丽的社会主义现代化强国宏伟目标而奋斗的共同思想道德要求。

[记忆口诀] 我国基本文化制度的内容是"文科道教"：文化事业、科学事业、道德教育、教育事业。

第4节 基本社会制度

社会制度，是指一国通过宪法和法律调整以基本社会生活保障及社会秩序维护为核心的各种基本关系的规则、原则和政策的综合。通俗地说，社会制度要解决的是保障"人的

尊严"的问题，如何保障社会成员基本的生活权利，营造公平、安全、有序的生活环境，这是贯穿社会制度的一条红线。

一、宪法与社会的关系

近代资本主义宪法诞生之初，极少规定社会制度的内容。20世纪30年代世界资本主义经济危机以来，为缓和社会矛盾，资本主义国家开始吸收社会主义国家社会正义的某些原理原则，建设基本社会制度。

社会主义宪法自产生之日起就确立了重视社会建设、重视民生的基本理念。我国对此的认识不断深化，社会制度经历了一个从国家政策上升到宪法规定的发展过程。

二、我国宪法关于基本社会制度的规定

（一）社会保障制度

社会保障制度是基本社会制度的核心内容。

1. 基本原则：同经济发展水平相适应。例如，《宪法》第14条第4款规定："国家建立健全同经济发展水平相适应的社会保障制度。"

2. 对弱势群体和特殊群体予以保护。例如，《宪法》第45条规定："中华人民共和国公民在年老、疾病或者丧失劳动能力的情况下，有从国家和社会获得物质帮助的权利。国家发展为公民享受这些权利所需要的社会保险、社会救济和医疗卫生事业。国家和社会保障残废军人的生活，抚恤烈士家属，优待军人家属。国家和社会帮助安排盲、聋、哑和其他有残疾的公民的劳动、生活和教育。"第48条规定："中华人民共和国妇女在政治的、经济的、文化的、社会的和家庭的生活等各方面享有同男子平等的权利。国家保护妇女的权利和利益，实行男女同工同酬，培养和选拔妇女干部。"第49条第1款规定："婚姻、家庭、母亲和儿童受国家的保护。"

（二）劳动保障制度

劳动保障制度的目的在于鼓励、保障和促进公民参与社会劳动。例如，《宪法》第42条第2~4款规定："国家通过各种途径，创造劳动就业条件，加强劳动保护，改善劳动条件，并在发展生产的基础上，提高劳动报酬和福利待遇。……国家提倡社会主义劳动竞赛，奖励劳动模范和先进工作者。国家提倡公民从事义务劳动。国家对就业前的公民进行必要的劳动就业训练。"

（三）医疗卫生事业

我国宪法明确规定了医疗卫生制度。例如，《宪法》第21条第1款规定："国家发展医疗卫生事业，发展现代医药和我国传统医药，鼓励和支持农村集体经济组织、国家企业事业组织和街道组织举办各种医疗卫生设施，开展群众性的卫生活动，保护人民健康。"

（四）婚姻家庭制度

我国宪法明确规定了婚姻家庭制度，明确了家庭成员的相互义务。例如，《宪法》第49条规定："婚姻、家庭、母亲和儿童受国家的保护。……禁止破坏婚姻自由，禁止虐待老人、妇女和儿童。"为此，国家制定了《妇女权益保障法》《未成年人保护法》《老年人

权益保障法》《反家庭暴力法》《母婴保健法》等法律。

（五）计划生育制度

我国通过计划生育制度引导公民的生育观。例如，《宪法》第 25 条规定："国家推行计划生育，使人口的增长同经济和社会发展计划相适应。"又如，2021 年 8 月，全国人大常委会修改了《人口与计划生育法》，取消了超生处罚，规定了"三孩"政策，完善了对积极生育的支持政策。

（六）人才培养制度

我国宪法通过人才培养制度保持社会活力和创新力。例如，《宪法》第 23 条规定："国家培养为社会主义服务的各种专业人才，扩大知识分子的队伍，创造条件，充分发挥他们在社会主义现代化建设中的作用。"

（七）维护社会秩序

我国的社会秩序及安全维护制度包括国家安全、国防建设等内容。例如，《宪法》第 28 条规定："国家维护社会秩序，镇压叛国和其他危害国家安全的犯罪活动，制裁危害社会治安、破坏社会主义经济和其他犯罪的活动，惩办和改造犯罪分子。"第 29 条规定："中华人民共和国的武装力量属于人民。它的任务是巩固国防，抵抗侵略，保卫祖国，保卫人民的和平劳动，参加国家建设事业，努力为人民服务。国家加强武装力量的革命化、现代化、正规化的建设，增强国防力量。"

[记忆口诀]

1. 我国基本社会制度的内容就是普通人的一生：挣钱（社会保障、劳动保障）、结婚（婚姻家庭）、生娃（计划生育）、养娃（人才培养）、看病（医疗卫生）、一生平安（维护社会秩序）。

2. 我国基本社会制度的内容有七"保护人家生劳病"：社会保障（保）、维护社会秩序（护）、人才培养（人）、婚姻家庭（家）、计划生育（生）、劳动保障（劳）、医疗卫生（病）。

第 5 节 国家结构形式

国家结构形式，是指特定国家的统治阶级根据一定原则采取的调整国家整体与部分、中央与地方相互关系的形式。通俗地说，国家结构形式要解决的是"央地关系"的问题。在中国历史上，诸侯、藩镇、督抚等现象的根本所在，就是"央地关系"的问题。

一个现代国家究竟采取单一制还是联邦制，必须充分考虑历史因素和民族因素。由此可见，我国实行单一制的必然性和正确性。

一、我国的国家结构形式：单一制

（一）具体表现

《宪法》序言规定："中华人民共和国是全国各族人民共同缔造的统一的多民族国家。"这表明我国采取了单一制的国家结构形式。其具体表现有四：

1. "一宪"：我国只有一部国家层面的宪法，只有一套法律体系。[对照] 美国联邦有联邦宪法，各州有本州宪法，故美国有52部宪法，包括1部联邦宪法、50部州宪法、1部哥伦比亚特区宪法。

2."一体系"：我国只有一套中央国家机关体系，它包括最高国家权力机关、最高国家行政机关、最高国家监察机关和最高国家司法机关。［对照］美国在联邦层面上，中央国家机关"三权分立"，彼此分权。

3."一籍"：中华人民共和国是一个统一的国际法主体，公民具有统一的中华人民共和国国籍，我国不允许多重国籍。［对照］美国在联邦层面上，对双重国籍予以间接承认。

4."央统地"：我国各种地方行政区域都是中央人民政府领导下的地方行政区域，不得脱离中央而独立；台湾是中华人民共和国不可分割的一部分。为遏制"台独"和把台湾分裂出去，全国人大通过了《反分裂国家法》。［对照］美国宪法明确列举了联邦政府权力，而州政府享有除联邦政府权力范围之外的一切权力。

［记忆口诀］我国单一制的表现：一宪一体系，一籍央统地。

（二）主要特点

1. 我国通过建立民族区域自治制度解决单一制下的民族问题。
2. 我国通过建立特别行政区制度解决单一制下的历史遗留问题。

二、我国的行政区域划分

（一）我国行政区划的概念

1. 行政区域划分是一种有目的的国家活动，是国家主权的体现，属于国家内政，必须有宪法和法律以及有关法规的授权，其他任何机关无权进行行政区域划分。

2. 我国的行政区域划分为：全国分为省、自治区、直辖市，国家在必要时设立的特别行政区。省、自治区分为自治州、县、自治县、市；直辖市和较大的市分为区、县。自治州分为县、自治县、市；县、自治县分为乡、民族乡、镇。

注意：我国行政区域划分的类型有三：①普通行政区划；②民族自治地方区划；③特别行政区划。

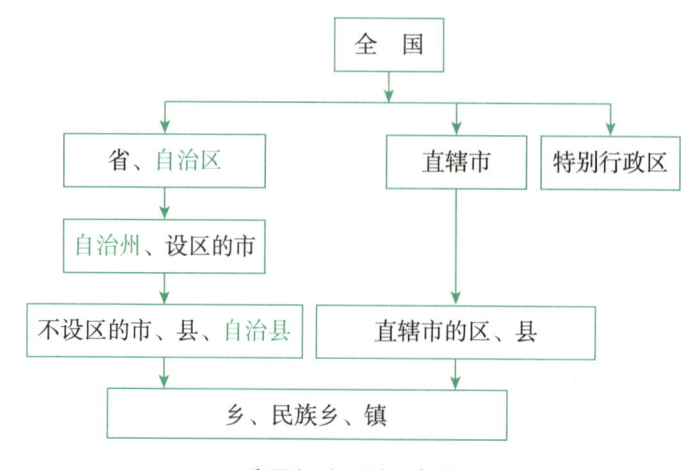

我国行政区划示意图

（二）行政区域变更的法律程序

我国行政区划争议处理的主管部门是民政部和县级以上地方各级人民政府的民政部门。

全国人大 建省设特	全国人大批准省、自治区和直辖市的建置（设立、撤销、更名），特别行政区的设立（没有撤销）。
乡镇全找 省级政府	省级政府根据国务院的授权审批县、市、市辖区的部分行政区域界线的变更。
	省级政府决定乡、民族乡、镇的建置和行政区域界线的变更。
改动县以上， 要找国务院	国务院批准省、自治区、直辖市行政区域界线的变更，县、市行政区域界线的重大变更。
	国务院批准自治州、县、自治县、市的建置和行政区域划分。

经典真题

根据《宪法》和法律法规的规定，关于我国行政区划变更的法律程序，下列哪一选项是正确的？（2015/1/23-单）[1]

A. 甲县欲更名，须报该县所属的省级政府审批
B. 乙省行政区域界线的变更，应由全国人大审议决定
C. 丙镇与邻近的一个镇合并，须报两镇所属的县级政府审批
D. 丁市部分行政区域界线的变更，由国务院授权丁市所属的省级政府审批

国家标志　第6节

一、国家标志的内涵

国家标志又称国家象征，一般是指由宪法和法律规定的，代表国家的主权、独立和尊严的象征和标志，主要包括国旗、国歌、国徽和首都。

二、我国的国家标志

我国《宪法》第四章"国旗、国歌、国徽、首都"对国家标志作出了明确规定，《国旗法》《国歌法》《国徽法》等作出了具体规定。

（一）国旗

1. 我国国旗是五星红旗。
2. 升挂国旗的具体规定如下：

（1）应当每日升挂国旗的场所或者机构所在地：①北京天安门广场、新华门。②中共中央委员会，全国人大常委会，国务院，中央军委，中纪委，国家监察委，最高人民法院，最高人民检察院；中国人民政治协商会议全国委员会。③外交部。④出境入境的机场、港口、火车站和其他边境口岸，边防海防哨所。

---

[1] D

（2）应当在工作日升挂国旗的机构所在地：①中共中央各部门和地方各级委员会；②国务院各部门；③地方各级人大常委会；④地方各级人民政府；⑤地方各级纪委、地方各级监察委；⑥地方各级人民法院和专门人民法院；⑦地方各级人民检察院和专门人民检察院；⑧中国人民政治协商会议地方各级委员会；⑨各民主党派、各人民团体；⑩国务院驻香港特别行政区有关机构、国务院驻澳门特别行政区有关机构。

（3）学校除寒假、暑假和休息日外，应当每日升挂国旗。有条件的幼儿园参照学校的规定升挂国旗。

（4）图书馆、博物馆、文化馆、美术馆、科技馆、纪念馆、展览馆、体育馆、青少年宫等公共文化体育设施应当在开放日升挂、悬挂国旗。

（5）国庆节、国际劳动节、元旦、春节和国家宪法日等重要节日、纪念日，各级国家机关、各人民团体以及大型广场、公园等公共活动场所应当升挂国旗；企业事业组织，村民委员会、居民委员会，居民院（楼、小区）有条件的应当升挂国旗。民族自治地方在民族自治地方成立纪念日和主要传统民族节日应当升挂国旗。

［记忆口诀］

(1) 升挂国旗只有"应当"，没有"可以"，"可以升挂"的说法一律错误；

(2) 升挂国旗的不仅包括国家机关，而且包括党的机构。

3. 网络使用的国旗图案标准版本在中国人大网和中国政府网上发布。

（二）国歌

1. 我国国歌是《义勇军进行曲》。

2. 在下列场合，应当奏唱国歌：①全国人大会议和地方各级人大会议的开幕、闭幕；中国人民政治协商会议全国委员会会议和地方各级委员会会议的开幕、闭幕。②各政党、各人民团体的各级代表大会等。③宪法宣誓仪式。④升国旗仪式。⑤各级机关举行或者组织的重大庆典、表彰、纪念仪式等。⑥国家公祭仪式。⑦重大外交活动。⑧重大体育赛事。⑨其他应当奏唱国歌的场合。

［记忆口诀］人大、政协，会议开闭；政党、团体，代表大会；宣誓升旗，庆、表、纪；国家公祭，重大外、体。

3. 国家倡导公民和组织在适宜的场合奏唱国歌，表达爱国情感。奏唱国歌，应当按照《国歌法》附件所载国歌的歌词和曲谱，不得采取有损国歌尊严的奏唱形式。奏唱国歌时，在场人员应当肃立，举止庄重，不得有不尊重国歌的行为。

4. 国歌不得用于或者变相用于商标、商业广告，不得在私人丧事活动等不适宜的场合使用，不得作为公共场所的背景音乐等。

（三）国徽

1. 我国国徽，中间是五星照耀下的天安门，周围是谷穗和齿轮。

2. 应当悬挂国徽的机构包括：①各级人大常委会；②各级人民政府；③中央军委；④各级监察委；⑤各级人民法院和专门人民法院；⑥各级人民检察院和专门人民检察院；⑦外交部；⑧国家驻外使馆、领馆和其他外交代表机构；⑨国务院驻香港特别行政区有关机构、国务院驻澳门特别行政区有关机构。

国徽应当悬挂在机关正门上方正中处。

3. 应当悬挂国徽的场所包括：①北京天安门城楼、人民大会堂；②县级以上各级人大及其常委会会议厅，乡级人大会场；③各级人民法院和专门人民法院的审判庭；④宪法宣誓场所；⑤出境入境口岸的适当场所。

[记忆口诀] 悬挂国徽的，包括国家机关、会场、口岸，不包括党的机构。

4. 国徽及其图案不得用于：①商标、授予专利权的外观设计、商业广告；②日常用品、日常生活的陈设布置；③私人庆吊活动；④国务院办公厅规定不得使用国徽及其图案的其他场合。

（四）首都

我国首都是北京。

第7节 人大代表选举制度

一、我国选举制度的基本原则

（一）选举权的普遍性原则

1. 在我国，只要满足以下条件，均享有选举权和被选举权：
（1）具有中国国籍，是中华人民共和国公民；
（2）年满18周岁；
（3）依法享有政治权利。
2. 精神病患者不能行使选举权利的，经选举委员会确认，不列入选民名单。
3. 根据1983年全国人大常委会《关于县级以下人民代表大会代表直接选举的若干规定》第5条第1款的规定，被判处有期徒刑、拘役、管制而没有附加剥夺政治权利的；被羁押，正在受侦查、起诉、审判，人民检察院或者人民法院没有决定停止行使选举权利的；正在取保候审或者被监视居住的；正在受拘留处罚的人员，享有选举权和被选举权。

中国国籍，年满18；
既没发疯，也没被抓。
如果被抓，判前看检法，
判后看附加。

（二）选举权的平等性原则

选举权的平等性，是指每个选民在每次选举中只能在一个选区享有一个投票权，既不允许搞特权，也不允许非法限制或者歧视任何选民行使选举权。其主要表现如下：①除法律规定当选人应具有的条件外，选民平等地享有选举权和被选举权，在一次选举中选民平等地拥有相同的投票权；②每一代表所代表的选民人数相同，一切代表在代表机关具有平等的法律地位；③对在选举中处于弱者地位的选民给予特殊的保护性规定，也是选举权的

平等性的表现。

我国选举权的平等性原则既重视机会平等，又重视实质平等。例如，我国现行《选举法》制定于1979年，经过数次对城乡代表名额分配比例的修改，于2010年修正后实现了"每一代表所代表的城乡人口数相同"，消除了城乡差别。

（三）直接选举和间接选举并用原则

直接选举	不设区的市、市辖区、县、自治县、乡、民族乡、镇的人民代表大会的代表，由选民直接选举。
间接选举	全国人民代表大会的代表，省、自治区、直辖市、设区的市、自治州的人民代表大会的代表，由下一级人民代表大会选举。

（四）秘密投票原则

秘密投票又称无记名投票，是指选民不署自己姓名、亲自书写选票并投入密封票箱的一种投票方法。它与记名投票或公开投票（起立、欢呼、唱名、举手）相对。

我国《选举法》第40条规定，全国和地方各级人民代表大会代表的选举，一律采用无记名投票的方法。选举时应当设有秘密写票处。选民如果是文盲或者因残疾不能写选票的，可以委托他信任的人代写。

二、选举的主持机构

（一）直接选举的主持机构

1. 直接选举由选举委员会主持。选举委员会由县级人大常委会任命、领导，受省级、市级人大常委会指导。例如，某乡人大代表的选举由该乡选举委员会主持，该乡选举委员会由县人大常委会任命。

2. 选举委员会的组成人员为代表候选人的，应当辞去选举委员会的职务。

3. 选举委员会的职责：①划分选区及分配代表名额。②进行选民登记，审查选民资格，公布选民名单；受理对于选民名单不同意见的申诉，并作出决定。③确定选举日期。④了解核实并组织介绍代表候选人的情况；根据较多数选民的意见，确定和公布正式代表候选人名单。⑤主持投票选举。⑥确定选举结果是否有效，公布当选代表名单。⑦法律规定的其他职责。

（二）间接选举的主持机构

1. 间接选举由本级人大常委会主持。例如，全国人大常委会主持全国人大代表的选举，四川省人大常委会主持四川省人大代表的选举，成都市人大常委会主持成都市人大代表的选举。

2. 特别行政区全国人大代表的选举由全国人大常委会主持。

（1）特别行政区全国人大代表的选举，首先是在特别行政区成立全国人大代表选举会议，其会议名单由全国人大常委会公布。全国人大常委会主持选举会议的第一次会议。会议选举会议成员组成主席团主持选举，代表候选人由选举会议成员10人以上提名。联名提名不得超过应选人数，且进行差额选举。

（2）参选人应当声明拥护《中华人民共和国宪法》和所在特别行政区基本法，拥护"一国两制"方针政策，效忠所在特别行政区；未直接或间接接受外国机构、组织、个人提供的与选举有关的任何形式的资助。

三、代表名额的分配

全国人大	不超过3000人。中国人民解放军和中国人民武装警察部队应选第十四届全国人大代表278名。	全国人大代表名额的具体分配、人民解放军应选全国人大代表的名额，由全国人大常委会决定。
省、自治区、直辖市人大	350（基数）~1000人。	（1）地方各级人大代表名额的分配办法，由省、自治区、直辖市人大常委会参照全国人大代表名额分配的办法，结合本地区的具体情况确定； （2）地方各级人大代表名额依法确定后，除因行政区划变动或重大工程建设等原因造成人口较大变动之外，不再变动； （3）各地驻军应选县级以上地方各级人大代表的名额，由驻地各该级人大常委会决定。
设区的市、自治州人大	240（基数）~650人。
不设区的市、市辖区、县、自治县人大	140（基数）~450人；人口不足5万的，可以少于140人。
乡、民族乡、镇人大	45（基数）~160人；人口不足2000的，可以少于45人。
港、澳、台	十四届全国人大代表的应选名额中，香港特别行政区为36人，澳门特别行政区为12人，台湾省为13人。	（1）香港、澳门特别行政区应选全国人大代表的名额和代表产生办法，由全国人大决定； （2）台湾省应选全国人大代表名额的分配由全国人大决定，代表产生办法由全国人大常委会决定，代表人选由在各省、自治区、直辖市以及中国人民解放军和武警部队的台湾省籍同胞中选出。

四、选举程序

1. 选区划分和选民登记	直接选举	①仅直接选举有选区划分。②选民登记时，"一次登记、长期有效"。③精神病患者不能行使选举权利的，须经选举委员会确认，不列入选民名单。④选民名单在选举日前20日公布。⑤对选民名单有不同意见的，在名单公布之日起5日内向选举委员会提出异议，选举委员会在3日内作出处理决定。申诉人如不服处理，可在选举日前5日起诉，法院在选举日前作出判决，判决为最后决定。
	间接选举	间接选举称选举单位，没有选区划分、选民登记。
2. 推荐候选人		①各政党、各人民团体，可以联合或者单独推荐代表候选人；选民或者代表，10人以上联名，也可以推荐代表候选人。②所荐人数不得超过应选代表名额。③选举上一级人大代表时，候选人不限于本级人大代表。

续表

3. 公布候选人名单	直接选举	选举日前15日公布→如超过最高差额比例则预选→正式候选人名单在选举日前7日公布。
	间接选举	提名、酝酿候选人的时间不少于2天→如超过最高差额比例则预选。
4. 投票和当选	直接选举	"双过半"当选：选区全体选民的过半数参加投票，选举有效，不足半数则改期；候选人获得过半数的选票即可当选。
		选民委托投票的条件有五：只能委托其他选民，选举委员会同意，书面委托，不超3人，按委托人意愿投票。
	间接选举	"全过半"当选：获得全体代表过半数的选票即可当选。
5. 代表资格审查		代表资格审查委员会审查当选（包括补选）代表是否符合宪法、法律规定的代表的基本条件，选举是否符合法律规定的程序，以及是否存在破坏选举和其他当选无效的违法行为→审查结果向本级人大常委会或者乡、民族乡、镇的人大主席团报告→县级以上人大常委会或者乡级人大主席团确认代表的资格（选上且当上）或者确定代表的当选无效（选上没当上），在每届人大第一次会议前公布代表名单。

经典真题

根据《选举法》的规定，关于选举机构，下列哪一选项是不正确的？（2011/1/25-单）[1]
A. 特别行政区全国人大代表的选举由全国人大常委会主持
B. 省、自治区、直辖市、设区的市、自治州的人大常委会领导本行政区域内县级以下人大代表的选举工作
C. 乡、民族乡、镇的选举委员会受不设区的市、市辖区、县、自治县人大常委会的领导
D. 选举委员会对依法提出的有关选民名单的申诉意见，应在3日内作出处理决定

五、代表的罢免、辞职和补选

（一）罢免

直接选举	（1）乡级原选区30名以上、县级原选区50名以上选民联名向县级人大常委会提出罢免要求，原选区选民过半数通过罢免； （2）罢免结果公告即可。
间接选举	（1）由选举他的人大主席团或者1/10以上代表联名提出罢免案，或由选举他的人大常委会主任会议或者常委会1/5以上成员联名提出罢免案，选举他的人大或人大常委会成员过半数通过罢免； （2）罢免结果公告且报备上一级人大常委会。

[记忆口诀] 罢免人大代表：谁产生我，谁罢免我。

---

[1] B

（二）辞职

直接选举	（1）乡级人大代表向其所在的乡级人大提出辞职，县级人大代表向其所在的县级人大常委会提出辞职；接受辞职的单位的成员过半数通过辞职。 （2）辞职结果公告即可。
间接选举	（1）向选举他的人大常委会提出辞职；接受辞职的单位的成员过半数通过辞职。 （2）辞职结果公告且报备上一级人大常委会。

[记忆口诀] 人大代表的辞职：直选向本单位辞职，间选向来源地辞职。

（三）补选

一般程序	人大代表在任期内因故出缺，由原选区或原选举单位补选；补选可以差额选举，也可以等额选举。
特殊情形	县级以上地方各级人大闭会期间，可由本级人大常委会补选上一级人大代表。

经典真题

根据《宪法》和法律的规定，关于选举程序，下列哪些选项是正确的？（2013/1/60-多）[1]

A. 乡级人大接受代表辞职，须经本级人民代表大会过半数的代表通过
B. 经原选区选民 30 人以上联名，可以向县级的人民代表大会常务委员会书面提出罢免乡级人大代表的要求
C. 罢免县级人民代表大会代表，须经原选区 2/3 以上的选民通过
D. 补选出缺的代表时，代表候选人的名额必须多于应选代表的名额

六、选举的物质保障和法律保障

物质保障	各级人大的选举经费列入财政预算，由国库开支。		
法律保障	公民不得同时担任 2 个以上无隶属关系的行政区域的人大代表。		
	公民不得直接或间接接受境外机构、组织、个人提供的与选举有关的任何形式的资助。违反前述规定的，不列入代表候选人名单；已经列入代表候选人名单的，从名单中除名；已经当选的，其当选无效。		
	以下列违法行为当选人大代表的，其当选无效：①以金钱或者其他财物贿赂选民或者代表，妨害选民和代表自由行使选举权和被选举权的；②以暴力、威胁、欺骗或者其他非法手段妨害选民和代表自由行使选举权和被选举权的；③伪造选举文件、虚报选举票数或者有其他违法行为的；④对于控告、检举选举中违法行为的人，或者对于提出要求罢免代表的人进行压制、报复的。		左列行为违反治安管理规定的，依法给予治安管理处罚；构成犯罪的，依法追究刑事责任。国家工作人员有以上行为的，还应当由监察机关给予政务处分或者由所在机关、单位给予处分。

---

[1] AB

经典真题

1. 甲市乙县人民代表大会在选举本县的市人大代表时，乙县多名人大代表接受甲市人大代表候选人的贿赂。对此，下列哪些说法是正确的？（2015/1/63-多）[1]
   A. 乙县选民有权罢免受贿的该县人大代表
   B. 乙县受贿的人大代表应向其所在选区的选民提出辞职
   C. 甲市人大代表候选人行贿行为属于破坏选举的行为，应承担法律责任
   D. 在选举过程中，如乙县人大主席团发现有贿选行为应及时依法调查处理

2. 根据《选举法》的规定，关于选举制度，下列哪些选项是正确的？（2014/1/62-多）[2]
   A. 全国人大和地方人大的选举经费，列入财政预算，由中央财政统一开支
   B. 全国人大常委会主持香港特别行政区全国人大代表选举会议第一次会议，选举主席团，之后由主席团主持选举
   C. 县级以上地方各级人民代表大会举行会议的时候，1/3以上代表联名，可以提出对由该级人民代表大会选出的上一级人大代表的罢免案
   D. 选民或者代表10人以上联名，可以推荐代表候选人

第8节 民族区域自治制度

一、民族区域自治制度的概念

民族区域自治制度，是指在国家的统一领导下，以少数民族聚居区为基础，建立相应的自治地方，设立自治机关，行使自治权，使实行区域自治的民族的人民自主地管理本民族地方性事务的制度。

（一）民族区域自治的性质

我国的民族区域自治是在单一制下的自治，民族区域自治只能是民族自治与区域自治的结合。

（二）民族自治地方的自治机关

1. 民族自治地方包括自治区、自治州、自治县。民族乡不是民族自治地方。
2. 民族自治地方的自治机关是自治区、自治州、自治县的人大和人民政府。民族自治地方的人大常委会、监察委、法院、检察院等只是民族自治地方的国家机关而非自治机关。
3. 自治区主席、自治州州长、自治县县长由实行区域自治的民族的公民担任。民族自治地方的人大常委会中应当有实行区域自治的民族的公民担任主任或者副主任。监察委主任、法院院长、检察院检察长没有民族限制。民族乡的乡长由建立民族乡的少数民族公民担任。

---

[1] ACD
[2] BD

二、民族自治地方的自治权

自治立法	自治区、自治州、自治县的人大有权制定民族自治法规（自治条例和单行条例）。
变通停止	上级国家机关的决议、决定、命令和指示，如有不适合民族自治地方实际情况的，自治机关可以报经该上级国家机关批准，变通执行或者停止执行；该上级国家机关应当在收到报告之日起60日内给予答复。
财政优惠	民族自治地方的财政是一级财政，是国家财政的组成部分。民族自治地方的自治机关有管理地方财政的自治权。凡是依照国家财政体制属于民族自治地方的财政收入，都应当由民族自治地方的自治机关自主地安排使用。 民族自治地方通过财政转移支付制度，享受上级财政的照顾。民族自治地方的财政预算支出，按照国家规定，设机动资金，预备费在预算中所占比例高于一般地区。民族自治地方的自治机关在执行财政预算过程中，自行安排使用收入的超收和支出的节余资金。 自治州、自治县决定减税或者免税，须报省、自治区、直辖市人民政府批准。
外贸边贸	民族自治地方经国务院批准，可以开辟对外贸易口岸，开展边境贸易。
文化社会	自主地管理教育、科学、文化、卫生、体育事业。自治区、自治州的自治机关依照国家规定，可以和国外进行教育、科学技术、文化艺术、卫生、体育等方面的交流。
公安部队	经国务院批准，民族自治地方的自治机关可以组织本地方维护社会治安的公安部队。
语言文字	民族自治地方的自治机关在执行职务的时候，使用当地通用的一种或者几种语言文字；必要时，可以以实行区域自治的民族的语言文字为主。

经典真题

根据《宪法》和法律的规定，关于民族自治地方自治权，下列哪一表述是正确的？（2015/1/24-单）[1]

A. 自治权由民族自治地方的权力机关、行政机关、审判机关和检察机关行使
B. 自治州人民政府可以制定政府规章对国务院部门规章的规定进行变通
C. 自治条例可以依照当地民族的特点对宪法、法律和行政法规的规定进行变通
D. 自治县制定的单行条例须报省级人大常委会批准后生效，并报全国人大常委会备案

特别行政区制度   第9节

一、特别行政区的概念和特点

（一）特别行政区的概念

特别行政区，是指在我国版图内，根据宪法和基本法的规定而设立的，具有特殊的法

---

[1] D

律地位，实行特别的政治、经济制度的行政区域。

根据我国《宪法》第31条的规定，国家在必要时得设立特别行政区。在特别行政区内实行的制度按照具体情况由全国人大以法律规定。

（二）特别行政区的特点

高度自治	（1）行政管理权。依法自行处理特别行政区内的行政事务。 （2）立法权。立法会在特别行政区自治范围内依法定程序制定、修改和废除法律。 （3）独立的司法权和终审权。除原有法律制度和原则对审判权的限制继续保持外，特别行政区法院有所有案件的审判权；终审法院行使特别行政区终审权；特别行政区法院独立进行审判，不受任何干涉。 （4）对外权限。根据国务院授权依法自行处理有关的对外事务。特别行政区可以"中国香港""中国澳门"的名义参加不以国家为单位参加的国际组织和国际会议；可在非政治领域以"中国香港""中国澳门"的名义，单独地同世界各国、各地区及有关国际组织保持和发展关系，签订和履行有关协议。
一国两制	特别行政区保持原有的资本主义制度和生活方式50年不变。这一规定充分体现了"一国两制"的基本方针。
	特别行政区的行政机关和立法机关由该地区永久性居民依法组成。"永久性居民"，是指在特别行政区享有居留权和有资格依照特别行政区法律取得载明其居留权和永久性居民身份证的居民。
	特别行政区原有的法律基本不变。除属于殖民统治性质或带有殖民色彩，以及同基本法相抵触或经特别行政区立法机关作出修改者外，原有法律予以保留。

📖 **经典真题**

依据我国特别行政区基本法，下列哪些选项的表述是正确的？（2003/1/41-多）[1]

A. 特别行政区的立法不需要报全国人大常委会批准
B. 不服特别行政区法院的判决，可以上诉至我国最高人民法院
C. 特别行政区可以自主决定外交、经济、财政等事项
D. 中央人民政府可授权特别行政区依照基本法自行处理有关对外事务

二、中央与特别行政区的关系

特别行政区是我国享有高度自治权的地方行政区域，直辖于中央人民政府。

全国人大	（1）决定特别行政区设立（没有撤销）及其制度； （2）制定、修改特别行政区基本法。
全国人大常委会	（1）增减特别行政区基本法附件三的全国性法律。 （2）解释基本法。全国人大常委会授权特别行政区法院对特别行政区基本法中自治范围

---

[1] AD

全国人大常委会	内的条款自行解释；案件审理中，法院对特别行政区基本法关于中央人民政府管理的事务或中央和特别行政区关系的条款进行解释，而该条款的解释又影响到案件的判决的，则由终审法院提请全国人大常委会予以解释。 （3）决定特别行政区进入紧急状态。 （4）监督立法会法律。
国务院	（1）负责管理特别行政区相关的外交事务、防务； （2）任免特别行政区政府行政长官、主要官员、澳门特别行政区检察长； （3）特殊情况下发布命令在特别行政区实施全国性法律。

三、特别行政区的政治体制

（一）特别行政区公职人员就职宣誓

基本程序	宣誓系公职人员就职的法定条件和必经程序。未进行合法有效宣誓或者拒绝宣誓，不得就任相应公职，不得行使相应职权和享受相应待遇。 宣誓须在法定监誓人面前进行。监誓人对不符合法律规定的宣誓，应确定为无效宣誓，并不得重新安排宣誓。	
香 港	行政长官、主要官员、行政会议成员、立法会议员、各级法院法官和其他司法人员。	拥护所在特别行政区基本法，效忠所在特别行政区。
澳 门	行政长官、主要官员、行政会委员、立法会议员、法官和检察官。	
	行政长官、主要官员、立法会主席、终审法院院长、检察长还须效忠中华人民共和国。	

（二）特别行政区行政长官

性 质	行政长官既对国务院负责，又对特别行政区负责，还对立法会负责，是基本法实施的枢纽。
条 件	共同条件：年满40周岁；连续居住满20年；特别行政区永久性居民中的中国公民。
	不同条件：香港特首→在外国无居留权；澳门特首→任期内不得具有外国居留权。
任 职	经选举或协商产生，由中央人民政府任命，任期5年，可连任1次。
香港特首和立法会议员的选举程序	（1）选举机构。香港特首候选人和立法会部分议员由香港特别行政区选举委员会负责提名、选举。 （2）机构组成。香港特别行政区选举委员会由五大界别共1500人组成。五大界别包括：①工商、金融界；②专业界；③基层、劳工和宗教等界；④立法会议员、地区组织代表等界；⑤香港特别行政区全国人大代表、香港特别行政区全国政协委员和有关全国性团体香港成员的代表界。 （3）选举香港特首时，由选举委员会中不少于188人联合提名，提名人须"五界齐全"且每个界别不少于15人。 [记忆口诀] 选举香港特首时"要发发（188）就舞（五界齐全）一舞（每界不少于15人）"。

续表

香港特首和立法会议员的选举程序	（4）香港特别行政区立法会议员共90人，产生方式有三：选举委员会选举、功能团体选举、分区直接选举。 （5）资格审查。资格审查委员会依据特别行政区维护国家安全委员会的审查意见书，审查并确认选举委员会候选人、特首候选人、立法会议员候选人，审查决定不受司法诉讼。 ［记忆口诀］投票的（选举委员会候选人）和被投票的（特首候选人+立法会议员候选人）都要过政审，确保自己人产生自己人。

（三）特别行政区行政机关

组成人员	香港特别行政区政府设司、局、处、署，澳门特别行政区政府设司、局、厅、处，其主要官员均由行政长官提名并报请国务院任免。 ［记忆口诀］特别行政区行政机关人员任免：司局处署厅，特首来提名，国务院任免。
主要职权	①制定并执行政策；②管理各项行政事务；③办理基本法规定的中央人民政府授权的对外事务；④编制并提出财政预算、决算；⑤拟定并提出法案、议案、附属法规；⑥委派官员列席立法会会议听取意见或者代表政府发言；⑦依法管理境内属于国家所有的土地和自然资源；⑧负责维持社会治安；⑨自行制定货币金融政策并依法管理金融市场；⑩经中央人民政府授权管理民用航空运输；⑪经中央人民政府授权在境内签发特别行政区护照和其他旅行证件；⑫对出入境实行管制。

（四）立法机关：立法会

立法权	依法制定、修改和废除法律。立法会制定的法律须由行政长官签署、公布，方有法律效力，并须报全国人大常委会备案，备案不影响该法律的生效。如果全国人大常委会不认可该法律，在征询基本法委员会的意见后，可将法律发回。法律一经发回，立即失效。该法律的失效，除特别行政区的法律另有规定外，无溯及力。 ［记忆口诀］对港澳立法不能撤销，不能改变，只能发回。 立法会议员一般由永久性居民担任。根据《香港特别行政区基本法》第67条的规定，非中国籍的和在外国有居留权的香港特别行政区永久性居民在香港特别行政区立法会的比例不得超过20%。《澳门特别行政区基本法》无此规定。 ［记忆口诀］香港立法会，八成中国人。
财政权	立法会通过的财政预算案须由行政长官签署并由行政长官报送国务院备案。 ［记忆口诀］特别行政区"用钱报备国务院，不用批准"。
监督权	听取施政报告，质询政府工作，辩论公共利益，弹劾行政长官（弹劾案报请中央人民政府决定）。
其他职权	如接受当地居民的申诉并进行处理等。

🖊 经典真题

根据香港特别行政区基本法和澳门特别行政区基本法，下列有关特别行政区立法权的表述哪

一项是不正确的？（2004/1/9-单）[1]

A. 特别行政区立法机关制定的法律须报全国人民代表大会常务委员会备案。备案不影响该法律的生效
B. 全国人民代表大会常务委员会在征询其所属的特别行政区基本法委员会的意见后，如认为特别行政区立法机关制定的法律不符合基本法关于中央管理的事务及中央和特别行政区关系的条款，可以将该法律发回，但不作修改
C. 经全国人民代表大会常务委员会发回的特别行政区的法律立即失效
D. 经全国人民代表大会常务委员会发回的特别行政区的法律一律具有溯及力

（五）司法机关

组织系统	香港特别行政区的司法组织系统包括终审法院、高等法院、区域法院、裁判署法庭和其他专门法庭。高等法院设上诉法庭和原讼法庭。香港特别行政区的司法机关只有法院，其检察机关属于行政机关。
	澳门特别行政区的司法组织系统包括检察院和法院，法院包括终审法院、中级法院、初级法院和行政法院（相当于基层法院）。澳门特别行政区检察机关的检察权独立行使。
人事任免	特别行政区的法官均根据当地法官和法律界及其他方面知名人士组成的独立委员会推荐，由行政长官任命。澳门特别行政区检察官经检察长提名，由行政长官任命。
	香港特别行政区终审法院的法官和高等法院首席法官的任免，还要经过香港特首征得立法会同意，并报全国人大常委会备案。
	澳门特别行政区终审法院法官的免职由澳门特首根据审议委员会的建议决定，终审法院法官的任免须报全国人大常委会备案；澳门特别行政区检察长由澳门特别行政区永久性居民中的中国公民担任，由行政长官提名，报中央人民政府任命。

经典真题

根据香港、澳门特别行政区基本法的规定，下列哪一选项是正确的？（2007/1/20-单）[2]

A. 香港特别行政区终审法院和高等法院的法官，应由在外国无居留权的香港特别行政区永久性居民中的中国公民担任
B. 香港特别行政区的法官，根据当地法官和法律界及其他方面知名人士组成的独立委员会推荐，由行政长官征得立法会同意后任命，并报全国人民代表大会常务委员会备案
C. 澳门特别行政区检察长由澳门特别行政区永久性居民中的中国公民担任，由行政长官提名，报中央人民政府任命
D. 澳门特别行政区设立行政法院。行政法院是管辖行政诉讼和税务诉讼的法院。不服行政法院裁决者，可向终审法院上诉

---

[1] D
[2] C

四、特别行政区的法律制度

基本法	特别行政区基本法是根据我国宪法，由全国人大制定的基本法律，它反映了包括香港同胞和澳门同胞在内的全国人民的意志和利益，体现了国家的方针政策，是社会主义性质的法律。
	特别行政区基本法在我国社会主义法律体系中，地位仅低于宪法，但在特别行政区法律体系中，基本法又处于最高的法律地位。
保留法	即予以保留的原有法律。凡属殖民统治性质或者带有殖民主义色彩、有损我国主权的法律，都不予保留。
本地法	即特别行政区制定的法。只要立法会制定的法律符合特别行政区基本法，符合法定程序，就可以在特别行政区生效适用。
附件三	特别行政区基本法附件三所列举的法律不属于特别行政区自治范围内的法律[1]，它们并非一成不变，全国人大常委会依法可以对其予以增删。
	全国性法律一般不在特别行政区实施，但有两个例外：①经由特别行政区基本法附件三列举；②在特殊情况下，经由国务院发布命令在特别行政区实施。

经典真题

澳门特别行政区依照《澳门基本法》的规定实行高度自治，享有行政管理权、立法权、独立的司法权和终审权。关于中央和澳门特别行政区的关系，下列哪一选项是正确的？（2016/1/25-单)[2]

A. 全国性法律一般情况下是澳门特别行政区的法律渊源
B. 澳门特别行政区终审法院法官的任命和免职须报全国人大常委会备案
C. 澳门特别行政区立法机关制定的法律须报全国人大常委会批准后生效
D. 《澳门基本法》在澳门特别行政区的法律体系中处于最高地位，反映的是澳门特别行政区同胞的意志

五、特别行政区维护国家安全的宪制责任

（一）基本内容

法理依据	维护国家安全是保证国家长治久安、保持香港长期繁荣稳定的必然要求，是包括香港同胞在内的全中国人民的共同义务，是国家和香港特别行政区的共同责任。

---

[1] 在香港特别行政区实施的全国性法律包括：《关于中华人民共和国国都、纪年、国歌、国旗的决议》《关于中华人民共和国国庆日的决议》《国籍法》《国旗法》《国徽法》《国歌法》《中华人民共和国政府关于领海的声明》《专属经济区和大陆架法》《领海及毗连区法》《外交特权与豁免条例》《领事特权与豁免条例》《香港特别行政区驻军法》《外国中央银行财产司法强制措施豁免法》《香港国安法》。在澳门特别行政区实施的全国性法律，基本上与香港特别行政区的相同，其区别有二：①特别行政区驻军法的特别行政区名称不同；②《澳门特别行政区基本法》附件三没有列入《中华人民共和国政府关于领海的声明》。

[2] B

续表

一国两制	"一国两制"是有机统一体,"一国"是实行"两制"的前提和基础,"两制"从属和派生于"一国"并统一于"一国"之内。
法律依据	根据宪法和《香港特别行政区基本法》的有关规定,全国人大通过了《关于建立健全香港特别行政区维护国家安全的法律制度和执行机制的决定》,授权全国人大常委会制定《香港特别行政区维护国家安全法》(以下简称《香港国安法》)。

(二)《香港国安法》的主要内容

效力适用	本法已由全国人大常委会决定列入《香港特别行政区基本法》附件三。香港特别行政区本地法律与本法冲突的,以本法优先。
责任划分	对于香港特别行政区的国安事务,国务院负有根本责任,香港特别行政区负有宪制责任。香港特别行政区应当对国家安全事宜加强宣传、指导、监督和管理,尽早完善相关法律。香港特首应当向国务院提交年度国安情况报告。
基本原则	包括依照法律定罪处刑、无罪推定、一事不二审和保障犯罪嫌疑人诉讼权利等。依法保护香港特别行政区居民根据《香港特别行政区基本法》《公民权利和政治权利国际公约》《经济、社会及文化权利国际公约》适用于香港的有关规定享有的包括言论、新闻、出版、结社、集会、游行、示威的自由在内的权利和自由。
机构成员	香港特首担任香港特别行政区维护国家安全委员会主席,接受国务院的监督和问责。委员会设国家安全事务顾问,由国务院指派。香港特别行政区政府警务处和律政司作为主要执行部门,设立专门处理维护国家安全事务的部门。
案件管辖:一条红线,两种管辖	(1)有下列情形之一的,由国务院驻香港特别行政区维护国安公署管辖:①案件涉及外国或者境外势力介入的复杂情况,香港特别行政区管辖确有困难的;②出现香港特别行政区政府无法有效执行《香港国安法》的严重情况的;③出现国家安全面临重大现实威胁的情况的。 [记忆口诀] 中央出手管辖香港国安案件的三种情形:香港难以管辖、香港无效执法、现实威胁重大。 (2)国务院在香港特别行政区设立维护国家安全公署,公署人员由国务院维护国安的有关机关联合派出,遵守全国性法律和香港特别行政区法律,接受国家监察机关的监督。 (1)本法规定的犯罪案件,除上述特定情形外,由香港特别行政区管辖。 [记忆口诀] 除了中央出手管辖的三种情形之外,其余情形一概由香港管辖。 (2)香港特别行政区政府警务处国安部门办案时可采取香港特别行政区现行法律对严重犯罪案件的调查措施以及其他《香港国安法》规定的措施。 (3)律政司的国安检控部门负责检控国安案件,未经律政司长书面同意,任何人不得就国安案件提出检控。 (4)各级法院指定法官审理国安案件,除法定不公开的情形外,审判应当公开进行,所有判决结果一律公开宣布。

第 10 节　基层群众自治制度

一、基层群众性自治组织的概念

基层群众自治制度是依照宪法和法律，由居民（村民）选举的成员组成居民（村民）委员会，实行自我管理、自我教育、自我服务、自我监督的制度，是全过程人民民主的重要标志和组成部分。

基层群众性自治组织是基层群众自治制度的主要载体和实现形式。根据《宪法》第 111 条第 1 款的规定，居民委员会、村民委员会是基层群众性自治组织，居民委员会、村民委员会同基层政权的相互关系由法律规定。

基层群众性自治组织不是国家机关，也不是国家机关的下属或下级组织，也不从属于居住地范围内其他任何社会组织，具有自身组织上的独立性。基层自治事务一般只需要报基层人民政府备案而非批准。

［记忆口诀］基层群众性自治组织的特点：组织独立、事务自决。

> 经典真题

根据村民委员会组织法的规定，有关村规民约的下列哪一选项是正确的？（2007/1/18-单）[1]
A. 村民委员会有权制定村规民约，报乡、民族乡、镇的人民政府批准生效
B. 村民会议有权制定村规民约，报乡、民族乡、镇的人民代表大会备案
C. 村规民约由村民会议制定，报乡、民族乡、镇的人民政府备案
D. 村规民约由村民委员会制定，报乡、民族乡、镇的人民政府备案

二、村民委员会

（一）村民委员会的设立

1. 村民委员会的设立、撤销、范围调整，由乡、民族乡、镇的人民政府提出，经村民会议讨论同意，报县级人民政府批准。

［记忆口诀］"乡提县批，村民同意"。

2. 村民委员会成员由年满 18 周岁未被剥夺政治权利的村民直接选举产生。每届任期 5 年，其成员可以连选连任。

［记忆口诀］"本村村籍，年满 18，既没发疯，也没被抓，一任 5 年，任届不限"。

> 经典真题

某村开始了 3 年一次的村委会选举，推选以下四位村民为村委会主任候选人。根据我国宪法和法律，你认为下列四位村民中哪几位可以被推荐为村委会主任候选人？（2003/1/42-多）[2]

---

［1］ C
［2］ BCD

A. 李小波，刚过完 17 岁生日，初中毕业后成为家里的主要劳力，田里地里都是一把好手。可其父亲素有小偷小摸的毛病，去年偷了吕家的一头黄牛被处罚

B. 刘光华，23 岁，为人忠厚，写得一手好字。但跟着他爷爷学了一些占卜、算卦之类的"技术"

C. 周秋兰，现任村妇女主任，热情大方，精明能干。只是经常与那些年轻后生嘻嘻哈哈，其丈夫死后，她与比自己小好几岁的小伙子周小满谈恋爱，被老辈人说成是有伤风化

D. 丁长生，原为村里的民办教师，因犯罪被判有期徒刑 3 年。在服刑期间，他学会了多种果树栽培技术和特种养殖技术。提前释放回来后便搞起特种养殖和果园开发

（二）村民委员会成员的选任与解职

1. 选任。"双过半选举"：选举村民委员会，有登记参加选举的村民过半数投票，选举有效；候选人获得参加投票的村民过半数的选票，始得当选。

2. 解职。①"双过半罢免"：本村 1/5 以上有选举权的村民或者 1/3 以上的村民代表联名，可以要求罢免村民委员会成员，罢免须有登记参加选举的村民过半数投票，并须经投票的村民过半数通过；②连续 2 次被评议不称职的村民委员会成员，其职务终止；③丧失行为能力或被判处刑罚的村民委员会成员，其职务自行终止。

3. 任何组织或者个人不得指定、委派或撤换村民委员会成员。

［记忆口诀］村民委员会成员的任免："自生自灭"。

4. 工作移交。村民选举委员会主持新旧村民委员会工作移交，应当自新一届村民委员会产生之日起 10 日内完成，受乡级人民政府监督。

（三）对村民委员会的监督

1. 村务公开。对一般事项每季度一公开；集体财务往来较多的，应当每月一公开；涉及村民利益的重大事项，应当随时公开。

［记忆口诀］村务公开的规律："事项越重大、公开越频繁"。

2. 全村公决。涉及全村村民利益的问题，经村民会议讨论决定方可办理，村民会议也可以授权村民代表会议讨论决定。

3. 经济审计。村民委员会成员实行任期和离任经济责任审计制。

4. 村民会议、村民代表会议的监督

村民会议审议村民委员会的年度工作报告，评议村民委员会成员的工作；有权撤销或者变更村民委员会不适当的决定；有权撤销或者变更村民代表会议不适当的决定。村民会议可以授权村民代表会议行使上述权力。

村民会议或者村民代表会议有权补选村民委员会成员。

村民会议由本村 18 周岁以上的村民组成。召开村民会议，应当有本村 18 周岁以上村民的过半数，或者本村 2/3 以上的户的代表参加。必要时，可以邀请驻本村的企业、事业单位和群众组织派代表列席。

人数较多或者居住分散的村，可以设立村民代表会议，讨论决定村民会议授权的事项。村民代表会议由村民委员会成员和村民代表组成。村民代表的任期与村民委员会的任期相同，可以连选连任。村民代表应当向其推选户或者村民小组负责，接受村民监督。

5. 违法纠正

（1）申请法院撤销。村民委员会或者村民委员会成员作出的决定侵害村民合法权益的，受侵害的村民可以申请人民法院予以撤销，责任人依法承担法律责任。

（2）政府责令改正。村民委员会不依照法律、法规的规定履行法定义务的，由乡、民族乡、镇的人民政府责令改正。

[记忆口诀] 村委会或村委会成员干坏事儿、有坏人怎么办？"三找两干掉"。"三找"是找机构纠正出错的事，"两干掉"是干掉出错的人。"三找"即找法院申请撤销、找政府责令改正、找村民会议撤销或变更；"两干掉"即对村委会成员连续2次民主评议不称职，终止该人职务，或者罢免不称职的村委会成员。

经典真题

某村村委会未经村民会议讨论，制定了土地承包经营方案，侵害了村民的合法权益，引发了村民的强烈不满。根据《村民委员会组织法》的规定，下列哪些做法是正确的？（2015/1/64-多）[1]

A. 村民会议有权撤销该方案
B. 由该村所在地的乡镇级政府责令改正
C. 受侵害的村民可以申请法院予以撤销
D. 村民代表可以就此联名提出罢免村委会成员的要求

（四）规约备案

村民自治章程、村规民约由村民会议制定和修改，并报乡、民族乡、镇的人民政府备案。它不得与宪法、法律、法规以及国家的政策相抵触，否则由乡级人民政府责令改正。

三、居民委员会

（一）居民委员会的设置、组成和职责

1. 居民委员会的设立、撤销、规模调整，由不设区的市、市辖区的人民政府决定。

2. 居民委员会由主任、副主任和委员共5~9人组成。多民族居住地区，居民委员会中应当有人数较少的民族的成员。居民委员会每届任期5年，其成员可以连选连任。

3. 凡是涉及全体居民利益的重要问题，居民委员会必须提请居民会议讨论决定。居民会议是由居住地范围内18周岁以上的居民组成的居民自治的民主决策机构。

（二）规约备案

居民公约由居民会议讨论制定，报不设区的市、市辖区的人民政府或者它的派出机关备案。

---

[1] ABCD

公民的基本权利和义务 第8章

```
公民的基本权利和义务（一） ── 我国公民的基本权利
├── 平等权（一律平等，合理差别）
├── 政治权利（选举、被选举）和自由（言论、出版、集会、结社、游行、示威）
├── 宗教信仰自由
├── 人身自由
│   ├── 生命权（未明文规定）
│   ├── 人身自由（狭义）
│   ├── 人格尊严不受侵犯（其具体内容如姓名、肖像、名誉、荣誉、隐私规定于《民法典》）
│   ├── 住宅不受侵犯（非法侵入、非法搜查）
│   └── 通信自由和通信秘密
├── 社会经济权利
│   ├── 财产权、继承权（消极受益权）
│   ├── 劳动权
│   ├── 劳动者的休息权
│   ├── 获得物质帮助的权利
│   └── 社会保障权
├── 文化教育权利
│   ├── 受教育的权利
│   └── 进行科学研究、文学艺术创作和其他文化活动的自由
└── 监督权与获得赔偿权
    ├── 监督权
    │   ├── 批评、建议权
    │   ├── 控告、检举权
    │   └── 申诉权
    └── 获得赔偿权
        ├── 行政赔偿
        └── 司法赔偿
```

```
公民的基本权利
和义务（二） ── 我国公民的
            基本义务
                ├─ 维护国家统一和民族团结
                ├─ 遵守宪法和法律，保守国家秘密，爱护公共财产，遵守劳动纪律，遵守公共秩序，尊重社会公德
                ├─ 维护祖国的安全、荣誉和利益
                ├─ 保卫祖国、依法服兵役和参加民兵组织
                ├─ 依法纳税
                └─ 其他基本义务（劳动、受教育、计划生育、父母抚养教育未成年子女、成年子女赡养扶助父母）
```

第1节 我国公民的基本权利

基本权利是指由宪法规定的公民享有的重要的、必不可少的权利。

基本权利确立了公民在国家生活中的宪法地位，它具有母体性，派生出具体的法律权利。例如，宪法上的公民的人格尊严权派生出民法上的姓名权、肖像权、名誉权、荣誉权、隐私权。

与此同时，基本权利具有稳定性和排他性，与公民资格关系密切。例如，根据我国宪法的规定，外国人并不享受我国公民的基本权利，其直接原因在于外国人未取得我国国籍，不具有我国公民资格。

一、我国宪法对公民基本权利的规定

是否明文	我国宪法明确规定了以下权利：财产权、继承权；法律面前一律平等；国家尊重与保障人权；选举权和被选举权；言论、出版、集会、结社、游行、示威的自由；宗教信仰自由；人身自由；人格尊严；住宅不受侵犯；通信自由和通信秘密；对国家机关及其工作人员提出批评、建议的权利；对于国家机关及其工作人员的违法失职行为，向有关国家机关提出申诉、控告或者检举的权利；劳动的权利和义务；劳动者的休息权；退休制度；获得物质帮助的权利；受教育的权利；进行科学研究、文学艺术创作和其他文化活动的自由；男女平等；婚姻家庭制度；华侨、归侨的权益。 我国宪法未明确规定生命权。
文本位置	私有财产权和继承权规定在正文第一章"总纲"中，其余基本权利均规定在正文第二章"公民的基本权利和义务"中。
权利主体	基本权利的主体一般而言是公民。 劳动权的主体是有劳动能力的公民；休息权的主体是劳动者；生活保障权的主体的企业事业组织的职工和国家机关工作人员；物质帮助权的主体是年老、疾病或者丧失劳动能力的公民。

续表

权利主体	总体而言，外国人和法人不是我国宪法基本权利的主体，我国现行《宪法》仅规定，对于因为政治原因要求避难的外国人，可以给予受庇护的权利。
受益性质	积极受益权：社会经济、文化教育权利。对于这些权利，公民可以积极主动地向国家提出请求，国家也应积极予以保障。
	消极受益权：财产权和继承权。对于这些权利，公民不能主动地向国家提出请求，它更强调公民权利免于国家干涉。

经典真题

公民基本权利也称宪法权利。关于公民基本权利，下列哪些选项是正确的？（2011/1/62-多）[1]

A. 人权是基本权利的来源，基本权利是人权宪法化的具体表现
B. 基本权利的主体主要是公民，在我国法人也可以作为基本权利的主体
C. 我国公民在行使自由和权利的时候，不得损害国家的、社会的、集体的利益和其他公民的合法的自由和利益
D. 权利和义务的平等性是我国公民基本权利和义务的重要特点

二、平等权

基本内容	法律面前一律平等。我国《宪法》第33条第2款规定："中华人民共和国公民在法律面前一律平等。"
	禁止差别对待。公民在法律面前人人平等，社会身份、职业、出身等原因不应成为任何受到不平等待遇的理由。
	允许合理差别。宪法并不禁止一切形式的差别，而是禁止不合理的差别。判断差别是否合理的标准：①是否符合人的尊严；②是否符合公共利益；③手段与目的之间是否存在合理的联系。
特殊保护	（1）保障妇女的权利。我国妇女在政治的、经济的、文化的、社会的和家庭的生活等各方面享有同男子平等的权利。国家保护妇女的权利和利益，实行男女同工同酬，培养和选拔妇女干部。 （2）保障退休人员和军烈属的权利。国家依照法律规定实行企业事业组织的职工和国家机关工作人员的退休制度。退休人员的生活受到国家和社会的保障。国家和社会保障残废军人的生活，抚恤烈士家属，优待军人家属。 （3）保护婚姻、家庭、母亲、儿童和老人。 （4）关怀青少年和儿童的成长。国家培养青年、少年、儿童在品德、智力、体质等方面全面发展。 （5）保护华侨、归侨和侨眷的正当权利。华侨是定居在外国的中国公民，归侨是已经回国定居的华侨，侨眷是华侨在国内的亲属。

[1] ACD

[记忆口诀] 宪法不予特殊保护的对象是"不沾军队、没有退休、出不了国的中年单身男人"：中年单身男人（对应"妇女""婚姻、家庭、母亲、儿童和老人"），不沾军队、没有退休（对应"退休人员和军烈属"），出不了国（对应"华侨、归侨和侨眷"）。

三、政治权利和自由

选举权和被选举权	选举权是指选民依法选举代议机关代表的权利，被选举权则指选民依法被选举为代议机关代表的权利。中华人民共和国年满18周岁的公民，不分民族、种族、性别、职业、家庭出身、宗教信仰、教育程度、财产状况、居住期限，都有选举权和被选举权；但是依照法律被剥夺政治权利的人除外。
政治自由	(1) 言论自由。①言论自由在公民的各项政治自由中居于首要地位；②言论自由的表现形式多样，既包括口头形式，又包括书面形式，还包括利用广播电影电视、互联网以及公共社交工具等传播媒介；③言论自由存在法定界限，受宪法和法律的合理限制，必须在法律范围内行使。 (2) 出版自由。即公民通过公开出版物表达自己的见解和看法的自由，它是言论自由的延伸。我国对出版自由实行预防制和追惩制相结合的制度。 (3) 结社自由。它是言论自由的延伸，属于集合性质的自由。我国社团不得从事以营利为目的的经营性活动，其成立实行核准登记制度，登记管理机关是民政部和县级以上地方各级人民政府民政部门。 (4) 集会、游行、示威自由。它们是言论自由的延伸，属于集合性质的自由，单个公民的行为通常不能形成法律意义上的集会、游行和示威。《集会游行示威法》《集会游行示威法实施条例》规定了许可权限和程序。

四、宗教信仰自由

含 义	公民有信教或者不信教的自由，有信仰这种宗教或者那种宗教的自由，有信仰同宗教中的这个教派或者那个教派的自由，有过去不信教而现在信教或者过去信教而现在不信教的自由。
边 界	宗教≠邪教，信仰≠传播。根据相应的特别行政区基本法的规定，我国香港、澳门特别行政区居民有传播宗教的自由。
原 则	宗教团体必须坚持自主、自办、自传的"三自"原则。

五、人身自由

分 类	狭义的人身自由即公民的身体不受非法侵犯。 广义的人身自由包括狭义的人身自由，生命权，人格尊严，住宅不受侵犯，通信自由和通信秘密等权利和自由。
生命权	我国宪法没有明确规定生命权。 生命权的基本内容包括：①防御权；②享受生命的权利；③生命保护请求权；④生命权的不可处分性。

续表

生命权	生命权主体只能是自然人（本国人、外国人和无国籍人）。生命权是人的权利，而不仅仅是公民的权利。
人身自由	公民的身体不受非法侵犯，即不受非法限制、搜查、拘留和逮捕。但是，必要时，国家可以依法采取搜查、拘留、逮捕等措施，限制甚至剥夺特定公民的人身自由。
人格尊严不受侵犯	我国现行《宪法》仅规定人格尊严不受侵犯，并未列举人格尊严的具体内容。
	其具体表现是《民法典》中公民的人格权，主要包括公民的姓名权、肖像权、名誉权、荣誉权、隐私权。
住宅不受侵犯	"住宅"（隐私空间）不等于"房屋"（实为财产）。
	任何机关、团体的工作人员或者其他个人，未经法律许可或未经户主等居住者的同意，不得随意进入、搜查或查封、侵占、损毁公民的住宅。但是，公安机关、检察机关、监察机关为了收集犯罪证据、查获犯罪嫌疑人或调查人，需要对有关人员的身体、物品、住宅及其他地方进行搜查时，必须严格依照法律规定的程序进行。
通信自由和通信秘密	任何危害宪法秩序与侵害他人权益的行为都不属于通信自由的范畴。
	通信自由是指公民传递消息和信息的方式不受非法限制。
	通信秘密是指公民的通信内容不受隐匿、毁弃、拆阅或者窃听。

经典真题

某县人民法院审理一民事案件过程中，要求县移动通信营业部提供某通信用户的电话详单。根据我国宪法的规定，下列说法何者为正确？（2004/1/85-多）[1]

A. 用户电话详单属于宪法保护的公民通信秘密的范围
B. 县人民法院有权要求县移动通信营业部提供任何移动通信用户的电话详单
C. 县移动通信营业部有义务保护通信用户的通信自由和通信秘密
D. 县人民法院有权检查任何移动通信用户的电话详单

六、社会经济权利

财产权、继承权	财产权是指公民对其合法财产享有的不受非法侵犯的所有权。继承权是财产权的延伸。财产权的存在并非绝对，宪法规定了对财产的征收（所有权的改变）和征用（使用权的改变）。
劳动权	劳动权是指有劳动能力的公民有从事劳动并取得相应报酬的权利。劳动既是权利又是义务。
劳动者的休息权	劳动者的休息权，是指劳动者在享受劳动权的过程中，为保护身体健康、提高劳动效率，根据国家法律和制度的有关规定而享有的休息和休养权利。

---

[1] AC

续表

获得物质帮助的权利	物质帮助权，是指公民因失去劳动能力或者暂时失去劳动能力而不能获得必要的物质生活资料时，有从国家和社会获得生活保障的一种权利，主要包括老年人、患疾病公民、丧失劳动能力的公民的物质帮助权等。

经典真题

根据现行《宪法》规定，关于公民权利和自由，下列哪一选项是正确的？（2008/1/17-单）[1]

A. 劳动、受教育和依法服兵役既是公民的基本权利又是公民的基本义务
B. 休息权的主体是全体公民
C. 公民在年老、疾病或者未失去劳动能力的情况下，有从国家和社会获得物质帮助的权利
D. 2004年《宪法修正案》规定，国家尊重和保障人权

七、文化教育权利

受教育的权利	受教育既是权利也是义务。 受教育权的基本内容包括：①学龄前儿童有接受学前教育的机会；②适龄儿童有接受初等教育的权利和义务；③公民有接受中等教育、职业教育和高等教育的权利和机会；④成年人有接受成人教育的权利；⑤公民有从集体经济组织、国家企业事业组织和其他社会力量举办的教育机构接受教育的机会；⑥就业前的公民有接受必要的劳动就业训练的权利和义务。
其他文化教育权利	公民有进行科学研究、文学艺术创作和其他文化活动的自由。国家对于从事教育、科学、技术、文学、艺术和其他文化事业的公民的有益于人民的创造性工作，给以鼓励和帮助。

经典真题

关于文化教育权利是公民在教育和文化领域享有的权利和自由的说法，下列哪一选项是错误的？（2009/1/23-单）[2]

A. 受教育既是公民的权利，又是公民的义务
B. 宪法规定的文化教育权利是公民的基本权利
C. 我国公民有进行科学研究、文学艺术创作和其他文化活动的自由
D. 同社会经济权利一样，文化教育权利属于公民的积极受益权

八、监督权与获得赔偿权

监督权	监督权，即公民监督国家机关及其工作人员的活动的权利，其内容包括批评、建议权、控告、检举权和申诉权。我国公民对于任何国家机关和国家工作人员，有提出批评和建议的权利；对于任何国家机关和国家工作人员的违法失职行为，有向有关国家机关提出申

---

[1] D
[2] D

	续表
监督权	诉、控告或者检举的权利，但是不得捏造或者歪曲事实进行诬告陷害。对于公民的申诉、控告或者检举，有关国家机关必须查清事实，负责处理。任何人不得压制和打击报复。
获得赔偿权	我国的国家赔偿分为行政赔偿和司法赔偿（或称冤狱赔偿）。
	全国人大常委会对《国家赔偿法》的修正，改变了之前采用的严格的违法原则，并首次明确，致人精神损害、造成严重后果的，赔偿义务机关应当支付"精神损害抚慰金"。

经典真题

下列有关我国公民权利的表述哪些符合宪法的规定？（2004/1/57-多）[1]
A. 公民对于任何国家机关和国家工作人员，有提出批评和建议的权利
B. 公民对任何国家机关和国家工作人员的违法失职行为，有提出申诉、控告或者检举的权利
C. 任何国家机关在接到公民提出的申诉、控告或者检举后，都必须查清事实，负责处理
D. 国家机关和国家工作人员侵犯公民权利造成损失的，受害人有依法请求赔偿的权利

第2节 我国公民的基本义务

根本义务	维护国家统一和民族团结。 国家统一和民族团结是我国社会主义革命和建设取得胜利的根本保证，也是推进改革开放、建设中国特色社会主义的根本前提。
基本义务	遵守宪法和法律，保守国家秘密，爱护公共财产，遵守劳动纪律，遵守公共秩序，尊重社会公德。
国安义务	维护祖国的安全、荣誉和利益。国家安全是公民生产生活、安居乐业的必要条件。
国防义务	保卫祖国，依法服兵役和参加民兵组织是公民的崇高职责。 依法服兵役义务的主体是我国公民，外国人不能成为服兵役义务的主体。我国实行以志愿兵役为主体的志愿兵役与义务兵役相结合的兵役制度。
	有服兵役义务的公民有下列行为之一的，由县级人民政府责令限期改正；逾期不改正的，由县级人民政府强制其履行兵役义务，并处以罚款：①拒绝、逃避兵役登记的；②应征公民拒绝、逃避征集服现役的；③预备役人员拒绝、逃避参加军事训练、担负战备勤务、执行非战争军事行动任务和征召的。	左述第2项行为，拒不改正的，不得录用为公务员或者参照《公务员法》管理的工作人员，不得招录、聘用为国有企业和事业单位工作人员，2年内不准出境或者升学复学，纳入履行国防义务严重失信主体名单实施联合惩戒。

---

[1] ABD

经济义务	依法纳税。纳税义务主体既包括自然人，也包括法人。外国人在我国拥有财产时，也应依法纳税。但是，依法应予免税的各国驻华使馆、领事馆的外交代表、领事官员和其他人员的所得可免征个人所得税。
	纳税义务具有双重性：一方面，纳税是国家财政的重要来源，具有形成国家财力的属性；另一方面，纳税义务具有防止国家权力侵犯公民财产权的属性。
其他义务	我国《宪法》还规定了劳动的义务、受教育的义务、夫妻双方实行计划生育的义务、父母抚养教育未成年子女的义务、成年子女赡养扶助父母的义务等。

经典真题

根据《宪法》的规定，关于公民纳税义务，下列哪些选项是正确的？（2012/1/62-多）[1]

A. 国家在确定公民纳税义务时，要保证税制科学合理和税收负担公平
B. 要坚持税收法定原则，税收基本制度实行法律保留
C. 纳税义务直接涉及公民个人财产权，宪法纳税义务具有防止国家权力侵犯其财产权的属性
D. 履行纳税义务是公民享有其他权利的前提条件

---

[1] ABC

国家机构 第9章

国家机构概述 第1节

一、我国的国家机构

（一）中央国家机构

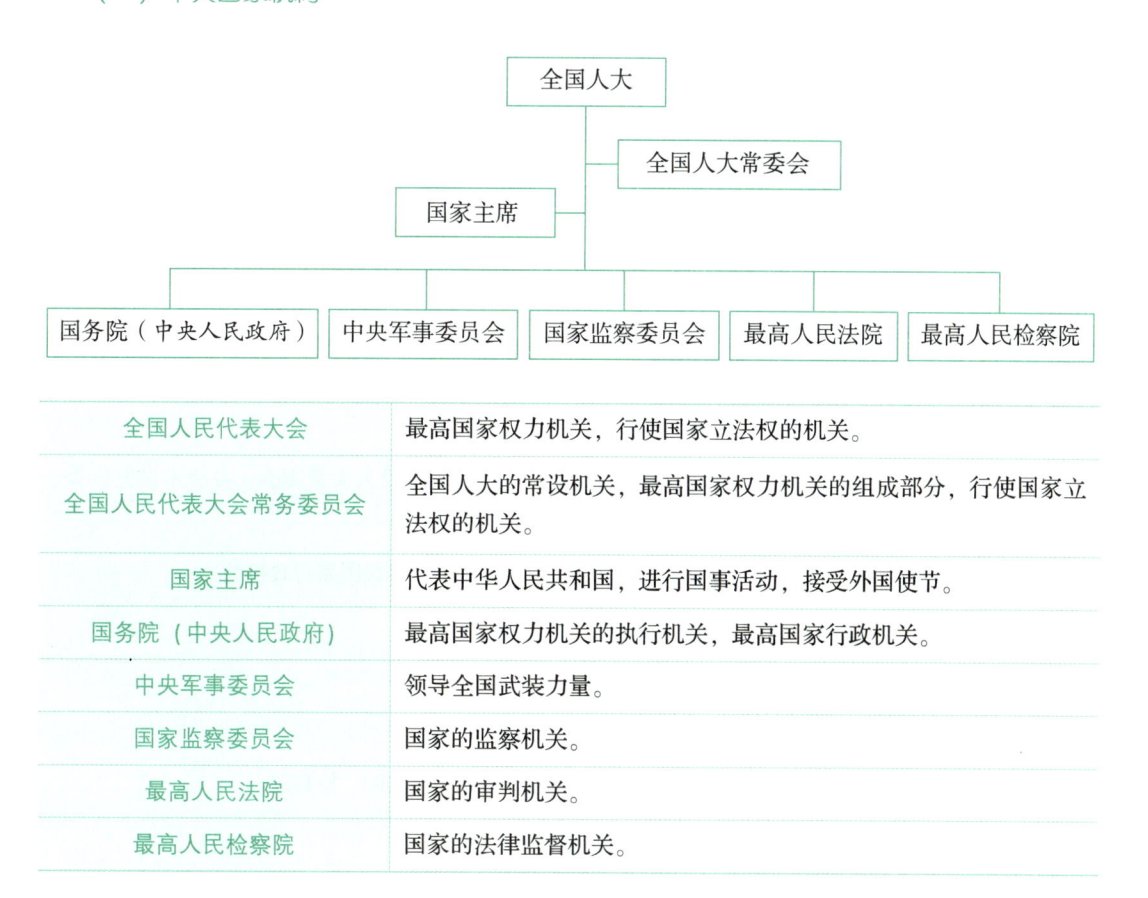

```
                        全国人大
                           │
                           ├── 全国人大常委会
                  国家主席 ─┤
    ┌──────────┬──────────┼──────────┬──────────┐
 国务院      中央军事    国家监察    最高人民    最高人民
(中央人民政府) 委员会      委员会      法院        检察院
```

全国人民代表大会	最高国家权力机关，行使国家立法权的机关。
全国人民代表大会常务委员会	全国人大的常设机关，最高国家权力机关的组成部分，行使国家立法权的机关。
国家主席	代表中华人民共和国，进行国事活动，接受外国使节。
国务院（中央人民政府）	最高国家权力机关的执行机关，最高国家行政机关。
中央军事委员会	领导全国武装力量。
国家监察委员会	国家的监察机关。
最高人民法院	国家的审判机关。
最高人民检察院	国家的法律监督机关。

［记忆口诀］ 全国人大生七娃："常席府军监法检"。

（二）县级以上地方国家机构

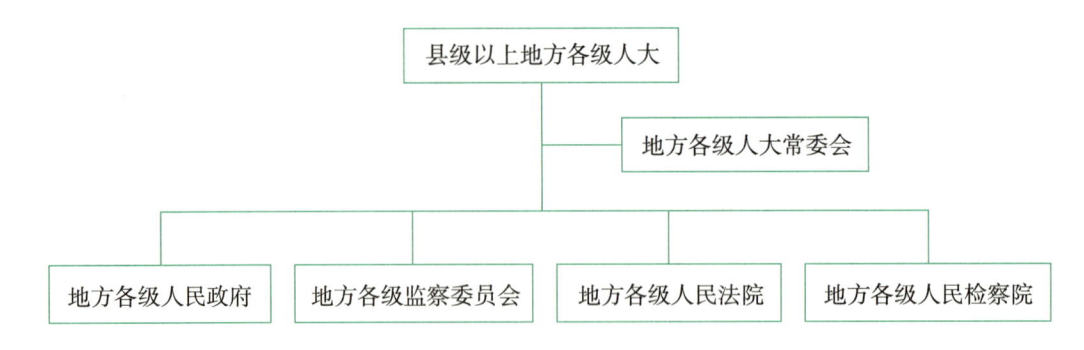

```
                    县级以上地方各级人大
                            │
                            ├──── 地方各级人大常委会
                            │
    ┌───────────────┬───────┴───────┬───────────────┐
地方各级人民政府   地方各级监察委员会   地方各级人民法院   地方各级人民检察院
```

县级以上地方各级人大	地方国家权力机关。
县级以上地方各级人大常委会	本级人大的常设机关，同级国家权力机关的组成部分。
地方各级人民政府	地方各级国家权力机关的执行机关，地方各级国家行政机关。
地方各级监察委员会	地方各级国家监察机关。
地方各级人民法院	地方各级国家审判机关。
地方各级人民检察院	地方各级国家法律监督机关。

［记忆口诀］ 县级以上地方人大生五娃："常府监法检"。

（三）乡、民族乡、镇国家机构

```
        （乡、民族乡、镇）人大
                │
        （乡、民族乡、镇）人民政府
```

乡、民族乡、镇人大	地方国家权力机关。乡级人大不设人大常委会，乡级不设监察委、法院、检察院。
乡、民族乡、镇人民政府	本级国家权力机关的执行机关，本级国家行政机关。

［记忆口诀］ 乡级人大生一娃："乡级政府"。

二、我国国家机构的责任制原则

集体负责制	各级人大及其常委会、监察委、法院、检察院。
首长个人负责制	各级政府及其所属部门、军委。

全国人大、全国人大常委会和各委员会 第2节

```
                    ┌─────────────────┐
                    │  全国人民代表大会  │
                    └─────────────────┘
                             │
                             ▼
                ┌─────────────────────────┐
                │ 全国人民代表大会常务委员会 │
                └─────────────────────────┘
                             │
                             ▼
                      ┌──────────┐
                      │ 委员长会议 │
                      └──────────┘
```

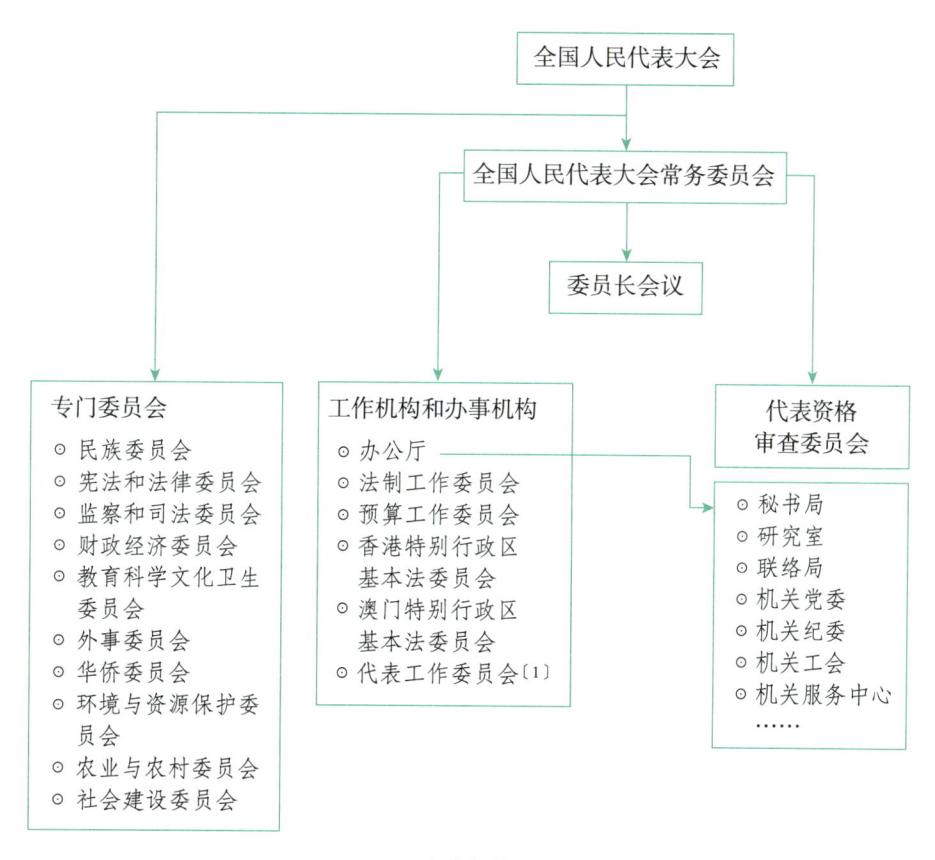

专门委员会	工作机构和办事机构	代表资格审查委员会
○ 民族委员会 ○ 宪法和法律委员会 ○ 监察和司法委员会 ○ 财政经济委员会 ○ 教育科学文化卫生委员会 ○ 外事委员会 ○ 华侨委员会 ○ 环境与资源保护委员会 ○ 农业与农村委员会 ○ 社会建设委员会	○ 办公厅 ○ 法制工作委员会 ○ 预算工作委员会 ○ 香港特别行政区基本法委员会 ○ 澳门特别行政区基本法委员会 ○ 代表工作委员会[1]	○ 秘书局 ○ 研究室 ○ 联络局 ○ 机关党委 ○ 机关纪委 ○ 机关工会 ○ 机关服务中心 ……

人大机构

一、全国人大

（一）全国人大的性质、地位、组成和任期

性　质	全国人大是最高国家权力机关、最高国家立法机关，代表人民的意志和利益统一行使国家最高权力。
地　位	全国人大在我国国家机构体系中居于首要地位，其他任何国家机关都不能超越于全国人大之上，也不能和它并列。

---

〔1〕 该机构由第十四届全国人大常委会第三次会议于 2023 年 6 月 28 日设立。其主要职责是：负责全国人大代表名额分配、资格审查、联络服务有关工作；承担代表集中视察、专题调研、联系群众有关制度制定和指导协调工作；负责全国人大代表议案建议工作的统筹管理；负责全国人大代表履职的监督管理；负责全国人大代表学习培训的统筹规划和管理；指导省级人大常委会代表工作；承担全国人大常委会代表资格审查委员会的具体工作；承办全国人大常委会交办的其他事项。

续表

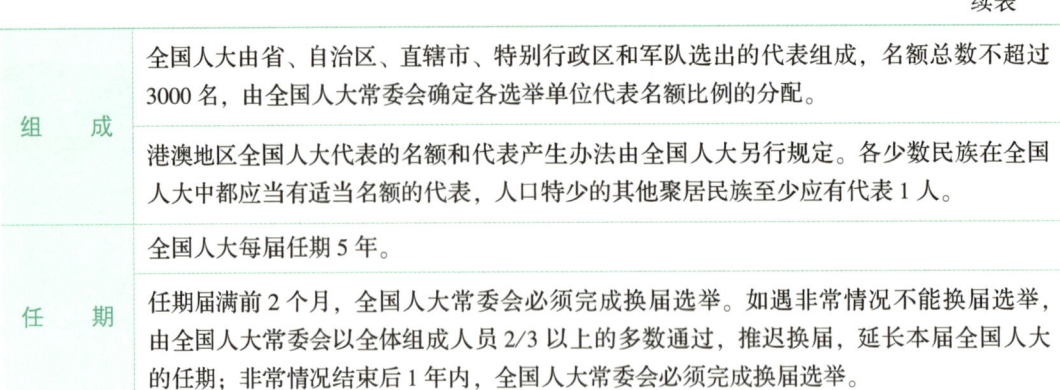

组　成	全国人大由省、自治区、直辖市、特别行政区和军队选出的代表组成，名额总数不超过3000名，由全国人大常委会确定各选举单位代表名额比例的分配。
	港澳地区全国人大代表的名额和代表产生办法由全国人大另行规定。各少数民族在全国人大中都应当有适当名额的代表，人口特少的其他聚居民族至少应有代表1人。
任　期	全国人大每届任期5年。
	任期届满前2个月，全国人大常委会必须完成换届选举。如遇非常情况不能换届选举，由全国人大常委会以全体组成人员2/3以上的多数通过，推迟换届，延长本届全国人大的任期；非常情况结束后1年内，全国人大常委会必须完成换届选举。

（二）全国人大的会议制度和工作程序

会议举行	全国人大会议每年举行一次，于每年第一季度举行，会议召开的日期由全国人大常委会决定并予以公布。
临时召集	如果全国人大常委会认为有必要或者1/5以上的全国人大代表提议，可以临时召集。
会议形式	预备会议：全国人大常委会主持召集预备会议，选举产生本次大会主席团和秘书长，讨论本次会议的议程以及其他准备事项；副秘书长的人选由主席团决定。
	全体会议：预备会议后，由主席团正式主持全体会议。全体会议一般公开举行，必要时，经主席团征求各代表团的意见后，由有各代表团团长参加的主席团会议决定，可以举行秘密会议。
	小组会议：在全体会议期间，根据需要举行小组会议，审议和讨论有关事项。
会议列席	法定列席：国务院的组成人员，中央军事委员会的组成人员，国家监察委员会主任，最高人民法院院长和最高人民检察院检察长，列席全国人大会议。 ［记忆口诀］"府、军成员，监、法、检正职"依法列席全国人大。
	酌定列席：其他机关、团体负责人，经全国人大常委会决定，可以列席全国人大会议。 ［记忆口诀］其他机关、团体负责人由全人常决定列席全国人大。

经典真题

根据《全国人大组织法》规定，在必要的时候，下列哪一机构有权决定全国人民代表大会会议秘密举行？（2010/1/20-单）[1]

A. 10个以上代表团联名
B. 全国人大常委会委员长会议
C. 全国人大主席团和各代表团团长会议
D. 全国人大常委会和全国人大主席团

---

[1] C

（三）全国人大的职权

法	修改宪法，监督宪法的实施。
	制定和修改基本法律。
钱	审查和批准国民经济和社会发展计划和计划执行情况的报告。
	审查和批准国家的预算和预算执行情况的报告。
人	全国人大根据国家主席的提名，决定国务院总理的人选；根据国务院总理的提名，决定国务院副总理、国务委员、各部部长、各委员会主任、审计长和秘书长的人选；根据中央军委主席的提名决定中央军委副主席和委员等其他组成人员的人选。 [记忆口诀] 国务院、中央军委中，除了军委主席外，其他人员都以决定方式产生。 全国人大选举产生全国人大常委会委员长、副委员长、秘书长和委员，国家主席、副主席，中央军委主席，国家监察委员会主任，最高人民法院院长，最高人民检察院检察长。 [记忆口诀] 除了国务院、中央军委外，其他机关的所有人员都以选举方式产生。 全国人大开会期间，全国人大主席团、3个以上的代表团、1/10以上的代表联名提出对于全国人大选举和决定的人员的罢免案，由主席团提请大会审议，并经全体代表的过半数同意通过。 人事决定的公布：在全国人大开会期间，国务院全体成员的任命、辞职、罢免，均以主席令的方式公布。除此之外，其他国家机关领导人员的任命、辞职、罢免，均以全国人大公告的方式公布。 [记忆口诀] 国务院人事变动用主席令公布，其他机关都以全国人大公告公布。
监	全国人大常委会、国务院、最高人民法院、最高人民检察院对全国人大负责并报告工作。国家主席对全国人大不负行政责任，不报告工作；国家监察委员会不对全国人大报告工作，只对全国人大常委会作专项工作报告；中央军委主席对全国人大和全国人大常委会负责，但不报告工作。 [记忆口诀] "四报告、三例外（主席、监、军不对全国人大报告工作）"。
定大事	批准省、自治区和直辖市的建置；决定特别行政区的设立及其制度；决定战争和和平的问题；其他应当由全国人大行使的职权。 [记忆口诀] "建省设特，战和其他"。

经典真题

关于全国人大职权，下列哪些说法是正确的？（2010/1/64-多）[1]

A. 选举国家主席、副主席
B. 选举国务院总理、副总理
C. 选举最高人民法院院长、最高人民检察院检察长
D. 决定特别行政区的设立与建置

---

[1] AC

二、全国人大常委会

(一) 全国人大常委会的性质、地位、组成和任期

性　　质	全国人大常委会是全国人大的常设机关，是最高国家权力机关的组成部分，行使国家立法权。注意：1954年《宪法》规定的行使国家立法权的机关只有全国人大。
地　　位	全国人大常委会对全国人大负责并报告工作，接受其监督；在全国人大闭会期间，国务院、最高人民法院、最高人民检察院对全国人大常委会负责并报告工作。全国人大常委会通过的决议、制定的法律，其他国家机关和全国人民都必须遵守执行。
组　　成	全国人大常委会由委员长、副委员长若干人、秘书长和委员若干人组成。这些人员必须是全国人大代表，并由每届全国人大第一次会议选举产生。 委员长、副委员长、秘书长组成委员长会议，处理全国人大常委会的重要日常工作[1]。委员长会议不能代替常委会行使职权。 全国人大常委会的成员不得担任国家行政机关、监察机关、审判机关和检察机关的职务。如担任，则须向全国人大常委会辞去委员职务。
任　　期	全国人大常委会的每届任期与全国人大相同，即5年。但是，考虑到新旧对接，全国人大常委会行使职权到下届全国人大选出新的人大常委会为止。 全国人大常委会委员长、副委员长连选连任不得超过2届，但是秘书长和委员连选连任无此限制。

(二) 全国人大常委会的会议制度和工作程序

会议制度	全国人大常委会会议一般每2个月举行一次，由委员长召集并主持。遇有特殊需要时，可以临时召集常委会会议。委员长可以委托副职主持会议。 会议列席。全国人大常委会举行会议的时候：①国务院、中央军委、国家监察委、最高人民法院、最高人民检察院的负责人列席会议；②不是常委会组成人员的全国人大专门委员会主任委员、副主任委员、委员，常委会副秘书长，工作委员会主任、副主任，香港特别行政区基本法委员会主任、副主任，澳门特别行政区基本法委员会主任、副主任，有关部门负责人，列席会议；③各省、自治区、直辖市和其他有关地方的人大常委会主任或者副主任一人列席会议，并可以邀请有关的全国人大代表列席会议。
工作程序	全国人大常委会通过议案的提出、审议来进行工作。 议案主要包括四类：法律案、决定案（如全国人大常委会关于县、乡两级人大代表选举时间的决定）、决议案（如常委会在必要时可以对专项工作报告、审计工作报告作出决议）、人事任免案。

---

[1] 重要日常工作包括：①决定常务委员会每次会议的会期，拟订会议议程草案，必要时提出调整会议议程的建议；②对向常务委员会提出的议案和质询案，决定交由有关的专门委员会审议或者提请常务委员会全体会议审议；③决定是否将议案和决定草案、决议草案提请常务委员会全体会议表决，对暂不交付表决的，提出下一步处理意见；④通过常务委员会年度工作要点、立法工作计划、监督工作计划、代表工作计划、专项工作规划和工作规范性文件等；⑤指导和协调各专门委员会的日常工作；⑥处理常务委员会其他重要日常工作。

（三）全国人大常委会的职权

法	（1）解释宪法，监督宪法的实施。 （2）制定和修改除应当由全国人大制定的法律以外的其他法律；在全国人大闭会期间，对全国人大制定的法律进行部分补充和修改，但是不得同该法律的基本原则相抵触。 （3）解释法律。"府、军、监、法、检、专、省常，有权提要求"：国务院、中央军委、国家监察委、最高人民法院、最高人民检察院、全国人大各专门委员会以及省级人大常委会，有权向全国人大常委会提出法律解释要求。 （4）撤销国务院制定的同宪法、法律相抵触的行政法规、决定和命令；撤销同宪法、法律相抵触的监察法规；撤销省、自治区、直辖市国家权力机关制定的同宪法、法律和行政法规相抵触的地方性法规和决议；审查和监督民族自治法规（自治条例和单行条例）。 （5）最高人民法院、最高人民检察院的司法解释自公布之日起30日内向全国人大常委会备案。 [记忆口诀] 释施宪，立修法，释法、审规、司解备。
钱	对国民经济和社会发展计划、国家预算部分调整方案和国家决算的审批权，审议审计工作报告。
人	在全国人大闭会期间： （1）决定、任免国家机关领导人员：①根据国务院总理的提名，决定国务院其他组成人员的人选；②根据中央军委主席的提名，决定中央军委其他组成人员的人选；③根据国家监察委员会主任的提请，任免国家监察委员会副主任、委员；④根据最高人民法院院长的提名，任免最高人民法院副院长、其他成员和军事法院院长；⑤根据最高人民检察院检察长的提名，任免最高人民检察院副检察长、其他成员和军事检察院检察长，并且批准省级人民检察院检察长的任免。 [记忆口诀] 任免府、军、监、法、检的副职和成员，军事法、检正职和省级检察长。 （2）根据委员长会议、国务院总理的提请，撤销国务院其他个别成员的职务；根据中央军委主席的提请，撤销中央军委其他个别成员的职务。 [记忆口诀] 在国务院、中央军委中，除了总理、军委主席之外，对其他成员都有权撤职。
监	监督国务院、中央军委、国家监察委、最高人民法院、最高人民检察院的工作。主要包括：①开展对法律实施情况的检查；②质询和询问；③听取和审议"府、监、法、检"的专项工作报告。 [记忆口诀] 法施、质问、专项报。
定大事	（1）决定同外国缔结的条约和重要协定的批准和废除； （2）决定驻外全权代表的任免； （3）规定军人和外交人员的衔级制度和其他专门衔级制度； （4）决定特赦[1]； （5）规定和决定授予国家的勋章和荣誉称号； （6）在全国人大闭会期间，如果遇到国家遭受武装侵犯或者必须履行国际间共同防止侵略的条约的情况，决定战争状态的宣布；

---

[1] 特赦不同于大赦：大赦既赦刑也赦罪，特赦只赦刑不赦罪。我国1954年《宪法》曾规定大赦与特赦，但实践中未有大赦。1975年《宪法》没有规定赦免，1978年《宪法》和1982年《宪法》均只规定了特赦。2015年实行第八次特赦。2019年由国家主席习近平签署发布特赦令，对九类服刑罪犯实行特赦，这是第九次特赦。

续表

定大事	(7) 决定全国总动员或者局部动员； (8) 决定全国或者个别省、自治区、直辖市进入紧急状态； (9) 决定法律在一定期限、部分地方的暂时调整、暂停适用。

经典真题

全国人大常委会是全国人大的常设机关，根据宪法规定，全国人大常委会行使多项职权，但下列哪一职权不由全国人大常委会行使？（2007/1/16-单）[1]

A. 解释宪法，监督宪法的实施
B. 批准省、自治区、直辖市的建置
C. 废除同外国缔结的条约和重要协定
D. 审批国民经济和社会发展计划以及国家预算部分调整方案

三、专门委员会和调查委员会

（一）专门委员会：常设性委员会

设 置	全国人大、县级以上地方各级人大设专门委员会。
性 质	本级人大的辅助性的常设工作机构，受本级人大及其常委会的领导。专门委员会的决议必须经过人大或者人大常委会审议通过之后才具有效力。
组 成	专门委员会由主任、副主任和委员若干人组成，不设秘书长。
产 生	专门委员会组成人员的人选必须是本级人大代表，由人大主席团提名，大会表决通过。①全国人大闭会期间，全国人大常委会可以补充任免专门委员会的副主任委员和委员，由委员长会议提名，常委会会议通过；②县级以上地方各级人大闭会期间，本级人大常委会可以补充任免专门委员会个别的副主任委员和部分委员，由主任会议提名，常委会会议通过。 各专门委员会还可任免一定数量的非人大代表的专家顾问。
解 职	专门委员会成员的代表职务被罢免的，由主席团或人大常委会予以公告。其请辞被接受的，由人大常委会予以公告。
职 权	(1) 共同任务：研究、审议、拟订有关议案，尤其是本级人大主席团和本级人大常委会交付的议案、质询案。[2]

---

[1] B
[2] 全国人大下设的专门委员会的职权：①审议全国人大主席团或者全国人大常委会交付的议案；②向全国人大主席团或者全国人大常委会提出属于全国人大或者全国人大常委会职权范围内同本委员会有关的议案，组织起草法律草案和其他议案草案；③承担全国人大常委会听取和审议专项工作报告有关具体工作；④承担全国人大常委会执法检查的具体组织实施工作；⑤承担全国人大常委会专题询问有关具体工作；⑥按照全国人大常委会工作安排，听取国务院有关部门和国家监察委员会、最高人民法院、最高人民检察院的专题汇报，提出建议；⑦对属于全国人大或者全国人大常委会职权范围内同本委员会有关的问题，进行调查研究，提出建议；⑧审议全国人大常委会交付的被认为同宪法、法律相抵触的国务院的行政法规、决定和命令，国务院各部门的命令、指示和规章，国家监察委员会的监察法规，省、自治区、直辖市和设区的市、自治州的人大及其常委会的地方性法规和决定、决议，省、自治区、直辖市和

续表

职 权	（2）专门任务。除了共同任务之外： ① 全国人大民族委员会还可以对加强民族团结问题进行调查研究，提出建议；审议自治区报请全国人大常委会批准的自治区的自治条例和单行条例，向全国人大常委会提出报告。 ② 全国人大宪法和法律委员会承担推动宪法实施、开展宪法解释、推进合宪性审查、加强宪法监督、配合宪法宣传等工作职责，统一审议向全国人大或其常委会提出的法律草案和有关法律问题的决定草案；其他专门委员会就有关草案向宪法和法律委员会提出意见。 ③ 全国人大财政经济委员会对国务院提出的国民经济和社会发展计划草案、规划纲要草案、中央和地方预算草案、中央决算草案以及相关报告和调整方案进行审查，提出初步审查意见、审查结果报告；其他专门委员会可以就有关草案和报告向财政经济委员会提出意见。

经典真题

根据我国宪法和有关法律的规定，下列有关全国人民代表大会专门委员会的表述哪一项是正确的？（2005/1/8-单）[1]

A. 全国人民代表大会专门委员会是最高国家权力机关的非常设机关
B. 全国人民代表大会专门委员会负责审议与其职权有关的法律草案
C. 全国人民代表大会专门委员会的组成人选，由主席团在代表中提名，大会通过
D. 全国人民代表大会专门委员会只能审议全国人民代表大会主席团交付的议案

（二）调查委员会：临时性委员会

性 质	对于特定问题的调查委员会属于人大的临时工作机构，完成任务该委员会即予撤销，无任期。
设 立	县级以上地方各级人大和人大常委会均可依法设立，乡级人大无权设立调查委员会。
成 员	由主任委员、副主任委员和委员若干人组成，不设秘书长。其成员必须是人大代表，其聘请的专家顾问不是成员。与调查的问题有利害关系的常委会组成人员和其他人员不得参加调查委员会。

设区的市、自治州的人民政府的决定、命令和规章，民族自治地方的自治条例和单行条例，经济特区法规，以及最高人民法院、最高人民检察院具体应用法律问题的解释，提出意见；⑨审议全国人大主席团或者全国人大常委会交付的质询案，听取受质询机关对质询案的答复，必要的时候向全国人大主席团或者全国人大常委会提出报告；⑩研究办理代表建议、批评和意见，负责有关建议、批评和意见的督促办理工作；⑪按照全国人大常委会的安排开展对外交往；⑫全国人大及其常委会交办的其他工作。

县级以上地方人大下设的专门委员会的职权：①审议本级人大主席团或者常委会交付的议案；②向本级人大主席团或者常委会提出属于本级人大或者常委会职权范围内同本委员会有关的议案，组织起草有关议案草案；③承担本级人大常委会听取和审议专项工作报告、执法检查、专题询问等的具体组织实施工作；④按照本级人大常委会工作安排，听取本级人民政府工作部门和监察委员会、人民法院、人民检察院的专题汇报，提出建议；⑤对属于本级人大及其常委会职权范围内同本委员会有关的问题，进行调查研究，提出建议；⑥研究办理代表建议、批评和意见，负责有关建议、批评和意见的督促办理工作；⑦办理本级人大及其常委会交办的其他工作。

[1] C

续表

工作程序	调查委员会进行调查时，有关的国家机关、社会团体、企业事业组织和公民个人有义务提供必要材料，提供材料的公民要求对材料来源保密的，调查委员会应当予以保密。调查委员会可以不公布调查的情况和材料，但是，应当向常委会提出调查报告，常委会可据此作出决议、决定。

四、人大代表

主要权利	（1）出席人大会议，参加审议各项议案、报告和其他议题，发表意见。在全国人大每次会议召开前1个月，全国人大常委会必须把开会日期和建议会议讨论的主要事项通知每位代表。 （2）提出质询案。①全国人大代表团、各级人大代表、各级人大常委会委员（均为"人的集合"而非机构），有权依法提出质询案。②质询对象均为本级的"府（本级政府及其所属部门）、监（监察委）、法（法院）、检（检察院）"，唯独乡级不设"监、法、检"，仅政府可被质询。③质询案由受质询的机关的负责人答复。如果口头答复，负责人须到会答复；如果书面答复，负责人须签署答复文件。（一把手亲自答复） （3）提出罢免案。全国人大代表团、全国人大代表联名、地方各级人大代表联名，有权提出对本级人大产生的全体人员的罢免案。 （4）人身受特别保护权。县级以上各级人大代表非经本级人大主席团许可，闭会期间非经本级人大常委会许可，不受逮捕或刑事审判以及法律规定的其他限制人身自由的措施。如果因为是现行犯被拘留，执行拘留的公安机关应当立即向该级人大主席团或人大常委会报告。乡、民族乡、镇的人大代表如果被逮捕、受刑事审判或被采取法律规定的其他限制人身自由的措施，执行机关应当立即报告乡、民族乡、镇的人大。 （5）言论免责权。人大代表在人大各种会议上的发言和表决不受法律追究。
资格终止	代表有下列情形之一的，其代表资格终止：①地方各级人大代表迁出或者调离本行政区域的；②辞职被接受的；③未经批准2次不出席本级人大会议的；④被罢免的；⑤丧失中华人民共和国国籍的；⑥依照法律被剥夺政治权利的；⑦丧失行为能力的。 [记忆口诀] 迁离、辞职、两缺席，剥罢发疯丧国籍。

经典真题

关于全国人大及其常委会的质询权，下列说法正确的是：（2010/1/93-任）[1]

A. 全国人大会议期间，一个代表团可书面提出对国务院的质询案
B. 全国人大会议期间，30名以上代表联名可书面提出对国务院各部的质询案
C. 全国人大常委会会议期间，常委会组成人员10人以上可书面提出对国务院各委员会的质询案
D. 全国人大常委会会议期间，委员长会议可书面提出对国务院的质询案

---

[1] ABC

国家主席、国务院和中央军委　第3节

一、中华人民共和国主席

性质地位	中华人民共和国主席是我国的国家机构，对内对外代表国家。1954年《宪法》规定，国家主席与全国人大常委会共同行使国家元首的职权。1975年《宪法》、1978年《宪法》均未设置国家主席。1982年《宪法》恢复了国家主席的设置。
产　　生	国家主席、副主席当选基本条件有二：①是有选举权和被选举权的中华人民共和国公民；②年满45周岁。
任　　期	国家主席、副主席的任期同全国人大每届任期相同，均为5年，无任届限制。
职　　权	（1）根据全国人大及其常委会的决定，发布特赦令、动员令，宣布进入紧急状态、战争状态。在全国人大或全国人大常委会正式通过法律后，以主席令的形式予以颁布施行。 （2）根据全国人大或全国人大常委会的决定，宣布国务院总理、副总理、国务委员、各部部长、各委员会主任、审计长、秘书长的任职或免职。 （3）根据全国人大常委会的决定，派出和召回驻外全权代表，宣布批准或废除同外国缔结的条约和重要协定。 （4）根据全国人大常委会的决定，向国家勋章和国家荣誉称号获得者授予国家勋章、国家荣誉称号奖章，签发证书。 （5）代表国家进行国事活动，接受外国使节，国事活动中可以直接授予外国政要、国际友人等人士"友谊勋章"。 ［记忆口诀］国家主席的职权："人大系统决定，主席只管播音，唯一自行决定，国事活动授勋"。

二、国务院

性质地位	中华人民共和国国务院，即中央人民政府，是最高国家权力机关的执行机关，是最高国家行政机关。
组成人员	国务院由总理、副总理若干人、国务委员若干人、秘书长、各部部长、各委员会主任、审计长组成。
任　　期	国务院的任期与全国人大的任期相同，总理、副总理、国务委员连续任职不得超过2届。
主要职权	（1）行政法规的制定权和发布权。国务院制定的行政法规的法律效力低于宪法和法律，其内容不能与宪法和法律相抵触，否则无效。 （2）行政措施的规定权。国务院在行政管理中认为需要的时候，或者为了执行法律和执行最高国家权力机关的决议，有权采取各种具体办法和实施手段。 （3）提出议案权。国务院的工作计划、报告都必须在全国人大及其常委会会议上以议案的形式提出。

续表

主要职权	（4）对所属部、委和地方各级行政机关的领导权及监督权。国务院统一领导各部委、地方各级人民政府的工作，并且领导不属于各部委的全国性的行政工作。国务院所属各部委和地方各级行政机关必须接受国务院的统一领导和监督。 （5）对国防、民政、文教、经济、生态文明等各项工作的领导权和管理权，对外事务的管理权。 （6）行政人员的任免权、奖惩权。 （7）全国人大及其常委会授予的其他职权，如授权立法，又如依法决定省、自治区、直辖市的范围内部分地区进入紧急状态。
机构调整	国务院各部、各委员会的设立、撤销或者合并，经总理提出，由全国人大决定；在全国人大闭会期间，由全国人大常委会决定。
审计机关	国家审计机关是国务院领导下的职能部门，在国务院总理领导下，依照法律规定，独立行使审计监督权，不受其他行政机关、社会团体和个人的干涉。

三、中央军事委员会

性质地位	1954年《宪法》规定，国家主席统率全国武装力量，担任国防委员会主席。1975年《宪法》和1978年《宪法》取消国家主席，改由中共中央主席统率全国武装力量。1982年《宪法》设立中央军事委员会作为独立的国家机关，领导全国的武装力量。
组成人员	中央军委由主席、副主席若干人、委员若干人组成。
任　期	中央军委每届任期与全国人大每届任期相同，现行《宪法》没有规定中央军委主席的任期限制。

第4节　地方各级人大、人大常委会和地方各级人民政府

一、地方各级人大

（一）性质地位、组成任期、会议制度

性质地位	地方各级人大是地方国家权力机关，在同级国家机关中处于支配和核心的地位。本级的地方国家行政机关、监察机关、审判机关、检察机关都由人大选举产生，对它负责，受它监督。 地方各级人大与全国人大一起构成我国国家权力机关体系，但是，全国人大与地方各级人大之间以及地方各级人大之间没有隶属关系，上级人大有权依照宪法和法律监督、指导下级人大的工作。 ［记忆口诀］人大上下不隶属。
组成任期	地方各级人大的每届任期均为5年。

续表

会议制度	地方各级人大会议每年至少举行1次。乡级人大会议一般每年举行2次。会议召开的日期由本级人大常委会或者乡级人大主席团决定，并予以公布。
	县级以上各级人大常委会主持召集预备会议，选举产生本次会议的主席团和秘书长。副秘书长的人选由主席团决定。预备会议后，由主席团正式主持全体会议。
	乡级人大无预备会议，直接选举主席团主持会议，并负责召集下一次人大会议。

（二）主要职权

法	设区的市、自治州以上地方各级人大制定和修改地方性法规，民族自治地方的人大制定和修改民族自治法规（自治条例、单行条例）。
	设区的市、自治州以上地方各级人大及其人大常委会可以根据区域协调发展的需要，开展协同立法。乡级人大和地方各级政府不能协同立法。
钱	县级以上地方各级人大审查和批准本行政区域内的国民经济和社会发展规划纲要、计划和预算及其执行情况的报告，审查监督政府债务，监督本级人民政府对国有资产的管理。
	乡级人大根据国家计划，决定本行政区域内的经济、文化事业和公共事业的建设计划和项目；审查和批准本行政区域内的预算和预算执行情况的报告，监督本级预算的执行，审查和批准本级预算的调整方案，审查和批准本级决算。少数民族聚居的乡、民族乡、镇的人大与普通乡、镇人大略有区别，它可以依照法律规定的权限采取适合民族特点的具体措施。
人	"有选举、无决定"：县级以上地方各级人大选举本级人大常委会成员，本级政府正、副职，本级监察委主任、法院院长，检察院检察长；乡级人大选举乡级人大正、副主席，以及政府正副职。
	"正职差等皆可，副职应当差额"：地方各级国家机关负责人的产生一般由人大主席团或代表依法联合提名。人大常委会主任、秘书长，乡级人大主席，政府正职领导人员，监察委主任，法院院长，检察院检察长的候选人数可以多1人，进行差额选举；如果提名的候选人只有1人，也可以等额选举。其余领导人员（人大常委会副主任、委员，乡级人大副主席，政府副职领导人员）均应当差额选举。
	"我产生，我罢免"：县级以上地方各级人大主席团、常委会、1/10以上代表联名，可以对本级人大选举产生的全体人员提出罢免案。乡级人大主席团、1/5以上代表联名，可以对本级人大产生的全体人员提出罢免案。罢免案由主席团提请大会审议，并经全体代表的过半数同意通过。
监	"四报告"：人大常委会、政府、法院、检察院向本级人大负责并报告工作。乡级政府、人大主席团向乡级人大报告工作。
	"一例外"：监察委不对人大报告工作，只对人大常委会作专项工作报告。
定大事	县级以上地方各级人大讨论、决定本行政区域内的政治、经济、教育、科学、文化、卫生、生态环境保护、自然资源、城乡建设、民政、社会保障、民族等工作的重大事项和项目。乡级人大根据国家计划，决定本行政区域内的经济、文化事业和公共事业的建设计划。

续表

定大事	地方各级人大铸牢中华民族共同体意识，促进各民族广泛交往交流交融，保障少数民族的合法权利和利益。（人大常委会没有这一职权）

二、地方各级人大常委会

（一）性质地位、组成任期、会议制度

性质地位	县级以上地方各级人大设常委会作为常设机关。乡级人大不设人大常委会。
组成任期	地方各级人大常委会由主任、副主任若干人、秘书长（县级不设此职）、委员若干人组成，任期与本级人大任期相同，均为5年。
	人大常委会组成人员（乡级人大主席、副主席）不得担任国家行政机关、监察机关、审判机关和检察机关的职务。
会议制度	常委会会议由主任召集，至少每2个月举行一次。遇有特殊需要时，可以临时召集常委会会议，可以委托副职主持会议。常委会会议须有常委会全体组成人员过半数出席，始得举行。"府（人民政府）、监（监察委员会）、法（人民法院）、检（人民检察院）"的负责人，依法列席本级人大常委会会议。
	主任会议由常委会主任、副主任、秘书长（县级有主任、副主任）组成，处理常委会日常工作。
	县级以上各级人大常委会设立代表资格审查委员会，根据工作需要设立办事机构和其他工作机构。省、自治区的人大常委会可以在地区设立工作机构。市辖区、不设区的市的人大常委会可以在街道设立工作机构。

（二）主要职权

法	设区的市、自治州以上的地方各级人大常委会依法制定、修改地方性法规。
	设区的市、自治州以上的地方各级人大及其人大常委会可以根据区域协调发展的需要，开展协同立法。乡级人大和地方各级政府不能协同立法。
钱	根据本级人民政府的建议，审查和批准本行政区域内的国民经济和社会发展规划纲要、计划和本级预算的调整方案；监督本行政区域内的国民经济和社会发展规划纲要、计划和预算的执行，审查和批准本级决算，监督审计查出问题整改情况，审查监督政府债务；监督本级人民政府对国有资产的管理，听取和审议本级人民政府关于国有资产管理情况的报告。
人	在本级人大闭会期间，决定副省长、自治区副主席、副市长、副州长、副县长、副区长的个别任免；在省长、自治区主席、市长、州长、县长、区长、监察委主任、法院院长、检察院检察长因故不能担任职务的时候，根据主任会议的提名，从相应副职领导人员中决定代理的人选；决定代理检察长，须报上一级检察院和人大常委会备案。 ［记忆口诀］ 任免政府个别副职，决定"府、监、法、检"代理正职。
	根据政府正职的提名，决定本级政府秘书长、厅长、局长、委员会主任、科长的任免，报上一级政府备案。 ［记忆口诀］ 任免政府部门正职。

续表

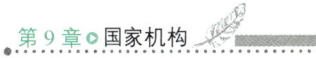

人	任免监察委、法院、检察院副职和其他成员，批准任免下一级检察院检察长。 撤销本级政府个别副职，决定撤销由它任命的本级政府其他成员和监察委、法院、检察院副职和其他成员的职务。
监	监督本级政府、监察委、法院和检察院的工作，主要包括：①开展对法律法规实施情况的检查；②质询和询问；③听取和审议"府、监、法、检"的专项工作报告。 ［记忆口诀］ 人常监督三招：法施、质问、专项报。
定大事	讨论、决定本行政区域内的政治、经济、教育、科学、文化、卫生、生态环境保护、自然资源、城乡建设、民政、社会保障、民族等工作的重大事项和项目；听取和审议本级政府关于年度环境状况和环境保护目标完成情况的报告。

三、地方各级人民政府

性质地位	地方各级人民政府是地方各级国家权力机关的执行机关，是地方各级国家行政机关。地方各级政府实行重大事项请示报告制度。 地方各级人民政府既向本级国家权力机关又向上一级人民政府负责并报告工作。全国地方各级人民政府都要接受国务院的统一领导。
任 期	地方各级人民政府每届任期与本级人大的任期相同，均为5年。
机构设置	（1）县级以上地方各级人民政府的工作部门的设立、增加、减少或者合并，由本级人民政府报请上一级人民政府批准，并报本级人大常委会备案。乡级政府一般不设工作部门，但可设一些工作人员。 （2）县级以上地方各级人民政府设审计机关独立审计，对本级人民政府和上一级审计机关负责。 （3）派出机关：①省、自治区的人民政府在必要的时候，经国务院批准，可以设立若干行政公署，作为它的派出机关；②县、自治县的人民政府在必要的时候，经省、自治区、直辖市的人民政府批准，可以设立若干区公所，作为它的派出机关；③市辖区、不设区的市的人民政府，经上一级人民政府批准，可以设立若干街道办事处，作为它的派出机关。
主要职权	（1）发布决定和命令。县级以上的地方各级人民政府制定涉及个人、组织权利义务的规范性文件，应当依照法定权限和程序，进行评估论证、公开征求意见、合法性审查、集体讨论决定，并予以公布和备案。 （2）管理各项行政工作，如纲要、计划和预算等。 （3）保障各方面的权利。地方各级政府（和人大）铸牢中华民族共同体意识（人大常委会没有这一职权），促进各民族广泛交往交流交融，保障少数民族的合法权利和利益，保障少数民族保持或者改革自己的风俗习惯的自由。 （4）其他职权。县级以上的地方各级人民政府根据国家区域发展战略，结合地方实际需要，可以共同建立跨行政区划的区域协同发展工作机制，加强区域合作。县级以上的地方各级人民政府根据应对重大突发事件的需要，可以建立跨部门指挥协调机制。

第5节 监察委员会、人民法院和人民检察院

一、监察委员会

性 质	监察委员会是专司国家监察职能的专责机关,其他任何机关、团体、个人都无权行使监察权。监察委员会依照法律监察所有行使公权力的公职人员。
组 成	由主任、副主任若干人、委员若干人组成。
任 期	国家监察委员会主任连续任职不得超过 2 届,地方各级监察委员会主任没有任届限制。
领导体制	国家监察委员会是最高监察机关,领导地方各级监察委员会的工作。上级监察委员会领导下级监察委员会的工作。地方各级监察委员会要对上一级监察委员会负责。
与其他国家机关的关系	与审判机关、检察机关、执法部门互相配合,互相制约,各司其职,密切配合,依法办理职务违法犯罪案件。依法独立行使监察权是前提。
对监察委的监督	(1) 权力机关监督。各级人大常委会听取和审议本级监察机关的专项工作报告,根据需要可以组织执法检查。县级以上各级人大代表或者常委会成员可以就监察工作中的有关问题提出质询或询问。 (2) 内设监督。被调查人及其近亲属有权向内设监督机构申诉。 (3) 其他监督。监察委员会必须接受民主监督、社会监督、舆论监督。

二、人民法院、人民检察院

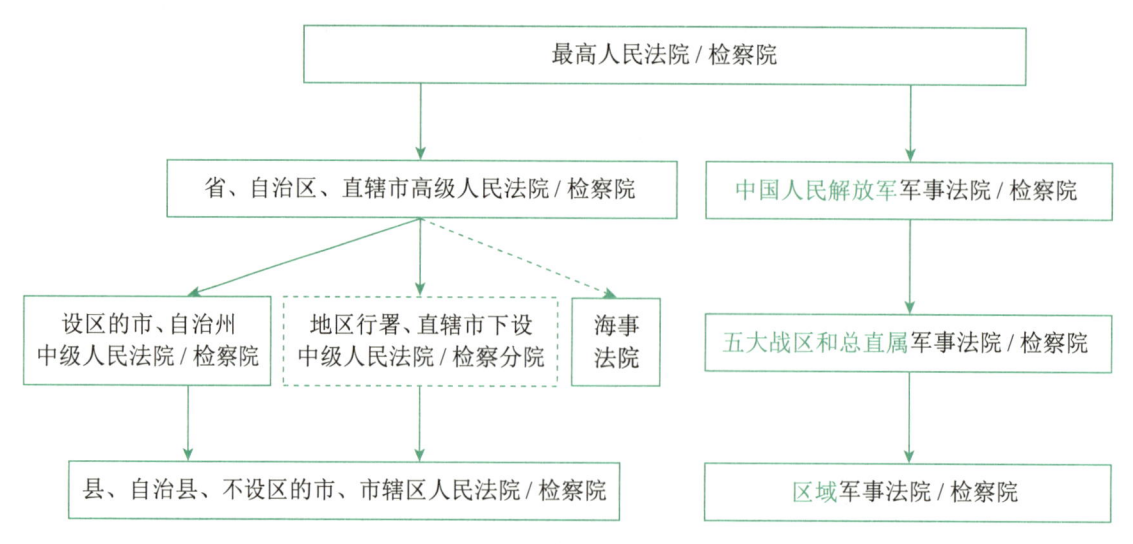

司法机关组织系统

性　质	人民法院是国家的审判机关。在我国，审判权必须由人民法院统一行使，其他任何机关、团体和个人都无权进行审判活动。
	人民检察院是国家的法律监督机关。
组织体系	最高人民法院监督地方各级人民法院和专门人民法院的审判工作，上级人民法院监督下级人民法院的审判工作。上下级人民法院之间的关系不是领导关系，而是监督关系。
	最高人民检察院领导地方各级人民检察院和专门人民检察院的工作，上级人民检察院领导下级人民检察院的工作。下级人民检察院必须接受上级人民检察院的领导和最高人民检察院的领导，并对上级人民检察院负责。

第三编 中国法律史

中国法律史

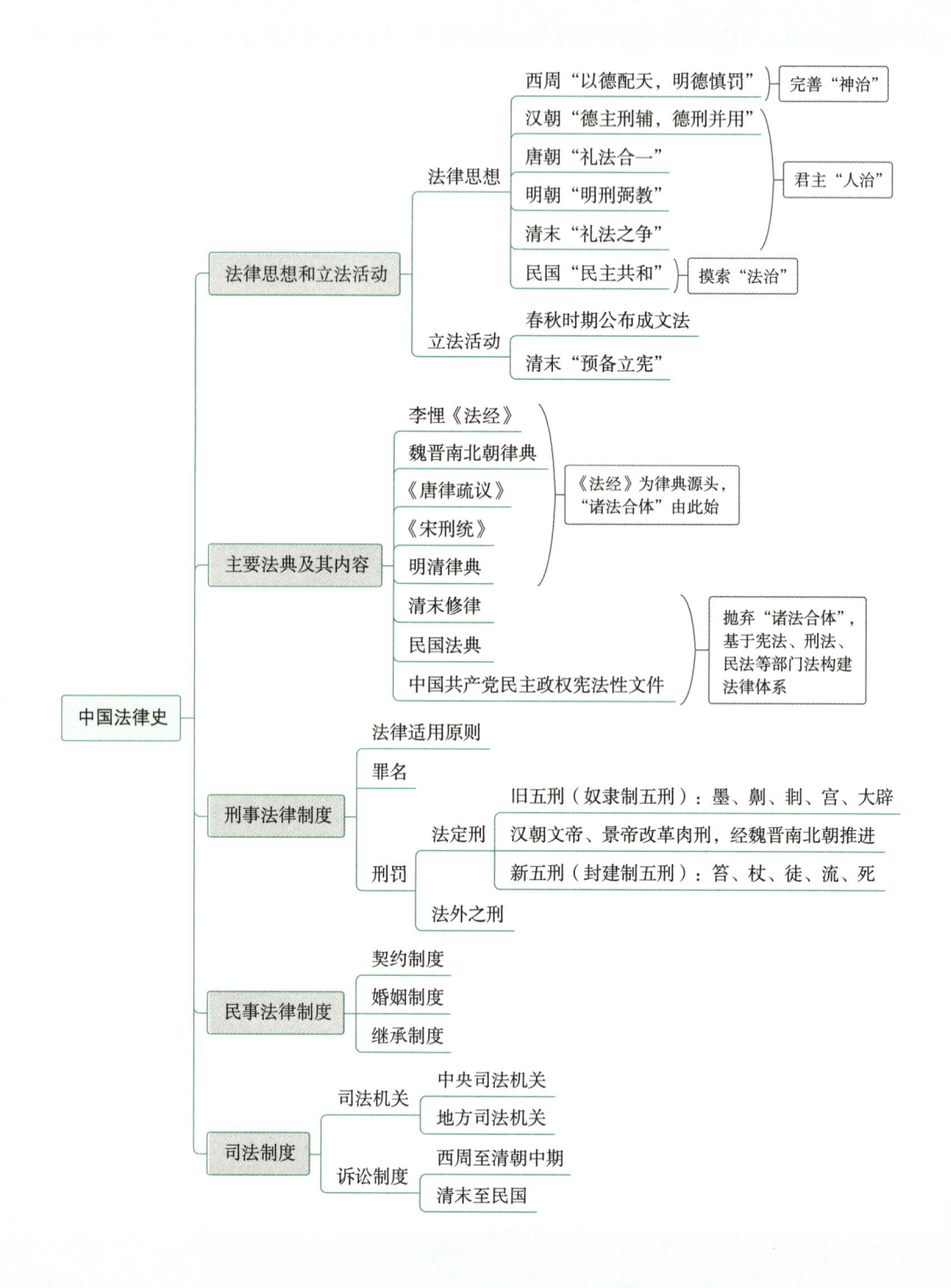

- **法律思想和立法活动**
  - 法律思想
    - 西周"以德配天，明德慎罚" —— 完善"神治"
    - 汉朝"德主刑辅，德刑并用"
    - 唐朝"礼法合一"
    - 明朝"明刑弼教"
    - 清末"礼法之争"
    - 君主"人治"
    - 民国"民主共和" —— 摸索"法治"
  - 立法活动
    - 春秋时期公布成文法
    - 清末"预备立宪"

- **主要法典及其内容**
  - 李悝《法经》
  - 魏晋南北朝律典
  - 《唐律疏议》
  - 《宋刑统》
  - 明清律典
  - 《法经》为律典源头，"诸法合体"由此始
  - 清末修律
  - 民国法典
  - 中国共产党民主政权宪法性文件
  - 抛弃"诸法合体"，基于宪法、刑法、民法等部门法构建法律体系

- **刑事法律制度**
  - 法律适用原则
  - 罪名
  - 刑罚
    - 法定刑
      - 旧五刑（奴隶制五刑）：墨、劓、剕、宫、大辟
      - 汉朝文帝、景帝改革肉刑，经魏晋南北朝推进
      - 新五刑（封建制五刑）：笞、杖、徒、流、死
    - 法外之刑

- **民事法律制度**
  - 契约制度
  - 婚姻制度
  - 继承制度

- **司法制度**
  - 司法机关
    - 中央司法机关
    - 地方司法机关
  - 诉讼制度
    - 西周至清朝中期
    - 清末至民国

法律思想和立法活动 第10章

每一部法典的背后，都有着强大的思想活动。自夏商周至中华民国，中国立法思想的变迁大致可以分为三段：夏商周时期、周秦之变到清朝中期、清末到民国。与之相适应，立法活动也呈现出不同的特点。

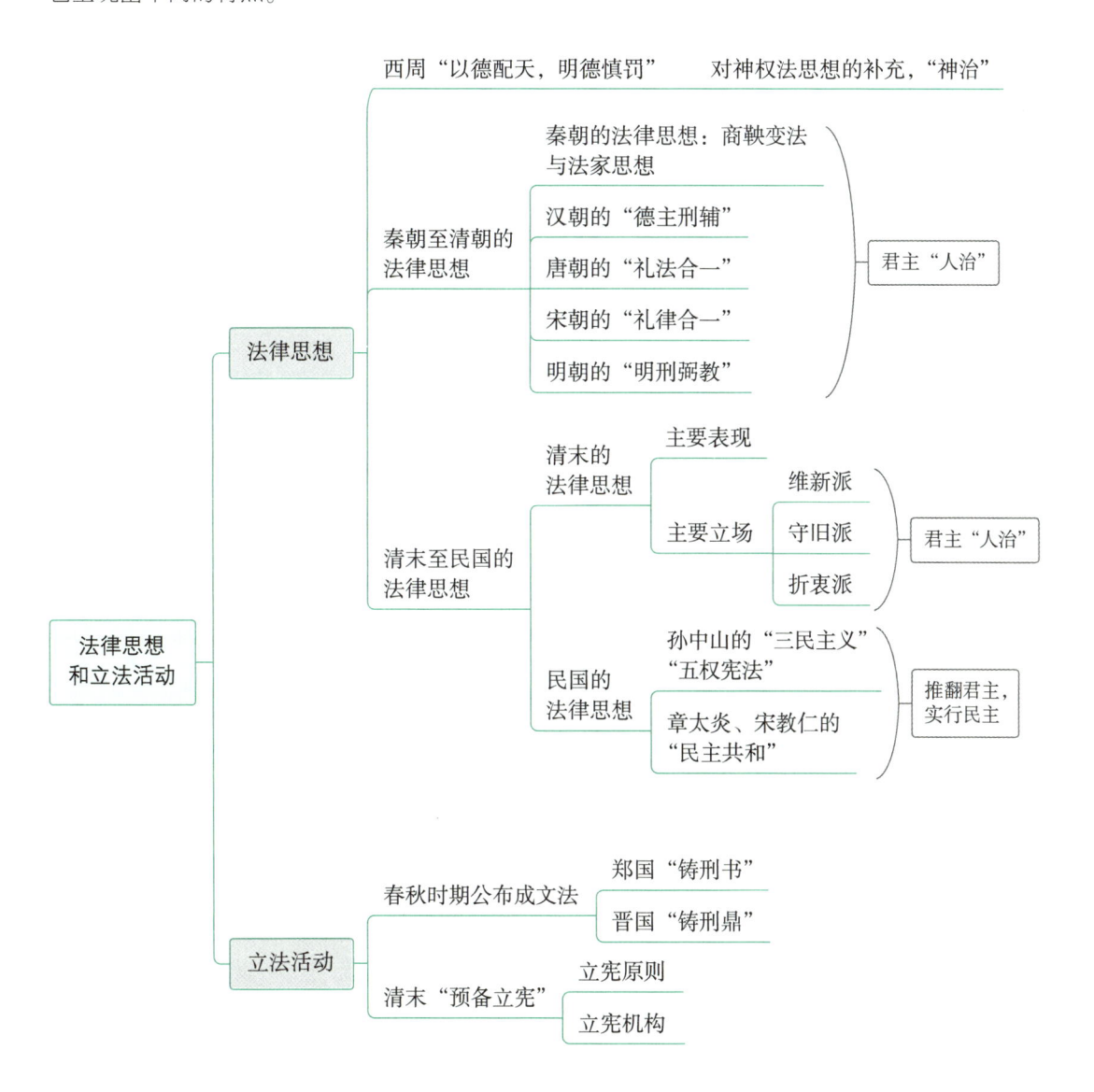

- 法律思想和立法活动
  - 法律思想
    - 西周"以德配天，明德慎罚" —— 对神权法思想的补充，"神治"
    - 秦朝至清朝的法律思想
      - 秦朝的法律思想：商鞅变法与法家思想
      - 汉朝的"德主刑辅"
      - 唐朝的"礼法合一"
      - 宋朝的"礼律合一"
      - 明朝的"明刑弼教"
      - ⟶ 君主"人治"
    - 清末至民国的法律思想
      - 清末的法律思想
        - 主要表现
        - 主要立场
          - 维新派
          - 守旧派
          - 折衷派
        - ⟶ 君主"人治"
      - 民国的法律思想
        - 孙中山的"三民主义""五权宪法"
        - 章太炎、宋教仁的"民主共和"
        - ⟶ 推翻君主，实行民主
  - 立法活动
    - 春秋时期公布成文法
      - 郑国"铸刑书"
      - 晋国"铸刑鼎"
    - 清末"预备立宪"
      - 立宪原则
      - 立宪机构

· 165 ·

第1节 法律思想

一、西周"以德配天，明德慎罚"

夏商周时期的法律思想整体上属于神权法思想。大致来说，神权法思想起于夏、盛于商、衰于周。神权法是指法律及其背后的国家权力都来自于神。传统中国的"天罚神判"是其典型表现。例如，夏朝的启讨伐有扈氏时就宣称，"今天用剿绝其命"——不是我要干掉有扈氏，而是老天要我剿灭、断绝他的性命。此即"天罚"。又如，出土的商朝甲骨文中就有很多商王和史官（贞人）向上帝占卜如何定罪量刑的记载。此即"神判"。

[背景知识] 神权法思想的逻辑如下：大家长得一样，谁也没有三头六臂，凭什么我定规矩，你们得服从？究其原因，规矩不是我定的，是神定的！为什么神选择我来传达规矩，因为我家祖宗跟神发生了关系。例如，夏朝的大禹原本就是神，商朝的先王"契"（xiè）是其母吃了鸟蛋后怀上的（"天命玄鸟，降而生商"），周朝的先王"弃"是其母踩到巨人脚印后怀上的（"践巨人迹，感而生弃"）。

神权法的逻辑很直白，在人类社会早期人们普遍蒙昧的状态下，配上一点"神迹"，就很有说服力。周秦之变以后，虽然神权法思想被儒家化法律思想所取代，但是，"君权神授"的痕迹还是贯穿在二十四史的帝王本纪中，至少在这些记载中，开国之君的降生都异于常人，多少带点神迹。

（一）夏商时期的神权法思想

1. "夏人尊命"。例如，启讨伐有扈氏时以天命为口号，不仅是对有扈氏，而且也对手下军队说："用命赏于祖，弗用命戮于社。"（服从天命、好好打仗的，在祖先面前受赏赐；不服从天命、不好好打仗的，在神社里被羞辱地杀死）

2. "殷人尊神"。例如，《礼记·表记》载："殷人尊神，率民以事神。"商王就是最大的祭司，在他的带领下，商朝包括用刑在内的所有国家事务，都要向上天、鬼神祈祷和请示。

（二）周朝对神权法思想的补充：明德慎罚与礼刑关系

1. 西周的"以德配天，明德慎罚"思想

（1）思想动因：神权法思想存在致命缺陷。例如，既然夏王、商王都宣称自己与神有关系，是天选之子，为什么夏被商灭了，商被周灭了？按照这一规律，周必然被灭，那么，该如何宣传才能让人心服从？换句话说，夏、商的说辞不能解释政权更替的原因，更谈不上长治久安了。

（2）"以德配天，明德慎罚"的逻辑："皇天无亲，惟德是辅"。也就是说，老天对人并没有远近亲疏的差别待遇，老天只会辅佐有德之人。例如，夏朝之所以建立，是因为夏禹有德；夏朝之所以灭亡，是因为夏桀失德。商朝之所以建立，是因为商汤有德；商朝之所以灭亡，是因为商纣失德。周朝之所以建立，是因为周文王姬昌、周武王姬发有德，只要继任者一直效仿夏禹、商汤、周文王、周武王，那么，周朝的江山就千秋万代。因此，统治者要重视"德"。

（3）主要内容。"德"主要包括三者：一是敬天（天是根本所在），二是尊祖（祖宗都成为鬼神，与"天"的关系密切），三是保民（这是前两者的落脚点）。

（4）地位及其影响。"以德配天，明德慎罚"是对夏商神权法思想的补充。夏人尊命、殷人尊神，相对于命、神，夏王、商王只是被动的工具。例如，根据《史记》所记，对于周族的崛起、进攻和自己的落败，商纣的态度是"我生不有命在天乎"（我生死有命，全凭天定，胜败并不受周族影响）。与之相比，周人重德，以德配天，人是主动的主体。从这一角度观察，神权法思想起于夏、盛于商、衰于周。

"以德配天，明德慎罚"代表了周初的基本政治观和治国方针，形成了"礼刑结合"的宏观法制特色，对后世的政治法律思想和制度产生了深远影响，在汉代的法律儒家化进程中被阐发为"德主刑辅，礼刑并用"的基本策略，为以"礼律合一"为特征的中国传统法制奠定了理论基础。

2. "出礼入刑"的礼刑关系

周朝初年，周公（姬旦）制礼作乐，"德"的具体内容被归纳成"礼"，"德教"就是"礼治"，对于不服从"德教"的行为，则用刑罚加以规范。这就是"出礼入刑"，逾越了礼的边界，就进了刑的地盘。

（1）礼的内涵。"周礼三千，有本有文"："本"即抽象的精神原则，主要包括亲亲（父为首）、尊尊（君为首）；"文"即具体的礼仪形式，主要包括"五礼"[1]"六礼""九礼"等。

（2）礼的性质。周礼已完全具有法的性质（规范性、国家意志性和国家强制性），并在当时起着实际的调整作用。

（3）礼刑关系。礼、刑实为一体之两面，二者相互依存而非对立。换句话说，礼是斯文模样的法，刑是青面獠牙的法。**注意**：西周的"礼""刑"都是法；我们现在所说的"礼"不是"法"，而是道德。

❶"出礼则入刑"：逾越了礼，就要受刑。礼是正面、积极的规范，而刑则是对违礼的行为的处罚。

❷"礼不下庶人，刑不上大夫"：强调礼、刑的适用要分等级、重差别，搞区别对待、不平等待遇。"礼不下庶人"不是说庶人就不守礼，只有大夫才守礼，而是说庶人有庶人的礼，大夫有大夫的礼，适用于庶人的礼并不适用于大夫，适用于大夫的礼也不适用于庶人。例如，《清会典》规定，红盖的"八抬大轿"仅供亲王、郡王乘坐，庶民只能乘坐黑顶的"二抬小轿"。同理，"刑不上大夫"不是说大夫犯罪就不受刑，只有庶人犯罪才受刑，而是说适用于庶人的刑不适用于大夫，反之亦然。例如，大夫以上贵族犯罪亦受刑，但受刑时享有某些特权，如不公开行刑、不受羞辱刑等。

---

[1] 五礼即吉礼（祭祀之礼）、凶礼（丧葬之礼）、军礼（行军作战之礼）、宾礼（迎宾待客之礼）、嘉礼（冠婚之礼）。

> 西周慎罚德配天，敬天敬祖保万民。亲亲尊尊礼核心，出礼入刑讲等级。

经典真题

《左传》云："礼，所以经国家，定社稷，序民人，利后嗣者也"，系对周礼的一种评价。关于周礼，下列哪一表述是正确的？（2015/1/16-单）[1]

A. 周礼是早期先民祭祀风俗自然流传到西周的产物
B. 周礼仅属于宗教、伦理道德性质的规范
C. "礼不下庶人"强调"礼"有等级差别
D. 西周时期"礼"与"刑"是相互对立的两个范畴

二、秦朝至清朝的法律思想

自春秋战国以来，在"百家争鸣"的理论探索和诸侯侵伐的兼并实践中，法家思想、儒家思想展现出自身的价值，先后成为秦朝、汉朝的官方法律思想。

（一）秦朝的法律思想：商鞅变法与法家思想

秦朝的法律思想起自秦国时法家的商鞅。商鞅变法，奖励耕战，以法律为工具，以重刑为威慑，驱使秦人死不旋踵，把秦国改造成一架纯粹的种地、打仗的庞大机器，使得秦国扫灭六国、匡合天下，一跃为秦朝。因此，法家思想成为秦朝的官方正统思想。

自商鞅变法以来，法家主张得以全面贯彻，主要包括：

1. 以法治国。注意：与当代的"依法治国"有天壤之别，"以法治国"是拿法律当作工具的人治，"依法治国"是人人平等、没有特权的法治。

2. 以吏为师。废除传统的讲学和师生，以官吏为教师，禁绝别家学问，专门讲授秦律——"焚书坑儒"是其缩影。

3. 明法重刑，轻罪重刑。彰明法律规定，加重刑罚处置。法家思想认为，人的本性是趋利避害的，那么，对于轻罪处以重刑，就能有效地威慑人们，从而杜绝重罪的发生。

4. 不赦不宥。与重刑主张相适应，对于犯罪，不论何种情形，不免罪（不赦）、不从轻（不宥）。

5. 鼓励告奸。"奸"者，外奸；"宄"（guǐ）者，内奸。向官府告发潜入本国的外奸，其功劳等同于战场上杀敌斩首，官府予以奖励。

（二）汉朝的"德主刑辅"

1. 汉朝借鉴西周"以德配天，明德慎罚"的思想，将其改造为"德主刑辅，德刑并用"。汉朝法律思想大转变的原因在于，秦朝二世而斩，汉朝总结其教训，认为其弊端在

---

[1] C

于"专任法治"，致使秦朝法网严密、严刑峻罚，天下人稍有不慎，就变成了罪犯，"赭衣塞道"（路上挤满了穿囚服的人），因此，秦朝不可能长治久安。

2. 自汉朝起，传统中国的官方法律思想发生转变，从秦朝的法家思想，转为以儒家为主的"德刑并用""礼律融合"的正统法律思想。

（三）唐朝的"礼法合一"

1. 唐朝"礼法合一"的法律思想是对前朝"礼法并用"的继承和发展。例如，《唐律》开篇就说，"德礼为政教之本，刑罚为政教之用"，也就是说，推行国家统治的根本是德礼，刑罚只是其手段。又如，清末纪晓岚评价说，"唐律一准乎礼而得古今之平"，唐律有一条最核心的准则，就是法律规定要合乎礼，因此唐律是古往今来最公平的法律。

2. 秉承这一思想，唐律"科条简要、宽简适中"（法律条文简明扼要，立法范围宽窄适度，遣词造句既不啰哩啰嗦、也不过于简练），立法技术完善，成为中国传统法典的楷模和中华法系形成的标志。

（四）宋朝的"礼律合一"

1. 宋朝法律思想在唐朝基础上发展为"礼律合一"，其思想来源是宋朝的"理学"。宋朝理学的理论来源主要有三：

（1）汉学以前原始经典儒学。

[背景知识] 传统中国的儒学大致可分为三段：第一段是秦朝以前的孔、孟之儒，即原始经典儒学；第二段是汉朝以来董仲舒的"新儒学"，掺杂了法家、阴阳家的学问；第三段是宋明理学，即"二程"（程灏、程颐）、朱熹、王阳明所倡导的儒学派别。

（2）以华严宗和禅宗为主的佛学。宋明理学借鉴了佛学精微广大的思辨及其技巧。

（3）以太极和阴阳学说为主的道教。宋明理学借鉴了道教从最根本规律出发解释事物及其秩序的学问。例如，"道生一，一生二，二生三，三生万物"。

2. 宋朝"礼律合一"思想的主要表现有四：

（1）以法治吏、中央集权。例如，唐末藩镇自地方而祸乱中央，割据天下。宋朝皇权深以为忌，对于藩镇、节度使，从法律上"稍夺其权，制其钱谷，收其精兵"，把权力、财政、粮食、军队统统收归中央管辖。又如，重视修订法律、完善司法程序和体制，严格选拔司法官吏，以控制地方司法、强化中央集权。

（2）义利之辩、重视财政。宋朝重视以法律推动财政，从传统的"讳言财利"转向"利义均重，利义相辅"。例如，"永嘉"功利学派强调，"政事之先，理财为急"。又如，《名公书判清明集》强调，"县令于簿书，当如举子之治本经"，即基层官员对财政账本的重视，应当达到读书人对"四书五经"的熟悉程度。

（3）以"礼律之文"为根本。例如，朱熹明确地说，"正风俗防祸乱"必须以"礼律之文"为根本。

（4）法深无善治。即法律不宜繁杂，不能过于详细，否则就无"善治"可言。例如，南宋陈亮认为"法深无善治"，法律愈详尽而弊病愈极端，只有立法宽简、执法宽仁，才能保全民生，才可谓"善治"。

（五）明朝的"明刑弼教"

1. 明朝"明刑弼教"的法律思想改变了"德"与"刑"的传统关系模式。此前，"明德慎罚""德主刑辅""礼法合一""礼律合一"都强调"德"为主纲、"刑"为从辅，"刑"要受"德"的制约。然而，"明刑弼教"中，"刑"的地位与"德"平等。

2. 这一思想的提出者是宋朝的朱熹，落实者是明朝的朱元璋。例如，朱熹认为，礼、律二者对治国同等重要，"不可偏废"，刑罚不必拘泥于"先教后刑"（讲完道理再打），也可以"先刑后教"（打完再讲道理）。

3. 朱元璋基于"明刑弼教"思想，确立了"重典治国""从重从新"等法律原则。

4. 清朝继承了明朝的立法思想和法律原则。

三、清末至民国的法律思想

（一）清末的法律思想

1. 清末变局，数千年未有。清末法律思想观念的变化主要表现为三个方面：

（1）律学余绪。清末律学是传统律学的延续，其代表作有薛允升《唐明律合编》、沈家本《历代刑法考》、程树德《九朝律考》。

（2）国体之争。在国体上选择君主专制还是君主立宪，相关论争十分激烈。例如，梁启超认为不一定非要君主专制，因为"主权或在君，或在民，或君民皆同有，以其国体之所属而生差别"，而达寿则坚决主张君主专制，因为"我国之为君主国体，数千年于兹矣"。

（3）朝贡式微。传统中国数千年来习惯了朝贡，即在上的中央王朝接受在下的夷邦、藩国进贡，这与基于平等关系的国际公法格格不入。晚清大变局中，有识之士都主张放弃朝贡。例如，李鸿章、张之洞以中体西用的理念接受国际公法理论，丁韪良翻译《万国公法》等国际法著作形推波助澜。

2. 清末代表人物的法律思想如下：

（1）维新派：①主张君主立宪的有康有为、梁启超、严复；②主张资产阶级法治、推进司法改革的有沈家本、伍廷芳。

（2）守旧派：张之洞、刘坤一、劳乃宣主张变法修律不能背离纲常名教这一"数千年相传之国粹"。

（3）折衷派：袁世凯主张立法不得朝令夕改，道德为体、法律为用，改定律例要随时势而变更。其宪政思想摇摆不定、前后矛盾。

3. "礼法之争"。围绕《大清新刑律》等新式法典的修订，"礼教派"（张之洞、刘坤一、劳乃宣等人）与"法理派"（沈家本等人）产生新旧两条路线的"礼法之争"。

（二）民国的法律思想

辛亥革命推翻数千年的帝制，让"民主共和"的观念深入人心。其代表人物的法律思想如下：

1. 孙中山的法律思想集中体现在"三民主义"和"五权宪法"中。

（1）三民主义。包括民族主义、民权主义与民生主义。其中，民权主义是三民主义的核心。三民主义是资产阶级革命派的政治纲领，也是孙中山政治法律思想的核心内容，分旧与新两个阶段。

民族主义	旧：驱除鞑虏，恢复中华。局限于大汉族主义，没有明确反对帝国主义。
	新：一是中国民族自求解放，二是中国境内各民族一律平等。
民权主义	旧：只保护资产阶级的利益。
	新：各革命阶级的共同民主专政，主张主权在民。
民生主义	旧：平均地权，实行国家资本主义。
	新：平均地权，"耕者有其田"；以"节制资本"取代预防资本主义的主张。

（2）五权宪法。即宪法将国家权力分为行政权、立法权、司法权、考试权、监察权，相互制衡，与之相适应，其国家机关实行五院制，即行政院、立法院、司法院、考试院、监察院。实际上就是西方"三权分立"+传统中国的考试和监察制度。

其理论基础是"权能分治"。孙中山认为，"政治"等于政（政权，即管理政府的力量）+治（治权，即政府自身的力量），其中，政权属于人民、治权属于政府。既然人民拥有了选举权、创制权、复决权、罢免权，那么，政府同样需要行政权、立法权、司法权、考试权、监察权。

2. 章太炎推崇民主共和，坚决反对君主专制与国家至上的观念。

3. 宋教仁主张民主立宪，国家权力由政党实际掌握，建立责任内阁制，并将地方行政主体划分为地方自治行政主体与地方官治行政主体，寻求中央集权制与地方分权制之间的折中与平衡。

第2节 立法活动

中国法律史上的立法活动频繁且丰富，赓续绵延数千年，但是，就其关节而言，首推春秋时期公布成文法、清末"预备立宪"这二者。前者结束了夏商周以来近千年的"秘密法"传统，后者打破了自秦朝以来数千年的"诸法合体"传统。

一、春秋时期公布成文法

春秋时期成文法的公布，否定了"刑不可知，则威不可测"的旧传统，明确了"法律公开"的新原则，冲击了旧贵族垄断法律的特权，可谓新兴地主阶级的重大胜利。

当时，有远见的诸侯国纷纷变法图强，其典型有郑国"铸刑书"和晋国"铸刑鼎"。

（一）"铸刑书"

公元前536年，郑国执政子产铸刑书于鼎，是中国历史上第一次公布成文法的活动。对此，晋国大夫叔向批评说，"昔先王议事以制，不为刑辟"（过去的国君处理事务，从来都是依照老祖宗的规矩，不公布成文法）。

（二）"铸刑鼎"

公元前513年，晋国赵鞅铸刑书于鼎，是中国历史上第二次公布成文法的活动。对此，孔子批评说，"晋其亡乎，失其度矣"（晋国是要亡国的节奏啊，连老祖宗的法度都丢掉了——老祖宗的法度就是不公布成文法）。

[记忆口诀] 公布成文法的顺序：先书后鼎。

经典真题

春秋时期，针对以往传统法律体制的不合理性，出现了诸如晋国赵鞅"铸刑鼎"，郑国执政子产"铸刑书"等变革活动。对此，下列哪一说法是正确的？（2016/1/16-单）[1]

A. 晋国赵鞅"铸刑鼎"为中国历史上首次公布成文法
B. 奴隶主贵族对公布法律并不反对，认为利于其统治
C. 打破了"刑不可知，则威不可测"的壁垒
D. 孔子作为春秋时期思想家，肯定赵鞅"铸刑鼎"的举措

二、清末"预备立宪"

"预备立宪"，六年破产。1905年，清政府提出"仿行宪政"，派出以载泽为首的五大臣出洋，考察欧洲、日本等地宪政，并设立"宪政编查馆"准备立宪事宜。1911年，辛亥革命兴起，清廷虽然发布了《十九信条》，然而也无力回天。

（一）立宪原则

预备立宪的根本原则是"大权统于朝廷，庶政公诸舆论"，即国家大权由中央朝廷统一掌握，无关紧要的事务则交给公众舆论去讨论。

（二）立宪机构

1. 资政院。清末预备立宪的中央咨询机构，清朝皇帝直接控制的御用机关，一切决议须报请皇帝定夺，皇帝还有权谕令资政院停会或解散及指定钦选议员。

2. 谘议局。清末预备立宪的地方咨询机构，各省督抚严格控制下的附属品。

经典真题

关于清末"预备立宪"，下列哪一选项可以成立？（2007/1/11-单）[2]

A. 1908年颁布的《钦定宪法大纲》作为中国近代史上第一部宪法性文件，确立了资产阶级民主共和国的国家制度
B. 《十九信条》取消了皇权至上，大大缩小了皇帝的权力，扩大了国会与内阁总理的权力
C. 清末成立的资政院是中国近代第一届国家议会
D. 清末各省成立了谘议局作为地方督抚的咨询机关，权限包括讨论本省兴革事宜、预决算等

---

[1] C
[2] D

主要法典及其内容 第11章

中国法律史赓续数千年，就其关节而言，主要有三：①夏商周并无成文法，主要采取习惯法的形式，即由习惯转化而来、经过国家认可的、不成文的法；②春秋时期公布成文法，中国开始转向成文法的形式；③战国时期商鞅"改法为律"，此后中国历朝历代的主要法典均称作"律"而不称"法"，直到清末修律时，才改回"法"的称呼。

中国是传统的法典法或曰成文法国家，自战国时的《法经》起，直到清末修律以前，赓续"诸法合体"，以一部综合性的基本法典，收纳宪法、刑法、民法等各种法律规范，而以其他法典作为补充。这一传统，至清末修律而斩。

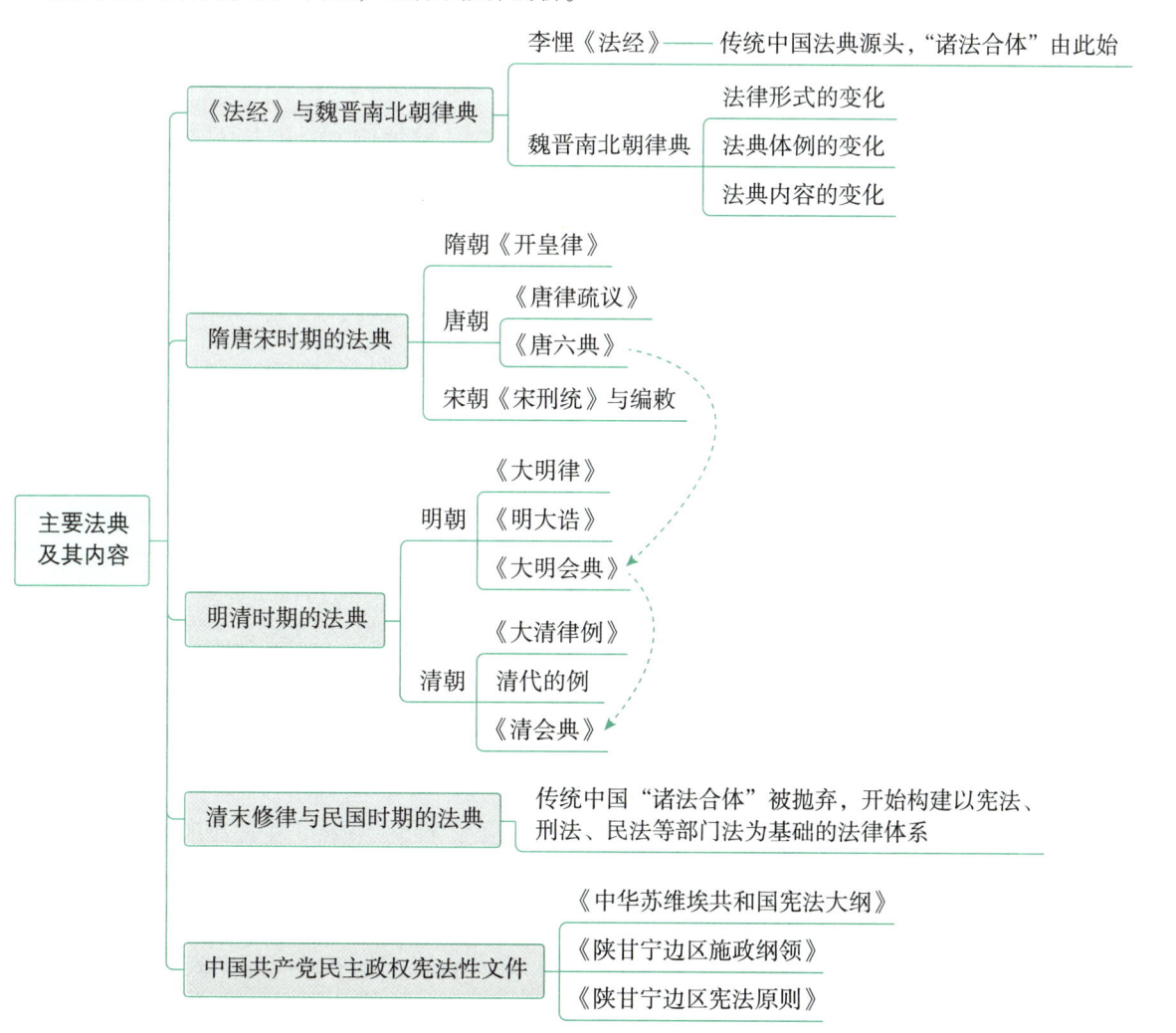

- 主要法典及其内容
  - 《法经》与魏晋南北朝律典
    - 李悝《法经》——传统中国法典源头，"诸法合体"由此始
    - 魏晋南北朝律典
      - 法律形式的变化
      - 法典体例的变化
      - 法典内容的变化
  - 隋唐宋时期的法典
    - 隋朝《开皇律》
    - 唐朝
      - 《唐律疏议》
      - 《唐六典》
    - 宋朝《宋刑统》与编敕
  - 明清时期的法典
    - 明朝
      - 《大明律》
      - 《明大诰》
      - 《大明会典》
    - 清朝
      - 《大清律例》
      - 清代的例
      - 《清会典》
  - 清末修律与民国时期的法典：传统中国"诸法合体"被抛弃，开始构建以宪法、刑法、民法等部门法为基础的法律体系
  - 中国共产党民主政权宪法性文件
    - 《中华苏维埃共和国宪法大纲》
    - 《陕甘宁边区施政纲领》
    - 《陕甘宁边区宪法原则》

第1节 《法经》与魏晋南北朝律典

一、李悝《法经》

战国时期，李悝出任魏文侯的国相，在总结春秋以来各国成文法的基础上制定了《法经》，它是中国历史上第一部比较系统的封建成文法典。

(一)《法经》的体例和内容

1. 六篇体例，先分后总。《法经》共六篇：《盗法》(侵犯财产)、《贼法》(侵犯人身)、《网法》(或称《囚法》)、《捕法》、《杂法》、《具法》。其中，《具法》相当于近代刑法典中的总则部分。

2. 主要内容。《法经》六篇之中，《盗法》《贼法》为首的原因是，李悝认为，"王者之政，莫急于盗贼"。《网法》《捕法》二篇多属于诉讼法的范围。《杂法》是关于"盗贼"之外的其他犯罪和刑罚的规定，其主要内容是"六禁"：淫禁、狡禁、城禁、嬉禁、徒禁、金禁。《具法》是关于定罪量刑中从轻从重等法律原则的规定，起着"具其加减"的作用。

(二)《法经》的历史地位

《法经》是法家思想的产物，它维护封建专制政权，保护地主的私有财产和奴隶制残余，并且贯彻法家的"轻罪重刑"理论。

《法经》反映了新兴地主阶级的利益和意志，它是战国时期封建立法的典型代表和全面总结，其体例和各篇主要内容都为后世所继承。

[记忆口诀]《法经》六篇的篇名：盗贼砸(杂)网拒(具)捕。

二、魏晋南北朝律典

(一) 法律形式的变化

魏晋南北朝时期，律、令、科、比、格、式相互为用。律是以刑法规范为主要内容的基本法典。令是中央朝廷针对特定事项的法令。科用以补充与变通律、令。比是比附或类推，即比照典型判例或相近律文处理法无明文规定的同类案件。格用以补充律，属于刑事性质。式是公文程式，即官方文书的行文规范。

(二) 法典体例的变化

1. 《魏律》：体例先总后分。《魏律》(《曹魏律》)共18篇，将《法经》六篇中的"具律"改为"刑名"，将其从末篇改置于律首，自此，法典体例从"先分后总"改为"先总后分"。

2. 《晋律》：总则改为两篇。《晋律》(《泰始律》)共20篇，在魏律的"刑名律"后增加"法例律"，形成两篇总则的体例。律学家张斐、杜预为之作注，经晋武帝批准，律、注合颁，故又称"张杜律"。

3. 《北齐律》：总则合二为一。《北齐律》共12篇，将"刑名律"与"法例律"两篇合为"名例律"一篇，同时将分则精简为11篇。自此，"一篇总则"的法典形式沿用至今，"12篇体例"（总则1篇+分则11篇）的法典形式沿用至唐宋时期。

《北齐律》承前启后，是魏晋南北朝时期最有水准的法典。

经典真题

关于中国古代社会几部法典的结构体例，下列哪一选项是错误的？（2008/1/9-单）[1]

A.《法经》中相当于近代刑法典总则部分的"具法"被置于六篇中的最后一篇
B.《魏律》对秦汉旧律有较大改革，如将"具律"改为"刑名"，并将其置于律首
C.《晋律》将刑名与法例律合为"名例律"一篇，并将法典篇章数定为20篇
D.《永徽律疏》将疏议分附于律文之后颁行，分为12篇30卷

（三）法典内容的变化

1. 八议。《魏律》以《周礼》"八辟"为依据而定"八议"，对皇朝特权人物犯罪判处刑罚后，实行减免刑罚，包括议亲（皇帝亲戚）、议故（皇帝故旧）、议贤（有大德行）、议能（有大才能）、议功（有大功勋）、议贵（贵族官僚）、议勤（勤于国事）、议宾（前朝皇室宗亲）。该制度被后世沿用。

2. 官当。《北魏律》《陈律》正式规定了允许官吏以官职爵位折抵徒罪的特权制度。

3. 准五服以制罪。《晋律》《北齐律》确立该制度。"五服"即标志着亲属之间血缘远近亲疏的五种丧服，包括斩衰（zhǎn cuī）、齐衰（zī cuī）、大功、小功、缌麻。在刑罚适用上，凡服制愈近，以尊犯卑，处罚愈轻；以卑犯尊，处罚愈重。凡服制愈远，以尊犯卑，处罚愈重；以卑犯尊，处罚愈轻。例如，"老子打儿子"对比"老子打远房大侄子"，对前者的处罚要轻于后者；反过来看，儿子打亲爹（子殴父）对比远房大侄子打这个"老子"（侄殴叔），对前者的处罚要重于后者。

4. "重罪十条"。《北齐律》中首次规定此十类重罪，包括反逆、大逆、叛、降、恶逆、不道、不敬、不孝、不义、内乱。

犯"重罪十条"者，"不在八议论赎之限"，也就是说，不允许以"八议"、赎刑（交钱抵刑）等方式减免刑罚。

隋唐之时，"重罪十条"被发展为"十恶"。

第2节 隋唐宋时期的法典

一、隋朝《开皇律》

在体例上，《开皇律》参酌南北朝各朝刑典，其体例12篇被唐律全部继承；在内容上，《开皇律》对后世影响深远。

（一）确立封建五刑（新五刑）

以笞、杖、徒、流、死为基本的刑罚手段，从法典律文上结束了肉刑。自此，除宋朝

---
[1] C

有变化之外，封建五刑一直作为常刑沿袭至清末刑罚改革。

（二）完善特权制度

《开皇律》继承并发展了前朝"议请减赎当免之法"，充分保护贵族官僚特权。

1. 承袭《曹魏律》的"八议"制度。
2. 规定"例减"制度，特权人物犯罪，如非"十恶"之罪，则例减一等。
3. 规定"赎刑"制度，使以钱财抵刑罚的做法被制度化、法律化。
4. 袭用"官当"制度，并增加区分公罪、私罪的官当标准。

（三）创设"十恶"之条

《开皇律》在《北齐律》"重罪十条"的基础上增删而成"十恶"条款，置于律之首篇"名例律"，后被《唐律》沿袭。

"十恶"的内容如下：

1. 谋反：谋害皇帝、危害国家。
2. 谋大逆：谋划毁坏皇室宗庙、皇陵及宫阙。
3. 谋叛：谋划背叛本朝、投奔敌国。
4. 恶逆：殴打或谋杀祖父母、父母等尊亲。
5. 不道：杀一家非死罪三人，肢解人，以及造畜蛊毒、厌魅。
6. 大不敬：盗皇家祭祀之物或皇帝御用物，盗或伪造皇帝印玺，调配御药误违原方，御膳误犯食禁，以及指斥皇帝、无人臣之礼。
7. 不孝：控告祖父母、父母，对他们供养有缺，未经他们同意分家析产，为他们服丧不如礼。
8. 不睦：谋杀或出卖五服以内亲属，殴打或控告丈夫、大功以上尊长。
9. 不义：杀本管上司、授业师，妇女居夫丧而违礼。
10. 内乱：奸小功以上亲等乱伦行为。

"十恶"所包含的犯罪大致可以分为两类：一是侵犯皇权、特权的犯罪，二是违反伦理纲常的犯罪。唐律规定，对于犯"十恶"者，不适用特权（如议、请、减、赎、官当等规定）予以减刑，而且不允许赦免，不适用自首。

［记忆口诀］ 十恶包括"三谋恶逆，五不内乱"，犯十恶者"不特不赦不首"（不适用特权、不允许减免、不适用自首）。

经典真题

永徽四年（公元653年），唐高宗李治的妹夫房遗爱谋反案发犯"十恶"罪。依《永徽律疏》的规定，对房遗爱应作何处置？（2007/1/57-多）[1]

A. 可适用"八议"免于死刑
B. 应被判处死刑
C. 可以赦免
D. 不适用自首

---

［1］ BD。十恶不赦，亦不能适用特权减免刑罚，故A、C项不当选。

二、唐律与中华法系

（一）《唐律疏议》

1. 唐高宗时，将《永徽律》与《律疏》合颁，称《永徽律疏》。《永徽律疏》以儒家经义为依据，逐条对律文进行解释，阐明律文之精义，继承了汉晋以来特别是晋代张斐、杜预注律的已有成果。因疏文皆以"议曰"二字起头，故元代以后又称其为《唐律疏议》。

2. 总体而言，《唐律疏议》"科条简要、宽简适中"，立法技术完善，是中华法系形成的标志。其历史意义如下：
（1）它是中华法系的代表性法典，标志着中国古代立法达到了最高水平；
（2）它全面体现了中国古代法律制度的水平、风格和基本特征；
（3）它是中国历史上迄今为止保存下来的最早、最完整、最具社会影响力的封建成文法典，对朝鲜、日本、越南等亚洲诸国产生了重大影响。

（二）《唐六典》

《唐六典》是关于唐代官制的行政法典，是明清会典的源头，是我国现存的最早的行政法典。《唐六典》规定了唐代中央和地方国家机关的机构、编制、职责、人员、品位、待遇等，叙述了官制的历史沿革。

三、宋刑统与编敕

（一）《宋刑统》

1. 《宋刑统》于宋太祖建隆年间修订完成，是历史上第一部刊印颁行的法典。其在体例上取法于唐末《大中刑律统类》及五代《大周刑统》，名为"刑统"，却是一部具有统括性和综合性的法典。

2. 《宋刑统》的编纂以传统的刑律为主，同时将有关敕、令、格、式和朝廷禁令、州县常科等条文，都分类编附于后。其特点有四：①篇目、内容大体同于《唐律疏议》；②篇下分门；③律令合编的法典结构；④删去历史渊源部分，亦有避讳改字。

（二）编敕

1. 宋代的敕是皇帝对特定的人或事所作的临时命令，其效力往往高于律，成为断案的依据。敕经过中书省"制论"和门下省"封驳"方为"编敕"，方能通行全国。

2. 宋太祖时有《建隆编敕》。宋仁宗之前，基本上律敕并行。宋神宗变法时设编敕所，敕的地位大幅提高，"凡律所不载者，一断以敕"，敕足以破律、代律。

第3节 明清时期的法典

一、明朝的立法

（一）《大明律》

《大明律》在体例上分为七篇，即一篇总则（名例）、六篇分则（吏、户、礼、兵、刑、工）。它与《北齐律》《唐律》《宋刑统》的12篇体例（1篇总则"名例"+11篇分则）截然不同。

（二）《明大诰》

1. 作为明初的一种特别刑事法规，"大诰"的名称来源于儒家经典《尚书·大诰》，它是"重典治世"思想的集中体现，由明太祖亲审案例的汇编加"训导"构成。

2.《明大诰》的特点有四：①处刑在明律的基础上加重；②超出法定的五刑（笞、杖、徒、流、死），滥用法外刑（如脑箍、夹棍、剥皮等）；③制定专门条文惩治贪官污吏，"重典治吏"；④在中国法制史上普及程度空前。

3. 朱元璋死后，大诰逐渐不再具有法律效力。

经典真题

明太祖朱元璋在洪武十八年（公元1385年）至洪武二十年（公元1387年）间，手订四编《大诰》，共236条。关于明《大诰》，下列哪些说法是正确的？（2014/1/57-多）[1]

A.《大明律》中原有的罪名，《大诰》一般都加重了刑罚
B.《大诰》的内容也列入科举考试中
C. "重典治吏"是《大诰》的特点之一
D. 朱元璋死后《大诰》被明文废除

二、清朝的立法

（一）《大清律例》

1.《大清律例》的体例、形式、结构、篇目大致同于《大明律》，其编修方式为"修例不修律"。

2.《大清律例》是中国历史上最后一部封建成文法典，系集大成者。它上承汉唐精神、制度，又有清代政治特色（如少数民族政策、满汉异制等）。

（二）清代的例

清代的例不是具体的案例，而是高度抽象化、条文化的法律规定。

1. "条例"。一般专指刑事单行法规，大部分编入《大清律例》。
2. "则例"。其指某一行政部门或某项专门事务方面的单行法规汇编。
3. "事例"。其指皇帝就某项事务发布的"上谕"或经皇帝批准的政府部门提出的建议，一般不自动具有永久的、普遍的效力，但可以作为处理该事务的指导原则。
4. "成例"（或曰"定例"）。其指经过整理编订的行政方面的单行法规。

（三）明清会典

《大明会典》的体例仿《唐六典》，以六部官制为纲，属于行政法典。《清会典》"以典为纲，以则例为目"，其编修方式为"修例不修典"。

---

[1] ABC

第4节 清末修律与民国时期的法典

清末之前,传统中国采"诸法合体"。清末修律,中国开始仿照西法,将法律分为宪法、刑法、民法、诉讼法等各个部门法,分别予以修订。

一、清末修律

(一)主要内容

1. 宪法性文件

(1)《钦定宪法大纲》。清廷宪政编查馆编订,是中国近代史上第一个宪法性文件,分正文"君上大权"(14条)和附录"臣民权利义务"(9条)两部分。其特点是皇帝专权,人民无权,以法律的形式确认君主的绝对权力。

(2)《十九信条》。即《宪法重大信条十九条》,是武昌起义爆发后,由资政院起草的宪法性文件。其在形式上被迫缩小了皇帝的权力,相对扩大了议会和总理的权力,但其仍然强调皇权至上,对于人民的权利只字未提。

2. 刑事立法

(1)《大清现行刑律》。其是在《大清律例》的基础上稍加修改而成的一部过渡性法典。其变化包括:①改律名为"刑律";②取消了六律总目,将法典各条按性质分隶30门;③对纯属民事性质的条款不再科刑;④废除了一些残酷的刑罚手段,如凌迟;⑤增加了一些新罪名,如妨害国交罪。

(2)《大清新刑律》。其是中国历史上第一部近代意义上的专门刑法典,仍然维护专制制度和封建伦理,并未正式施行。其主要变化包括:①抛弃"诸法合体",仅规定罪名和刑罚,将法典分为总则和分则;②确立了新刑罚制度,规定刑罚分主刑、从刑;③采用了一些西方刑法原则、制度(如罪刑法定原则、缓刑制度)。

3. 商事立法

第一阶段主要由商部负责,其修订的《商人通例》《公司律》最终定名为《钦定大清商律》,是清朝第一部商律。此外,还颁布了《公司注册试办章程》《商标注册试办章程》《破产律》等。

第二阶段主要由修订法律馆主持,起草了《大清商律草案》《改订大清商律草案》《交易行律草案》《保险规则草案》《破产律草案》等,亦公布了单行商事法规,如《银行则例》《银行注册章程》《大小轮船公司注册章程》等。

4.《大清民律草案》

其特点为"中体西用",前三编"总则、债权、物权"由松冈义正等人仿照德、日民法典拟成,后两编"亲属、继承"由修订法律馆会同礼学馆起草。

5. 诉讼法与编制法

包括《大清刑事诉讼律草案》《大清民事诉讼律草案》(二者仿德国法),《大理院编制法》(单行法规),《各级审判厅试办章程》(过渡性质),《法院编制法》(仿日本法)。

（二）主要特点及其影响

1. 清末修律的主要特点
（1）在思想上，始终仿效西法形式、固守中国传统；
（2）在内容上，将专制的旧传统与西法的新成果进行奇怪地混合；
（3）在形式上，改变了"诸法合体"，形成了近代法律体系的雏形；
（4）在价值上，未反映人民的要求和愿望，不具有真正的民主因素。

2. 清末修律的主要影响。清末修律标志着中华法系开始解体，中华法系"依伦理而轻重其刑"的特点受到极大的冲击。与此同时，清末修律为中国法律的近代化奠定了基础，这是中国历史上第一次全面系统地向国内介绍和传播西方法律学说和资本主义法律制度，在客观上有助于推动中国资本主义经济的发展和教育制度的近代化。

二、民国时期的法典

（一）宪法

1. 南京临时政府时期
（1）《修正中华民国临时政府组织大纲》。它是中华民国第一部全国性的临时宪法文件。受美国宪法影响，基本上采用总统制共和政体、三权分立原则、一院制的议会政治体制。
（2）《中华民国临时约法》。它是中国历史上最初的资产阶级宪法性文件，具有临时宪法的性质。它的内容包括：为限制袁世凯而"因人立法"，改总统制为责任内阁制，扩大参议院的权力，规定特别修改程序。

2. 北京政府时期
（1）"天坛宪草"。即《中华民国宪法（草案）》（1913年）。它是北京政府时期的第一部宪法草案。它采用资产阶级三权分立的宪法原则，确认民主共和制度，试图限制袁世凯的权力，因而未及公布即胎死腹中。
（2）"袁记约法"。即北京政府时期的《中华民国约法》（1914年）。它与《中华民国临时约法》针锋相对：①彻底否定《中华民国临时约法》的民主共和制度，代之以个人独裁；②用总统独裁否定了责任内阁制；③用有名无实的立法院取消了国会制；④为限制、否定《中华民国临时约法》规定的人民基本权利提供了宪法根据。它是军阀专制全面确立的标志。
（3）"贿选宪法"。即北京政府时期的《中华民国宪法》（1923年）。它是中国近代史上首部正式颁行的宪法，特点有二：①以资产阶级共和国粉饰军阀独裁；②以资产阶级民主自由掩盖军阀独裁。

3. 南京国民政府时期
（1）主要包括南京国民政府时期的《训政纲领》和《训政时期约法》、《中华民国宪法草案》（"五五宪草"）、《中华民国宪法》（1947年）。
（2）其特点在于两面性、矛盾性：①表面上"民有、民治、民享"，实际上个人独裁，人民无权，独夫集权；②政体非国会制、内阁制，也非总统制，实际上是个人专制；③比以往任何宪法性文件都更充分地罗列人民权利自由。

(二) 其他法令

1. 南京临时政府时期的其他立法。包括保障民权（解除"贱民"身份、禁止买卖人口），提高女权（孙中山倡议参议院赋予女子以参政权），废特权除陋习（废"大人、老爷"等名称，立"先生、君"），禁烟禁赌，劝禁缠足，剪辫易服，整顿吏治、铨选人才等内容。

2. 北京政府时期的主要立法。包括援用前清旧律（《徒刑改遣条例》《易笞条例》），严刑镇压内乱（《惩治盗匪法》《戒严法》《预戒条例》《治安警察条例》《违警罚法》等），维护地主、官僚买办利益（各种银行则例、《所得税条例》、《不动产登记条例》、《矿产条例》）。

3. 南京国民政府时期的主要立法

（1）民法。采用"民商合一"体制，没有独立的商法典，有商事单行法规，既有《中华民国民法》《著作权法》等单行法规，又有《票据法》《公司法》等特别法。其主要特点包括：①承认习惯和法理可作为判案依据；②保护传统婚姻家庭关系，结婚采用仪式制而非登记制，纳妾合法化；③确认父家长权；④废止旧法中的宗祧继承制度；⑤确认外国人在华权益，民法赋予外国法人与中国法人同样的权利能力。

（2）刑法。1928年《中华民国刑法》是自商鞅"改法为律"以来历史上首部以"刑法"冠名的刑法典。1935年《中华民国刑法》又称"新刑法"，援用"保安处分"，维护传统宗法家庭制度，如同居相隐。

（3）诉讼法与法院组织法。基本上以北京政府的相应文本为蓝本而制定，与此同时，普遍结合具体形势制定特别法，如《非常时期刑事诉讼条例》（抗战爆发后颁布）、《特种刑事法庭组织条例》等。

第5节 中国共产党民主政权宪法性文件

一、《中华苏维埃共和国宪法大纲》

（一）制定经过

井冈山时期，毛泽东倡议党中央制定一个"整个民权革命的政纲"。1930年，"中华工农兵苏维埃第一次全国代表大会中央准备委员会"草拟宪法。1931年，第一次代表大会在瑞金通过《中华苏维埃共和国宪法大纲》。1934年，第二次代表大会作部分修改，增加"同中农巩固的联合"条文。

（二）主要内容

1. 遵循"制宪七大原则"，规定苏维埃政权的性质、政治制度、公民权利义务、外交政策等内容，共17条。

2. 规定了工农民主专政的国家性质、工农兵苏维埃代表大会制度、公民广泛的权利和义务，宣布中华民族完全自由独立且不承认帝国主义特权和不平等条约。

（三）历史意义

《中华苏维埃共和国宪法大纲》是第一部由劳动人民制定的确保人民民主制度的根本

大法，是共产党人领导人民反帝反封建的工农民主专政的伟大纲领。尽管受到"左"倾影响，但其仍然是划时代的宪法性文件。

二、《陕甘宁边区施政纲领》

（一）制定经过

《陕甘宁边区施政纲领》以1937年《抗日救国十大纲领》为准绳，在1939年《陕甘宁边区抗战时期施政纲领》的基础上，于1941年制定，增加"三三制"政权组织形式和保障人权等崭新内容。

（二）主要内容

其主要内容包括：保障抗战（严厉镇压汉奸及反共分子），加强团结（调节阶级关系，一致对外、共同抗日），发展经济（统筹统支、征收统一累进税、巩固边币、维护法币），普及文化（举办学校、普及免费义务教育、尊重知识分子），健全民主（普选制，三三制，保障人权、财权和自由，有权控告公务人员非法行为，男女同权、保护妇女，民族反对歧视、平等自治，尊重信仰、风俗）。

[记忆口诀]《陕甘宁边区施政纲领》的主要内容：您刚组团扛经文。

（三）历史意义

《陕甘宁边区施政纲领》标志着新民主主义法制的形成和重大发展，全面系统反映了抗日民族统一战线的要求和抗战时期的宪政主张，是实践经验的科学概括与总结。

三、《陕甘宁边区宪法原则》

（一）制定经过

1946年南京国民政府《关于宪草问题的协议》规定了制定省宪的原则，据此，陕甘宁边区第三届参议会于1946年通过了《陕甘宁边区宪法原则》。

（二）主要内容

1. 《陕甘宁边区宪法原则》分为"政权组织""人民权利""司法""经济""文化"五个部分，共二十余条。

[记忆口诀]《陕甘宁边区宪法原则》的主要内容：宁愿正经人斯文。

2. 管理政权机关为边区、县、乡人民代表会议；政治权利自由受政府指导和物质帮助；人民一律平等；人民有权控告失职公务人员；司法独立不受干涉；耕者有其田，允许公营、合作、私营；普及文化，从速消灭文盲，减少疾病与死亡。

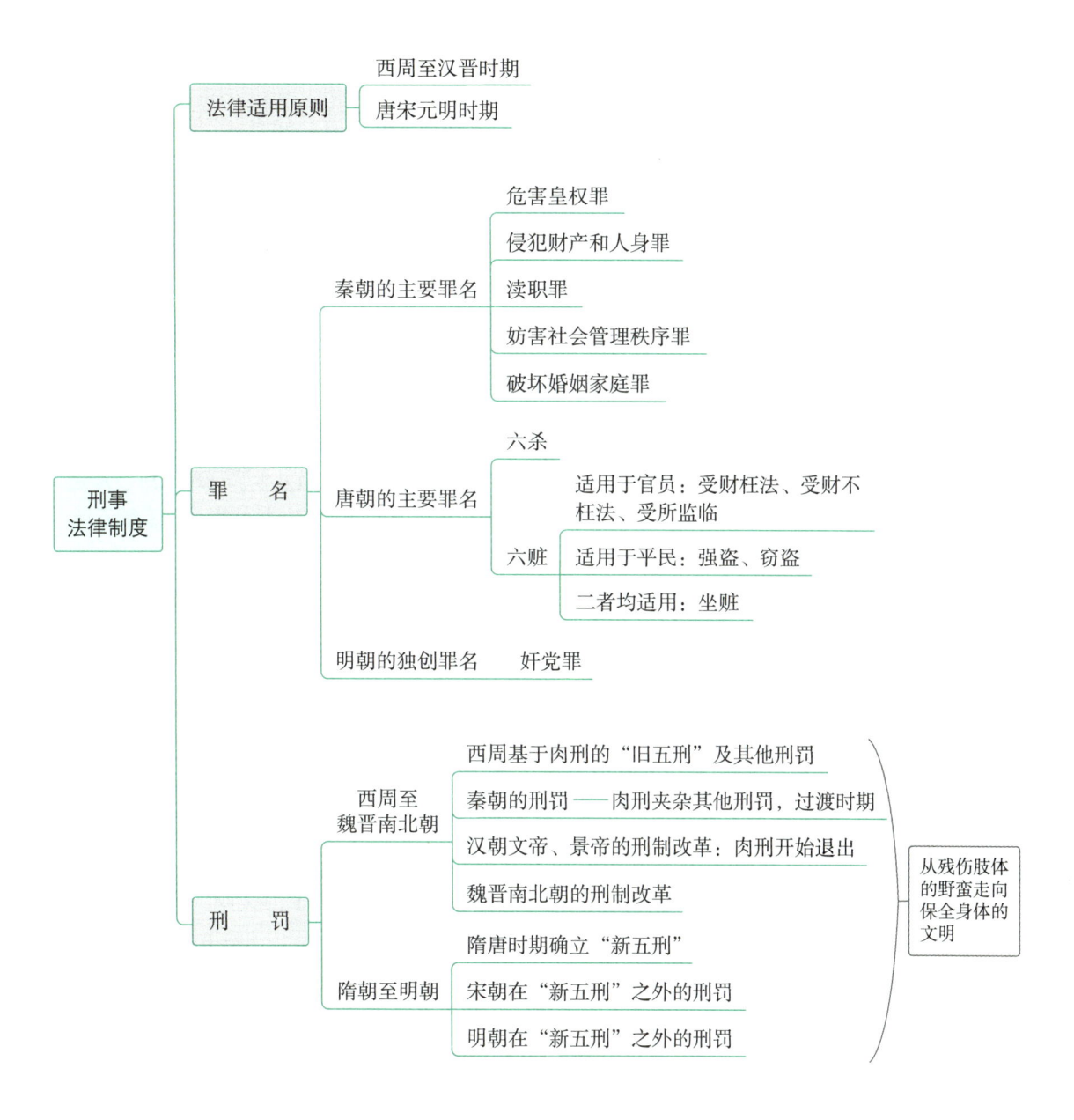

刑事法律制度 第12章

```
刑事      ┬─ 法律适用原则 ┬─ 西周至汉晋时期
法律制度   │              └─ 唐宋元明时期
          │
          ├─ 罪　名 ┬─ 秦朝的主要罪名 ┬─ 危害皇权罪
          │        │                ├─ 侵犯财产和人身罪
          │        │                ├─ 渎职罪
          │        │                ├─ 妨害社会管理秩序罪
          │        │                └─ 破坏婚姻家庭罪
          │        │
          │        ├─ 唐朝的主要罪名 ┬─ 六杀
          │        │                └─ 六赃 ┬─ 适用于官员：受财枉法、受财不
          │        │                        │          枉法、受所监临
          │        │                        ├─ 适用于平民：强盗、窃盗
          │        │                        └─ 二者均适用：坐赃
          │        │
          │        └─ 明朝的独创罪名 ── 奸党罪
          │
          └─ 刑　罚 ┬─ 西周至    ┬─ 西周基于肉刑的"旧五刑"及其他刑罚
                   │  魏晋南北朝 ├─ 秦朝的刑罚──肉刑夹杂其他刑罚，过渡时期
                   │            ├─ 汉朝文帝、景帝的刑制改革：肉刑开始退出
                   │            └─ 魏晋南北朝的刑制改革
                   │
                   └─ 隋朝至明朝 ┬─ 隋唐时期确立"新五刑"
                                ├─ 宋朝在"新五刑"之外的刑罚
                                └─ 明朝在"新五刑"之外的刑罚
```

从残伤肢体的野蛮走向保全身体的文明

第1节 法律适用原则

一、西周至汉晋时期

(一) 西周

西周区分"眚"(过失)、"非眚"(故意),"惟终"(惯犯)、"非终"(偶犯)。

(二) 秦朝

1. 主观方面区分故意(端)与过失(不端)。
2. "成年看身高"。刑事责任能力以身高(男女皆为六尺五寸)为标准。
3. 按赃定罪。盗窃按赃值分三等(110钱、220钱、660钱)定罪。
4. 加重情节:①共犯与集团犯罪(5人以上)加重处罚;②累犯加重处罚;③教唆犯罪加重处罚。
5. 自首减轻处罚:①携公物外逃而主动自首者,以逃亡而非盗窃论处;②隶臣妾逃亡后又自首者,只笞五十,补足期限;③犯罪后主动消除犯罪后果者,减免处罚。
6. 诬告反坐。即以被诬告人所受的处罚,反过来制裁诬告者。

> **经典真题**
>
> 秦始皇时期,某地有甲乙两家相邻而居,但积怨甚深。有一天,该地发生了一起抢劫杀人案件,乙遂向官府告发系甲所为。甲遭逮捕并被定为死罪。不久案犯被捕获,始知甲无辜系被乙诬告。依据秦律,诬告者乙应获下列哪种刑罚?(2006/1/15-单)[1]
>
> A. 死刑　　　　　　　　　　B. 迁刑
> C. 城旦舂　　　　　　　　　D. 笞一百

(三) 汉朝

1. 上请。即请示皇帝减免特权人物的刑罚。官僚贵族犯罪后从徒刑二年到死刑均可适用。
2. 恤刑。即矜老恤幼。年80岁以上的老人、8岁以下的幼童,以及怀孕未产的妇女、老师、侏儒等,监押期间不戴刑具。老人、幼童及连坐妇女,除犯大逆不道诏书指明追捕的犯罪之外,一律不予拘捕监禁。
3. 亲亲得相首匿。汉宣帝时期确立,源于儒家"父为子隐,子为父隐,直在其中"理论。
   (1) 卑幼隐瞒尊长的犯罪行为,一概不追究刑事责任。例如,子女隐瞒父母的罪行,孙子女隐瞒祖父母的罪行,妻子隐瞒丈夫的罪行,均无罪。
   (2) 尊长隐瞒卑幼的犯罪行为,分情况处理:如果卑幼的犯罪不至于处死刑,则尊长不负责任;如果卑幼的犯罪应处死刑,则上请皇帝对尊长予以宽大处理。

---

[1] A

经典真题

西汉末年，某地一男子偷盗他人一头牛并贩卖到外乡，回家后将此事告诉了妻子。其妻隐瞒未向官府举报。案发后，该男子受到惩处。依照汉代法律，其妻的行为应如何处理？（2005/1/15-单）[1]

A. 完全不负刑事责任　　　　　　B. 按包庇罪论处
C. 与其丈夫同罪　　　　　　　　D. 按其丈夫之罪减一等处罚

（四）魏晋时期

魏晋时多有规定，行刑优待妇女。例如，魏明帝时规定，对妇人执行笞刑时改从鞭督之例，以罚金代之，以免因笞刑剥衣而裸露身体。又如，《晋律》规定，"女人当罚金杖罚者，皆令半之"，《梁律》沿用这一规定，且规定"女人当鞭罚者，皆半之"，"女子怀孕，勿得决罚"。再如，《北魏律》规定，"妇人当刑而孕，产后百日乃决"。

二、唐宋元明清时期

（一）唐朝

1. 区分公罪、私罪

公罪，即"缘公事致罪而无私曲者"。私罪者，一是"不缘公事私自犯者"，如盗窃、强奸等；二是"虽缘公事，意涉阿曲"，如受人嘱托、枉法裁判等。

公罪从轻、私罪从重。适用"官当"制度时也要区分公罪、私罪。

2. 自首

（1）区分自首（罪未发而自首）与自新（罪已发或逃亡后再投案）。

（2）"于人损伤，于物不可备偿"，十恶，"越渡关及奸，私习天文"，不得自首。

（3）自首免罪，但"正赃犹征如法"（赃物依法如数偿还）。

（4）"自首不实"（对犯罪性质交代不彻底）、"自首不尽"（对犯罪情节交代不彻底）者，各依不实不尽之罪罪之。至死者，听减一等。

（5）轻罪已发，能首重罪，免其重罪；审问它罪能自首余罪，免其余罪。

3. 化外人相犯

"诸化外人，同类自相犯者，各依本俗法；异类相犯者，以法律论。"即具有同一国籍的外国公民在中国犯罪的，按其本国法律处断（属人主义原则）；具有不同国籍的外国公民在中国犯罪的，按中国法律处断（属地主义原则）。

经典真题

唐朝开元年间，旅居长安的突某（来自甲国）将和某（来自乙国）殴打致死。根据唐律关于"化外人"犯罪适用法律的原则，下列哪一项是正确的？（2006/1/17-单）[2]

A. 适用当时甲国的法律

---

[1] A。卑幼隐匿尊长的犯罪，完全不负责任，妻卑夫尊，故妻完全不负刑事责任。因此，A项当选，其他选项不当选。

[2] D

B. 适用当时乙国的法律

C. 当时甲国或乙国的法律任选其一

D. 适用唐朝的法律

4. 类推

"断罪而无正条（对律文无明文规定的同类案件），其应出罪者（凡应减轻处罚的），则举重以明轻（列举重罪处罚规定，比照以解决轻案）；其应入罪者（凡应加重处罚的），则举轻以明重（列举轻罪处罚规定，比照以解决重案）。"

（二）元朝

元朝法制中有"四等人"原则。元朝实行"蒙汉异制"，将民众分为蒙古人、色目人、汉人和南人，其地位从高到低。就其具体表现而言，在科举任官上，歧视汉人、南人；在定罪量刑上，实行同罪异罚。

（三）明朝

1. 刑罚从重从新原则。例如，《大明律·名例》规定："凡律自颁降日为始，若犯在已前者，并依新律拟断。"

2. "重其所重，轻其所轻"。这一原则是将明律与唐律对比后得出的。"重其所重"，是指对于贼盗及有关钱粮等事，唐律分情节，少牵连；而明律不分情节，一律重刑，扩大株连。"轻其所轻"，是指对于"典礼及风俗教化"等一般性犯罪，明律处罚轻于唐律。同时，明律对某些危害不大的"轻罪"从轻处罚是为了突出"重其所重"的原则。

清朝继承这一原则。例如，清朝扩大和加重对"十恶"中"谋反""谋大逆"等侵犯皇权之罪的惩罚。凡"谋反""谋大逆"案中，只要参与共谋，即不分首从，一律凌迟处死；其父子、祖孙、兄弟及同居之人（不论同姓异姓）、伯叔父、兄弟之子（不限户籍之同异），年16岁以上者（不论笃疾、废疾）皆斩；15岁以下者及犯人之母女妻妾、姊妹及子之妻妾，"皆给付功臣之家为奴，财产入官"。又如，尽管清律中并未直接规定"文字狱"，但所有"文字狱"均按"谋反""谋大逆"定罪，以文获罪者罪名最重，多被处极刑并株连最广。

第2节 罪 名

一、秦朝的主要罪名

秦朝推行法家主张，"以法为教，以吏为师"，实行严刑峻法。

危害皇权罪	谋反；泄露机密；偶语诗书、以古非今；诅咒、诽谤；妄言、妖言；非所宜言；投书；不行君令。
侵犯财产和人身罪	财产犯罪：盗、共盗（5人以上共同盗窃）、群盗（聚众反抗统治秩序，政治犯罪）。 人身犯罪：贼杀、伤人、斗伤、斗杀。
渎职罪	见知不举、不直（故意颠倒轻重）、纵囚（故意放纵）、失刑（因过失而量刑不当）。

	续表
妨害社会管理秩序罪	违令卖酒；逋（bū）事（逃避徭役不报到）、乏徭（抵达服役处又逃走）等逃避徭役罪；逃避赋税。
破坏婚姻家庭罪	夫殴妻、夫通奸、妻私逃；擅杀子、子不孝、子女控告父母、卑幼殴尊长、乱伦。

📖 经典真题

秦律明确规定了司法官渎职犯罪的内容。关于秦朝司法官渎职的说法，下列哪一选项是不正确的？（2014/1/16-单）[1]

A. 故意使罪犯未受到惩罚，属于"纵囚"
B. 对已经发生的犯罪，由于过失未能揭发、检举，属于"见知不举"
C. 对犯罪行为由于过失而轻判者，属于"失刑"
D. 对犯罪行为故意重判者，属于"不直"

二、唐朝的主要罪名

六 杀	《唐律》将杀人罪区分为六种：①谋杀（预谋杀人）；②故杀（事先虽无预谋，但情急杀人时已有杀人的意念）；③斗杀（原无杀心，因相殴过于激愤而杀人）；④误杀（斗殴中错杀旁人）；⑤戏杀（相互嬉戏中因行为不当而致人死亡）；⑥过失杀（耳目所不及，思虑所不到而置人于死者）。
六 赃 适用于官员的赃罪	①受财枉法（官吏收受财物导致枉法裁判的行为）。 ②受财不枉法（官吏收受财物，但无枉法裁判行为）。 ③受所监临（官吏利用职权非法收受所辖范围内百姓或下属财物的行为）。《唐律》规定有"事后受财"，即"诸有事先不许财，事过之后而受者，事若枉，准枉法论；事不枉者，以受所监临财物论"。
适用于平民的赃罪	④强盗（以暴力获取公私财物的行为）。 ⑤窃盗（以隐蔽的手段将公私财物据为己有的行为）。
两者皆适用的赃罪	⑥坐赃。明清律典中均配有《六赃图》。

三、明朝的独创罪名

明朝罪名多借鉴前朝，但是，"奸党"罪系明朝独创。该罪为朱元璋创设，无确定内容，为皇帝任意杀戮功臣宿将提供合法依据。

刑 罚 第3节

整体来看，夏商周时期的刑罚均属于残伤肢体的肉刑（如"旧五刑"：墨、劓、剕、宫、

---

[1] B

大辟）。自汉朝至魏晋南北朝，肉刑所占比例逐渐被削减。隋朝确立了"新五刑"（笞、杖、徒、流、死），后世均沿用其为主刑，但是，宋、明、清都在主刑之外设立其他刑罚。

一、西周至魏晋南北朝

（一）西周

西周有"（旧）五刑"，皆为残伤肢体的肉刑。主要包括：

1. 墨。脸上刺字，破坏肌肤的完整性。
2. 劓。割鼻，破坏五官的完整性。
3. 剕。刖，破坏下肢的完整性。
4. 宫。"男子去其势，女子幽闭"，破坏生殖系统的完整性。对男子，宫刑破坏外生殖系统的完整性，以刀割之；对女子，宫刑破坏内生殖系统的完整性，据载其行刑方式是以木棍击打女子后腰，造成永久不孕不育，使其繁衍生命的系统永久的（幽）堵塞（闭）。
5. 大辟。死刑的总称，以各种破坏身体完整性的方式剥夺生命，如磔（俗称大卸八块）、车裂（俗称五马分尸）、菹醢（zǔ hǎi，即剁成肉酱）、脯（即片成肉片）等。

此外，还有流、扑、鞭、赎等非常之刑及其他酷刑。

（二）秦朝

秦朝的刑罚种类繁多，但体系不完整，极为残酷，过渡时期的特征明显。

相当于现代的主刑	笞刑	针对轻微犯罪而设，或作为减刑后的刑罚。
	徒刑	①城旦舂（男犯筑城，女犯舂米）；②鬼薪（男犯为祭祀砍柴）、白粲（càn，女犯为祭祀择米）；③隶臣妾（罚为官奴，男称隶臣，女称隶妾）；④司寇（伺察寇盗）；⑤候（发往边地充当斥候，即侦察兵）。
	流放刑	迁刑和谪刑（适用于犯罪的官吏），都比后世的流刑要轻。
	肉刑	黥（或墨）、劓、刖（或斩趾）、宫，多并处城旦舂等较重徒刑。
	死刑	弃市、戮、磔、腰斩、车裂、枭首、族刑、具五刑。（《汉书·刑法志》载："当夷三族者，皆先黥、劓，斩左右趾，笞杀之，枭其首，菹其骨肉于市。其诽谤詈诅者，又先断舌。"）
相当于现代的附加刑	耻辱刑	髡（kūn）、耐；死刑中的"戮"刑也有羞辱之意。
	赀刑	赀甲、赀盾（纯属罚金性质）；赀戍；赀徭。
	赎刑	非独立刑种，适用广泛。
	株连刑	族刑、收（收孥、籍家）。

> 经典真题

秦汉时期的刑罚主要包括笞刑、徒刑、流放刑、肉刑、死刑、羞辱刑等，下列哪些选项属于徒刑？（2012/1/56-多）[1]

---

[1] ABD

A. 候　　　　　　　　　　　　B. 隶臣妾
C. 弃市　　　　　　　　　　　D. 鬼薪白粲

（三）汉朝的刑制改革

汉文帝时，民女淳于缇萦上书朝廷，愿代替父亲接受肉刑。汉文帝由此改革肉刑，但是，其措施将刑罚不恰当地由轻改重（劓改为笞三百、斩左趾改为笞五百、斩右趾改为弃市），因此被批评为"外有轻刑之名，内实杀人"。此后，汉景帝再度将肉刑改轻，以《箠令》规定笞杖尺寸、材质、刑制，以及行刑不得换人。"文景刑制改革"开启了肉刑退出、新刑制建立的历史。

经典真题

汉代曾发生这样一件事情：齐太仓令获罪当处墨刑，其女缇萦上书请求将自己没为官奴，替父赎罪。这一事件导致了下列哪一项法律制度改革？（2005/1/17-单）[1]

A. 汉高祖规定"上请"制度
B. 汉文帝废除肉刑
C. 汉文帝确立"官当"制度
D. 汉景帝规定"八议"制度

（四）魏晋南北朝的刑制改革

1. 规定绞、斩等死刑。
2. 规定流刑。北周时流刑分为五等，并罚鞭刑。
3. 规定鞭刑与杖刑。北魏始，北齐、北周继。
4. 废除宫刑。其顺序大致是先北朝，后南朝。

二、隋朝至明朝

（一）隋唐时期

隋朝《开皇律》确立了封建五刑（或曰"新五刑"），即笞、杖、徒、流、死（绞死、斩死）。唐朝以降，继承了这一刑罚体系。

（二）宋朝

宋朝在"新五刑"体系之外，又有以下创制：

1. 折杖法。宋太祖于建隆四年始定，该法将笞、杖、徒、流刑折合成杖刑，使"流罪得免远徙，徒罪得免役年，笞杖得减决数"。折杖法对反逆、强盗等重罪不予适用。
2. 配役刑。渊源于隋唐的流配刑，其中最严酷者为刺配，系刺面、杖脊、配流之集合。刺配源于五代时后晋天福年间的刺面之法，系对罪行严重的流刑罪犯的处罚。宋初刺配非常设之刑，《宋刑统》亦无此规定。宋太祖偶用，仁宗后渐成常制。
3. 凌迟刑。始于五代时的辽，仁宗时首开凌迟刑，神宗熙宁以后成为常刑。至南宋，在《庆元条法事类》中正式作为法定死刑，与绞、斩两种死刑执行方式并列，却更为残酷。

---
[1] B

（三）明朝

明朝在"新五刑"体系之外，又设以下刑罚：

1. 充军刑。强迫犯人到边远地区服苦役，并有本人终身充军与子孙永远充军的区分。

2. 廷杖之刑。廷杖系法外用刑，由锦衣卫施刑，司礼监监刑，在朝堂上对臣工施以重杖，受刑者轻则卧床，重则毙命。

民事法律制度 第13章

民事法律制度中的契约、婚姻、继承三者，大致在西周发端，于唐宋变化。就前者而言，西周时法律规定的官府对契约的管理，婚姻的原则和要件，继承中嫡长子在政治地位、家族地位上的优势，沿用至清末；就后者而言，契约中的典卖契约、婚姻中女性离婚的自主权和官府强制离婚、继承中女儿的继承权，都是在唐宋之际出现。

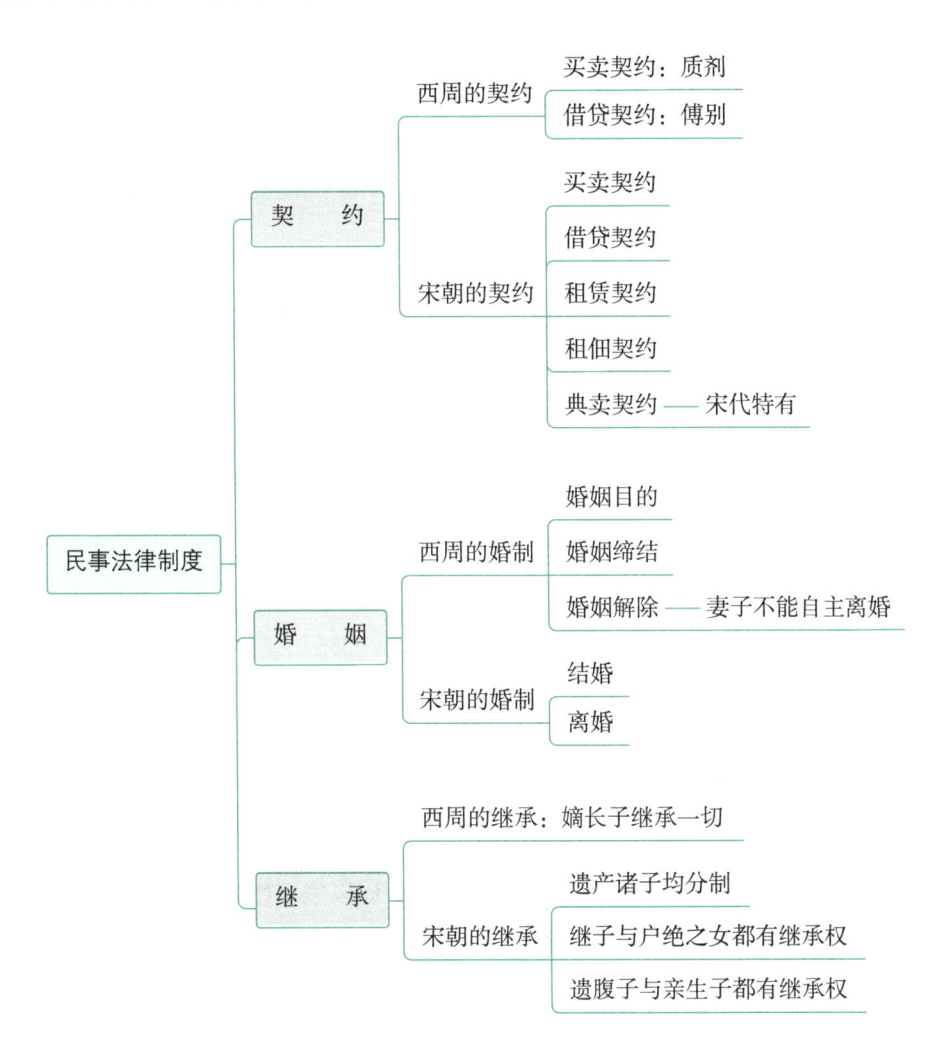

- 民事法律制度
  - 契约
    - 西周的契约
      - 买卖契约：质剂
      - 借贷契约：傅别
    - 宋朝的契约
      - 买卖契约
      - 借贷契约
      - 租赁契约
      - 租佃契约
      - 典卖契约——宋代特有
  - 婚姻
    - 西周的婚制
      - 婚姻目的
      - 婚姻缔结
      - 婚姻解除——妻子不能自主离婚
    - 宋朝的婚制
      - 结婚
      - 离婚
  - 继承
    - 西周的继承：嫡长子继承一切
    - 宋朝的继承
      - 遗产诸子均分制
      - 继子与户绝之女都有继承权
      - 遗腹子与亲生子都有继承权

第1节 契约

一、西周的契约

（一）买卖契约

1. 西周的买卖契约称"质剂"。"大市为质，小市为剂"，即买卖奴隶、牛马等大物使用较长的契券"质"，买卖兵器、珍异之物等小物使用较短的契券"剂"。
2. "质""剂"由官府制作，并由"质人"专门管理。

（二）借贷契约

西周的借贷契约称"傅别"。"傅"，是把债的标的和双方的权利义务等写在契券上；"别"，是在简札中间写字，然后一分为二，双方各执一半，札上的字为半文。

二、宋朝的契约

宋制在契约之债的成立上强调双方的合意性，同时维护家长的财产支配权（或有孀妇立契，亦须隔帘亲闻商量）。其类型如下：

1. 买卖契约。分为绝卖（一般买卖）、活卖（典卖）和赊卖（类似预付方式）三种，皆由官府认定。
2. 借贷契约。宋律明确区分"借"（使用借贷）、"贷"（消费借贷）。不付息的使用借贷称为"负债"；付利息的消费借贷称为"出举"（或曰"出息"）（民间因而有俗语"没出息"），"出举者不得迴利为本"（禁止高利贷）。
3. 租赁契约。对房宅的租赁称为租、赁或者借，对人畜车马的租赁称为庸、雇。
4. 租佃契约。①租佃契约须明定纳税与纳租条款；②地主向国家缴纳田赋；③若佃户过期不交地租，地主借官府之力代为索取。
5. 典卖契约。典卖又称"活卖"，为宋代特有，即卖方通过让渡物的使用权收取部分利益而保留回赎权。

第2节 婚姻

一、西周的婚制

（一）婚姻目的

"合二姓之好，上以事宗庙，下以利后嗣。"自西周以来，婚姻并非两个人的结合，而是两家人、两姓氏的联合，既要对得起列祖列宗，又要有利于子孙后代。

（二）婚姻缔结

1. 实质要件有三：

（1）一夫一妻制。媵（yìng）嫁之妾和婢与正妻不同。

(2) 同姓不婚。其原因有二：① "男女同姓，其生不蕃。"西周时姓氏相同则意味着有血缘关系，属于血亲婚姻，子孙后代会受其害。② "娶于异姓，附远厚别。"与异姓联姻，借以攀附高门大姓，凸显与别人的差别。

(3) 父母之命，媒妁之言。无此要件，则为"淫奔"。

2. 婚姻缔结形式（形式要件）称为"六礼"。

(1) 纳采，即男方请媒人向女方提亲；

(2) 问名，即女方应允议婚后男方请媒人问女子名字、生辰等，并于祖庙占卜吉凶；

(3) 纳吉，即卜得吉兆后订婚；

(4) 纳征（纳币），即男方送聘礼到女家；

(5) 请期，即男方携礼至女家商定婚期；

(6) 亲迎，即婚期之日男方亲自迎娶女方。

[记忆口诀] 蔡文姬，真气银。

(三) 婚姻解除

1. "七出/七去"。西周法律没有规定妻子有离婚权，仅规定了丈夫或公婆可以休弃妻子或儿媳的七种情形，是谓"七出"或"七去"，具体包括：不顺父母、无子、淫、妒、有恶疾、多言、窃盗。

2. "三不去"。西周法律规定了"七出"的三种例外情形，出现这三种情形则不允许休弃妻子或儿媳，是谓"三不去"，具体包括：有所娶无所归（女子出嫁后娘家败落，休之则无处可归）、前贫贱后富贵（夫家娶妻时贫贱，娶妻后富贵，休之则不合仁义）、与更三年丧（妻子陪丈夫居公婆丧，其间承担了家庭重担，休之则不合人道）。

经典真题

下列哪一选项不属于我国西周婚姻制度中婚姻缔结的原则？（2004/1/15-单）[1]
A. 一夫一妻制　　　　　　　　　　B. 同姓不婚
C. "父母之命，媒妁之言"　　　　　D. "七出""三不去"

二、宋朝的婚制

(一) 结婚

1. 宋承唐律，"男年十五，女年十三以上，并听婚嫁"，违犯婚龄规定的，不准婚嫁。

2. 禁止五服以内亲属结婚，不禁止姑舅两姨兄弟姐妹结婚。"诸州县官人在任之日，不得共部下百姓交婚，违者虽会赦仍离之。其州上佐以上及县令，于所统属官亦同。其定婚在前，任官居后，及三辅内官门阀相当情愿者，并不在禁限。"

(二) 离婚

1. 自西周起直到清末，包括唐宋在内，离婚的法律规定基本上沿用"七出"与"三不去"制度。但是，唐宋之时对离婚的规定有少许变通：

---

[1] D

（1）夫外出三年不归，六年不通问，准妻改嫁或离婚；但是"妻擅走者徒三年，因而改嫁者流三千里，妾各减一等"。

（2）夫亡而妻"不守志"者，"若改适（嫁），其见在部曲、奴婢、田宅不得费用"，即允许寡妻改嫁，但是，改嫁的寡妻只能带走当初自己的嫁妆，而不能带走、转移夫家的家族财产。

2. 和离。顾名思义，即夫妻和气地离婚。唐宋之时的法律规定，夫妻不相安谐者，准"和离"。

3. 义绝。唐律首次予以规定，宋承唐制。义绝，是指官府审断强制离婚，而无论夫妻双方是否同意。

义绝适用于夫妻间，或夫妻双方亲属间，或夫妻一方，对他方亲属凡有殴、骂、杀、伤、奸等恩断义绝行为的情形。"义绝"构成的条件多偏袒夫家，妻方之前述行为多可被视为"义绝"。

第3节 继 承

一、西周的继承

西周对于所有的继承事项均实行嫡长子继承制，包括政治身份、土地、财产的继承。

西周确定嫡长子的原则是"立嫡以长不以贤，立子以贵不以长"。在继承人均为嫡子的情形中，以年龄最长的嫡子为继承人，而不是以最贤之子为继承人；在继承人有嫡子也有庶子的情形中，以出身为贵的嫡子为继承人，而不以出身为贱的庶子为继承人，即使庶子的年龄大过嫡子。

二、宋朝的继承

与前朝相比，宋朝在继承方面的立法有三点特色：

1. 遗产兄弟均分制。宋朝之前，有遗产兄弟均分的做法，却没有这一制度，也就是说，宋朝之前的法律并没有规定遗产兄弟均分。

2. 继子与户绝之女均享有继承权，但只有在室女（未嫁女）的，在室女得3/4，继子得1/4；只有出嫁女（已婚女）的，出嫁女、继子、官府各得1/3。

宋朝法律规定，若"户绝"，则立继方式有二：①凡"夫亡而妻在"，立继从妻，称"立继"；②凡"夫妻俱亡"，立继从其尊长亲属，称"命继"。

3. 承认遗腹子与亲生子享有同样的继承权。

经典真题

关于中国古代婚姻家庭与继承法律制度，下列哪一选项是错误的？（2007/1/10-单）[1]

---

[1] B

A. 西周时期"七出""三不去"的婚姻解除制度为宗法制度下夫权专制的典型反映,然而"三不去"制度更着眼于保护妻子权益
B. 西周的身份继承实行嫡长子继承制,而财产继承则实行诸子平分制
C. 宋承唐律,但也有变通,如《宋刑统》规定,夫外出3年不归、6年不通问,准妻改嫁或离婚
D. 宋代法律规定遗产除由兄弟均分外,允许在室女享有部分的财产继承权

第14章 司法制度

夏商周时期，天子不干预诸侯国的司法事务，西周的司法制度因而聚焦于中央。自秦汉到魏晋南北朝，司法制度初具规模，"中央三法司"雏形始现，中央对地方司法的监督进一步完善。隋唐宋明清时期，司法制度粲然大备，尤其是"中央三法司"沿革、唐宋时期的审讯制度、明清时期的会审制度，堪称超卓。清末变局，改"中央三法司"，仿近代西方司法制度，其中，审检合署制、四级三审制、治外法权等，直接影响到民国。

- 司法制度（一）
  - 司法机关
    - 西周至魏晋南北朝
      - 西周的中央司法机关
      - 秦汉时期的司法机关与御史
      - 魏晋南北朝为"中央三法司"奠定基础
    - 唐宋至清朝中期
      - 唐宋时期
        - 中央三法司
        - 台谏合一
        - 中央司法派出机构
      - 明清时期
        - 中央三法司
        - 地方司法机关
        - 明朝基层设调解机构"申明亭"
    - 清末至民国时期
      - 清末司法机构改革
      - 民国时期的司法机关

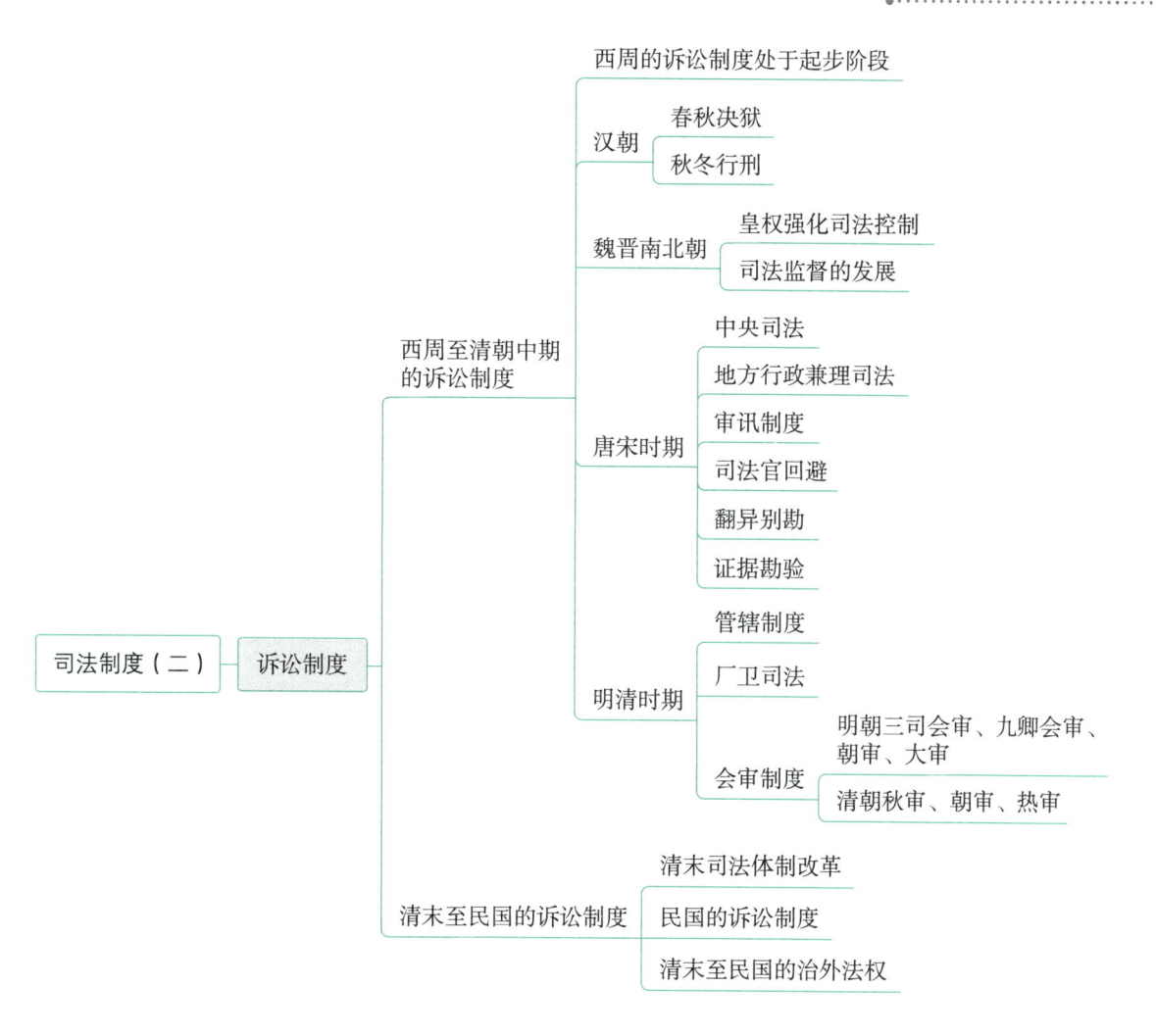

```
                                        ┌─ 西周的诉讼制度处于起步阶段
                                        │
                                        │         ┌─ 春秋决狱
                                        ├─ 汉朝 ──┤
                                        │         └─ 秋冬行刑
                                        │
                                        │              ┌─ 皇权强化司法控制
                                        ├─ 魏晋南北朝 ─┤
                                        │              └─ 司法监督的发展
                                        │
                                        │              ┌─ 中央司法
              ┌─ 西周至清朝中期         │              ├─ 地方行政兼理司法
              │   的诉讼制度 ───────────┤              ├─ 审讯制度
              │                         ├─ 唐宋时期 ──┤
              │                         │              ├─ 司法官回避
              │                         │              ├─ 翻异别勘
              │                         │              └─ 证据勘验
              │                         │
              │                         │              ┌─ 管辖制度
              │                         │              ├─ 厂卫司法
              │                         └─ 明清时期 ──┤           ┌─ 明朝三司会审、九卿会审、
              │                                        │           │  朝审、大审
 司法制度(二)─ 诉讼制度                                └─ 会审制度┤
              │                                                    └─ 清朝秋审、朝审、热审
              │
              │                          ┌─ 清末司法体制改革
              └─ 清末至民国的诉讼制度 ──┤─ 民国的诉讼制度
                                         └─ 清末至民国的治外法权
```

司法机关　第1节

一、西周至魏晋南北朝

（一）西周至秦汉时期

1. 西周。西周时分封诸侯，天子不干预诸侯国之下的司法事务。在朝廷，周天子是最高裁判者；天子下设大司寇，负责实施法律法令，辅佐周王行使司法权；大司寇之下设小司寇，辅佐大司寇审理具体案件。

2. 秦汉时期。秦朝以来，废分封、置郡县，中央朝廷派遣官员至地方管理司法事务。为监察地方官员，自秦朝起，中央朝廷设置监察机关。

（1）中央司法机关。皇帝掌握最高审判权；廷尉是中央司法机关的长官，审理全国案件，其职责是审理皇帝交办的案件，即诏狱，同时也有权审理各地上报的重大疑难案件。

（2）地方司法机关。地方上，行政兼理司法，郡、县分设郡守、县令，基层设乡里组织，负责本地治安与调解工作。

（3）御史。秦朝开监察制度之先河，设御史大夫、监察御史。汉朝设御史大夫（西汉）、御史中丞（东汉），负责法律监督；西汉武帝以后设司隶校尉，监督中央百官与京师地方的司法官吏；设刺史，专司各地的行政与法律监督之职。

（二）魏晋南北朝

魏晋南北朝是司法机关变化的分水岭，后世"中央三法司"（大理寺、刑部、御史台/都察院）的雏形在这一时期出现。

1. 大理寺出现。北齐时期正式设置大理寺为中央司法机关，为后世所继承。

2. 御史台出现。御史台自少府独立而出，成为皇帝直接掌握的独立监察机关。曹魏以降，取消地方监察机关，改由中央御史出巡。两晋则强化御史职权，以御史主监察，设治书御史纠举官吏。

除此之外，监察机关进一步发展。曹魏、西晋沿袭东汉的司隶校尉，与御史中丞分掌监察事务。东晋时，废司隶校尉，其行政权归扬州刺史，监察权则归御史台。

3. 尚书台掌刑狱。尚书台中的"三公曹"与"二千石曹"执掌司法审判和狱政，后来发展为隋唐时期的刑部尚书执掌案件审判复核。

二、唐宋至清朝中期

唐宋至清朝中期，司法机关体系日益成熟。在中央，以皇帝、"中央三法司"为主掌管司法。"三法司"中，唯唐宋时期的"御史台"在明清时期改称"都察院"，"三法司"的职权稍有对换。在地方，以行政长官兼理司法事务，同时以司法监察官员监督地方司法。

（一）唐宋时期

1. "中央三法司"

（1）大理寺。中央司法审判机构，审理中央百官犯罪及京师徒刑以上犯罪案件。另外，对刑部移送的地方死刑和疑难案件有重审权。大理寺对徒、流以上重罪的判决，须送刑部复核；死刑案件最终还须奏请皇帝批准。

（2）刑部。中央司法行政及复核机构，除负责司法行政事项外，还负责复核大理寺判决的流刑以下案件，以及州县判决的徒刑以上案件，并有权受理在押犯申诉的案件。刑部复核案件如有可疑，死刑以下案件可令原机关重审，死刑案件则移交大理寺重审。

（3）御史台。中央监察机构，负责监督大理寺、刑部，同时有权参与疑难案件的审判，并受理行政案件。御史台中分设台院、殿院和察院：①台院执掌纠弹中央百官，参与大理寺的审判和审理皇帝交办的重大案件；②殿院执掌纠察百官在宫殿中违反朝仪的失礼行为，并巡视京城以及其他朝会等；③察院负责监察地方官员。

宋袭唐制，但刑部职权略有变化：负责复核大理寺详断的全国死刑已决案件，以及官员叙复、昭雪等。宋神宗时，扩大刑部职权，刑部设左曹负责复核死刑案件，右曹负责审核官员犯罪案件。

2. "台谏合一"。宋朝御史台（监察官员）与谏院（规谏君主）合二为一。

[背景知识]究其原因，在于皇权膨胀。自夏商周至秦汉唐，大体上保持着皇帝、丞相之间的权力平衡，以防止天子专制，其做法是皇帝只管丞相（官员由丞相管）、丞相选用谏官、谏

官规劝皇帝。但是，宋朝皇权膨胀，将一个丞相的角色分解为十余名宰辅官员，又亲自选任谏官，把谏官变成监督宰辅官员的利器。自此，在制度上，皇权专制日渐走向巅峰。

3. 宋朝地方司法的变化。宋太宗时，州县之上设提点刑狱司，作为在地方各路的中央司法派出机构。

（二）明清时期

1. "中央三法司"

（1）刑部。中央的主要审判机构。唐宋时期，刑部为中央司法行政及复核机构。明清时期，刑部的职责有五：①审理中央百官犯罪案件；②审核地方上报的重案（死刑应交大理寺复核）；③审理发生在京师的笞杖刑以上案件；④处理地方上诉案及负责秋审事宜；⑤主持司法行政与律例修订事宜。明清刑部均下设清吏司，分掌各省刑民案件。

（2）大理寺。中央司法复核机构。唐宋时期，大理寺为中央司法审判机关。明清时期，大理寺的主要职责是复核死刑案件、平反冤狱、参与会审；如发现刑部定罪量刑有误，可提出封驳。

（3）都察院。中央监察机构。唐宋时期，中央监察机关沿袭魏晋而称"御史台"。明清时期，都察院的职责仅限于会审及审理官吏犯罪案件，并无监督法律执行的职能。

2. 地方司法机关

（1）明朝设省、府（直隶州）、县三级地方司法机关。府县以行政兼理司法，有权审结笞杖刑案件。省级设提刑按察使司，有权判处徒刑及以下案件，流刑以上案件则报送中央刑部批准执行。

（2）清朝设督抚、省按察司、府、县四级地方司法机关。州县以行政兼理司法，有权审结笞杖刑案件，初审并上报徒刑以上命盗案件。府复审州县上报的案件，拟判再上报。省按察司复审徒刑以上案件，审理军流案件、死刑案件，视具体情形，或上报督抚，或驳回重审，或指定更审。督抚批复徒刑案件，复核军流案件（核准者谘报刑部），复审死刑案件并上报中央。

3. 基层调解机构

明朝基层设法定调解机构"申明亭"，由民间耆老主持调处当地民间纠纷，以申明教化。

三、清末至民国时期

（一）清末司法机构改革

清末改革司法机构，自唐朝到清朝中期实行千余年的"中央三法司"，至此不复存在。
1. 改刑部为法部，掌司法行政。
2. 改大理寺为大理院，为全国最高审判机关。
3. 以检审合署制实行官员监察，在大理院和各级审判厅内分别设总检察厅、高等检察厅、地方检察厅和初级检察厅。

（二）民国

1. 南京临时政府：中央设"临时中央审判所"（也称"裁判所"），地方审判机构暂时沿用清末体制，称"审判厅"，分省、府、县三级。审检合署，各级地方审判厅内设同级检察厅。

2. 北京政府：①普通法院系统包括大理院（最高审判机关）、高等审判厅、地方审判厅、初等审判厅；②在未设普通法院的各县，设兼理司法法院兼理司法；③特别法院，包括军事审判机关和地方特别审判机关（少数民族区域或特别区域设立）；④设"平政院"，主管行政诉讼，南京国民政府时期改称"行政法院"。

3. 南京国民政府：①司法院。最高司法机关，掌管司法审判以及公务员惩戒，解释宪法，统一解释法律及命令。②普通法院。隶属于司法院，分地方、高等、最高法院三级。③实行审检合署制，各级检察机构设于法院之内。④特别法庭。有中央、高等特种刑事法庭二级，以及军法会审（军事审判组织）。国民党各级党部操纵司法审判权，军事机关、特务机关（中统、军统）参与司法审判。

第2节 诉讼制度

一、西周至清朝中期的诉讼制度

（一）西周

1. 区分"狱""讼"。民事案件称"讼"，刑事案件称"狱"；审理民案称"听讼"，审理刑案称"断狱"。

2. "五听"断案。"五听"，即辞听、色听、气听、耳听、目听，是审理案件时通过言辞、面色、气息、听力、眼神的变化判断当事人陈述真伪的五种方式。这是司法心理学在审判实践中的运用。

3. "三赦""三宥"。"三赦"，即幼弱、老耄、蠢愚者（智障者）犯罪，从赦。"三宥"，即主观上不识、过失、遗忘而犯罪者，减刑。

4. "三刺"。即"讯群臣、讯群吏、讯万民"，如果疑案不能决，则依次交给群臣、群吏、所有国人商议。这是"明德慎罚"思想在司法实践中的体现。

（二）汉朝

1. 春秋决狱/经义决狱。依据儒家经典《春秋》等著作的精神原则审理案件，是法律儒家化在司法领域的反映。其对传统的司法和审判是一种积极的补充，但在某种程度上也为司法擅断提供了依据。

（1）基本原则为"论心定罪"，"志善而违于法者免，志恶而合于法者诛"。若犯罪人主观动机符合儒家"忠""孝"精神，即减免刑罚；若违背儒家精神，即使没有严重危害，也要严惩。

（2）具体适用："本其事而原其志（主观意志）。志邪者不待成（区分了未遂、已遂），首恶者罪特重（区分了首犯、从犯），本直者其论轻（强调主观动机）。"也就是说，立足于案件事实，探究行为人的主观意志。如果主观意志邪恶，即使未遂也要予以追究；如果是为首作恶的首犯，就特别予以加重处罚；如果动机正直却触犯法律，就从轻论处。

2. 秋冬行刑。即俗话所说的"秋后问斩"的由来。其理论根据是"天人感应",汉朝法律规定,春、夏不得执行死刑,除谋反大逆等"决不待时"者外,一般死刑犯须在秋天霜降以后、冬至以前执行,即"顺天行诛"。唐律中的"立春后不决死刑"、明清律中的"秋审"制度皆溯源于此。

经典真题

董仲舒解说"春秋决狱":"春秋之听狱也,必本其事而原其志;志邪者不待成,首恶者罪特重,本直者其论轻。"关于该解说之要旨和倡导,下列哪些表述是正确的?(2013/1/57-多)[1]

A. 断案必须根据事实,要追究犯罪人的动机,动机邪恶者即使犯罪未遂也不免刑责
B. 在着重考察动机的同时,还要依据事实,分别首犯、从犯和已遂、未遂
C. 如犯罪人主观动机符合儒家"忠"、"孝"精神,即使行为构成社会危害,也不给予刑事处罚
D. 以《春秋》经义决狱为司法原则,对当时传统司法审判有积极意义,但某种程度上为司法擅断提供了依据

(三)魏晋南北朝

1. 皇权强化司法控制

(1)皇帝直接参与司法审判。沿用两汉"虑囚"之制,曹魏、刘宋、北周皆是。

(2)直诉制。直诉,即直接向中央司法机关提起诉讼,后世所谓"告御状"就属于直诉。直诉制形成于西晋,此后历代相承,北魏、南梁皆是。

(3)死刑复核制度。曹魏、西晋、北魏皆是。

(4)死刑复奏制度。北魏太武帝时,正式确立奏请皇帝批准执行死刑判决的制度,系唐代死刑三复奏、五复奏的基础,既强化了皇帝对司法审判权的控制,又体现了皇帝对民众的体恤,且与后世的会审制度并行不悖。

2. 司法监督的发展

(1)曹魏改汉朝上诉之制,简化程序;晋律允许上诉;北魏允许冤案再诉。

(2)加强自上而下的审判监督。①普遍施行特使察囚制度。②自曹魏起,县令审判重囚须由郡守派督邮案验;刘宋规定案卷及人犯一并送郡,郡不能决则送刺史,刺史不能决则送中央廷尉。

(四)唐宋时期

1. 中央司法

(1)三司推事。唐宋时期有"中央三法司",与之相适应,也有"三司推事"之制,即大理寺卿、刑部侍郎、御史中丞组成临时最高法庭,审理中央或地方重大案件。

(2)"三司使"。对于不便解往中央的地方重案,则派出大理寺评事、刑部员外郎、监察御史前往审理。

(3)都堂集议。都堂是中央议事的会堂,皇帝下令"中书、门下四品以上及尚书九卿",在都堂集体讨论重大死刑案件,以示慎刑。

---

[1] ABD

2. 地方行政兼理司法。唐朝州县行政兼理司法，均设佐史协理。县以下的乡官、里正有责任纠举犯罪，调解处理轻微犯罪与民事案件，并将结果呈报上级。

3. 审讯制度

唐宋时期，允许刑讯。

（1）刑讯的法定程序是，"必先以情，审察辞理，反复参验，犹未能决，事须拷问者，立案同判，然后拷讯"。刑讯之刑具、时限、次数均由法定，若拷讯数满，被拷者仍不承认，应当反拷告状之人，以查明有无诬告等情形，同时规定了反拷的限制。

（2）"据狀断之"。人赃俱获，经拷讯仍拒不认罪的，可"据狀断之"，即根据案件事实的相关现象作出判决。

（3）"众证定罪"。禁止对特权人物和老幼废疾拷讯，只能"据众证定罪"，即只能依据3人以上的证人证言才能定罪。

4. 司法官回避。唐《狱官令》第一次规定了司法官的回避制度，"凡鞫狱官与被鞫人有亲属仇嫌者，皆听更之"。

5. "翻异别勘"。宋朝的慎刑制度，即犯人翻供，与此前供述不同，则适用特别程序予以勘断。具体来说，犯人否认其口供，且所翻情节实碍重罪时，案件则改由同级的另一法官审理（差官别推）或另一司法机关审理（移司别推）。

6. 证据勘验。宋朝的司法制度注重证据，原被告均有举证责任。宋朝重视现场勘验，南宋地方司法机构制有专门的"检验格目"。南宋宋慈所作的《洗冤集录》系世界最早的法医学著作。

经典真题

《疑狱集》载：张举，吴人也。为句章令。有妻杀夫，因放火烧舍，乃诈称火烧夫死。夫家疑之，诣官诉妻，妻拒而不认。举乃取猪二口，一杀之，一活之，乃积薪烧之，察杀者口中无灰，活者口中有灰。因验夫口中，果无灰，以此鞫之，妻乃伏罪。"下列关于这一事例的哪些表述是不成立的？（2006/1/63-多）[1]

A. 作为县令的张举重视证据，一般用猪来作为证据

B. 张举之所以采取积薪烧猪的方法来查验证据，乃因当时的法律没有规定刑讯的程序

C. 该案杀人者未受刑而伏罪，因其符合当时法律规定禁止使用刑讯的一般条件

D. 张举在这个案件中对事实的判断体现了当时法律所规定的"据狀断之"的要求

（五）明清时期

1. 管辖制度。交叉管辖时，明朝承唐制，"以轻就重，以少就多，以后就先"；实行被告原则，"若词讼原告、被论在两处州县者，听原告就被论官司理归结"；实行军民分诉分辖制，若军案与民相关，则军、地衙门"一体约问"。

2. "厂卫司法"。即特务司法，其特点有二：①奉旨行事，厂卫作出的判决，三法司无权更改，有时还得执行；②非法逮捕、行刑，不受法律约束。

3. 会审制度。明清时期在会审制度方面颇有建树，而清承明制，又有改进。

―――――――――――

[1] ABC

(1) 明朝会审制度

❶ 三司会审。刑部、大理寺、都察院会审重大疑难案件。唐宋明清皆有此制。

❷ 九卿会审（圆审）。六部尚书、大理寺卿、左都御史、通政使等九卿会审地方上报的二审不服判的重大疑难案件，并报奏皇帝裁决。

❸ 朝审。霜降之后，三法司会同公侯、伯爵，在吏部（或户部）尚书主持下会审在押重囚。朝审制度始于明英宗。

❹ 大审。司礼监（太监机构）主持，太监居中主审。大审制度始于明宪宗成化年间，每5年举行一次，标志着"九卿（外官）抑于太监（内官）之下"。

(2) 清朝会审制度

❶ 秋审。复审全国各地上报的斩监候、绞监候案件，每年秋8月在天安门金水桥西进行，系"国家大典"，有专门制定的《秋审条款》。

❷ 朝审。复审刑部判决的重案和京师附近绞监候、斩监候案件，每年霜降后10日举行。

案件经过秋审或朝审后，有四种结果：a. 情实（罪情属实、罪名恰当者，奏请执行死刑）；b. 缓决（案情虽属实，但危害性不大者，可减为流三千里，或减发烟瘴极边充军，或再押监候）；c. 可矜（案情属实，但有可矜或可疑之处，对此类案件的犯人可免予死刑，一般减为徒、流刑罚）；d. 留养承祀（案情属实、罪名恰当，但被告人有亲老丁单情形，按留养案奏请皇帝裁决）。

❸ 热审。大理寺官员会同各道御史及刑部承办司重审发生在京师的笞杖刑案件，于暑热来临之前快速决放在监案犯。

经典真题

乾隆年间，四川重庆府某甲"因戏而误杀旁人"，被判处绞监候。依据清代的会审制度，对某甲戏杀案的处理，适用下列哪一项程序？（2006/1/18-单）[1]

A. 上报中央列入朝审复核定案
B. 上报中央列入秋审复核定案
C. 移送京师列入热审复核定案
D. 上报中央列入三司会审复核定案

二、清末至民国的诉讼制度

（一）清末

清末改革司法机构，与之相适应，司法制度也作改革。其主要内容如下：

1. 实行四级三审制，规定了刑事案件公诉制度、证据、保释制度。
2. 审判制度上实行公开、回避等制度。
3. 初步规定了法官及检察官考试任用制度。
4. 改良监狱及狱政管理制度。

---

[1] B

(二) 民国

1. 审级制度。自清末改制起，到南京临时政府、北京政府时期，均实行四级三审制，南京国民政府时期改为三级三审制（实践中往往是二审制、一审制）。

2. 法官制度。南京临时政府时期，法官独立审判；所有司法人员必须经法官考试合格后方能录用；法官在任中不得减俸或转职，非依法律受刑罚宣告，或应免职之惩戒处分，不得解职。

3. 审判制度

（1）南京临时政府时期，禁止刑讯、体罚；从前的不法刑具，悉令焚毁；中央司法部随时派员巡视各地，严惩、革除滥用刑讯体罚的"不肖官吏"。

（2）北京政府时期，以大理院的判例和解释例作为重要法律渊源；以军事审判取代普通审判，设高等军法会审、军法会审和临时军法会审，军阀把持审判权。

（3）南京国民政府时期，审判制度多借鉴英美法系。

❶"一告九不理"。管辖不合规定不受理；当事人不适格不受理；未经合法代理不受理；起诉不合程式不受理；不缴纳诉讼费不受理；一事不再理；不告不理；已经成立和解者不受理；非以违背法令为理由，第三审不受理。

❷自由心证。效仿资产阶级国家法律原则而确定。

❸不干涉主义。一切全凭当事人意思行事。

4. 律师制度

（1）南京临时政府时期，颁行《中央裁判所官职令草案》《律师法草案》，在实践中采用律师辩护制度、公审制度、陪审制度。

（2）北京政府时期，中国近代律师与公证制度始得建立。1920年，东三省特别区域法院沿用俄国旧例办理公证，这是中国公证制度的发源。

（3）南京国民政府时期，律师与公证制度继续发展。

❶公布施行《律师章程》《律师法》，律师资格的取得分为考试及格和检核及格。

❷公布施行公证法规；各省高等、地方法院分批设立公证处；公证事项分为公证法律行为和公证私权事实。地方法院聘请当地士绅担任公证劝道，并采取提留分成方式给予报酬。

(三) 清末至民国的治外法权

1. 清末的治外法权

1864年，清廷与英、美、法三国驻上海领事协议在租界内设立"会审公廨"，或称"会审公堂"。凡涉及外国人之间、中国人与外国人之间，甚至租界内纯属中国人之间的诉讼，均由外国领事观审并操纵判决。

（1）领事裁判权。确立于1843年《中英五口通商章程及税则》《海关税则》《虎门条约》，其管辖依被告主义原则。

（2）观审权。一国领事官员有权观审该国人为原告的案件。它将领事裁判权扩充和延伸到外国人为原告的案件。

2. 民国时期，总的来看，南京临时政府、北京政府、南京国民政府均不同程度地承认治外法权。

经典真题

1903年5月1日，在上海英租界发行的《苏报》刊载邹容的《革命军》自序和章炳麟的《客帝篇》，公开倡导革命，排斥满人。5月14日，《苏报》又指出：《革命军》宗旨专在驱除满族，光复中国。清廷谕令两江总督照会租界当局严加查办，于6月底逮捕章炳麟，不久，邹容自动投案。由谳员孙建臣、上海知县汪瑶庭、英国副领事三人组成的审判庭对邹容等人进行审理，最后判处章炳麟徒刑3年，邹容徒刑2年。对这一案件的说法，下列哪一选项是正确的？（2009/1/15-单）[1]

A. 这表明清廷实行公开审判原则
B. 这表明外国人在租界内对中国司法裁判权的直接干涉
C. 这表明外国人在租界内的领事裁判权受到了限制
D. 这表明清廷变法修律得到了国际社会的承认

---

[1] B

第四编 习近平法治思想

- 习近平法治思想
  - 习近平法治思想的形成发展及重大意义
    - 形成发展
    - 重大意义
  - 习近平法治思想的核心要义（"十一个坚持"）
    - 坚持党对全面依法治国的领导
    - 坚持以人民为中心
    - 坚持中国特色社会主义法治道路
    - 坚持依宪治国、依宪执政
    - 坚持在法治轨道上推进国家治理体系和治理能力现代化
    - 坚持建设中国特色社会主义法治体系
    - 坚持依法治国、依法执政、依法行政共同推进，法治国家、法治政府、法治社会一体建设
    - 坚持全面推进科学立法、严格执法、公正司法、全民守法
    - 坚持统筹推进国内法治和涉外法治
    - 坚持建设德才兼备的高素质法治工作队伍
    - 坚持抓住领导干部这个"关键少数"
  - 习近平法治思想的实践要求
    - 充分发挥法治对经济社会发展的保障作用（"五大保障"）
      - 以法治保障经济发展
      - 以法治保障政治稳定
      - 以法治保障文化繁荣
      - 以法治保障社会和谐
      - 以法治保障生态良好
    - 正确认识和处理全面依法治国一系列重大关系（"四对关系"）
      - 政治和法治
      - 改革和法治
      - 依法治国和以德治国
      - 依法治国和依规治党

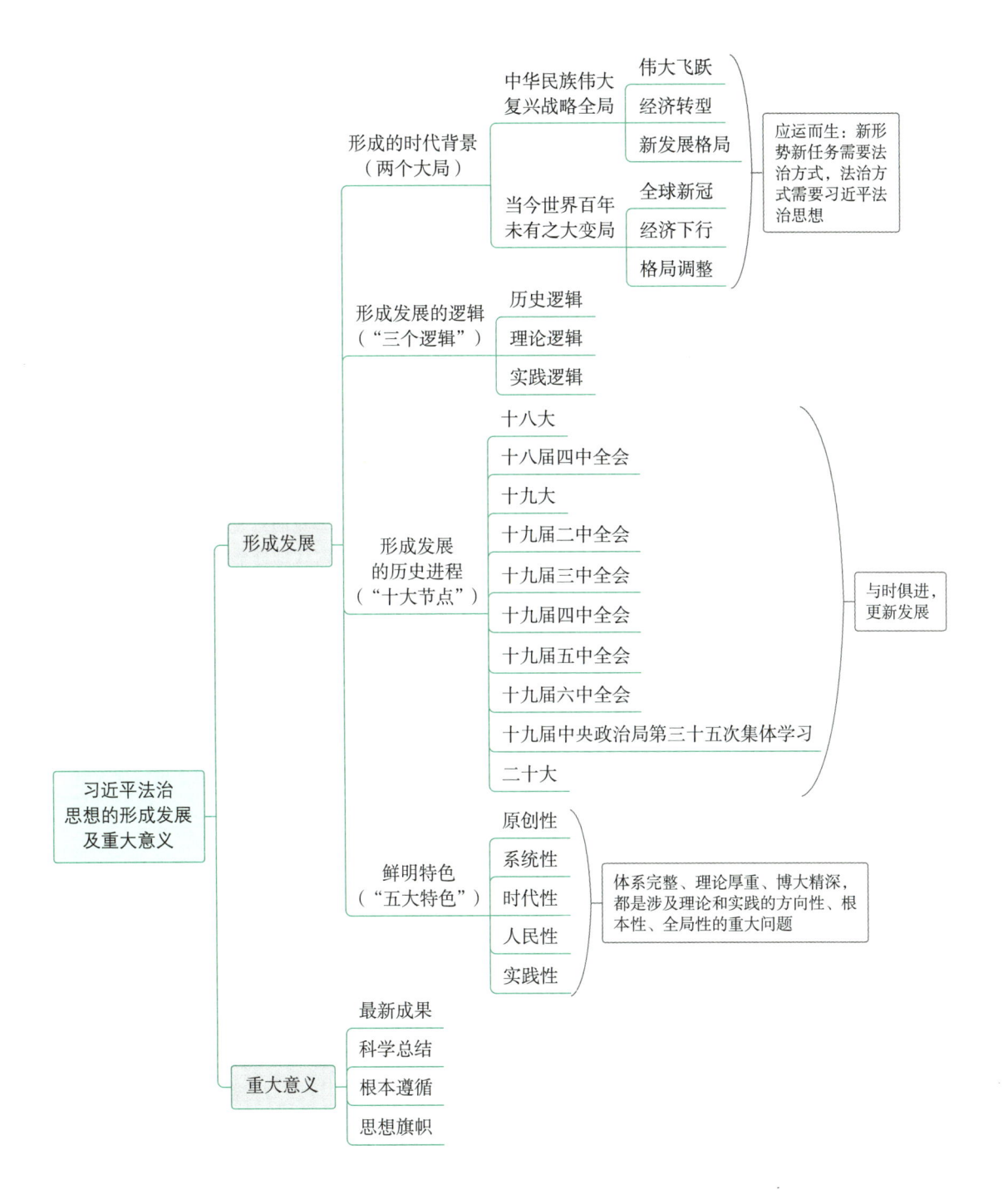

习近平法治思想的形成发展及重大意义　第15章

习近平法治思想的形成发展及重大意义
- 形成发展
  - 形成的时代背景（两个大局）
    - 中华民族伟大复兴战略全局
      - 伟大飞跃
      - 经济转型
      - 新发展格局
    - 当今世界百年未有之大变局
      - 全球新冠
      - 经济下行
      - 格局调整
    - 应运而生：新形势新任务需要法治方式，法治方式需要习近平法治思想
  - 形成发展的逻辑（"三个逻辑"）
    - 历史逻辑
    - 理论逻辑
    - 实践逻辑
  - 形成发展的历史进程（"十大节点"）
    - 十八大
    - 十八届四中全会
    - 十九大
    - 十九届二中全会
    - 十九届三中全会
    - 十九届四中全会
    - 十九届五中全会
    - 十九届六中全会
    - 十九届中央政治局第三十五次集体学习
    - 二十大
    - 与时俱进，更新发展
  - 鲜明特色（"五大特色"）
    - 原创性
    - 系统性
    - 时代性
    - 人民性
    - 实践性
    - 体系完整、理论厚重、博大精深，都是涉及理论和实践的方向性、根本性、全局性的重大问题
- 重大意义
  - 最新成果
  - 科学总结
  - 根本遵循
  - 思想旗帜

· 207 ·

第1节　习近平法治思想的形成发展

一、习近平法治思想形成的时代背景

地位确立	习近平法治思想在全面依法治国工作中的指导地位是由2020年11月中央全面依法治国工作会议明确的，这是本次会议最重要的成果。这次会议是第一次以党中央工作会议形式部署全面依法治国工作的重要会议。
"两个大局"	中华民族伟大复兴战略全局：我国正处在中华民族伟大复兴的关键时期，中华民族迎来了从站起来、富起来到强起来的伟大飞跃。我国经济正处在转变发展方式、优化经济结构、转换增长动力的攻关期，经济已由高速增长阶段转向高质量发展阶段，经济长期向好，市场空间广阔，发展韧性强大，正在形成以国内大循环为主体、国内国际双循环相互促进的新发展格局，改革发展稳定任务日益繁重。
	当今世界百年未有之大变局：新冠疫情全球大流行，经济全球化遭遇逆流，保护主义、单边主义上升，世界经济低迷，国际贸易和投资大幅萎缩，国际经济、科技、文化、安全、政治等格局都在发生深刻调整。
	面对新形势新任务，着眼于统筹国内国际两个大局，科学认识和正确把握我国发展的重要战略机遇期，必须把全面依法治国摆在更加突出的全局性、战略性的重要地位。
应运而生	（1）伟大时代孕育伟大理论，伟大思想引领伟大征程。习近平法治思想是马克思主义法治理论中国化的最新成果，是中国特色社会主义法治理论的重大创新发展，是习近平新时代中国特色社会主义思想的重要组成部分，是新时代推进全面依法治国必须长期坚持的指导思想。 （2）习近平法治思想是着眼中华民族伟大复兴战略全局和当今世界百年未有之大变局，顺应实现中华民族伟大复兴时代要求应运而生的重大战略思想。习近平法治思想从历史和现实相贯通、国际和国内相关联、理论和实际相结合上，深刻回答了新时代为什么要实行全面依法治国、怎样实行全面依法治国等一系列重大问题，为深入推进全面依法治国、加快建设社会主义法治国家，运用制度威力应对风险挑战，实现党和国家长治久安，全面建设社会主义现代化国家、以中国式现代化全面推进中华民族伟大复兴，提供了科学指南。

二、习近平法治思想形成发展的逻辑

习近平法治思想是习近平新时代中国特色社会主义思想的重要组成部分。党的十八大以来，党中央把全面依法治国纳入"四个全面"（全面建设社会主义现代化国家、全面深化改革、全面依法治国、全面从严治党）战略布局，领导和推动我国社会主义法治建设取得了历史性成就。

历史逻辑	习近平法治思想凝聚着中国共产党人在法治建设长期探索中形成的经验积累和智慧结晶，标志着党对共产党执政规律、社会主义建设规律、人类社会发展规律的认识达到了新高度，开辟了中国特色社会主义法治理论和实践的新境界。

续表

理论逻辑	四个理论来源： （1）马克思主义法治理论的基本原则、立场、观点和方法； （2）我们党关于法治建设的重要理论； （3）中华优秀传统法律文化； （4）新时代中国特色社会主义法治实践经验。
	习近平法治思想是马克思主义法治理论与新时代中国特色社会主义法治实践相结合的产物，是马克思主义法治理论中国化时代化的新发展新飞跃，反映了创新马克思主义法治理论的内在逻辑要求。
实践逻辑	习近平法治思想是从统筹中华民族伟大复兴战略全局和世界百年未有之大变局、实现党和国家长治久安的战略高度，在推进伟大斗争、伟大工程、伟大事业、伟大梦想的实践之中完善形成的，并会随着实践的发展而进一步丰富。

三、习近平法治思想形成发展的历史进程（"十大节点"）

十八大以来（2012）	习近平总书记高度重视法治建设，亲自谋划、亲自部署、亲自推动全面依法治国。
十八届四中全会（2014）	专门研究全面依法治国，出台了关于全面推进依法治国若干重大问题的决定。
十九大（2017）	提出到2035年基本建成法治国家、法治政府、法治社会。
十九届二中全会（2018）	专题研究宪法修改，推动宪法与时俱进、完善发展。
十九届三中全会（2018）	决定成立中央全面依法治国委员会，加强党对全面依法治国的集中统一领导。
十九届四中全会（2019）	从推进国家治理体系和治理能力现代化的角度，对坚持和完善中国特色社会主义法治体系，提高党依法治国、依法执政能力作出部署。
十九届五中全会（2020）	对立足新发展阶段、贯彻新发展理念、构建新发展格局的法治建设工作提出新要求。
十九届六中全会（2021）	总结党的百年奋斗重大成就和历史经验，再次强调"法治兴则国家兴，法治衰则国家乱"。
十九届中央政治局第三十五次集体学习（2021）	强调"要更好发挥法治固根本、稳预期、利长远的作用"。
二十大（2022）	对全面依法治国进行专章部署，明确要求坚持全面依法治国。

四、习近平法治思想的鲜明特色

习近平法治思想体系完整、理论厚重、博大精深，用"十一个坚持"对全面依法治国进行阐释、部署，都是涉及理论和实践的方向性、根本性、全局性的重大问题，具有五大鲜明特色。

原创性	马克思主义创造性地揭示了人类社会发展规律。习近平总书记以马克思主义政治家、思想家、战略家的深刻洞察力、敏锐判断力和战略定力，在理论上不断拓展新视野、提出新命题、作出新论断、形成新概括，为发展马克思主义法治理论作出了重大原创性贡献。
系统性	马克思主义基本原理善于运用系统观念分析问题。习近平总书记强调全面依法治国是一个系统工程，注重用整体联系、统筹协调、辩证统一的科学方法谋划和推进法治中国建设，科学指出当前和今后一个时期推进全面依法治国十一个重要方面的要求，构成了系统完备、逻辑严密、内在统一的科学思想体系。
时代性	马克思主义的一个基本特性是时代性。习近平总书记立足中国特色社会主义进入新时代的历史方位，立时代之潮头、发思想之先声，科学回答了新时代我国法治建设向哪里走、走什么路、实现什么目标等根本性问题，在新时代治国理政实践中开启了法治中国新篇章。
人民性	马克思主义最鲜明的品格是人民性。习近平总书记强调法治建设要为了人民、依靠人民、造福人民、保护人民，推动把体现人民利益、反映人民愿望、维护人民权益、增进人民福祉落实到全面依法治国各领域全过程，不断增强人民群众获得感、幸福感、安全感。
实践性	马克思主义理论区别于其他理论的显著特征是实践性。习近平总书记明确提出全面依法治国并将其纳入"四个全面"战略布局，以破解法治实践难题为着力点，作出一系列重大决策部署，解决了许多长期想解决而没有解决的难题，办成了许多过去想办而没有办成的大事，社会主义法治国家建设取得历史性成就、发生历史性变革。

第2节 习近平法治思想的重大意义

一、习近平法治思想是马克思主义法治理论同中国法治建设具体实际相结合、同中华优秀传统法律文化相结合的最新成果

始终坚持"两个结合"	中国共产党在一百年来的革命、建设、改革历程中，始终坚持把马克思主义基本原理同中国具体实际相结合、同中华优秀传统文化相结合，不断推进马克思主义中国化时代化。
经典理论中国化的最新成果	习近平法治思想是马克思主义法治理论中国化的最新成果。习近平法治思想坚持马克思主义立场观点方法，坚持科学社会主义基本原则，植根于中华优秀传统法律文化，借鉴人类法治文明有益成果，在理论上有许多重大突破、重大创新、重大发展，同我们党长期形成的法治理论既一脉相承又与时俱进，为发展马克思主义法治理论作出了重大原创性、集成性贡献。

二、习近平法治思想是对党领导法治建设丰富实践和宝贵经验的科学总结

法治是 中国共产党 和中国人民 的不懈追求	我们党自成立之日起就高度重视法治建设。 （1）新民主主义革命时期，我们党制定了《中华苏维埃共和国宪法大纲》和大量法律法令，创造了"马锡五审判方式"； （2）社会主义革命和建设时期，我们党领导人民制定了宪法和国家机构组织法、选举法、婚姻法等一系列重要法律法规，建立起社会主义法制框架体系，确立了社会主义司法制度； （3）改革开放和社会主义现代化建设时期，我们党提出"有法可依、有法必依、执法必严、违法必究"的方针，确立依法治国基本方略，把建设社会主义法治国家确定为社会主义现代化的重要目标，逐步形成以宪法为核心的中国特色社会主义法律体系； （4）党的十八大以来，党中央把全面依法治国纳入"四个全面"战略布局予以有力推进，对全面依法治国作出一系列重大决策部署，组建中央全面依法治国委员会，完善党领导立法、保证执法、支持司法、带头守法制度，基本形成全面依法治国总体格局； （5）党的十八届四中全会明确提出全面推进依法治国的总目标是建设中国特色社会主义法治体系、建设社会主义法治国家； （6）党的二十大从完善以宪法为核心的中国特色社会主义法律体系、扎实推进依法行政、严格公正司法、加快建设法治社会四个方面专章布局法治，明确"全面推进国家各方面工作法治化"。
科学总结	习近平法治思想以新的高度、新的视野、新的认识赋予中国特色社会主义法治建设事业以新的时代内涵，深刻回答了事关新时代我国社会主义法治建设的一系列重大问题，实现了中国特色社会主义法治理论的历史性飞跃；既是提炼升华党领导法治建设丰富实践和宝贵经验的重大理论创新成果，更是引领新时代全面依法治国不断从胜利走向新的胜利的光辉思想旗帜。

三、习近平法治思想是在法治轨道上全面建设社会主义现代化国家的根本遵循

科学指引 根本遵循	习近平法治思想，贯穿经济、政治、文化、社会、生态文明建设各个领域，涵盖改革发展稳定、内政外交国防、治党治国治军各个方面，为深刻认识全面依法治国在治国理政中的重要地位提供了科学指引，为推进国家治理体系和治理能力现代化、建设更高水平的法治中国提供了根本遵循。
法律形式 加以固化	当前，我们已开启全面建设社会主义现代化国家新征程，要坚持以习近平法治思想为指导，及时把相关成果以法律形式固化下来，为夯实"中国之治"提供稳定的制度保障。

四、习近平法治思想是引领法治中国建设实现高质量发展的思想旗帜

思想武器	习近平法治思想从全面建设社会主义现代化国家的目标要求出发，立足新发展阶段、贯彻新发展理念、构建新发展格局的实际需要，提出了当前和今后一个时期全面依法治国的目标任务，为实现新时代法治中国建设高质量发展提供了强有力的思想武器。
三个"转化为"	要毫不动摇地坚持习近平法治思想在全面依法治国工作中的指导地位，把习近平法治思想贯彻落实到全面依法治国全过程和各方面，转化为做好全面依法治国各项工作的强大动力，转化为推进法治中国建设的思路举措，转化为建设社会主义法治国家的生动实践，不断开创法治中国建设新局面。
"一规划两纲要"	要认真贯彻中共中央印发的《法治中国建设规划（2020~2025年）》和《法治社会建设实施纲要（2020~2025年）》，以及中共中央、国务院印发的《法治政府建设实施纲要（2021~2025年）》。
成果斐然	在习近平法治思想指引下，"社会主义法治国家建设深入推进，全面依法治国总体格局基本形成，中国特色社会主义法治体系加快建设，司法体制改革取得重大进展，社会公平正义保障更为坚实，法治中国建设开创新局面"。

习近平法治思想的核心要义
("十一个坚持")

第16章

习近平法治思想的核心要义（"十一个坚持"）:
- 坚持党对全面依法治国的领导
- 坚持以人民为中心
- 坚持中国特色社会主义法治道路
- 坚持依宪治国、依宪执政
- 坚持在法治轨道上推进国家治理体系和治理能力现代化
- 坚持建设中国特色社会主义法治体系
- 坚持依法治国、依法执政、依法行政共同推进，法治国家、法治政府、法治社会一体建设
- 坚持全面推进科学立法、严格执法、公正司法、全民守法
- 坚持统筹推进国内法治和涉外法治
- 坚持建设德才兼备的高素质法治工作队伍
- 坚持抓住领导干部这个"关键少数"

党领人道两依宪，
法轨两现体系建，
三推三体四全面，
统筹队伍抓关键。

第1节 坚持党对全面依法治国的领导

一、党的领导是中国特色社会主义法治之魂

关键在党绝对领导	（1）全面建设社会主义现代化国家、全面推进中华民族伟大复兴，关键在党； （2）中国共产党是中国特色社会主义事业的坚强领导核心，是最高政治领导力量，各个领域、各个方面都必须坚定自觉地坚持党的领导。
根本所在	（1）坚持党的领导，是社会主义法治的根本要求，是党和国家的根本所在、命脉所在，是全国各族人民的利益所系、幸福所系，是全面推进依法治国的题中应有之义； （2）党的领导是中国特色社会主义最本质的特征，是社会主义法治最根本的保证。
党法一致	党的领导和社会主义法治是一致的；社会主义法治必须坚持党的领导，党的领导必须依靠社会主义法治。

二、全面依法治国是要加强和改善党的领导

系统工程要求	加强和改善党对全面依法治国的领导，是由全面依法治国的性质和任务决定的。因为全面推进依法治国是一个系统工程，是国家治理领域一场广泛而深刻的革命。只有加强和改善党的领导，才能完成这一系统工程。
党法一致决定	加强和改善党对全面依法治国的领导，是由党的领导和社会主义法治的一致性决定的。 只有坚持党的领导，才能使立法符合党的基本理论、基本路线、基本方略，符合国家经济社会发展战略，适应全面深化改革需要。 只有党带头厉行法治，把法治作为治国理政的基本方式，各级党组织和广大党员带头模范守法，才能在全社会普遍形成尊法守法风尚，创造浓厚法治氛围。

三、坚持党的领导、人民当家作主、依法治国有机统一

法治核心	坚持党的领导、人民当家作主、依法治国有机统一，是全面依法治国的核心。
根本在党	坚持党的领导、人民当家作主、依法治国有机统一，最根本的是坚持党的领导。
制度安排	人民代表大会制度是坚持党的领导、人民当家作主、依法治国有机统一的根本制度安排。 2021年10月，党的历史上第一次召开中央人大工作会议，对坚持和完善人民代表大会制度、不断发展全过程人民民主、深入推进全面依法治国作出重大部署。

四、坚持党领导立法、保证执法、支持司法、带头守法

全程全面	推进全面依法治国，必须把党的领导贯彻落实到全面依法治国全过程和各方面。

· 214 ·

续表

基本经验	把党的领导贯彻落实到全面依法治国全过程和各方面，是我国社会主义法治建设的一条基本经验。 "三个统一"：必须坚持党领导立法、保证执法、支持司法、带头守法，把依法治国基本方略同依法执政基本方式统一起来，把党总揽全局、协调各方同人大、政府、政协、监察机关、审判机关、检察机关依法依章程履行职能、开展工作统一起来，把党领导人民制定和实施宪法法律同党坚持在宪法法律范围内活动统一起来。 "四个善于"：善于使党的主张通过法定程序成为国家意志，善于使党组织推荐的人选通过法定程序成为国家政权机关的领导人员，善于通过国家政权机关实施党对国家和社会的领导，善于运用民主集中制原则维护中央权威、维护全党全国团结统一。

五、健全党领导全面依法治国的制度和工作机制

加强 中央统筹	加强党对全面依法治国的领导，必须健全党领导全面依法治国的制度和工作机制。当前法治领域改革面临许多难啃的"硬骨头"，迫切需要从党中央层面加强统筹协调。成立中央全面依法治国委员会，目的就是从体制机制上加强党对全面依法治国的集中统一领导，统筹推进全面依法治国工作。
完善 具体措施	（1）健全党领导全面依法治国的制度和工作机制，完善党制定全面依法治国方针政策的工作程序，加强党对全面依法治国的集中统一领导； （2）充分发挥各级党委的领导核心作用，法治建设与经济社会发展同部署、同推进、同督促、同考核、同奖惩； （3）党委政法委是实现党对政法工作领导的重要组织形式，要发挥政法委在全面依法治国工作中的带头作用和重要作用。

第2节 坚持以人民为中心

一、以人民为中心是中国特色社会主义法治的根本立场

百年经验、 根本立场	（1）党的十九届六中全会总结了百年经验，其中之一就是"坚持人民至上"。人民群众是我们党的力量源泉，人民立场是中国共产党的根本政治立场。 （2）以人民为中心是新时代坚持和发展中国特色社会主义的根本立场，是中国特色社会主义法治的本质要求。坚持以人民为中心，深刻回答了推进全面依法治国，建设社会主义法治国家为了谁、依靠谁的问题。
法治基础、 制度优势	（1）全面依法治国最广泛、最深厚的基础是人民，推进全面依法治国的根本目的是依法保障人民权益； （2）坚持以人民为中心是我国国家制度和国家治理体系的本质属性，也是国家制度和国家治理体系有效运行、充满活力的根本所在，更是我们的制度优势，还是中国特色社会主义法治区别于资本主义法治的根本所在。

二、坚持人民主体地位

思想融入实践	坚持人民主体地位，必须把以人民为中心的发展思想融入全面依法治国的伟大实践中。具体而言： (1) 要保证人民在党的领导下依照法律规定通过各种途径和形式管理国家事务，管理经济和文化事业，管理社会事务； (2) 要保证人民依法享有广泛的权利和自由、承担应尽的义务，使全体人民都成为社会主义法治的忠实崇尚者、自觉遵守者、坚定捍卫者，使尊法、信法、守法、用法、护法成为全体人民的共同追求。
法治方式保障	坚持人民主体地位，要求用法治保障人民当家作主。具体而言： 要坚持和完善中国共产党领导的多党合作和政治协商制度、民族区域自治制度、基层群众自治制度等基本政治制度，健全民主制度、丰富民主形式、拓宽民主渠道，依法实行民主选举、民主协商、民主决策、民主管理、民主监督，不断发展全过程人民民主。

三、牢牢把握社会公平正义的法治价值追求

紧扣公平正义	(1) 公平正义是法治的生命线，是中国特色社会主义法治的内在要求。 (2) 要努力让人民群众在每一项法律制度、每一个执法决定、每一宗司法案件中都感受到公平正义。加强人权法治保障，非因法定事由、非经法定程序不得限制、剥夺公民、法人和其他组织的权利。
落实人人平等	(1) 坚持以人民为中心，维护社会公平正义，必须坚持法律面前人人平等。 (2) 平等是社会主义法律的基本属性，是社会主义法治的基本要求。必须将坚持法律面前人人平等体现在立法、执法、司法、守法各个方面。要加快完善体现权利公平、机会公平、规则公平的法律制度，确保法律面前人人平等。 (3) "四个决不允许"：要重点解决好损害群众权益的突出问题，决不允许对群众的报警求助置之不理，决不允许让普通群众打不起官司，决不允许滥用权力侵犯群众合法权益，决不允许执法犯法造成冤假错案。

四、推进全面依法治国的根本目的是依法保障人民权益

根本宗旨决定	我们党全心全意为人民服务的根本宗旨，决定了必须始终把人民作为一切工作的中心。
解决群众期待	(1) 推进全面依法治国，必须切实保障公民的人身权、财产权、人格权和基本政治权利，保证公民经济、文化、社会等各方面权利得到落实； (2) 应加大关系群众切身利益的重点领域执法、司法力度，让天更蓝、空气更清新、食品更安全、交通更顺畅、社会更和谐有序； (3) 必须着力解决好人民群众最关切的公共安全、权益保障、公平正义问题，努力维护最广大人民的根本利益，保障人民群众对美好生活的向往和追求。

坚持中国特色社会主义法治道路 第3节

一、中国特色社会主义法治道路是建设中国特色社会主义法治体系、建设社会主义法治国家的唯一正确道路

方向决定道路，道路决定命运	（1）党的十九届六中全会总结的百年经验之一就是"坚持中国道路"； （2）党的二十大报告中，全面建设社会主义现代化国家的基本原则之二即"坚持中国特色社会主义道路"，其后的全面依法治国专章中指出，"坚持走中国特色社会主义法治道路"。 （1）中国特色社会主义法治道路是最适合中国国情的法治道路。走什么样的法治道路，是由一个国家的基本国情决定的。历史和现实充分证明，中国特色社会主义法治道路是唯一正确的道路。 （2）中国特色社会主义法治道路，根植于我国社会主义初级阶段的基本国情，生发于我国改革开放和社会主义现代化建设的具体实践，是被实践证明了的符合我国基本国情、符合人民群众愿望、符合实践发展要求的法治道路，具有显著优越性。
坚持从实际出发	（1）"实事求是"。必须从我国实际出发，突出中国特色、实践特色、时代特色，要同推进国家治理体系和治理能力现代化相适应；既不能罔顾国情、超越阶段，也不能因循守旧、墨守成规。 （2）"扬弃原则"。坚持从实际出发，不等于关起门来搞法治。法治的精髓和要旨对于各国国家治理和社会治理具有普遍意义，学习借鉴不等于是简单的拿来主义，基本的东西必须是我们自己的，我们只能走自己的路。 （3）"以我为主"。必须坚持以我为主、为我所用，认真鉴别、合理吸收，不能搞"全盘西化"，不能搞"全面移植"，不能囫囵吞枣、照搬照抄，否则必然水土不服。在这个问题上，我们要有底气、有自信，要努力以中国智慧、中国实践为世界法治文明建设作出贡献。

二、中国特色社会主义法治道路的核心要义

三大要义	中国特色社会主义法治道路的核心要义有三方面：坚持党的领导，坚持中国特色社会主义制度，贯彻中国特色社会主义法治理论。
党是根本	（1）坚持党的领导。坚定不移走中国特色社会主义法治道路，最根本的是坚持中国共产党的领导。抓住了这个根本问题，就抓住了中国特色社会主义法治道路的本质。 （2）坚持中国特色社会主义制度。中国特色社会主义制度是中国特色社会主义法治体系的根本制度基础，是全面推进依法治国的根本制度保障。 （3）贯彻中国特色社会主义法治理论。中国特色社会主义法治理论是中国特色社会主义法治体系的理论指导和学理支撑，是全面推进依法治国的行动指南。中国特色社会主义法治理论，是中国特色社会主义理论体系的重要组成部分。

第4节　坚持依宪治国、依宪执政

一、坚持依法治国首先要坚持依宪治国，坚持依法执政首先要坚持依宪执政

宪法性质决定	（1）这是宪法的地位和作用决定的。 （2）中央反复强调宪法的根本法地位。具体表现：2020年的中央全面依法治国工作会议、十九届中央政治局第三十五次集体学习、《谱写新时代中国宪法实践新篇章——纪念现行宪法公布施行40周年》。 （3）坚持依宪治国、依宪执政，体现了党的领导、人民当家作主、依法治国有机统一，体现了全面推进依法治国的时代要求，对于推进国家治理体系和治理能力现代化、保证党和国家长治久安具有重大意义。
何谓依宪治国	坚持依宪治国，是推进全面依法治国、建设社会主义法治国家的基础性工作，科学回答了宪法如何更好促进全面建设社会主义现代化国家的关键性问题。
何谓依宪执政	坚持依宪执政，体现了中国共产党作为执政党的执政理念，体现了我们党对执政规律和执政方式的科学把握。坚持依宪执政，必须要坚持以人民为中心。

二、宪法是国家的根本法，是治国理政的总章程

性质地位	宪法是国家的根本法，是治国理政的总章程，是党和人民意志的集中体现，具有最高的法律地位、法律权威、法律效力。
主要内容	（1）宪法确认了中国共产党的执政地位，确认了党在国家政权结构中总揽全局、协调各方的领导核心地位，这是中国特色社会主义最本质的特征，也是我国宪法制度的最显著特征和最大优势。 （2）宪法集中体现了党和人民的统一意志和共同愿望，是国家意志的最高表现形式，具有根本性、全局性、稳定性、长期性；宪法规定的内容具有总括性、原则性、纲领性、方向性。 （3）宪法在中国特色社会主义法律体系中居于核心地位，是国家政治和社会生活的最高法律规范，是国家一切法律法规的总依据、总源头，具有最高的法律地位、法律权威、法律效力，是国家统一、法制统一、政令统一的保证。 （4）宪法是符合国情、符合实际、符合时代发展要求的好宪法，是我们国家和人民经受住各种困难和风险考验，始终沿着中国特色社会主义道路前进的根本法保障。

三、全面贯彻实施宪法

首要任务、基础工作	全面贯彻实施宪法，是建设社会主义法治国家的首要任务和基础性工作。习近平总书记指出："宪法的生命在于实施，宪法的权威也在于实施。"

续表

系列举措	(1) 2014年，全国人大常委会通过了关于设立国家宪法日的决定，将每年12月4日设立为国家宪法日； (2) 2015年，全国人大常委会作出《关于实行宪法宣誓制度的决定》，并于2018年修订； (3) 2018年，全国人大法律委员会更名为全国人大宪法和法律委员会，增加推动宪法实施、开展宪法解释、推进合宪性审查、加强宪法监督、配合宪法宣传等工作职责； (4)《法治中国建设规划（2020~2025年）》明确提出，把全面贯彻实施宪法作为首要任务； (5) 党的二十大报告要求："加强宪法实施和监督，健全保证宪法全面实施的制度体系，更好发挥宪法在治国理政中的重要作用，维护宪法权威。"

四、推进合宪性审查工作

落实主体职责	监督宪法的实施，是宪法赋予全国人大及其常委会的重要职责。凡涉及宪法相关规定如何理解、如何适用的，都应当事先经过全国人大常委会合宪法性审查，确保同宪法规定、宪法精神相符合。
明确远景规划	《国民经济和社会发展第十四个五年规划和2035年远景目标纲要》明确规定，要健全保障宪法全面实施的体制机制，加强宪法实施和监督，落实宪法解释程序机制，推进合宪性审查。
强化宪法解释	推进合宪性审查工作，必须加强宪法解释工作，健全宪法解释程序机制。2017年，党中央转发了《中共全国人大常委会党组关于健全宪法解释工作程序的意见》，使所有的法规规章、司法解释和各类规范性文件纳入备案审查范围，其他国家机关发现规范性文件可能存在合宪性问题的，要及时报告、提请全国人大常委会审查。地方各级人大及其常委会要保证宪法在本行政区域内得到遵守和执行。

五、深入开展宪法宣传教育

方　　向	使全体人民成为宪法的忠实崇尚者、自觉遵守者、坚定捍卫者。
举　　措	(1) "有高度"。宪法的根基在于人民发自内心的拥护，宪法的伟力在于人民出自真诚的信仰。要紧密结合党的理论和路线方针政策的宣传教育，解读好宪法的精神、原则、要义，解读好宪法所规定的重大制度和重大事项，深刻认识宪法的内在逻辑（历史逻辑、理论逻辑、实践逻辑）和本质属性（意志属性、权利属性、利益属性），坚定宪法自信，增强宪法自觉。 (2) "接地气"。要使宪法真正走入日常生活、走入人民群众。通过灵活多样的形式和手段，使广大人民群众真正认识到宪法不仅是全体公民必须遵循的行为规范，而且是保障公民权利的法律武器。依托国家宪法日活动、宪法宣誓等载体，让宪法内化于心、外化于行。把宪法法律教育纳入国民教育体系，引导青少年从小尊法、学法、守法、用法。 (3) "抓关键"。要抓住领导干部这个"关键少数"。《法治社会建设实施纲要（2020~2025年）》指出，切实加强对国家工作人员特别是各级领导干部的宪法教育，组织推动国家工作人员原原本本学习宪法文本。把宪法教育作为党员干部教育的重要内容，完善国家工作人员学习宪法法律的制度。

第5节 坚持在法治轨道上推进国家治理体系和治理能力现代化

一、全面依法治国是国家治理的一场深刻革命

历史进程	（1）我国社会主义法治凝聚着我们党治国理政的理论成果和实践经验，是制度之治最基本最稳定最可靠的保障。 （2）认识深化： ①党的十八届三中全会专题研究全面深化改革问题，明确提出要完善和发展中国特色社会主义制度，推进国家治理体系和治理能力现代化，并将其作为全面深化改革的总目标； ②党的十八届四中全会进一步强调要推进国家治理体系和治理能力现代化，指出全面推进依法治国是一个系统工程，是国家治理领域一场广泛而深刻的革命； ③党的十九大报告提出，要坚持和完善中国特色社会主义制度，不断推进国家治理体系和治理能力现代化，将其作为新时代坚持和发展中国特色社会主义的基本方略之一； ④党的十九届四中全会对坚持和完善中国特色社会主义制度，推进国家治理体系和治理能力现代化作出全面部署； ⑤党的十九届五中全会提出，到2035年基本实现国家治理体系和治理能力现代化； ⑥党的二十大报告指出，我们以巨大的政治勇气全面深化改革，中国特色社会主义制度更加成熟更加定型，国家治理体系和治理能力现代化水平明显提高。
推进措施	在法治轨道上推进国家治理体系和治理能力现代化，要提高党依法治国、依法执政能力，推进党的领导制度化、法治化、规范化。要用法治保障人民当家作主，健全社会公平正义法治保障制度，使法律及其实施有效体现人民意志、保障人民权益、激发人民创造力。要健全完善中国特色社会主义法治体系，不断满足国家治理需求和人民日益增长的美好生活需要。要坚持依法治国、依法执政、依法行政共同推进，坚持法治国家、法治政府、法治社会一体建设，更加注重系统性、整体性、协同性。要更好发挥法治对改革发展稳定的引领、规范、保障作用，以深化依法治国实践检验法治建设成效，推动各方面制度更加成熟、更加定型，逐步实现国家治理制度化、程序化、规范化、法治化。

二、法治是国家治理体系和治理能力的重要依托

基本方式	（1）历史和现实说明，法治是治国理政的基本方式，是社会文明进步的显著标志。 （2）推进国家治理体系和治理能力现代化，就是要适应时代变革，不断健全我国国家治理的体制机制，不断完善中国特色社会主义法治体系，实现党和国家各项事务治理制度化、规范化、程序化，提高运用制度和法律治理国家的能力，提高党科学执政、民主执政、依法执政水平。
治理体系	国家治理体系是在党领导下管理国家的制度体系，包括经济、政治、文化、社会、生态文明和党的建设等各领域的体制机制、法律法规安排，是一整套紧密相连、相互协调的国家制度。

续表

治理能力	国家治理能力是运用国家制度管理社会各方面事务的能力，是改革发展稳定、内政外交国防、治党治国治军等各个方面国家制度执行能力的集中体现。国家治理能力是影响我国社会主义制度优势充分发挥、党和国家事业顺利发展的重要因素。

三、更好发挥法治固根本、稳预期、利长远的保障作用

着眼长远	全面推进依法治国，是着眼于实现中华民族伟大复兴中国梦、实现党和国家长治久安的长远考虑。要充分发挥法治的引领、规范和保障作用，着力固根基、扬优势、补短板、强弱项，逐步实现国家治理制度化、程序化、规范化、法治化。
依法治理	（1）坚持依法应对重大挑战、抵御重大风险、克服重大阻力、解决重大矛盾。要打赢防范化解重大风险攻坚战，必须坚持和完善中国特色社会主义制度、推进国家治理体系和治理能力现代化，运用制度威力应对风险挑战的冲击。 （2）新冠疫情就是一场突如其来的重大风险挑战，能不能坚持依法、科学、有序防控至关重要。

四、坚持依法治军、从严治军

基本方略	依法治军、从严治军，是我们党建军治军的基本方略。深入推进依法治军、从严治军，是全面依法治国总体部署的重要组成部分，是实现强军目标的必然要求。
方略形成	十八大以来，党中央把依法治军纳入全面依法治国总盘子；十八届四中全会对依法治军作出重要部署；十九届六中全会提出要贯彻依法治军战略，这是党中央把握新时代建军治军特点规律、从强军事业全局出发作出的重大决策部署；2022年习近平总书记在出席十三届全国人大五次会议解放军和武警部队代表团全体会议时发表重要讲话，系统阐述了依法治军战略的丰富内容和深刻内涵。
绝对领导、构建体系	贯彻依法治军战略是系统工程。坚持党对军队的绝对领导，这是依法治军的核心和根本要求，是中国特色军事法治的最大优势。坚持构建完善中国特色军事法治体系（军事法规制度体系、军事法治实施体系、军事法治监督体系、军事法治保障体系），抓好军事法治建设重点任务落实。在全军真正形成党委依法决策、机关依法指导、部队依法行动、官兵依法履职的良好局面。坚持从严治军铁律。坚持抓住领导干部这个"关键少数"。

五、坚持依法保障"一国两制"实践与推进祖国统一

依法全面管治	"一国两制"是党领导人民实现祖国和平统一的一项重要制度，是中国特色社会主义的一个伟大创举。必须依法保障"一国两制"实践，牢牢掌握宪法和基本法赋予的中央对特别行政区全面管治权。巩固和深化两岸关系和平发展，坚定不移维护国家主权、安全、发展利益。

续表

坚持 一国前提	宪法和特别行政区基本法共同构成特别行政区的宪制基础。贯彻"一国两制"、"港人治港"、"澳人治澳"、高度自治的方针，必须坚持"一国"是实行"两制"的前提和基础，"两制"从属和派生于"一国"并统一于"一国"之内，绝不容忍任何挑战"一国两制"底线的行为。 2016年，全国人大常委会主动作出关于《香港特别行政区基本法》第104条的解释；2017年，全国人大常委会批准《内地与香港特别行政区关于在广深港高铁西九龙站设立口岸实施"一地两检"的合作安排》，解决了"一地两检"的合宪性、合法性依据问题；2020年5月到2021年3月，全国人大以"决定+立法"方式作出《关于建立健全香港特别行政区维护国家安全的法律制度和执行机制的决定》，全国人大常委会制定《香港国安法》，全国人大以"决定+修法"方式作出《关于完善香港特别行政区选举制度的决定》，全国人大常委会修改《香港特别行政区基本法》附件一、附件二以及《关于香港特别行政区第六届立法会继续履行职责的决定》《关于香港特别行政区立法会议员资格问题的决定》。
法治 方式统一	台湾是中国的一部分，两岸同属一个中国的历史和法理事实，是任何人任何势力都无法改变的，"和平统一、一国两制"是实现国家统一的最佳方式。运用法治方式巩固和深化两岸关系和平发展。要运用法律手段捍卫一个中国原则、反对"台独"。推动两岸就和平发展达成制度性安排。

六、坚持依法治网

依法治理	网络空间不是"法外之地"，同样要讲法治。网络空间是虚拟的，但运用网络空间的主体是现实的。要把依法治网作为基础性手段，推动依法管网、依法办网、依法上网。
五大措施	（1）制定完善互联网领域法律法规。加强信息技术领域立法，及时跟进研究数字经济、互联网金融、人工智能、大数据、云计算等相关法律制度。 （2）依法加强数据安全管理。加大个人信息保护力度，规范对个人信息的采集使用，特别是做好数据跨境流动的安全评估和监管。 （3）加强关键信息基础设施安全保护。强化国家关键数据资源保护能力，增强数据安全预警和溯源能力。加强国际数据治理政策储备和治理规则研究，提出中国方案。 （4）依法严厉打击网络违法犯罪行为。制止和打击利用网络鼓吹推翻国家政权、煽动宗教极端主义、宣扬民族分裂思想、教唆暴力恐怖活动、进行欺诈活动、散布色情材料、进行人身攻击、兜售非法物品、网络黑客、电信网络诈骗、侵犯公民个人隐私等违法犯罪行为。 （5）共同维护网络空间和平安全。倡导尊重网络主权，加强对话交流，有效管控分歧，同各国一道推动健全打击网络犯罪司法协助机制。

坚持建设中国特色社会主义法治体系　第6节

一、推进全面依法治国的总目标和总抓手

基本内涵	（1）建设中国特色社会主义法治体系，是我们党提出的具有原创性、时代性的概念和理论； （2）全面推进依法治国，总目标是建设中国特色社会主义法治体系，建设社会主义法治国家； （3）中国特色社会主义法治体系，本质上是中国特色社会主义制度的法律表现形式，是国家治理体系的骨干工程。
一厦五柱三要义	建设中国特色社会主义法治体系，就是在中国共产党领导下，坚持中国特色社会主义制度，贯彻中国特色社会主义法治理论，形成完备的法律规范体系、高效的法治实施体系、严密的法治监督体系、有力的法治保障体系，形成完善的党内法规体系。
主要目标	党的二十大报告指出，中国特色社会主义法治体系更加完善，是未来五年全面建设社会主义现代化国家的主要目标任务之一。

二、建设完备的法律规范体系

体系形成	经过长期努力，中国特色社会主义法律体系已经形成，国家和社会生活各方面总体上实现了有法可依。
五个方向	（1）要不断完善以宪法为核心的中国特色社会主义法律体系，坚持立法先行，坚持立改废释并举； （2）要深入推进科学立法、民主立法、依法立法，提高立法质量和效率，以良法保善治、促发展； （3）要加强国家安全、科技创新、公共卫生、生物安全、生态文明、防范风险等重要领域立法； （4）要聚焦人民群众急盼，加强民生领域立法，对电信网络诈骗、新型毒品犯罪、"邪教式"追星、"饭圈"乱象、"阴阳合同"等娱乐圈突出问题，资本无序扩张、平台经济、数字经济野蛮生长问题予以规制； （5）要加快我国法域外适用的法律体系建设，更好维护国家主权、安全、发展利益。

三、建设高效的法治实施体系

重点难点	法治实施体系是执法、司法、守法等宪法法律实施的工作体制机制。推进法治体系建设的重点和难点在于通过严格执法、公正司法、全民守法，推进法律正确实施，把"纸上的法律"变为"行动中的法律"。高效的法治实施体系，最核心的是健全宪法实施体系。全面贯彻实施宪法，是建设社会主义法治国家的首要任务和基础性工作。

续表

三个领域	（1）要深入推进执法体制改革，完善执法程序，推进综合执法，严格执法责任，建立权责统一、权威高效的行政执法体制； （2）要深化司法体制改革，完善司法管理体制和司法权力运行机制，规范司法行为，加强对司法活动的监督，切实做到公正司法； （3）坚持把全民普法和守法作为全面依法治国的长期基础性工作，采取有力措施加强法治宣传教育，不断增强全民法治观念。

四、建设严密的法治监督体系

基本内涵	法治监督体系是由党内监督、人大监督、民主监督、行政监督、司法监督、审计监督、社会监督、舆论监督等构成的权力制约和监督体系。必须健全完善权力运行制约和监督机制，规范立法、执法、司法机关权力行使，建设严密的法治监督体系。
五项工作	（1）加强党的集中统一领导，把法治监督作为党和国家监督体系的重要内容； （2）加强国家机关监督、民主监督、群众监督和舆论监督，形成法治监督合力，发挥整体监督效能； （3）加强执纪执法监督，坚持把纪律规矩挺在前面，推进执纪执法贯通，建立有效衔接机制； （4）建立健全与执法司法权运行机制相适应的制约监督体系，构建权责清晰的执法司法责任体系，健全政治督察、综治督导、执法监督、纪律作风督查巡查等制度机制； （5）拓宽人民监督权力的渠道，公民依法对国家机关和国家工作人员提出批评、建议、申诉、检举、控告。

五、建设有力的法治保障体系

体系构成	法治保障体系包括党领导全面依法治国的制度和机制、队伍建设和人才保障等。有力的法治保障体系是推进全面依法治国的重要支撑。
三个重点	（1）"方向"：坚持党的领导，各级党委、各级立法、执法、司法机关党组（党委），机关基层党组织和党员要充分发挥各自的职能和作用； （2）"素质"：牢牢把握忠于党、忠于国家、忠于人民、忠于法律的总要求，大力提高法治工作队伍思想政治素质、业务工作能力、职业道德水准； （3）"科技"：充分运用大数据、云计算、人工智能等现代科技手段，全面建设"智慧法治"，推动法治中国建设的数据化、网络化、智能化。

六、建设完善的党内法规体系

性质地位	党内法规既是管党治党的重要依据，也是建设社会主义法治国家的有力保障。 （1）十八大以来，形成比较完善的党内法规体系； （2）党的二十大报告将完善党内法规制度体系作为完善党的自我革命制度规范体系的重要组成部分。

续表

两项内容	(1) 完善党内法规制定体制机制，完善党的组织法规制度、党的领导法规制度、党的自身建设法规制度、党的监督保障法规制度； (2) 加大党内法规备案审查和解释力度，注重党内法规同国家法律的衔接和协调。

第7节 坚持依法治国、依法执政、依法行政共同推进，法治国家、法治政府、法治社会一体建设

一、全面依法治国是一个系统工程

系统观念	全面依法治国涉及改革发展稳定、内政外交国防、治党治国治军等各个领域，必须立足全局和长远来统筹谋划。要坚持系统观念，准确把握全面依法治国工作布局。
整体推进	依法治国、依法执政、依法行政是一个有机整体，关键在于党要坚持依法执政、各级政府要坚持依法行政。
相辅相成	法治国家、法治政府、法治社会三者各有侧重、相辅相成：法治国家是法治建设的目标，法治政府是建设法治国家的主体，法治社会是构筑法治国家的基础。
时间路线	"一规划两纲要"的时间表、路线图：① "2025一初步"——到2025年，党领导全面依法治国体制机制更加健全，以宪法为核心的中国特色社会主义法律体系更加完备，职责明确、依法行政的政府治理体系日益健全，相互配合、相互制约的司法权运行机制更加科学有效，法治社会建设取得重大进展，党内法规体系更加完善，中国特色社会主义法治体系初步形成；② "2035三基本"——到2035年，法治国家、法治政府、法治社会基本建成，中国特色社会主义法治体系基本形成，人民平等参与、平等发展权利得到充分保障，国家治理体系和治理能力现代化基本实现。

二、法治国家是法治建设的目标

党定目标	建设社会主义法治国家，是我们党确定的建设社会主义现代化国家的重要目标。
成就蔚然	党执政70多年来，虽历经坎坷，但对法治矢志不渝。从"五四宪法"到2018年宪法修正案，从"社会主义法制"到"社会主义法治"，从"有法可依、有法必依、执法必严、违法必究"到"科学立法、严格执法、公正司法、全民守法"，党越来越深刻认识到，治国理政须臾离不开法治。党的十五大把建设社会主义法治国家作为建设社会主义现代化国家的重要目标。党的十八届四中全会明确提出，全面推进依法治国，总目标是建设中国特色社会主义法治体系，建设社会主义法治国家。

三、法治政府是建设法治国家的主体

政府示范带动	(1) 法治政府建设是重点任务和主体工程，对法治国家、法治社会建设具有示范带动作用。

续表

政府示范带动	（2）各级政府必须坚持在党的领导下、在法治轨道上开展工作，创新执法体制，完善执法程序，推进综合执法，严格执法责任，建立权责统一、权威高效的依法行政体制。坚持科学决策、民主决策、依法决策，全面落实重大决策程序制度。加快建设职能科学、权责法定、执法严明、公开公正、智能高效、廉洁诚信、人民满意的法治政府。
七项重点工作	权力必须关进制度的笼子，要用法治给行政权力定规矩、划界限。①完善行政组织和行政程序法律制度。②用法治来规范政府和市场的边界。③根据新发展阶段的特点，加快转变政府职能，加快打造市场化、法治化、国际化营商环境，打破行业垄断和地方保护，打通经济循环堵点，推动形成全国统一、公平竞争、规范有序的市场体系。④健全依法决策机制。⑤加强对政府内部权力的制约。要对权力集中的部门和岗位实行分事行权、分岗设权、分级授权，定期轮岗。⑥全面推进政务公开。⑦研究建立健全行政纠纷解决体系，发挥行政机关化解矛盾纠纷的"分流阀"作用。

四、法治社会是构筑法治国家的基础

营造环境、提升认识	法律要发挥功能，需要全社会信仰法律。要在全社会树立法律权威，使人民认识到法律既是保障自身权利的有力武器，也是必须遵守的行为规范。要广泛开展依法治理活动，培育社会成员办事依法、遇事找法、解决问题用法、化解矛盾靠法的良好环境。
兼顾两端、多元共建	（1）法治建设既要抓末端、治已病，更要抓前端、治未病。我国国情决定了我们不能成为"诉讼大国"。要推动更多法治力量向引导和疏导端用力，完善预防性法律制度，构建多元纠纷解决机制。 （2）《全国公共法律服务体系建设规划（2021～2025年）》要求加快建设覆盖城乡、便捷高效、均等普惠的现代公共法律服务体系。要统筹推进律师、公证、法律援助、司法鉴定、调解、仲裁等工作改革方案。
基层"三共"	党的二十大报告强调"健全共建共治共享的社会治理制度"，在社会基层坚持和发展新时代"枫桥经验"。
乡村"三治"	加强法治乡村建设是实施乡村振兴战略、推进全面依法治国的基础性工作。要把政府各项涉农工作纳入法治化轨道，完善农村法律服务，积极推进法治乡村建设。加强农村法治宣传教育，健全自治、法治、德治相结合的乡村治理体系。要深入推进平安乡村建设，加快完善农村治安防控体系。

第8节　坚持全面推进科学立法、严格执法、公正司法、全民守法

一、科学立法、严格执法、公正司法、全民守法是推进全面依法治国的重要环节

规律总结	（1）全面依法治国是一项长期而重大的历史任务，必须从我国实际出发，切实把握好法治建设各环节的工作规律。

	续表
规律总结	（2）党的十一届三中全会确立了"有法可依、有法必依、执法必严、违法必究"的社会主义法制建设的"十六字方针"。党的十八大把法治建设摆在了更加突出的位置，强调全面推进依法治国，明确提出法治是治国理政的基本方式，要推进科学立法、严格执法、公正司法、全民守法。党的十九大报告中指出，全面依法治国是国家治理的一场深刻革命，必须坚持厉行法治，推进科学立法、严格执法、公正司法、全民守法。
新十六字方针	"科学立法、严格执法、公正司法、全民守法"是全面依法治国的重要环节，成为指引新时代法治中国建设的"新十六字方针"。

二、推进科学立法

提高质量、两大核心	（1）法律是治国之重器，良法是善治之前提。建设中国特色社会主义法治体系，必须坚持立法先行，深入推进科学立法、民主立法、依法立法，提高立法质量和效率。 （2）推进科学立法、民主立法，是提高立法质量的根本途径。科学立法的核心在于尊重和体现客观规律，民主立法的核心在于为了人民、依靠人民。
内容更新、程序优化	在立法内容上，要注意加强重点领域、新兴领域、涉外领域立法，注重将社会主义核心价值观融入立法，注重健全国家治理急需、满足人民日益增长的美好生活需要必备的法律制度。 在立法程序上，要优化司法职权配置，发挥人大及其常委会在立法工作中的主导作用；要扩大公众有序参与，创新公众参与立法方式；要明确立法权力边界，从体制机制和工作程序上有效防止部门利益和地方保护主义法律化。

三、推进严格执法

基本内涵	（1）执法是行政机关履行政府职能、管理经济社会事务的主要方式； （2）坚决排除对执法活动的非法干预，坚决防止和克服地方保护主义和部门保护主义。
深化执法体制改革	（1）严格执法资质，严格实行行政执法人员持证上岗和资格管理制度； （2）进一步整合行政执法队伍，推动执法重心下移，提高行政执法能力水平； （3）继续探索实行跨领域跨部门综合执法，建立执法队伍主管部门和相关行业管理部门相互支持、密切配合、信息共享的联动机制； （4）加强行政执法与刑事司法有机衔接，坚决克服有案不移、有案难移、以罚代刑等现象； （5）健全行政纠纷解决体系，推动构建行政调解、行政裁决、行政复议、行政诉讼有机衔接的纠纷解决机制。

四、推进公正司法

三个事关最后防线	（1）公正司法就是受到侵害的权利一定会得到保护和救济，违法犯罪活动一定要受到制裁和惩罚。

续表

三个事关 最后防线	（2）公正司法事关人民切身利益，事关社会公平正义，事关全面推进依法治国。 （3）司法是社会公平正义的最后一道防线。各级司法机关要紧紧围绕努力让人民群众在每一个司法案件中都感受到公平正义这个要求和目标来改进工作。
深化司法体制 综合配套改革	（1）规范司法权力运行，健全公安机关、检察机关、审判机关、司法行政机关各司其职，侦查权、检察权、审判权、执行权相互配合、相互制约的体制机制； （2）拓展公益诉讼案件范围，完善公益诉讼法律制度，探索建立民事公益诉讼惩罚性赔偿制度； （3）强化诉讼过程中当事人和其他诉讼参与人各种权利的制度保障，完善人民监督员制度，依法规范司法人员与当事人、律师、特殊关系人、中介组织的接触、交往行为； （4）改进司法工作作风，通过热情服务切实解决好老百姓打官司过程中遇到的各种难题，特别是要加大法律援助力度； （5）加大司法公开力度，以回应人民群众对司法公正公开的关注和期待。
强化司法监督， 加强检察工作	（1）2021年《中共中央关于加强新时代检察机关法律监督工作的意见》印发，这是中共中央首次专门就加强检察机关法律监督工作印发意见，为新时代检察工作赋予了更重政治责任、历史责任； （2）要更加充分发挥检察机关的专门监督作用，以高度的政治自觉履行检察职能，推动检察机关法律监督与其他各类监督有机贯通、相互协调，全面深化司法体制改革，大力推进检察队伍革命化、正规化、专业化、职业化建设。

五、推进全民守法

基本内涵	（1）全民守法，就是任何组织或者个人都必须在宪法和法律范围内活动，任何公民、社会组织和国家机关都要以宪法和法律为行为准则，依照宪法和法律行使权利或权力、履行义务或职责； （2）法律要发生作用，首先全社会要信仰法律。
五项措施	（1）要引导全体人民做社会主义法治的忠实崇尚者、自觉遵守者、坚定捍卫者； （2）要突出普法重点内容，全面落实"谁执法谁普法"普法责任制； （3）要让各级领导干部带头尊法学法守法用法，引导广大群众自觉守法、遇事找法、解决问题靠法； （4）要坚持法治教育与法治实践相结合，提高社会治理法治化水平； （5）要坚持依法治国和以德治国相结合，把他律和自律紧密结合起来，做到法治和德治相辅相成、相互促进。

第9节 坚持统筹推进国内法治和涉外法治

一、统筹推进国内法治和涉外法治是全面依法治国的迫切任务

形势使然	统筹推进国内法治和涉外法治、协调推进国内治理和国际治理，是全面依法治国的必然要求，是建立以国内大循环为主体、国内国际双循环相互促进的新发展格局的客观需要，是维护国家主权、安全、发展利益的迫切需要。
中国方案	这就要求在全面依法治国进程中，统筹运用国内法和国际法，为推动全球治理体系改革、构建人类命运共同体规则体系提供中国方案。

二、加快涉外法治工作战略布局

理论源头	统筹国内国际两个大局是我们党治国理政的基本理念和基本经验，统筹推进国内法治和涉外法治、加快涉外法治工作战略布局即是这一理念和经验在法治领域的具体体现。
具体要求	（1）要加快形成系统完备的涉外法律法规体系，积极构建更加完善的涉外经济法律体系，逐步形成法治化、国际化、便利化的营商环境； （2）要提升涉外执法司法效能，引导企业、公民在"走出去"过程中更加自觉遵守当地法律法规和风俗习惯，提高运用法治和规则维护自身合法权益的意识和能力； （3）要加强反制裁、反干涉和反制"长臂管辖"的理论研究和制度建设，努力维护公平公正的国际环境； （4）要加大涉外法治人才培养力度，尽快建设一支精通国内法治和涉外法治，既熟悉党和国家方针政策、了解我国国情，又具有全球视野、熟练运用外语、通晓国际规则的高水平法治人才队伍。

三、加强对外法治交流合作

主要内容	（1）坚定维护以联合国为核心的国际体系、以联合国宪章宗旨和原则为基础的国际法基本原则和国际关系基本准则，以及以国际法为基础的国际秩序。 （2）引导国际社会共同塑造更加公正合理的国际新秩序，推动构建人类命运共同体。 （3）积极参与执法安全国际合作，共同打击暴力恐怖势力、民族分裂势力、宗教极端势力和贩毒走私、跨国有组织犯罪。 （4）坚持深化司法领域国际合作，完善我国司法协助体制，扩大国际司法协助覆盖面。加强反腐败国际合作，加大海外追赃追逃、遣返引渡力度。 （5）要推进对外法治宣传，讲好中国法治故事。要加强对外法治话语和叙事体系建设，注重中外融通，创新对外法治话语表达方式，更加鲜明地展示中国法治道路。
工作方向	（1）要提高国际法斗争能力，坚持国家主权平等，坚持反对任何形式的霸权主义，坚持推进国际关系民主化法治化，综合利用立法、执法、司法等法治手段开展斗争，坚决维护

续表

工作方向	国家主权、安全、发展利益； (2) 要主动参与并努力引领国际规则制定，对不公正不合理、不符合国际格局演变大势的国际规则、国际机制提出中国的改革方案，推动形成公正、合理、透明的国际规则体系，提高我国在全球治理体系变革中的话语权和影响力。

四、为构建人类命运共同体提供法治保障

基本内涵	"人类命运共同体"这一重要理念已被列为新时代坚持和发展中国特色社会主义的基本方略，写入党章和宪法，还被多次写入联合国文件，并成为中国引领时代潮流和人类文明进步方向的鲜明旗帜。
工作重点	(1) 坚定维护联合国宪章宗旨和原则，维护以联合国为核心的国际体系，维护以国际法为基础的国际秩序； (2) 继续做国际和平事业的捍卫者，按照事情本身的是非曲直处理问题，释放正能量； (3) 积极参与国际规则制定，做全球治理变革进程的参与者、推动者、引领者； (4) 为运用法治思维和法治方式推动构建人类命运共同体贡献中国智慧和中国方案。

第10节　坚持建设德才兼备的高素质法治工作队伍

一、建设一支德才兼备的高素质法治工作队伍至关重要

何以重要	(1) 党的十八届四中全会首次明确提出"法治工作队伍"概念； (2) 法治工作队伍是国家治理队伍的一支重要力量，处于法治实践的最前沿，他们的素质如何，直接影响和制约着国家治理法治化的进程。
"高素质"的内涵："四忠四化三素质"	(1) 提高法治工作队伍思想政治素质、业务工作能力、职业道德水准，着力建设一支忠于党、忠于国家、忠于人民、忠于法律的社会主义法治工作队伍； (2) 大力推进法治专门队伍革命化、正规化、专业化、职业化，培养造就一大批高素质法治人才及后备力量。

二、加强法治专门队伍建设

队伍构成	法治专门队伍主要包括在人大和政府从事立法工作的人员、在行政机关从事执法工作的人员、在司法机关从事司法工作的人员。
建设重点	法治工作是政治性很强的业务工作，也是业务性很强的政治工作。 (1) 要坚持把政治标准放在首位，加强科学理论武装，坚持用习近平新时代中国特色社会主义思想特别是习近平法治思想武装头脑。 (2) 要把强化公正廉洁的职业道德作为必修课，杜绝办"金钱案""权力案""人情案"。

	续表
建设重点	（3）完善法律职业准入、资格管理制度，建立法律职业人员统一职前培训制度和在职法官、检察官、警官、律师同堂培训制度。 （4）完善从符合条件的律师、法学专家中招录立法工作者、法官、检察官、行政复议人员制度。 （5）加强立法工作队伍建设。建立健全立法、执法、司法部门干部和人才常态化交流机制，加大法治专门队伍与其他部门具备条件的干部和人才交流力度。 （6）加强边疆地区、民族地区和基层法治专门队伍建设。 （7）健全法官、检察官员额管理制度，规范遴选标准、程序。加强执法司法辅助人员队伍建设。 （8）建立健全符合职业特点的法治工作人员管理制度，完善职业保障体系。健全执法司法人员依法履职免责、履行职务受侵害保障救济、不实举报澄清等制度。

三、加强法律服务队伍建设

队伍构成	法律服务队伍是全面依法治国的重要力量，由律师、公证员、司法鉴定人、仲裁员、人民调解员、基层法律服务工作者、法律服务志愿者等构成。
建设措施	（1）充分发挥律师的重要作用，加强律师队伍思想政治建设，完善律师执业保障机制，增强广大律师走中国特色社会主义法治道路的自觉性和坚定性。构建社会律师、公职律师、公司律师等优势互补、结构合理的律师队伍。 （2）加快发展公证员、司法鉴定人、仲裁员、人民调解员、基层法律服务工作者、法律服务志愿者等几支法律服务队伍。建立激励法律服务人才跨区域流动机制，逐步解决基层和欠发达地区法律服务资源不足和高端人才匮乏问题。

四、加强法治人才培养

总体要求	办好法学教育，必须坚持走中国特色社会主义法治道路，坚持以马克思主义法学思想和中国特色社会主义法治理论为指导。
高校建设	办好法学教育，要把高校作为法治人才培养的第一阵地，为完善中国特色社会主义法治体系、建设社会主义法治国家提供理论支撑。培养学生要坚持立德树人、德法兼修。
师资建设	办好法学教育，要注意： （1）必须加强法学教师队伍建设，打造一支政治立场坚定、法学功底深厚、熟悉中国国情、通晓国际规则的高水平专兼职教师队伍； （2）法学教师要做习近平法治思想的坚定信仰者、积极传播者、模范实践者； （3）要大力加强法学学科体系建设，深入研究和解决好为谁教、教什么、教给谁、怎样教的问题； （4）要强化法学教育实践环节，将立法执法司法实务工作部门的优质法治实践资源引进高校课堂，加强法学教育、法学研究工作者和法治实务工作者之间的交流； （5）要坚持以我为主、兼收并蓄、突出特色，鉴别吸收，不囫囵吞枣、照抄照搬，努力以中国智慧、中国实践为世界法治文明建设作出贡献。

第11节 坚持抓住领导干部这个"关键少数"

一、领导干部是全面依法治国的关键

角色属性	（1）领导干部是全面推进依法治国的重要组织者、推动者、实践者，是全面依法治国的关键； （2）高级干部做尊法学法守法用法的模范，是实现全面推进依法治国目标和任务的关键所在。
关键作用	领导干部对法治建设既可以起到关键推动作用，也可能起到致命破坏作用。

二、领导干部要做尊法学法守法用法的模范

素质要求	（1）尊崇法治、敬畏法律，是领导干部必须具备的基本素质； （2）领导干部必须做尊法学法守法用法的模范，带头厉行法治、依法办事，努力使尊法学法守法用法在全社会蔚然成风。
制度保证	（1）领导干部率先垂范，要靠自觉，也要靠制度保证； （2）党对此作出了一系列制度安排：党政部门依法决策机制，行政机关内部重大决策合法性审查机制，重大决策终身责任追究制度及责任倒查机制，领导干部干预司法活动、插手具体案件处理的记录、通报和责任追究制度，法治建设成效考核制度，等等。

三、领导干部要提高运用法治思维和法治方式的能力

基本内涵	（1）法治思维是基于法治的固有特性和对法治的信念来认识事物、判断是非、解决问题的思维方式； （2）法治方式是运用法治思维处理和解决问题的行为模式。
职责要求	（1）领导干部要守法律、重程序、讲规矩，带头营造办事依法、遇事找法、解决问题用法、化解矛盾靠法的法治环境，善于用法治思维谋划工作，用法治方式处理问题； （2）要牢记职权法定，牢记权力来自哪里、界线划在哪里，做到法定职责必须为、法无授权不可为； （3）要坚持以人民为中心，牢记法治的真谛是保障人民权益，权力行使的目的是维护人民权益； （4）要加强对权力运行的制约监督，依法设定权力、规范权力、制约权力、监督权力，把权力关进制度的笼子里； （5）要把法治素养和依法履职情况作为重要内容纳入干部考核评价，让尊法学法守法用法成为领导干部自觉行为和必备素质。

四、党政主要负责人要履行推进法治建设第一责任人职责

四个亲自	党政主要负责人对法治建设重要工作亲自部署、重大问题亲自过问、重点环节亲自协调、重要任务亲自督办,把本地区各项工作纳入法治化轨道。
具体要求	(1)党政主要负责人要切实履行推进法治建设第一责任人职责,自觉坚持和加强对法治建设的领导; (2)党委主要负责人应当充分发挥党委的领导核心作用,定期听取有关工作汇报,及时研究解决有关重大问题,将法治建设纳入地区发展总体规划和年度工作计划; (3)完善党政主要负责人履行推进法治建设第一责任人职责的约束机制,党政主要负责人不履行或者不正确履行推进法治建设第一责任人职责的,应当依照《中国共产党问责条例》等有关党内法规和国家法律法规予以问责。

第17章 习近平法治思想的实践要求

习近平法治思想的实践要求
- 充分发挥法治对经济社会发展的保障作用（"五大保障"）
  - 以法治保障经济发展
  - 以法治保障政治稳定
  - 以法治保障文化繁荣
  - 以法治保障社会和谐
  - 以法治保障生态良好
  - 理解其理论逻辑，了解其基本措施
- 正确认识和处理全面依法治国一系列重大关系（"四对关系"）
  - 政治和法治
    - 政治相对于法律占主导地位
    - 党的领导和依法治国是统一的
    - 党的政策和国家法律是一致的
  - 改革和法治
    - 二者如同一体两翼
    - 保持二者良性互动
    - 围绕"新发展"推进
  - 依法治国和以德治国
    - 二者并用、双管齐下
    - 以法治促进道德
    - 以道德支撑法治
  - 依法治国和依规治党
    - 依规治党是依法治国的前提
    - 确保二者的衔接与协调

· 234 ·

充分发挥法治对经济社会发展的保障作用 　第1节

一、以法治保障经济发展

理论逻辑	厉行法治是发展社会主义市场经济的内在要求，也是社会主义市场经济良性运行的根本保障。
基本措施	（1）要不断完善社会主义市场经济法律制度，加快建立和完善现代产权制度，推进产权保护法治化，加大知识产权保护力度； （2）要积极营造公平有序的经济发展法治环境，依法平等保护各类市场主体合法权益，营造各种所有制主体依法平等使用资源要素、公开公平公正参与竞争、同等受到法律保护的市场环境； （3）各类企业都要把守法诚信作为安身立命之本，依法经营、依法治企、依法维权。

二、以法治保障政治稳定

理论逻辑	保障政治安全、政治稳定是法律的重要功能。在我国政治生活中，党是居于领导地位的；加强党的集中统一领导，支持人大、政府、政协和监察机关、法院、检察院依法依章程履行职能、开展工作、发挥作用，这两方面是统一的。
基本措施	推进全面依法治国，必须要加强和改善党的领导，健全党领导全面依法治国的制度和工作机制，推进党的领导制度化、法治化，通过法治保障党的路线方针政策有效实施，以法治方式巩固党的执政地位，以党的领导维护和促进政治稳定和国家长治久安。

三、以法治保障文化繁荣

理论逻辑	文化是民族血脉和人民的精神家园，是一个国家的灵魂。党的十八大以来，党中央围绕建立健全坚持社会主义先进文化前进方向、遵循文化发展规律、有利于激造力、保障人民基本文化权益的文化法律制度，深化文化体制改革。
具体表现	全国人大常委会决定设立烈士纪念日、中国人民抗日战争胜利纪念者国家公祭日，大力弘扬以爱国主义为核心的伟大民族精神。
基本措施	（1）要坚持用社会主义核心价值观引领文化立法，完善制，依法规范和保障社会主义先进文化发展方向律制度体系； （2）要深入推进社会主义文化强国建设障人民文化权益，满足人民群众的

党法统一	（1）党和法的关系是政治和法治关系的集中反映。 （2）党的领导和依法治国不是对立的，而是统一的。"党大还是法大"是一个政治陷阱，是一个伪命题。权大还是法大则是一个真命题。
政法一致	党的政策和国家法律在本质上是一致的。党的政策是国家法律的先导和指引，是立法的依据和执法司法的重要指导。要善于通过法定程序使党的政策成为国家意志、形成法律，并通过法律保障党的政策有效实施，从而确保党发挥总揽全局、协调各方的领导核心作用。

二、改革和法治

一体两翼	（1）法治和改革有着内在的必然联系，二者相辅相成、相伴而生，如鸟之两翼、车之两轮。 （2）必须在法治下推进改革，在改革中完善法治。把法治改革纳入全面深化改革的总体部署；要发挥法治对改革的引领和推动作用，确保重大改革于法有据；要有序推进改革，该得到法律授权的不要超前推进。 [坚持"两个毫不动摇"] 毫不动摇巩固和发展公有制经济，毫不动摇鼓励、支持、引导非公有制经济发展。
良性互动	要坚持改革决策和立法决策相统一、相衔接，确保改革和法治实现良性互动。立法主动适应改革需要，积极发挥引导、推动、规范、保障改革的作用，做到重大改革于法有据，改革和法治同步推进，增强改革的穿透力。对实践证明已经比较成熟的改革经验和行之有效的改革举措，要尽快上升为法律，先修订、解释或者废止原有法律之后再推行改革；对部门间争议较大的重要立法事项，要加快推动和协调，不能久拖不决；对实践条件还不成熟、需要先行先试的，要按照法定程序作出授权，在若干地区开展改革试点，既不允许随意突破法律红线，也不允许简单以现行法律没有依据为由迟滞改革；对不适应改革要求的现行法律法规，要及时修改或废止，不能让一些过时的法律条款成为改革的"绊马索"。
两手推动 新发展	善于通过改革和法治推动贯彻落实新发展理念。贯彻落实新发展理念，涉及一系列思维方式、行为方式、工作方式的变革，涉及一系列工作关系、社会关系、利益关系的调整。立足新发展阶段，必须坚持以法治为引领，坚决纠正"发展要上、法治要让"的认识误区，杜绝立法上"放水"、执法上"放弃"的乱象，用法治更好地促进发展，实现经济高质量发展。
法治领域 也改革	法治领域也必须深化改革。要加快建设公正高效权威的社会主义司法制度，健全社会公平正义法治保障制度，加快构建系统完备、规范高效的执法司法制约监督体系。要加强统筹谋划，完善法治人才培养体系。要深化执法司法人员管理体制改革，加强法治专门队伍管理教育和培养。要深化政法队伍教育整顿，继续打击执法司法领域腐败行为，推动扫黑除恶常态化。必须把握原则、坚守底线，绝不能把改革变成"对标"西方法治体系、"追捧"西方法治实践。

三、依法治国和以德治国

内外结合"三融入"	（1）法律和道德都具有规范社会行为、调节社会关系、维护社会秩序的作用，在国家治理中都有其不同的地位和功能。法律是成文的道德，道德是内心的法律。 （2）中国特色社会主义法治道路的一个鲜明特点，就是坚持依法治国与以德治国相结合，既重视发挥法律的规范作用，又重视发挥道德的教化作用，这是历史经验的总结，也是对治国理政规律的深刻把握。 （3）党的二十大报告指出，坚持依法治国和以德治国相结合，把社会主义核心价值观融入法治建设、融入社会发展、融入日常生活。
以法治促进道德	发挥好法律的规范作用，必须以法治体现道德理念、强化法治对道德建设的促进作用。树立鲜明道德导向，把实践中广泛认同、较为成熟、操作性强的道德要求及时上升为法律规范；坚持严格执法，弘扬真善美，打击假恶丑；坚持公正司法，发挥司法断案惩恶扬善功能；运用法治手段解决道德领域突出问题，明确对失德行为的惩戒措施，依法加强对群众反映强烈的失德行为和诚信缺失问题的整治，对见利忘义、制假售假的违法行为加大执法力度。
以道德支撑法治	要强化道德对法治的支撑作用。要在道德体系中体现法治要求，发挥道德对法治的滋养作用。要在道德教育中突出法治内涵，注重培育人们的法律信仰、法治观念、规则意识，营造全社会都讲法治、守法治的文化环境。

四、依法治国和依规治党

基本内涵	（1）国有国法，党有党规。依法治国、依法执政，既要求党依据宪法法律治国理政，也要求党依据党内法规管党治党。 （2）依规管党治党是依法治国的重要前提和政治保障。 （3）正确处理依法治国和依规治党的关系，是中国特色社会主义法治建设的鲜明特色。党的十九大提出要坚持依法治国和依规治党有机统一，并将其纳入新时代中国特色社会主义基本方略。
党法体系	（1）要完善党内法规体系。党内法规体系是中国特色社会主义法治体系重要组成部分。 ①党内法规是党的中央组织、中央纪律检查委员会以及党中央工作机关和省、自治区、直辖市党委制定的体现党的统一意志、规范党的领导和党的建设活动、依靠党的纪律保证实施的专门规章制度。 ②党内法规体系是以党章为根本，以民主集中制为核心，以准则、条例等中央党内法规为主干，由各领域各层级党内法规制度组成的有机统一整体。要确保党内法规与国家法律的衔接与协调。 （2）坚持依规治党带动依法治国。只有把党建设好，国家才能治理好。

第五编 司法制度和法律职业道德

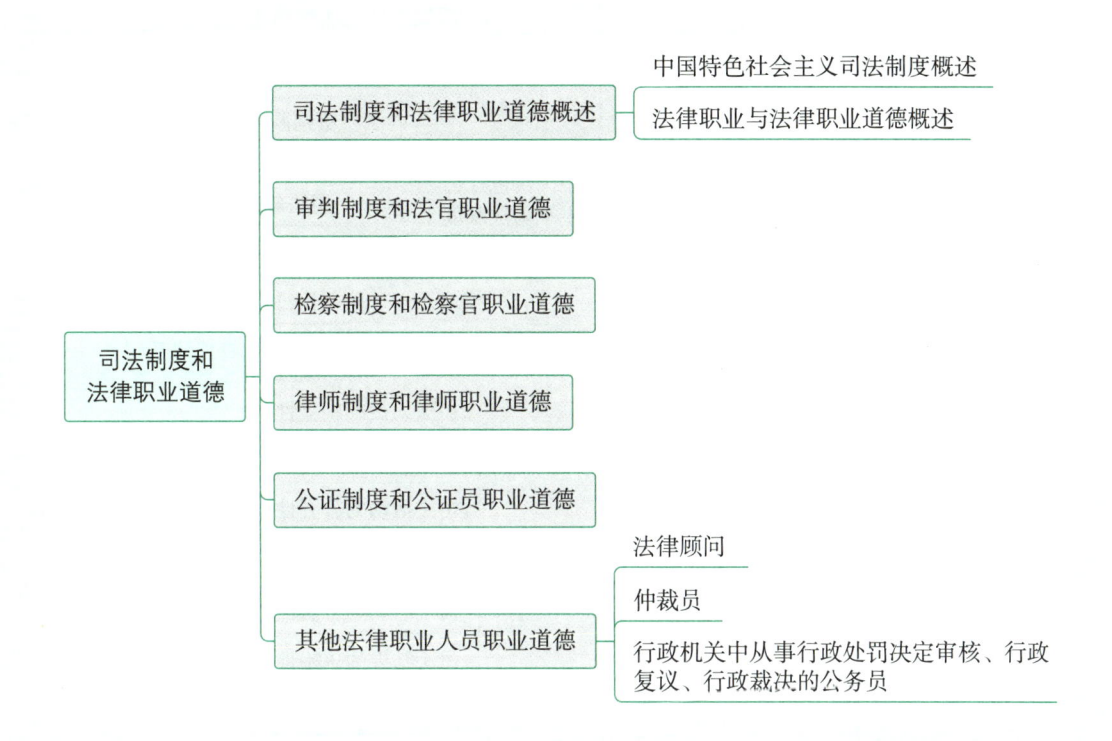

- 司法制度和法律职业道德
  - 司法制度和法律职业道德概述
    - 中国特色社会主义司法制度概述
    - 法律职业与法律职业道德概述
  - 审判制度和法官职业道德
  - 检察制度和检察官职业道德
  - 律师制度和律师职业道德
  - 公证制度和公证员职业道德
  - 其他法律职业人员职业道德
    - 法律顾问
    - 仲裁员
    - 行政机关中从事行政处罚决定审核、行政复议、行政裁决的公务员

第18章 司法制度和法律职业道德概述

- 司法制度和法律职业道德概述
  - 中国特色社会主义司法制度概述
    - 司法的概念和特征
    - 司法功能
      - 应然功能与实然功能
      - 直接功能与间接功能
    - 中国特色社会主义司法制度
      - 内涵：审判制度、检察制度、律师制度、法律援助制度、公证制度
      - 内容
        - 司法规范体系
        - 司法组织体系
        - 司法制度体系
        - 司法人员管理体系
    - 司法公正（中参公平合正廉）
      - 司法人员的中立性
      - 司法程序的参与性
      - 司法活动的公开性
      - 当事人地位平等性
      - 司法活动的合法性
      - 司法结果的正确性
      - 司法人员的廉洁性
    - 审判权和检察权独立行使
      - 权力仅归专门机关
      - 机关不受任何干涉
      - 机关正确适用法律
  - 法律职业与法律职业道德概述
    - 法律职业：法官、检察官、律师、公证员、法律顾问、仲裁员（法律类）及政府部门中从事行政处罚决定审核、行政复议、行政裁决的人员，还包括从事法律法规起草的立法工作者、其他行政执法人员、法学教育研究工作者等
    - 法律职业道德
      - 概念和特征
      - 基本原则

· 240 ·

中国特色社会主义司法制度概述 第1节

一、司法的概念和特征

概　念	司法通常是指国家司法机关根据法定职权和法定程序，具体应用法律处理案件的专门活动。 在西方，孟德斯鸠提出分权制衡，将独立的司法权与立法权、行政权并列，近代资产阶级国家的建立使分权学说由学术层面进入现实政治实践。在中国，古代行政与司法不分，行政兼理司法，中华民国以降才有"三权分立"。
特　征	与行政（实现国家目的的直接活动）相比，司法（实现国家目的的间接活动）有以下六大特点： （1）独立性。司法只服从于法律，不受上级机关和行政机关的干涉。 （2）法定性。依照法定程序，运用法律手段进行活动。 （3）交涉性。整个过程离不开多方利益主体的诉讼参与，与执法的单方面性相对比。 （4）程序性。司法机关处理案件必须依据相应的程序法规定。 （5）普遍性。司法解纠意味着个别性事件获得普遍性，普遍性在个别事件中得以实现。司法同时具有形式上和实质上的普遍性（司法可以解决其他机关所不能解决的一切纠纷）。现代社会，司法是最具普适性的解纠方式，法院已成为最主要的解纠主体。 （6）终极性。司法是"最后一道防线"，具有终局性、最终性。

二、司法功能

应然功能	即人们对司法功能的应然期待和理想要求，如定分止争、惩奸除恶、止恶扬善、实现公平正义、"最后一道防线"以及亚里士多德的"校正正义"等。
实然功能	即司法实际上能够发挥什么样的功能。法律文化传统、司法体制、政治制度、经济发展水平差异都能造成实然功能的差距。在中国的现实生活中，由于受到体制、机制、文化、经济社会条件、法官素质、职业伦理等多种内外部条件和因素的影响制约，司法的实然功能是比较有限的。
直接功能	解决纠纷（直接功能）。解决纠纷是司法制度的普遍特征，它构成司法制度产生的基础、运作的主要内容和直接任务，亦是其他功能得以发挥的先决条件。与解决纠纷相联系，司法还有惩罚功能。
间接功能	人权保障、调整社会关系、解释和补充法律、形成公共政策、秩序维持、文化支持等间接功能。

三、中国特色社会主义司法制度

内　涵	在大多数西方国家，司法制度仅指审判制度。从我国法律实践具体考量，司法制度包括审判制度、检察制度、律师制度、法律援助制度、公证制度等。

续表

中国特色社会主义司法制度	中国特色社会主义司法制度是中国共产党领导广大人民群众，以马克思主义法律思想为指导，立足中国国情，在认真总结中国特色社会主义法治国家建设经验的基础上建立和发展起来的司法制度。其根本特色是坚持党的领导、人民当家作主、依法治国有机统一，这是由我国社会主义性质、特别是中国共产党的领导和人民代表大会制度所决定的，是与我国基本国情和政治制度相适应的。目前，中国特色社会主义司法制度已经建成。它包括以下四个方面： （1）司法规范体系。包括建构中国特色社会主义司法制度、司法组织以及规范司法活动的各种法律规范。 （2）司法组织体系。主要指审判组织体系和检察组织体系。 （3）司法制度体系。六大制度（侦查制度、检察制度、审判制度、监狱制度、律师制度和公证制度）以及人民调解制度、人民陪审员制度、死刑复核制度、审判监督制度、司法解释制度以及案例指导制度等，都是独具中国特色的司法制度。 （4）司法人员管理体系。包括有侦查、检察、审判、监管职责的工作人员及辅助人员。

四、司法公正

正义包括实体正义和程序正义，因此司法公正相应的包括实体公正和程序公正。

司法人员的中立性	中立性原则是现代程序的基本原则，是"程序的基础"。法官的中立表明：法官与当事人的司法距离保持等同，对案件的态度超然、客观；法官同争议的事实和利益没有关联，不对任何当事人存有歧视或偏爱；法官情感自控、避免前见。
司法程序的参与性	又称"获得法庭审判机会"，当事人应当有充分的机会富有意义地参与司法程序，提出自己的主张和有利于自己的证据，并反驳对方的证据、进行交叉询问和辩论，以此促成有利于自己的判决结果。
司法活动的公开性	司法程序的每一阶段和步骤都应当以当事人和社会公众看得见的方式进行。例如： （1）《中共中央关于全面推进依法治国若干重大问题的决定》对司法公开提出明确要求。 （2）最高法《关于推进司法公开三大平台建设的若干意见》要求全面推进审判流程公开、裁判文书公开、执行信息公开三大平台建设。最高法《关于人民法院在互联网公布裁判文书的规定》规定，人民法院作出的生效裁判文书应当在互联网公布，但以下情形除外：①涉及国家秘密的；②未成年人犯罪的；③离婚诉讼或者涉及未成年子女抚养、监护的；④以调解方式结案或者确认人民调解协议效力的，但为保护国家利益、社会公共利益、他人合法权益确有必要公开的除外；⑤其他不宜在互联网公布的裁判文书。 （3）最高检《人民检察院案件信息公开工作规定》规定，人民检察院应当通过互联网、电话、邮件、检察服务窗口等方式，向相关人员提供案件信息查询服务，向社会主动发布案件信息、公开法律文书，以及办理其他案件信息公开工作。
当事人地位平等性	主要包括：①当事人享有平等的诉讼权利；②法院平等地保护当事人诉讼权利的行使。例如，必须反对特权观念和特权行为，反对违法干预案件，反对人情案、关系案，坚持诉讼地位平等、条件平等。

	续表
司法活动的合法性	合法性是指司法机关要严格依法办事。依法既包括依据实体法，也包括依据程序法。审理案件的每一具体环节和步骤都要按照规定的权限和程序进行。
司法结果的正确性	事实要调查清楚，证据要确凿可靠，经得起历史的检验。这是正确适用法律的前提和基础。对案件的定性要准确，处理要适当，宽严轻重适度，合法合情合理。
司法人员的廉洁性	恪守司法廉洁，是司法公正与司法公信的基石和防线。当前确保司法公正的重点之一是严禁司法掮客和利益输送。例如，严禁司法人员[1]与当事人、律师、特殊关系人[2]、中介组织[3]有下列接触交往行为：①泄露司法机关办案工作秘密或者其他依法依规不得泄露的情况；②为当事人推荐、介绍诉讼代理人、辩护人，或者为律师、中介组织介绍案件，要求、建议或者暗示当事人更换符合代理条件的律师；③接受当事人、律师、特殊关系人、中介组织请客送礼或者其他利益；④向当事人、律师、特殊关系人、中介组织借款、租借房屋，借用交通工具、通讯工具或者其他物品；⑤在委托评估、拍卖等活动中徇私舞弊，与相关中介组织和人员恶意串通、弄虚作假、违规操作等行为；⑥司法人员与当事人、律师、特殊关系人、中介组织的其他不正当接触交往行为。

五、审判权和检察权独立行使

独立不等于个人擅断	审判独立与检察独立是现代法治国家普遍承认的一项基本法律准则。
	在我国，人民法院、人民检察院依法独立公正行使审判权、检察权不意味着法官、检察官可以根据个人主张作决定，而是表明他们可以依法裁决。
基本内容	（1）权力仅归专门机关。国家的审判权和检察权只能分别由人民法院和人民检察院依法统一行使，其他机关、团体或个人无权行使这项权力。司法权归属于且仅归属于司法机关，司法权不得分割行使，排除其他机关行使具有司法性质的权力，也不允许在司法机关之外另设特别法庭。 （2）机关不受任何干涉。司法机关依照法律独立行使职权，不受行政机关、社会团体和个人的干涉。行政机关等不得使用任何权力干涉司法程序。 （3）机关正确适用法律。司法机关在司法活动中必须依照法律规定，正确地适用法律。

经典真题

关于司法和司法制度，下列哪一表述不成立？（2011/1/45-单）[4]

A. 司法历来以解决社会冲突为己任，与社会冲突相伴相随。从古至今，司法一直为一种

---

[1] "司法人员"，是指在法院、检察院、公安机关、国家安全机关、司法行政机关依法履行审判、执行、检察、侦查、监管职责的人员。

[2] "特殊关系人"，是指当事人的父母、配偶、子女、同胞兄弟姊妹和与案件有利害关系或可能影响案件公正处理的其他人。

[3] "中介组织"，是指依法通过专业知识和技术服务，向委托人提供代理性、信息技术服务性等中介服务的机构，主要包括受案件当事人委托从事审计、评估、拍卖、变卖、检验或者破产管理等服务的中介机构。公证机构、司法鉴定机构参照"中介组织"。

[4] A

独立的解纷形态和制度

B. 司法和司法权曾是反对专制、对抗王权的一道屏障，负责监督政府、保护人民，同时也能有效地保护法官

C. 晋刘颂上疏惠帝，论及司法制度时说："君臣之分，各有所司。法欲人奉，故令主者守之；理有穷，故使大臣释滞；事有时立，故人主权断"

D. 美国法学家亨利·米斯认为，"在法官做出判断的瞬间被别的观点或者被任何形式的外部权势或压力所控制和影响，法官就不复存在……法官必须摆脱不受任何的控制和影响，否则便不再是法官了"

第2节 法律职业与法律职业道德概述

一、法律职业

概念	我国的法律职业主要是指担任法官、检察官、律师、公证员、法律顾问、仲裁员（法律类）及政府部门中从事行政处罚决定审核、行政复议、行政裁决的人员，还包括从事法律法规起草的立法工作者、其他行政执法人员、法学教育研究工作者等。其核心人员是法官、检察官、律师和法学家。
条件	初任法官、初任检察官、初次申请律师执业和担任公证员，初次担任法律顾问和仲裁员（法律类），以及行政机关中初次从事行政处罚决定审核、行政复议、行政裁决的公务员，应当通过国家统一法律职业资格考试，取得法律职业资格。法官、检察官和行政机关中初次从事行政处罚决定审核、行政复议、行政裁决和担任法律顾问的公务员，还要遵守《公务员法》。
特征	政治性、法律性、行业性、专业性。

二、法律职业道德

（一）法律职业道德的概念和特征

概念	法律职业人员在进行法律职业活动过程中，所应遵循的符合法律职业要求的心理意识、行为准则和行为规范的总和。
特征	（1）政治性。首要的职业道德：必须高举旗帜、听党指挥、忠诚使命，坚持党的事业至上、人民利益至上、宪法法律至上，确保忠于党、忠于国家、忠于人民、忠于法律。 （2）职业性。法律职业道德规范着法律职业从业人员的职业行为，在特定的职业范围内发挥作用。 （3）实践性。只有在法律实践过程中，才能体现出法律职业道德的水准。 （4）正式性。表现形式较正式，除了一般的规章制度、工作守则、行为须知之外，还通过法律、法规等规范性文件的形式表现出来。 （5）更高性。要求法律职业人员具有更高的法律职业道德水准，要求较为明确，约束力和强制力也更为明显。

(二) 法律职业道德的基本原则

政 治	忠于党、忠于国家、忠于人民、忠于法律。这是首要原则。
正 确	以事实为根据,以法律为准绳。这是当代中国法律适用的基本原则,也是我国司法工作实践的科学总结,是辩证唯物主义在我国法治建设中的具体体现和运用。
保 密	严明纪律,保守秘密。法律职业人员在司法活动中应当遵守纪律,保守国家秘密和司法工作秘密。
配 合	互相尊重,相互配合。司法机关依法独立行使职权,但同时应处理好司法机关与权力机关、上级部门的关系,处理好公、检、法三机关分工负责、互相配合、互相制约的关系,处理好与律师的关系,坚持互相尊重,相互配合。例如,依法执业,不得超越职权擅自干预和妨碍其他法律职业人员的正常办案;法官、检察官、律师的共同目标是追求司法公正;法律职业人员在人格和依法履行职责上是平等的,除非因维护法庭秩序和庭审的需要,开庭时法官不得随意打断或者制止当事人和其他诉讼参与人的发言;使用规范、准确、文明的语言,不得对当事人或其他诉讼参与人有任何不公的训诫和不恰当的言辞。
尽 职	恪尽职守,勤勉尽责。这是对法律职业人员业务素质的基本要求。
清 廉	清正廉洁,遵纪守法。

经典真题

司法人员恪守司法廉洁,是司法公正与公信的基石和防线。违反有关司法廉洁及禁止规定将受到严肃处分。下列属于司法人员应完全禁止的行为是:(2016/1/98-任)[1]

A. 为当事人推荐、介绍诉讼代理人、辩护人
B. 为律师、中介组织介绍案件
C. 在非工作场所接触当事人、律师、特殊关系人
D. 向当事人、律师、特殊关系人借用交通工具

---

[1] ABD

第19章 审判制度和法官职业道德

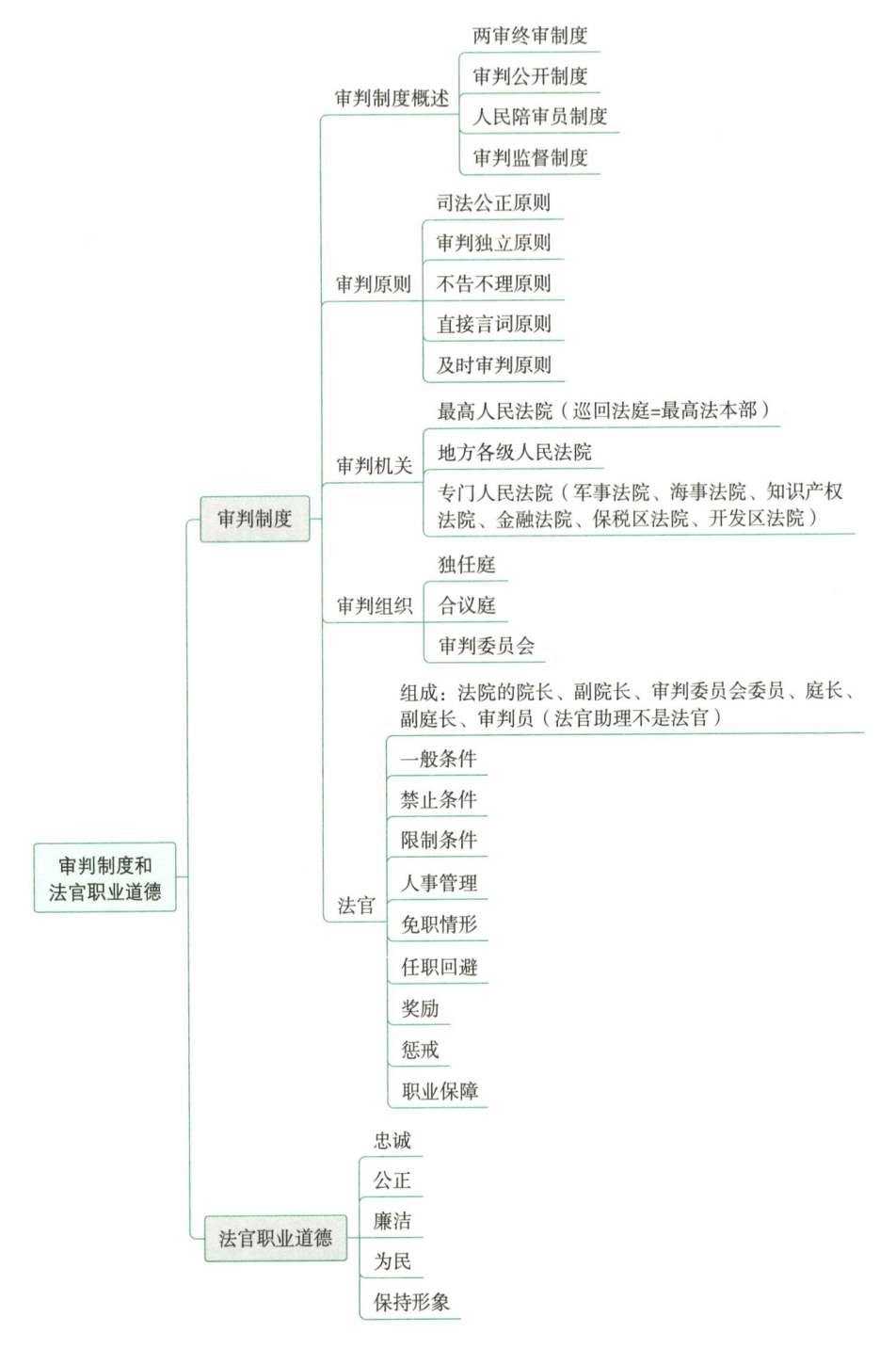

- 审判制度和法官职业道德
  - 审判制度
    - 审判制度概述
      - 两审终审制度
      - 审判公开制度
      - 人民陪审员制度
      - 审判监督制度
    - 审判原则
      - 司法公正原则
      - 审判独立原则
      - 不告不理原则
      - 直接言词原则
      - 及时审判原则
    - 审判机关
      - 最高人民法院（巡回法庭=最高法本部）
      - 地方各级人民法院
      - 专门人民法院（军事法院、海事法院、知识产权法院、金融法院、保税区法院、开发区法院）
    - 审判组织
      - 独任庭
      - 合议庭
      - 审判委员会
    - 法官
      - 组成：法院的院长、副院长、审判委员会委员、庭长、副庭长、审判员（法官助理不是法官）
      - 一般条件
      - 禁止条件
      - 限制条件
      - 人事管理
      - 免职情形
      - 任职回避
      - 奖励
      - 惩戒
      - 职业保障
  - 法官职业道德
    - 忠诚
    - 公正
    - 廉洁
    - 为民
    - 保持形象

· 246 ·

第1节 审判制度概述

一、审判制度及其基本原则

我国的主要审判制度包括两审终审制度、审判公开制度、人民陪审员制度、审判监督制度。其基本原则如下：

司法公正原则	以事实为依据，以法律为准绳。
审判独立原则	人民法院依照法律规定独立行使审判权，不受行政机关、社会团体和个人的干涉。
不告不理原则	未经控诉一方提起控诉，法院不得自行主动对案件进行裁判；法院审理案件的范围（诉讼内容与标的）由当事人确定，法院无权变更、撤销当事人的诉讼请求；案件在审理中，法院只能按照当事人提出的诉讼事实和主张进行审理，对超过当事人诉讼主张的部分不得主动审理。
直接言词原则	以发现真实为主要目的。①直接原则（直接审理原则），要求参加审判的法官必须亲自参加证据审查、亲自聆听法庭辩论；②言词原则（言词审理原则），要求当事人等在法庭上须用言词形式开展质证辩论的原则。
及时审判原则	应在法律规定的期限内进行，尽量做到快速结案。

[记忆口诀] 公鸡独立，直接不理。

二、审判机关和审判组织

审判机关	最高人民法院（巡回法庭=最高人民法院本部），地方各级人民法院，专门人民法院（军事法院、海事法院、知识产权法院、金融法院、保税区法院、开发区法院）。
审判组织	独任庭：审判员1人独任审判。 合议庭：由"法官+法官"或者"法官+陪审员"审判；3人以上单数，院长或者庭长参加审判案件时，自己担任审判长；成员临时组成，不固定；少数服从多数，少数人的意见应当记入评议笔录，由合议庭成员签名。 审判委员会：法院内部最高审判组织，由院长、副院长和若干资深法官组成，成员为单数，分为全体会议和专业委员会会议。

三、法官

组　　成	人民法院的院长、副院长、审判委员会委员、庭长、副庭长、审判员。注意：法官助理不是法官。
一般条件	①中国国籍；②拥护宪法，拥护中国共产党领导和社会主义制度；③具有良好的政治、业务素质和道德品行；④具有正常履行职责的身体条件；⑤具备相应学历学位；⑥满足从业年限（全日制法本5年，全日制法科硕士4年，全日制法科博士3年）；⑦取得法律职业资格。

续表

禁止条件	下列人员不得担任法官：①因犯罪受过刑事处罚的；②被开除公职的；③被吊销律师、公证员执业证书或者被仲裁委员会除名的；④有法律规定的其他情形的。
限制条件	不得兼任人大常委会的组成人员，不得兼任行政机关、监察机关、检察机关，以及企业或者其他营利性组织、事业单位的职务，不得兼任律师、仲裁员和公证员。可以当人大代表（人大代表不是全职而是兼职工作）。
人事管理	员额制管理。法院院长应当具有法学专业知识和法律职业经历。副院长、审判委员会委员应当从法官、检察官或者其他具备法官条件的人员中产生。
免职情形	①调出所任职人民法院的；②丧失中华人民共和国国籍的；③职务变动不需要保留法官职务的，或者本人申请免除法官职务经批准的；④经考核不能胜任法官职务的；⑤因健康原因长期不能履行职务的；⑥退休的；⑦辞职或者依法应当予以辞退的；⑧因违纪违法不宜继续任职的。 [记忆口诀] 出、丧、请免、职被调，考核不过、长吃药，退休辞职被拿掉。 违法任命法官的，任命机关应当撤销该项任命；上级人民法院发现下级人民法院法官的任命违法的，应当建议下级人民法院依法提请任命机关撤销该项任命。《检察官法》对此的表述是"要求"而非"建议"。
任职回避	[规律] 同一法院不同法庭之间，允许同时任职的情形仅有：①庭长、副庭长和审判员；②审判员和审判员。不同法院之间，只禁止相邻两级的正副职领导。法官之间有夫妻关系、直系血亲关系、三代以内旁系血亲以及近姻亲关系的，不得同时担任下列职务：①同一人民法院的院长、副院长、审判委员会委员、庭长、副庭长；②同一人民法院的院长、副院长和审判员；③同一审判庭的庭长、副庭长、审判员；④上下相邻两级人民法院的院长、副院长。 "掌权、赚钱，只能单选"：法官的配偶、父母、子女有下列情形之一的，法官应当实行任职回避：①担任该法官所任职人民法院辖区内律师事务所的合伙人或者设立人的；②在该法官所任职人民法院辖区内以律师身份担任诉讼代理人、辩护人，或者为诉讼案件当事人提供其他有偿法律服务的。
奖励	"不问原因，只看程度"：①公正司法，成绩显著的；②总结审判实践经验成果突出，对审判工作有指导作用的；③在办理重大案件、处理突发事件和承担专项重要工作中，做出显著成绩和贡献的；④对审判工作提出改革建议被采纳，效果显著的；⑤提出司法建议被采纳或者开展法治宣传、指导调解组织调解各类纠纷，效果显著的；⑥有其他功绩的。
惩戒	"省级以下无"：最高人民法院和省、自治区、直辖市设立法官惩戒委员会。 "只管专业，不问其余"：从专业角度审查认定法官是否存在以下违反审判职责的行为：①故意违反法律法规办理案件的；②因重大过失导致裁判结果错误并造成严重后果的。 "惩戒委张口，原单位动手"：惩戒委审查后提出构成故意违反职责、存在重大过失、存在一般过失或者没有违反职责等审查意见。人民法院根据惩戒委的意见，依照有关规定作出是否予以惩戒的决定，并给予相应处理。

续表

惩 戒	"半数以上，须是同行"：法官惩戒委员会由法官代表、其他从事法律职业的人员（法学专家、律师代表）和有关方面代表（人大代表、政协委员）组成，其中法官代表不少于半数。
	"你若有异议，还得来找我"：当事法官对审查意见有异议的，可以向惩戒委员会提出，惩戒委员会应当对异议及其理由进行审查，作出决定。
保 障	主要包括职业保障、工资保险福利保障、人身和财产保障等，由权益保障委员会负责相关具体工作。

经典真题

法院的下列哪些做法是符合审判制度基本原则的？（2016/1/84-多）[1]

A. 某法官因病住院，甲法院决定更换法官重新审理此案
B. 某法官无正当理由超期结案，乙法院通知其3年内不得参与优秀法官的评选
C. 对某社会高度关注案件，当地媒体多次呼吁法院尽快结案，丙法院依然坚持按期审结
D. 因人身损害纠纷，原告要求被告赔付医疗费，丁法院判决被告支付全部医疗费及精神损害赔偿金

法官职业道德 第2节

一、法官职业道德的特征

主体特定	（1）主体是法官和法院内的相关工作人员； （2）法官职业道德调整法官职业内部法官之间的关系以及法官与社会各方面的关系； （3）法官职业道德特别强调法官独立、中立地位和审判职责要求的特殊方面。
内容全面	包括忠诚司法事业、保证司法公正、确保司法廉洁、坚持司法为民、维护司法形象。其内容全面，涉及观念、意识、规范等。
约束广泛	（1）法官职业道德的要求比其他职业道德更高、更严格； （2）法官职业道德既规范职业内活动，也规范职业外活动。

二、法官职业道德的内容

忠 诚	忠诚司法事业，不从事或参与有损国家利益和司法权威的活动，不发表有损国家利益和司法权威的言论。

---

[1] ABC

续表

公　正	（1）维护审判独立：①外部独立（与司法体系以外的其他国家权力、其他影响相独立）；②内部独立（法官应当尊重其他法官对于审判职权的独立行使，排除法院系统内部力量对于审判独立的干涉和影响）；③法官内心独立（具有独立意识，排除不当影响，坚持自己认为正确的观点）。 （2）确保案件裁判结果公平公正；坚持实体公正与程序公正并重。 （3）提高司法效率：①严格遵守审限；②法官的职权活动应当充分考虑效率因素；③监督当事人及时完成诉讼活动。 （4）依法公开审判。尊重群众的知情权，同时避免司法审判受到外界的不当影响。 （5）遵守回避规定，保持中立地位。例如：①禁止单方面接触。法院工作人员不得私下接触本人审理案件的案件当事人及其亲属、代理人、辩护人或者其他关系人。②法官不得以言语和行动表现出任何歧视，并有义务制止和纠正诉讼参与人和其他人员的任何歧视性言行。 （6）尊重其他法官对审判职权的依法行使，除履行工作职责或者通过正当程序外，不过问、不干预、不评论其他法官正在审理的案件。抵制关系案、人情案、金钱案。
廉　洁	（1）不得接受诉讼当事人的钱物和其他利益。不论利益大小，均应拒绝。 （2）不得从事或者参与营利性的经营活动，不在企业及其他营利性组织中兼任法律顾问等职务，不就未决案件或者再审案件给当事人及其他诉讼参与人提供咨询意见。📎注意：此处的咨询意见是指实体内容，不包括形式性、技术性的看法。 （3）不得以其身份谋取特殊利益。例如，法官应当妥善处理个人和家庭事务，不利用法官身份寻求特殊利益。按规定如实报告个人有关事项，教育督促家庭成员不利用法官的职权、地位谋取不正当利益。
为　民	（1）以人为本，能动司法，司法便民。 （2）尊重当事人和其他诉讼参与人。例如，认真、耐心听取当事人和其他诉讼参与人发表意见；除因维护法庭秩序和庭审的需要，不得随意打断或者制止当事人和其他诉讼参与人的发言。
保持形象	（1）坚持学习，精研业务；坚持文明司法，遵守司法礼仪。 （2）约束业外活动。例如：①杜绝与法官职业形象不相称、与法官职业道德相违背的不良嗜好和行为；②严禁乘警车、穿制服出入营业性娱乐场所；③不得参加营利性社团组织或者可能借法官影响力营利的社团组织；④发表文章或者接受媒体采访时，应当保持谨慎的态度，不得针对具体案件和当事人进行不适当的评论；⑤法官在职务外活动中，不得披露或者使用非公开的审判信息和在审判过程中获得的商业秘密、个人隐私以及其他非公开的信息；⑥法官可以参加有助于法制建设和司法改革的学术研究和其他社会活动。 （3）退休法官谨慎行为。继续保持自身的良好形象，不利用自己的原有身份和便利条件过问、干预执法办案。例如，法院工作人员在离职或者退休后的规定年限内，不得具有下列行为：①接受与本人原所办案件和其他业务相关的企业、律师事务所、中介机构的聘任；②担任原任职法院所办案件的诉讼代理人或者辩护人；③以律师身份担任诉讼代理人、辩护人。

· 250 ·

[经典问题] 法官能否炒股？

人民法院工作人员不得利用职权和职务上的影响，买卖股票或者认股权证；不得利用在办案工作中获取的内幕信息，直接或者间接买卖股票和证券投资基金，或者向他人提出买卖股票和证券投资基金的建议。人民法院工作人员在审理相关案件时，以本人或者他人名义持有与所审理案件相关的上市公司股票的，应主动申请回避。

[新增考点] 最高人民法院、最高人民检察院、司法部《关于建立健全禁止法官、检察官与律师不正当接触交往制度机制的意见》（2021年9月30日）规定，严禁法官、检察官与律师有下列接触交往行为：

（1）在案件办理过程中，非因办案需要且未经批准在非工作场所、非工作时间与辩护、代理律师接触。

（2）接受律师或者律师事务所请托，过问、干预或者插手其他法官、检察官正在办理的案件，为律师或者律师事务所请托说情、打探案情、通风报信；为案件承办法官、检察官私下会见案件辩护、代理律师牵线搭桥；非因工作需要，为律师或者律师事务所转递涉案材料；向律师泄露案情、办案工作秘密或者其他依法依规不得泄露的情况；违规为律师或律师事务所出具与案件有关的各类专家意见。

（3）为律师介绍案件；为当事人推荐、介绍律师作为诉讼代理人、辩护人；要求、建议或者暗示当事人更换符合代理条件的律师；索取或者收受案件代理费用或者其他利益。

（4）向律师或者其当事人索贿，接受律师或者其当事人行贿；索取或者收受律师借礼尚往来、婚丧嫁娶等赠送的礼金、礼品、消费卡和有价证券、股权、其他金融产品等财物；向律师借款、租借房屋、借用交通工具、通讯工具或者其他物品；接受律师吃请、娱乐等可能影响公正履行职务的安排。

（5）非因工作需要且未经批准，擅自参加律师事务所或者律师举办的讲座、座谈、研讨、培训、论坛、学术交流、开业庆典等活动；以提供法律咨询、法律服务等名义接受律师事务所或者律师输送的相关利益。

（6）与律师以合作、合资、代持等方式经商办企业或者从事其他营利性活动；本人配偶、子女及其配偶在律师事务所担任"隐名合伙人"；本人配偶、子女及其配偶显名或者隐名与律师"合作"开办企业或者"合作"投资；默许、纵容、包庇配偶、子女及其配偶或者其他特定关系人在律师事务所违规取酬；向律师或律师事务所放贷收取高额利息。

（7）其他可能影响司法公正和司法权威的不正当接触交往行为。

经典真题

《法官职业道德基本准则》为加强法官职业道德建设，保证法官正确履行法律赋予的职责，规定了相关内容。以下说法正确的是：（2018-回忆版-单）[1]

A. 法官应当严格遵守法定办案时限，提高审判执行效率，及时化解纠纷，注重节约司法资源，杜绝玩忽职守、拖延办案等行为，符合司法为民的要求

---

[1] B

B. 法官认真贯彻司法公开原则，尊重人民群众的知情权，自觉接受法律监督和社会监督，同时避免司法审判受到外界的不当影响，符合司法公正的要求
C. 法官加强自身修养，培育高尚道德操守和健康生活情趣，杜绝与法官职业形象不相称、与法官职业道德相违背的不良嗜好和行为，遵守社会公德和家庭美德，维护良好的个人声誉，符合司法忠诚的要求
D. 法官不从事或者参与营利性的经营活动，不在企业及其他营利性组织中兼任法律顾问等职务，不就未决案件或者再审案件给当事人及其他诉讼参与人提供咨询意见，符合司法中立的要求

检察制度和检察官职业道德　第20章

- 检察制度和检察官职业道德
  - 检察制度
    - 检察制度概述
      - 检务公开制度
      - 人民监督员制度
      - 立案监督制度
      - 侦查监督制度
      - 刑事审判监督制度
      - 刑罚执行与刑事执行监督制度
      - 民事行政检察制度
    - 检察原则
      - 检察权统一行使/检察一体化
      - 检察独立
      - 依法设置
      - 公益原则
      - 一律平等
      - 司法公正
      - 司法责任
      - 接受监督
    - 检察机关
      - 最高人民检察院
      - 地方各级人民检察院
      - 专门人民检察院（军事检察院）
    - 检察组织
      - 独任检察官
      - 检察官办案组
      - 检察委员会
    - 检察官
      - 组成：检察院的检察长、副检察长、检察委员会委员和检察员（检察官助理不是检察官）
      - 其他规定与法官的相关规定表述基本相同
  - 检察官职业道德
    - 忠诚
    - 公正
    - 廉洁
    - 为民
    - 担当

第1节 检察制度概述

一、检察制度及其基本原则

我国的主要检察制度包括检务公开制度、人民监督员制度、立案监督制度、侦查监督制度、刑事审判监督制度、刑罚执行与刑事执行监督制度、民事行政检察制度。其基本原则如下：

检察权统一行使/检察一体化	检察长统一领导检察院的工作（检察工作、行政事务），检察官在检察长领导下开展工作，重大办案事项由检察长决定。检察长或者检察长委托的副检察长主持检察委员会会议。
	地方各级人民检察院的检察长不同意本院检察委员会多数人的意见，属于办理案件的，可报请上一级人民检察院决定；属于重大事项的，可以报请上一级人民检察院或者本级人大常委会决定。
	上级检察院与下级检察院之间是领导与被领导的关系；检察长和检察委员会之间不是领导与被领导的关系。
	各级检察机关、检察官依法构成统一整体：①在上下级检察机关和检察官之间存在着上命下从的领导关系；②各地和各级检察机关之间有职能协助义务；③检察官之间和检察院之间在职务上可以发生相互承继、移转和代理的关系。
检察独立	检察权独立行使，这一原则要受到检察一体化原则的制约。
依法设置	依照宪法、法律和全国人大常委会的规定设置检察机关。
公益原则	维护国家安全和秩序、个人和组织的合法权益、国家和社会的利益。
一律平等	适用法律上一律平等，不允许任何特权，禁止任何形式的歧视。
司法公正	以事实为依据，以法律为准绳。
司法责任	实行司法责任制，建立健全权责统一的司法权力运行机制。
接受监督	包括接受其他国家机关和人民群众的监督。

二、检察机关和检察组织

检察机关	最高人民检察院、地方各级人民检察院、专门人民检察院（军事检察院）。
	人民检察院可以根据工作需要，在监狱、看守所等场所设立检察室行使部分检察权，也可以对上述场所进行巡回检察。
检察组织	独任检察官、检察官办案组、检察委员会。由检察官办案组办理的，检察长应当指定1名检察官为主办检察官，组织、指挥办案组办理案件。

三、检察官

组　成	人民检察院的检察长、副检察长、检察委员会委员和检察员。注意：检察官助理不是检察官。
规　定	《检察官法》对检察官的一般条件、禁止条件、限制条件、人事管理、免职情形、任职回避、奖励、惩戒、保障等各项规定，与《法官法》对法官的各项规定的原理相通，表述基本相同。其最大区别在于：上级人民法院发现下级人民法院法官的任命违法的，应当建议下级人民法院依法提请任命机关撤销该项任命；《检察官法》对此的规定是"要求"而非"建议"，即上级人民检察院发现下级人民检察院检察官的任命违法的，应当要求下级人民检察院依法提请任命机关撤销该项任命。

经典真题

检察一体原则是指各级检察机关、检察官依法构成统一的整体，下级检察机关、下级检察官应当根据上级检察机关、上级检察官的批示和命令开展工作。据此，下列哪一表述是正确的？(2016/1/47-单)[1]

A. 各级检察院实行检察委员会领导下的检察长负责制
B. 上级检察院可建议而不可直接变更、撤销下级检察院的决定
C. 在执行检察职能时，相关检察院有协助办案检察院的义务
D. 检察官之间在职务关系上可相互承继而不可相互移转和代理

检察官职业道德　第2节

一、检察官职业道德的特征

主体特定	(1) 主体是检察官和检察院内的相关工作人员； (2) 检察官职业道德调整检察官职业内部检察官之间的关系以及检察官与社会各方面的关系。
内容全面	(1) 坚持忠诚品格，永葆政治本色； (2) 坚持为民宗旨，保障人民权益； (3) 坚持担当精神，强化法律监督； (4) 坚持公正理念，维护法制统一； (5) 坚持廉洁操守，自觉接受监督。
约束广泛	(1) 检察官职业道德的要求比其他职业道德更高、更严格； (2) 检察官职业道德既规范职业内活动，也规范职业外活动。

---

[1] C

二、检察官职业道德基本内容

忠诚	忠于党、忠于国家；忠于人民；忠于宪法和法律；忠于检察事业。例如，检察官应当严守国家秘密和检察工作秘密；不参加危害国家安全、带有封建迷信、邪教性质等非法组织及其活动；应当加强政治理论学习，提高对政策的理解、把握和运用能力，提高从政治上、全局上观察问题、分析问题、解决问题的能力；不因个人事务及其他非公事由而影响职责的正常履行。
公正	独立履职，理性履职。恰当处理好内部工作关系，既独立办案，又相互支持；履行职务时不主观意气办事，避免滥用职权的行为发生。 履职回避（任职回避、诉讼回避）。对法定回避事由以外可能引起公众对办案公正产生合理怀疑的，应当主动请求回避。 （1）检察官之间有夫妻关系、直系血亲关系、三代以内旁系血亲以及近姻亲关系的，不得同时担任下列职务：①同一人民检察院的检察长、副检察长、检察委员会委员；②同一人民检察院的检察长、副检察长和检察员；③同一业务部门的检察员；④上下相邻两级人民检察院的检察长、副检察长。[规律]前三项中，允许同时担任的情形仅有同一检察院不同业务部门的检察员和检察员；第四项只禁止相邻两级的正副职领导。 （2）"掌权赚钱，只能单选"：①检察官的配偶、父母、子女有下列情形之一的，检察官应当实行任职回避：担任该检察官所任职人民检察院辖区内律师事务所的合伙人或者设立人的；②在该检察官所任职人民检察院辖区内以律师身份担任诉讼代理人、辩护人，或者为诉讼案件当事人提供其他有偿法律服务的。 重视证据，遵循程序，保障人权。例如，检察官应当依法客观全面地收集、审查证据，排除非法证据。 尊重律师和法官。例如，检察官应当尊重并支持律师履行法定职责，依法保障和维护律师参与诉讼活动的权利；尊重庭审法官，遵守法庭规则。 遵守纪律。①不违反规定过问、干预其他检察官、其他人民检察院或者其他司法机关正在办理的案件；②不私自探询其他检察官、其他检察院或者其他司法机关正在办理的案件情况和有关信息；③不泄露案件的办理情况及案件承办人的有关信息；④不违反规定会见案件当事人、诉讼代理人、辩护人及其他与案件有利害关系的人员。 提高效率。例如：①严守法定办案时限，提高办案效率，节约司法资源；②在确保准确办案的前提下，尽快办结案件，禁止拖延办案；③对于执法过错行为，要敢于及时纠正，勇于承担责任。
廉洁	（1）坚持廉洁操守。例如：①不以权谋私、以案谋利、借办案插手经济纠纷；②不利用职务便利或者检察官的身份、声誉及影响，为自己、家人或者他人谋取不正当利益；③不从事、参与经商办企业、违法违规营利活动，以及其他可能有损检察官廉洁形象的商业、经营活动；④不参加营利性或者可能借检察官影响力营利的社团组织；⑤不收受案件当事人及其亲友、案件利害关系人或者单位及其所委托的人以任何名义馈赠的礼品礼金、有价证券、购物凭证以及干股等；⑥不参加其安排的宴请、娱乐休闲、旅游度假等可能影响公正办案的活动；⑦不接受其提供的各种费用报销、出借的钱款、交通通讯工具、贵重物品及其他利益。

	续表
廉洁	(2) 避免不当影响。例如：①不兼任律师、法律顾问等职务，不私下为所办案件的当事人介绍辩护人或者诉讼代理人；②退休检察官应当继续保持良好操守，不再延用检察官身份、职务，不利用原地位、身份形成的影响和便利条件，过问、干预执法办案活动，为承揽律师业务或者其他请托事宜打招呼、行便利，避免因不当言行给检察机关带来不良影响。 (3) 妥善处理个人事务。例如：①慎微慎独，妥善处理个人事务，按照有关规定报告个人有关事项，如实申报收入；②保持与合法收入、财产相当的生活水平和健康的生活情趣。
为民	坚持以人民为中心的理念；坚持严格、规范、公正、文明执法；坚持融入群众、倾听群众呼声、解决群众诉求、接受群众监督。应当深入查找并认真解决检察官在执法办案中存在的执法不严格、不规范的具体问题。
担当	敢于担当，坚决打击犯罪；敢于担当，坚守良知、公正司法、司法公开；敢于担当，直面矛盾，正视问题。例如，检察官应当自觉接受人民群众和社会的监督，以公开促公正；善于运用法治思维和法治方式，将不公平、不公正现象纳入法治轨道来解决；要善于发现、勇于承认工作中存在的问题，对工作中出现的失误和错误主动承担；坚持从严治检，对违法违纪人员要以零容忍的态度严肃查处。

经典真题

根据法官、检察官纪律处分有关规定，下列哪一说法是正确的？（2016/1/46-单）[1]

A. 张法官参与迷信活动，在社会中造成了不良影响，可予提醒劝阻，其不应受到纪律处分

B. 李法官乘车时对正在实施的盗窃行为视而不见，小偷威胁失主仍不出面制止，其应受到纪律处分

C. 何检察官在讯问犯罪嫌疑人时，反复提醒犯罪嫌疑人注意其聘请的律师执业不足2年，其行为未违反有关规定

D. 刘检察官接访时，让来访人前往国土局信访室举报他人骗取宅基地使用权证的问题，其做法是恰当的

---

[1] D

第21章 律师制度和律师职业道德

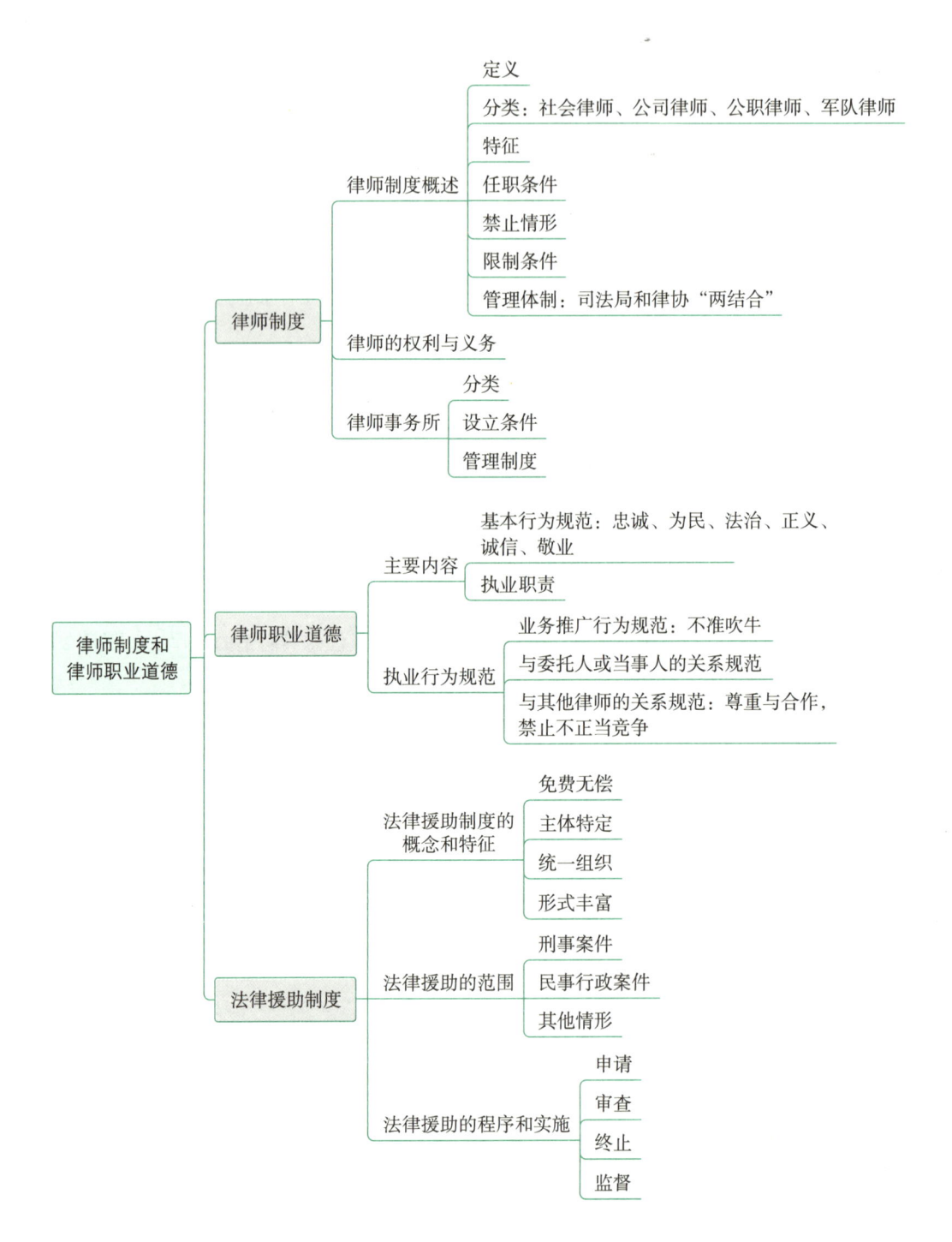

- 律师制度和律师职业道德
  - 律师制度
    - 律师制度概述
      - 定义
      - 分类：社会律师、公司律师、公职律师、军队律师
      - 特征
      - 任职条件
      - 禁止情形
      - 限制条件
      - 管理体制：司法局和律协"两结合"
    - 律师的权利与义务
    - 律师事务所
      - 分类
      - 设立条件
      - 管理制度
  - 律师职业道德
    - 主要内容
      - 基本行为规范：忠诚、为民、法治、正义、诚信、敬业
      - 执业职责
    - 执业行为规范
      - 业务推广行为规范：不准吹牛
      - 与委托人或当事人的关系规范
      - 与其他律师的关系规范：尊重与合作，禁止不正当竞争
  - 法律援助制度
    - 法律援助制度的概念和特征
      - 免费无偿
      - 主体特定
      - 统一组织
      - 形式丰富
    - 法律援助的范围
      - 刑事案件
      - 民事行政案件
      - 其他情形
    - 法律援助的程序和实施
      - 申请
      - 审查
      - 终止
      - 监督

第1节 律师制度

一、律师制度概述

定义	依法取得律师执业证书，接受委托或指定，为当事人提供法律服务的执业人员。注意：律师执业证书遗失的，应当在省级以上报刊或者发证机关指定网站上刊登遗失声明。
分类	包括社会律师、公司律师、公职律师、军队律师；又可分为专职律师和兼职律师。
特征	服务性、专业性、受托性（律师不属于国家公职人员，不享有国家赋予的公共权力）。
任职条件	一般条件：拥护宪法，通过法考，实习1年，品行良好。 公职律师和公司律师的任职条件：①拥护中华人民共和国宪法；②依法取得法律职业资格或者律师资格；③具有党政机关、人民团体公职人员身份，或者与国有企业依法订立劳动合同；④从事法律事务工作2年以上，或者曾经担任法官、检察官、律师1年以上；⑤品行良好；⑥所在单位同意其担任公职律师或者公司律师。
禁止情形	①无民事行为能力或限制民事行为能力；②受过刑事处罚，但过失犯罪的除外；③被开除公职或被吊销律师、公证员执业证书。
限制条件	公务员不得兼任执业律师。律师担任各级人大常委会组成人员的，任职期间不得从事诉讼代理或者辩护业务。律师可以兼任人大代表。
"两结合"管理体制	司法行政机关行政管理和律师协会行业管理相结合。律师受到停止执业处罚期间或者受到投诉正在调查处理的，不得申请变更执业机构。律师正在接受司法机关、司法行政机关、律师协会立案调查期间，不得申请注销执业证书。 设区的市、直辖市的区（县）的司法行政机关依法定职权对律师进行表彰，对律师的违法行为实施行政处罚。县级司法行政机关没有对律师给予行政处罚的职权，而是向上一级司法行政机关提出处罚建议；认为需要给予行业惩戒的，移送律师协会处理。

二、律师的权利与义务

权利	①接受辩护委托权、代理委托权；②同犯罪嫌疑人、被告人会见权；③查阅案卷权；④调查取证权；⑤依法执行职务受法律保障的权利；⑥拒绝辩护或代理权；⑦要求回避、申请复议权；⑧得到人民法院开庭通知权；⑨在法庭审理阶段的权利；⑩代为上诉的权利；⑪代理申诉或控告权；⑫获取本案诉讼文书副本的权利；⑬为犯罪嫌疑人、被告人申请变更和要求解除强制措施的权利。以上权利，有关国家机关应当予以保障。
义务	①只能在一个律师事务所执业；②加入所在地的地方律师协会，并履行律师协会章程规定的义务；③不得私自接受委托、收取费用；④不得利用提供法律服务的便利牟取当事人争议的权益，或者接受对方当事人的财物；⑤不得在同一案件中，为双方当事人担任代理人；⑥律师接受委托后，无正当理由的，不得拒绝辩护或代理；⑦不得违反规定会见

义　务	法官、检察官、仲裁员以及其他有关工作人员；⑧不得向法官、检察官、仲裁员以及其他有关工作人员行贿、介绍贿赂或者指使、诱导当事人行贿；⑨不得提供虚假证据，隐瞒事实或者威胁、利诱他人提供虚假证据，隐瞒事实以及妨碍对方当事人合法取得证据；⑩**不得以不正当方式影响依法办理案件；**⑪**不得扰乱法庭、仲裁庭秩序，干扰诉讼、仲裁活动的正常进行；**⑫**不得煽动、教唆当事人采取扰乱公共秩序、危害公共安全等非法手段解决争议；**⑬**不得发表危害国家安全、恶意诽谤他人、严重扰乱法庭秩序的言论；**⑭**应当保守在执业活动中知悉的国家秘密和当事人的商业秘密，不得泄露当事人的隐私；**⑮**曾担任法官、检察官的律师，从法院、检察院离任后2年内，不得担任诉讼代理人或辩护人；**⑯按照国家规定承担法律援助义务；⑰依法纳税。

[新增考点]最高人民法院、最高人民检察院、司法部《关于进一步规范法院、检察院离任人员从事律师职业的意见》（2021年9月30日）规定，各级人民法院、人民检察院离任人员在离任后2年内，不得以律师身份担任诉讼代理人或者辩护人。各级人民法院、人民检察院离任人员终身不得担任原任职人民法院、人民检察院办理案件的诉讼代理人或者辩护人，但是作为当事人的监护人或者近亲属代理诉讼或者进行辩护的除外。

此外，被人民法院、人民检察院开除人员和从人民法院、人民检察院辞去公职、退休的人员除符合前述规定外，还应当符合下列规定：

（1）被开除公职的人民法院、人民检察院工作人员不得在律师事务所从事任何工作。

（2）辞去公职或者退休的人民法院、人民检察院领导班子成员，四级高级及以上法官、检察官，四级高级法官助理、检察官助理以上及相当职级层次的审判、检察辅助人员在离职3年内，其他辞去公职或退休的人民法院、人民检察院工作人员在离职2年内，不得到原任职人民法院、人民检察院管辖地区内的律师事务所从事律师职业或者担任"法律顾问"、行政人员等，不得以律师身份从事与原任职人民法院、人民检察院相关的有偿法律服务活动。

（3）人民法院、人民检察院退休人员在不违反前项从业限制规定的情况下，确因工作需要从事律师职业或者担任律师事务所"法律顾问"、行政人员的，应当严格执行中共中央组织部《关于进一步规范党政领导干部在企业兼职（任职）问题的意见》（中组发〔2013〕18号）规定和审批程序，并及时将行政、工资等关系转出人民法院、人民检察院，不再保留机关的各种待遇。

此外，该意见要求，人民法院、人民检察院工作人员拟在离任后从事律师职业或者担任律师事务所"法律顾问"、行政人员的，应当在离任时向所在人民法院、人民检察院如实报告从业去向，签署承诺书，对遵守从业限制规定、在从业限制期内主动报告从业变动情况等作出承诺。人民法院、人民检察院离任人员向律师协会申请律师实习登记时，应当主动报告曾在人民法院、人民检察院工作的情况，并作出遵守从业限制的承诺。

三、律师事务所

分　类	我国的律师事务所分为合伙律师事务所、个人律师事务所、国资律师事务所。

续表

设立条件	"名、住、章、人（律师）和钱（资产），未停业、满3年"：①有自己的名称、住所和章程；②有符合《律师法》规定的律师；③设立人应当是具有一定的执业经历，且3年内未受过停止执业处罚的律师；④有符合国务院司法行政部门规定数额的资产。律师事务所只能选择、使用1个名称，且符合司法部关于律师事务所名称管理的规定，并在许可前办理名称检索。
管理制度	（1）保障本所律师和辅助人员享有权利、监督其履行义务；律所可以辞退律师或者经合伙人会议通过除名律师，有关处理结果报所在地县级司法行政机关和律师协会备案。 （2）严禁律师事务所投资入股兴办企业；不得从事与法律服务无关的其他经营性活动；严禁以不正当手段承揽业务；不得放任、纵容本所律师违反《律师执业管理办法》。 （3）统一接受委托制度；依法纳税；依法履行法律援助义务；重大疑难案件请示报告、集体研究和检查督导；依法办理社会保险、建立保障基金。 （4）律师违法执业或者因过错给当事人造成损失的，由其所在的律师事务所承担赔偿责任。律师事务所赔偿后，可以向有故意或者重大过失行为的律师追偿。

第2节 律师职业道德

一、律师职业道德的主要内容

基本行为规范	忠诚、为民、法治、正义、诚信、敬业。
执业职责	律师在执业期间不得以非律师身份从事法律服务。律师只能在一个律师事务所执业。律师不得在受到停止执业处罚期间继续执业，或者在律师事务所被停业整顿期间、注销后继续以原所名义执业。
	律师不得在同一案件中为双方当事人担任代理人，不得代理与本人或者其近亲属有利益冲突的法律事务。
	律师担任各级人民代表大会常务委员会组成人员的，任职期间不得从事诉讼代理或者辩护业务。
	律师不得有以下行为：①产生不良社会影响，有损律师行业声誉的行为；②妨碍国家司法、行政机关依法行使职权的行为；③参加法律所禁止的机构、组织或者社会团体；④其他违反法律、法规、律师协会行业规范及职业道德的行为；⑤其他违反社会公德，严重损害律师职业形象的行为。

二、律师执业行为规范

业务推广行为规范	"不准吹牛"：不得为不正当竞争行为，不得以商业广告的艺术夸张手段制作广告，不得进行使公众产生不合理期望的宣传，不得自我声明或暗示自己是权威或专家。

续表

与委托人或当事人的关系规范	①应当依法建立委托代理关系并谨慎、诚实、客观地告知委托人拟委托事项可能出现的法律风险；②禁止虚假承诺（辩护、代理意见未被采纳的不属于虚假承诺）；③禁止非法牟取委托人利益；④接受委托前作利益冲突审查并作出是否接受委托的决定；⑤妥善保管委托人财产和转委托（委托人财产、律所财产、律师个人财产应当严格分离）；⑥未经委托人同意不得转委托（除非"情况紧急+维护委托人利益+及时告知"）；⑦无正当理由不得拒绝辩护或者代理。
与其他律师的关系规范	**尊重与合作**。例如：①在庭审或者谈判过程中各方律师应当互相尊重，不得使用挖苦、讽刺或者侮辱性的语言。②律师或律师事务所不得在公众场合及媒体上发表恶意贬低、诋毁、损害同行声誉的言论。③律师变更执业机构时应当维护委托人及原律师事务所的利益；律师事务所在接受转入律师时，不得损害原律师事务所的利益。④律师与委托人发生纠纷的，律师事务所的解决方案应当充分尊重律师本人的意见，律师应当服从律师事务所解决纠纷的决议。 **禁止不正当竞争**。例如：①诋毁、诽谤其他律师或者律师事务所信誉、声誉；②无正当理由，以低于同地区同行业收费标准为条件争揽业务，或者采用承诺给予客户、中介人、推荐人回扣、馈赠金钱、财物或者其他利益等方式争揽业务；③故意在委托人与其代理律师之间制造纠纷；④向委托人明示或者暗示自己或其所属的律师事务所与司法机关、政府机关、社会团体及其工作人员具有特殊关系；⑤就法律服务结果或者诉讼结果作出虚假承诺；⑥明示或者暗示可以帮助委托人达到不正当目的，或者以不正当的方式、手段达到委托人的目的。

经典真题

律师在推进全面依法治国进程中具有重要作用，律师应依法执业、诚信执业、规范执业。根据《律师执业管理办法》，下列哪些做法是正确的？（2017/1/85-多）[1]

A. 甲律师依法向被害人收集被告人不在聚众斗殴现场的证据，提交检察院要求其及时进行审查

B. 乙律师对当事人及家属准备到法院门口静坐、举牌、声援的做法，予以及时有效的劝阻

C. 丙律师在向一方当事人提供法律咨询中致电对方当事人，告知对方诉讼请求缺乏法律和事实依据

D. 丁律师在社区普法宣传中，告知群众诉讼是解决继承问题的唯一途径，并称其可提供最专业的诉讼代理服务

---

[1] AB

法律援助制度 第3节

一、法律援助制度的概念和特征

免费无偿	为经济困难公民和符合法定条件的其他当事人无偿提供。
	县级以上人民政府应当将法律援助工作纳入国民经济和社会发展规划、基本公共服务体系，将法律援助相关经费列入本级政府预算。
	国家鼓励和支持群团组织、事业单位、社会组织依法提供法律援助。国家鼓励和支持企业事业单位、社会组织和个人依法捐赠法律援助事业；对符合条件的，给予税收优惠。
主体特定	律师事务所、基层法律服务所、律师、基层法律服务工作者负有依法提供法律援助的义务。
	国家鼓励和规范法律援助志愿服务；支持符合条件的个人作为法律援助志愿者，依法提供法律援助。
	高等院校、科研机构可以组织从事法学教育、研究工作的人员和法学专业学生作为法律援助志愿者，在司法行政部门指导下，为当事人提供法律咨询、代拟法律文书等法律援助。
	工会、共产主义青年团、妇女联合会、残疾人联合会等群团组织依法开展法律援助工作。
统一组织	县级以上司法行政机关有权指导、监督本行政区域内的法律援助工作，其下设法律援助机构负责组织实施。
形式丰富	（1）法律咨询。无需审查经济条件，法律援助机构应当通过服务窗口、电话、网络等多种方式提供法律咨询服务。 （2）诉讼代理。包括刑事代理，民事案件、行政案件、国家赔偿案件的诉讼代理及非诉讼代理，劳动争议调解与仲裁代理。 （3）刑事辩护。必须是律师担任辩护人，而不能是非律师（如实习律师、律师助理等）。 （4）其他服务。代拟法律文书；值班律师法律帮助；法律、法规、规章规定的其他形式。

二、法律援助的范围

刑事案件	刑事案件的犯罪嫌疑人、被告人因经济困难或者其他原因没有委托辩护人的，本人及其近亲属可以向法律援助机构申请法律援助。
	"盲聋哑、半疯傻，无期、死刑，未长大，核死，缺席和其他"。刑事案件的犯罪嫌疑人、被告人属于下列人员之一，没有委托辩护人的，人民法院、人民检察院、公安机关应当通知法律援助机构指派律师担任辩护人：①未成年人；②视力、听力、言语残疾人；③不能完全辨认自己行为的成年人；④可能被判处无期徒刑、死刑的人；⑤申请法律援助的死刑复核案件被告人；⑥缺席审判案件的被告人；⑦法律法规规定的其他人员。

续表

刑事案件	其他适用普通程序审理的刑事案件，被告人没有委托辩护人的，人民法院可以通知法律援助机构指派律师担任辩护人。对可能被判处无期徒刑、死刑的人，以及死刑复核案件的被告人，法律援助机构应当指派具有3年以上相关执业经历的律师担任辩护人。
	强制医疗案件的被申请人或者被告人没有委托诉讼代理人的，人民法院应当通知法律援助机构指派律师为其提供法律援助。
	刑事公诉案件的被害人及其法定代理人或者近亲属，刑事自诉案件的自诉人及其法定代理人，刑事附带民事诉讼案件的原告人及其法定代理人，因经济困难没有委托诉讼代理人的，可以向法律援助机构申请法律援助。
民事行政案件	"两金、三养、两保，国赔勇为劳报，无能人身损害，其他、环境、生态"。下列事项的当事人，因经济困难没有委托代理人的，可以向法律援助机构申请法律援助：①依法请求国家赔偿的；②请求给予社会保险待遇或者最低生活保障待遇、社会救助的；③请求发给抚恤金、救济金的；④请求给付赡养费、抚养费、扶养费的；⑤请求确认劳动关系或者支付劳动报酬的；⑥主张因见义勇为行为产生的民事权益的；⑦请求认定公民无民事行为能力或者限制民事行为能力；⑧请求工伤事故、交通事故、食品药品安全事故、医疗事故人身损害赔偿；⑨请求环境污染、生态破坏损害赔偿；⑩法律、法规、规章规定的其他情形。
	"英烈、再审、见义、虐待、家暴、遗弃"。有下列情形之一的，申请法律援助不受经济困难条件的限制：①英雄烈士近亲属为维护英雄烈士的人格权益；②因见义勇为行为主张相关民事权益；③再审改判无罪请求国家赔偿；④遭受虐待、遗弃或者家庭暴力的受害人主张相关权益；⑤法律、法规、规章规定的其他情形。
其他情形	当事人不服司法机关生效裁判或者决定提出申诉或者申请再审，人民法院决定、裁定再审或者人民检察院提出抗诉，因经济困难没有委托辩护人或者诉讼代理人的，本人及其近亲属可以向法律援助机构申请法律援助。
标准调整	经济困难的标准，由省、自治区、直辖市人民政府根据本区域经济发展状况和法律援助工作需要确定，并实行动态调整。

三、法律援助的程序和实施

申请	诉讼事项向办案机关所在地的法律援助机构申请；非诉讼事项向争议处理机关所在地或者事由发生地的法律援助机构申请。
	被羁押的犯罪嫌疑人、被告人、服刑人员，以及强制隔离戒毒人员等提出法律援助申请的，办案机关、监管场所应当在24小时内将申请转交法律援助机构。犯罪嫌疑人、被告人通过值班律师提出代理、刑事辩护等法律援助申请的，值班律师应当在24小时内将申请转交法律援助机构。
审查	法律援助机构应当自收到法律援助申请之日起7日内进行审查，作出是否给予法律援助的决定。决定给予法律援助的，应当自作出决定之日起3日内指派法律援助人员为受援人提供法律援助；决定不给予法律援助的，应当书面告知申请人，并说明理由。

审查	申请人提交的申请材料不齐全的，法律援助机构应当一次性告知申请人需要补充的材料或者要求申请人作出说明。申请人未按要求补充材料或者作出说明的，视为撤回申请。
终止	有下列情形之一的，法律援助机构应当作出终止法律援助的决定：①受援人以欺骗或者其他不正当手段获得法律援助；②受援人故意隐瞒与案件有关的重要事实或者提供虚假证据；③受援人利用法律援助从事违法活动；④受援人的经济状况发生变化，不再符合法律援助条件；⑤案件终止审理或者已经被撤销；⑥受援人自行委托律师或者其他代理人；⑦受援人有正当理由要求终止法律援助；⑧法律法规规定的其他情形。法律援助人员发现有前述情形的，应当及时向法律援助机构报告。
监督	对法律援助有异议、投诉的，向司法行政部门提出。对法律援助提出纠正、申诉、控告的，向检察院提出。 法律援助机构、法律援助人员未依法履行职责的，受援人可以向司法行政部门投诉，并可以请求法律援助机构更换法律援助人员。

经典真题

某检察院对王某盗窃案提出二审抗诉，王某未委托辩护人，欲申请法律援助。对此，下列哪一说法是正确的？（2015/1/49-单）[1]

A. 王某申请法律援助只能采用书面形式
B. 法律援助机构应当严格审查王某的经济状况
C. 法律援助机构只能委派律师担任王某的辩护人
D. 法律援助机构决定不提供法律援助时，王某可以向该机构提出异议

---

[1] C

第22章 公证制度和公证员职业道德

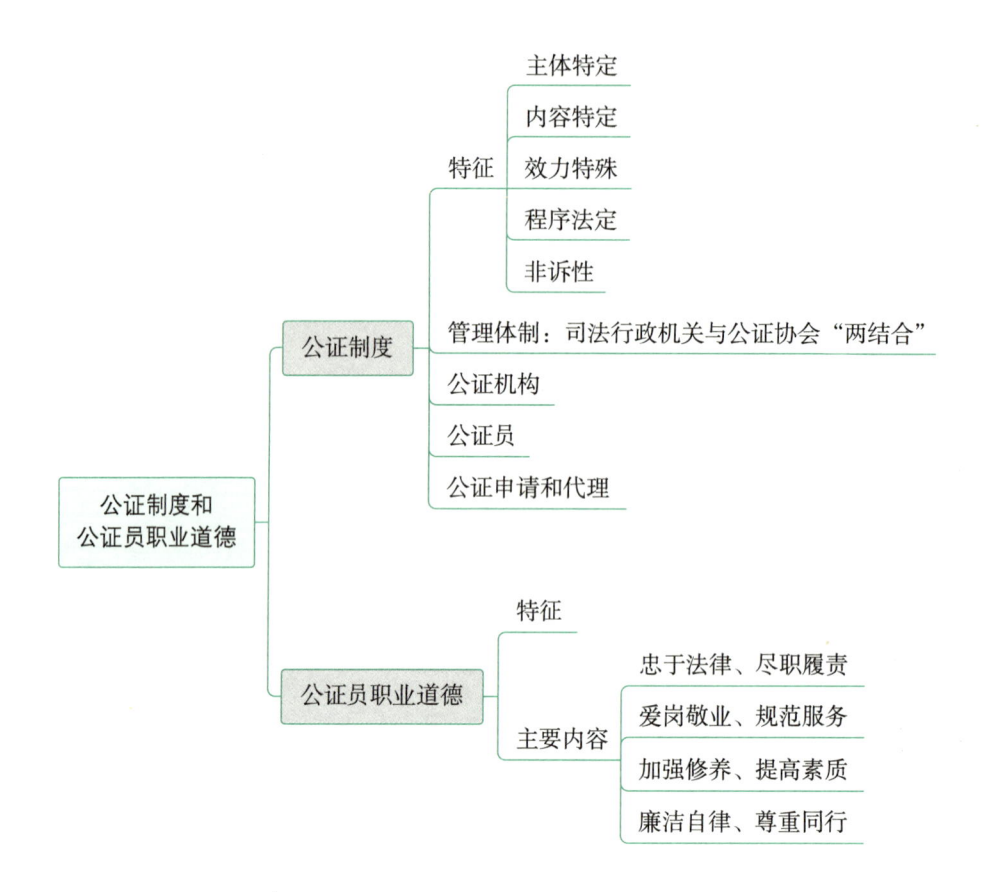

```
                              ┌─ 主体特定
                              ├─ 内容特定
                    ┌─ 特征 ──┼─ 效力特殊
                    │         ├─ 程序法定
                    │         └─ 非诉性
           ┌─公证制度┤
           │        ├─ 管理体制：司法行政机关与公证协会"两结合"
           │        ├─ 公证机构
           │        ├─ 公证员
公证制度和──┤        └─ 公证申请和代理
公证员职业道德│
           │              ┌─ 特征
           │              │
           └─公证员职业道德┤        ┌─ 忠于法律、尽职履责
                          │        ├─ 爱岗敬业、规范服务
                          └─ 主要内容┤
                                   ├─ 加强修养、提高素质
                                   └─ 廉洁自律、尊重同行
```

第1节 公证制度

一、公证制度概述

特 征	（1）公证主体的特定性。公证职能只能由依法设立的公证机构统一行使。 （2）公证对象和内容的特定性。公证对象是没有争议的民事法律行为、有法律意义的事实和文书；公证的内容是证明公证对象的真实性与合法性。 （3）公证效力的特殊性。公证文书具有证据效力、强制执行效力、法律行为成立的形式要件效力，这是其他证明所不具备的。

· 266 ·

	续表
特 征	（4）公证程序的法定性。公证机构、公证员和公证当事人应当严格依法定程序进行公证的证明活动。 （5）非诉性。公证是一种非诉讼司法活动，其是一种事前的预防，在法律依据、程序、效力等方面与诉讼活动存在不同。
管理体制	"两结合"：我国实行司法行政机关行政管理与公证协会行业管理相结合的公证管理体制。

二、公证机构与公证员

（一）公证机构

性 质	公证机构是依法设立，不以营利为目的，依法独立行使公证职能、承担民事责任的证明机构。①不以营利为目的＝不以获取利润为目的≠提供服务不收取任何费用。②公证机构既独立于司法机关又独立于行政机关，公证员只对自己的执业行为负责，对法律负责。主办公证员依法独立办证，不受公证机构内部其他公证员的干涉。③公证机构及其公证员因过错给当事人、公证事项的利害关系人造成损失的，由公证机构承担相应的赔偿责任；公证机构赔偿后，可以向有故意或重大过失的公证员追偿。
设 立	原则是统筹规划、合理布局，实行总量控制。公证处由所在地司法行政机关组建，逐级报省、自治区、直辖市司法行政机关审批后，颁发公证机构执业证书。公证机构可以在县、不设区的市、设区的市、直辖市或者市辖区设立；在设区的市、直辖市可以设立一个或者若干个公证机构。
	"名、人、场、钱"：公证处的设立条件包括：①有自己的名称；②有固定的场所；③有2名以上公证员；④有开展公证业务所必需的资金。

（二）公证员

条 件	一般条件：①具有中华人民共和国国籍；②年龄25周岁以上65周岁以下；③公道正派，遵纪守法，品行良好；④通过国家统一法律职业资格考试取得法律职业资格；⑤在公证机构实习2年以上或者具有3年以上其他法律职业经历并在公证机构实习1年以上，经考核合格。
	特殊条件：从事法学教学、研究工作，具有高级职称的人员，或者具有本科以上学历，从事审判、检察、法制工作、法律服务满10年的公务员、律师，已经离开原工作岗位，经考核合格的，也可以担任公证员。
	禁止条件：有下列情形之一的，不得担任公证员：①无民事行为能力或者限制民事行为能力的；②因故意犯罪或者职务过失犯罪受过刑事处罚的；③被开除公职的；④被吊销公证员、律师执业证书的。
任 命	担任公证员，应当由符合公证员条件的人员提出申请，经公证机构推荐，由所在地的司法行政部门报省、自治区、直辖市人民政府司法行政部门审核同意后，报请国务院司法行政部门任命，并由省、自治区、直辖市人民政府司法行政部门颁发公证员执业证书。

免职	"丧老病辞吊，直通司法部"：公证员有下列情形之一的，由所在地的司法行政部门报省、自治区、直辖市人民政府司法行政部门提请国务院司法行政部门予以免职：①丧失中华人民共和国国籍的；②年满65周岁或者因健康原因不能继续履行职务的；③自愿辞去公证员职务的；④被吊销公证员执业证书的。

三、公证申请和代理

申请	申请可以向当事人住所地、经常居住地、行为地或者事实发生地的公证机构提出。申请涉及不动产的公证事项的，向不动产所在地的公证机构提出；申请涉及不动产的委托、声明、赠与、遗嘱的公证，可以向住所地、经常居住地、行为地或事实发生地的公证机构提出。
	2个以上当事人共同申办同一公证事项的，可以共同到行为地、事实发生地或者其中一名当事人住所地、经常居住地的公证机构申办。
	当事人向2个以上可以受理该公证事项的公证机构提出申请的，由最先受理申请的公证机构办理。
代理	当事人申请办理公证的，可以委托他人代理，但申请办理遗嘱、生存、收养关系等应当由本人申办的公证事项，不得委托他人代理。
	居住在香港、澳门、台湾地区的当事人，委托他人代理申办涉及继承、财产权益处分、人身关系变更等重要公证事项的，其授权委托书应当经其居住地的公证人（机构）公证，或者经司法部指定的机构、人员证明。居住在国外的当事人，委托他人代理申办前述规定的重要公证事项的，其授权委托书应当经其居住地的公证人（机构）、我国驻外使（领）馆公证。

经典真题

甲病危，欲将部分财产留给保姆，咨询如何处理。下列哪一意见是正确的？（2011/1/50-单）[1]

A. 甲行走不便，可由身为公证员的侄子办理公证遗嘱
B. 甲提出申请，可由公证机构到医院办理公证遗嘱
C. 公证机构无权办理甲的遗嘱文书及财产保管事务
D. 甲如对该财产曾有其他形式遗嘱，以后公证的遗嘱无效

---

[1] B。A项错误，因为遗嘱、生存、收养须由本人办理，不得代办。C项错误，遗嘱及财产保管事务属于公证机构业务范围内的事项。D项错误，《民法典》第1142条第3款规定，立有数份遗嘱，内容相抵触的，以最后的遗嘱为准。因此，该公证遗嘱有效，且以后公证遗嘱为准。

公证员职业道德 第2节

一、公证员职业道德的特征

层次丰富	公证员职业道德包括职业道德意识、职业道德行为、职业道德规范三个层次。
公信为首	公证的最大特点是公信力,公证员职业道德不仅适用于执业公证员,也包括办理公证的辅助人员和其他工作人员。

二、公证员职业道德的主要内容

忠于法律、尽职履责	(1) 自觉遵守法定回避制度,不得为本人及近亲属办理公证或者办理与本人及近亲属有利害关系的公证; (2) 自觉履行执业保密义务,不得泄露在执业中知悉的国家秘密、商业秘密或个人隐私,更不得利用知悉的秘密为自己或他人谋取利益。
爱岗敬业、规范服务	(1) 履行告知义务。告知当事人、代理人和参与人的权利和义务,并就权利和义务的真实意思和可能产生的法律后果作出明确解释,避免形式上的简单告知。 (2) 如果发现已生效的公证文书存在问题或其他公证员有违法、违规行为,应当及时向有关部门反映。 (3) 不得利用媒体或采用其他方式,对正在办理或已办结的公证事项发表不当评论。
加强修养、提高素质	①遵守社会公德;②具有良好的个人修养和品行;③忠于职守;④热爱集体,团结协作;⑤不断提高自身的业务能力和职业素养;⑥终身学习,勤勉进取。
廉洁自律、尊重同行	(1) 不得从事有报酬的其他职业和与公证员职务、身份不相符的活动。 (2) 不得利用公证员的身份和职务为自己、亲属或他人谋取利益。 (3) 不得索取或接受当事人及其代理人、利害关系人的答谢款待、馈赠财物或其他利益。 (4) 不得以不正当方式或途径对其他公证员正在办理的公证事项进行干预或施加影响。 (5) 不从事不正当竞争行为:①不得利用媒体或其他手段炫耀自己,贬损他人,排斥同行,为自己招揽业务;②不得以支付介绍费、给予回扣、许诺提供利益等方式承揽业务;③不得利用与行政机关、社会团体的特殊关系进行业务垄断;④其他不正当竞争行为。

经典真题

下列哪些做法不符合公证员职业道德的要求?(2018/1/89-多)[1]

A. 王公证员除了做好公证工作外,还自己开办了一家工厂
B. 某公证机构的公证员,经常利用节假日到街上发传单,对自己所在的公证机构进行大肆炫耀

---

[1] ABCD

C. 某公证机构的业务做得很好,深受当地人们的信赖,于是此公证机构找到了市行政部门,通过行政支持对当地的公证业务进行垄断

D. 公证员为一些当事人进行公证,给当事人带来了很大的益处,有时接受当事人的答谢款待也是人之常情

其他法律职业人员职业道德 第23章

```
其他法律职业人员职业道德
├── 其他法律职业人员
│   ├── 法律顾问：法治守护者
│   ├── 仲裁员（法律类）
│   └── "三类公务员"：行政机关中从事行政处罚决定审核、行政复议、行政裁决的公务员
└── 其他法律职业人员的职业道德
    ├── 法律顾问
    │   ├── 忠诚法律
    │   ├── 保持独立
    │   └── 保守秘密
    ├── 仲裁员
    │   ├── 独立公正
    │   └── 诚实信用，勤勉高效，保守秘密，尊重同行
    └── "三类公务员"
        ├── 基本要求：来自《公务员法》
        └── 特定要求
            ├── 合法原则
            ├── 公正原则
            ├── 透明原则
            └── 高效原则
```

第1节 其他法律职业人员概述

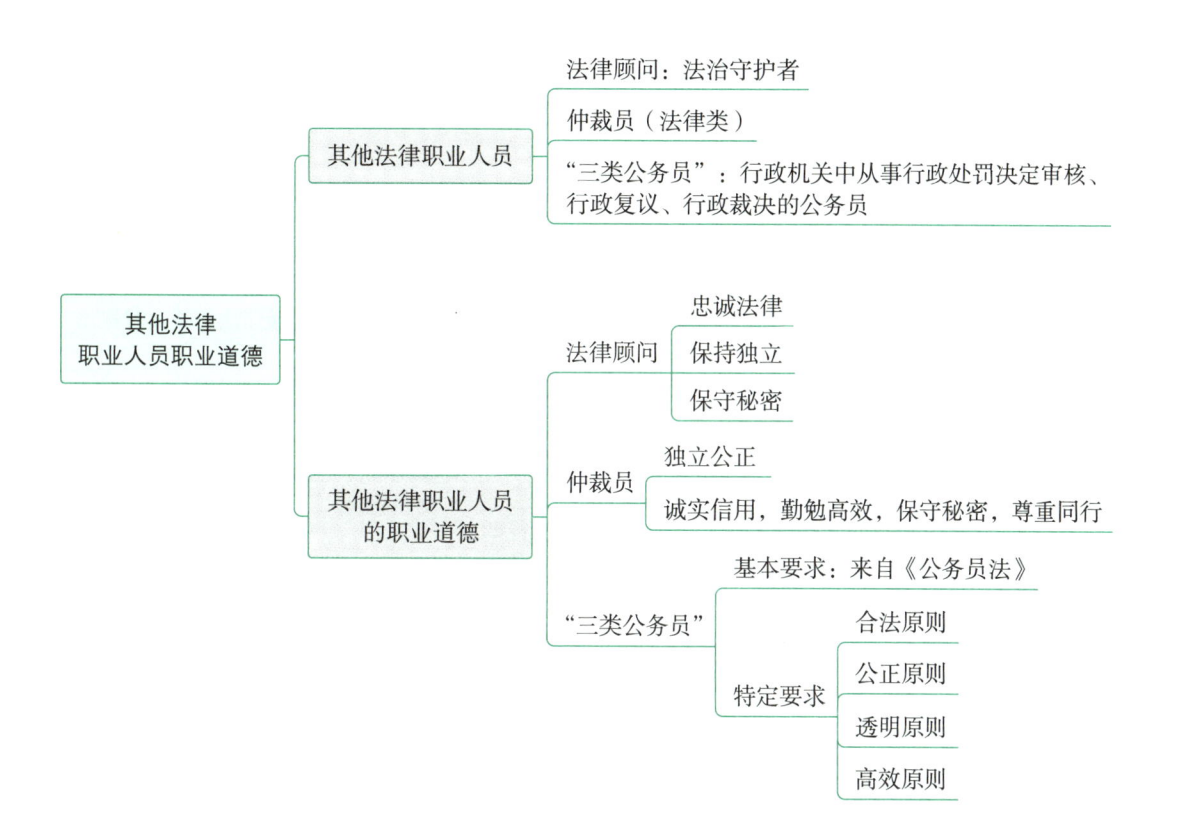

法律顾问	狭义上的法律顾问仅指律师；广义上的法律顾问包括律师和其他法律服务专业人员，主要包括政府法律顾问、人民团体法律顾问、国有企事业单位法律顾问。
	角色转换——从"法律咨询者"变为"法治守护者"。
仲裁员	其指有权接受当事人的选定或者仲裁机构的指定，具体审理、裁决案件的人员。包括法律类仲裁员、劳动争议仲裁员、农村土地承包仲裁员，此处指法律类仲裁员。
	其选定方式有二：当事人选定、仲裁机构指定。
	仲裁委员会应当从公道正派的人员中聘任仲裁员。

续表

仲裁员	特点：①当事人自愿选择仲裁；②解决争议的第三人由当事人选择；③裁决对双方当事人具有拘束力。
"三类公务员"	即行政机关中从事行政处罚决定审核、行政复议、行政裁决的公务员。 "两重主体资格"：依法管理社会公共事务并具有行政执法权的部门工作的人员。行政执法机关中的借调人员、实习人员、临时聘用人员、超编人员等，都不是行政执法人员。

第2节 其他法律职业人员职业道德

一、法律顾问职业道德

专职法律顾问和兼职法律顾问都要遵守法律顾问职业道德。

忠诚法律	(1) 凡聘方的合法权益，须尽心尽责为之提供法律服务；遇聘方涉嫌违法，须及时提出法律意见，不能罔顾原则提供服务。 (2) 不得为维护聘方利益而采取非法手段损害国家、集体或他人的利益，也不得损害聘方合法权益。 (3) 不得以法律顾问的身份从事商业活动以及与法律顾问职责无关的活动。
保持独立	(1) 法律顾问的根本价值在于推动聘方依法行事； (2) 法律顾问不得接受其他当事人委托，办理与聘方有利益冲突的法律事务，法律顾问与所承办的业务有利害关系、可能影响公正履职的，应当回避。
保守秘密	不得泄露党和国家的秘密、工作秘密、商业秘密以及其他不应公开的信息，不擅自对外透露所承担的工作内容。

二、仲裁员职业道德

职业道德	(1) 独立公正。保持廉洁，保持独立，主动披露（仲裁员主动披露其与当事人或代理人之间的某种关系，以便于当事人和仲裁机构考虑该关系是否影响该仲裁员的独立性和公正性）。 (2) 诚实信用，勤勉高效，保守秘密，尊重同行。
职业责任	仲裁员职业责任主要是违纪责任、刑事责任，目前尚未规定民事责任。

三、行政机关中从事行政处罚决定审核、行政复议、行政裁决的公务员职业道德

基本要求	均来自《公务员法》，包括坚定信念、忠于宪法、忠于国家、忠于人民、忠于职守、保守秘密、清正廉洁。

续表

特定要求	合法原则：主体合法、依据合法、程序合法。
	公正原则：合法行政兼顾合理行政。
	透明原则：除了涉及国家秘密、商业秘密和个人隐私外，整个过程应当向相对人和社会依法公开，包括执法依据事先公开、过程公开、结果公开。
	高效原则：在法定期限内考虑效率，节约、迅速取得成果。

声　明　　1. 版权所有，侵权必究。

　　　　　2. 如有缺页、倒装问题，由出版社负责退换。

图书在版编目（CIP）数据

理论法全解·客观/高晖云编著. —北京：中国政法大学出版社，2024.2
ISBN 978-7-5764-1366-3

Ⅰ.①理… Ⅱ.①高… Ⅲ.①法的理论－中国－资格考试－自学参考资料 Ⅳ.①D920.0

中国国家版本馆CIP数据核字(2024)第021521号

出 版 者	中国政法大学出版社
地　　址	北京市海淀区西土城路25号
邮寄地址	北京100088 信箱8034分箱　邮编100088
网　　址	http://www.cuplpress.com（网络实名：中国政法大学出版社）
电　　话	010-58908285(总编室) 58908433（编辑部）58908334(邮购部)
承　　印	三河市华润印刷有限公司
开　　本	787mm×1092mm　1/16
印　　张	18.5
字　　数	445千字
版　　次	2024年2月第1版
印　　次	2024年2月第1次印刷
定　　价	69.00元

厚大法考 2024 年师资团队简介

民法主讲老师

张 翔	民法萌叔，西北政法大学民商法学院院长，教授，博士生导师。法考培训授课教师，授课经验丰富。倡导"理论、法条、实例"三位一体的教学方法。授课条理清晰、深入浅出、重点明确、分析透彻。
杨 烁	中山大学法学博士。具有深厚的民法理论功底、丰富的教学与实践经验，首创"法考三杯茶"理论，将枯燥的民法法条融会贯通于茶与案例之中，深入浅出。游刃于民法原理与实务案例之间，逻辑清晰、层层递进，其课堂有润物细无声的效果，让考生分析案件时才思泉涌，顺利通关！
崔红玉	厚大新锐讲师。武汉大学民商法学专业出身，法律功底扎实，拥有多年教学实践经验，对民法有独特的感悟。擅长体系化和启发式教学，帮助学生用逻辑将琐碎的知识点串成整体，让学生知其所以然。
李 妍	厚大新锐讲师。长期负责一线带班工作，了解学生痛点，授课针对性强；善于运用生活中的鲜活案例帮助学生更快、更深地理解知识点。

刑法主讲老师

罗 翔	北京大学法学博士，中国政法大学教授、刑法学研究所所长。入选 2008 年以来中国政法大学历届"最受本科生欢迎的十位老师"，曾参与司法部司考题库设计和供题。授课幽默、妙趣横生，深入浅出、重点清晰，使考生迅速理解和掌握刑法的艰深理论。
张宇琛	刑法学博士，法考培训名师，有多年的高校教学经验和刑法学培训经验。讲义编排错落有致、一目了然，讲课条理清晰。擅长归纳总结和分析，既帮助考生建立刑法学的宏观体系，又能够针对具体考点条分缕析，将深邃的刑法学理论化为润物细无声的春雨，融入考生心田并转化为准确解题的能力。
陈 橙	厚大新锐讲师。本、硕、博分别就读于华东政法大学、北京大学、清华大学，从事法考培训多年。善于概括总结知识点，将繁琐的知识点简单化，方便学生记忆；善于把握真题和最新试题动向；注重与学生互动，语言幽默。
卢 杨	厚大新锐讲师。刑事法学研究生毕业，理论功底扎实。对命题趋势把握得当，条理清晰。有着丰富的授课经验，擅长将抽象的刑法学理论具体化为生活中的案例，课堂氛围非常好，深受考生喜爱。

行政法主讲老师

魏建新	中国政法大学法学博士，政治学博士后，天津师范大学教授。人大立法咨询专家、政府法律顾问、仲裁员。以案释法，让行政法易通好懂，实现通俗化行政法；以最简练的表格建立最完整的知识体系，让行政法易背好记，实现图表化行政法；深谙命题风格和思路，一切从考试出发，归纳重点、突破难点，让行政法易学好用，实现应试化行政法。
兰燕卓	中国政法大学法学博士，政治学博士后。具有丰富的法考培训经验，考点把握精准，擅长将繁杂考点系统化、明晰化，有效挖掘考点的关联性；授课重点突出，知识体系清晰，课堂气氛轻松活跃，有效提高备考效率。
李年清	中国政法大学法学博士，福州大学法学院硕士生导师，厚大法考行政法授课教师。首创"相声法考"，听他的课犹如听相声，"说学逗唱"说来就来。他的基础精讲课，不带片纸，一个话筒、全程游走、脱稿授课。授课逻辑分明，直击考点，欢乐有趣。
张 燕	厚大新锐讲师。宪法与行政法专业研究生毕业，对行政法重难点把握得当，授课逻辑清晰严谨，帮助学生将琐碎的知识点串联成体系化的知识框架，迅速带领学生将专业知识转化为应试能力。

民诉法主讲老师

刘鹏飞	民诉法专业博士。专注民诉法学研究，从事司法考试和法律职业资格考试培训近十年。授课经验丰富，学术功底扎实。授课化繁为简、去粗取精，多年来形成独特风格；用法理重新解读繁杂法条且条理清晰；编写的案例贴近实践，简明易懂且语言风趣。
郭 翔	清华大学法学博士，北京师范大学副教授。具有多年法考培训经验，深知命题规律，了解解题技巧，对考试内容把握准确，授课重点明确、层次分明、条理清晰，将法条法理与案例有机融合，强调综合，深入浅出。
张 佳	厚大新锐讲师。华东政法大学毕业，法学理论功底扎实。授课思路清晰，逻辑性强。富有激情，从应试的角度帮助学员夯实基础，梳理框架。

杨洋	中国政法大学诉讼法学博士，西北政法大学副教授，法考辅导专家，从业10年。深谙法考诉讼法学科的命题特点和规律，精通民诉与刑诉两大学科。授课富有激情，讲解明晰透彻。授课风格自带加速，使得学生能够迅速把握做题技巧，提升得分能力。

刑诉法主讲老师

向高甲	有15年刑诉法应试培训经验，对于刑事诉讼法的教学有自己独特的方式和技巧，其独创的"口诀记忆法"，让法条记忆不再枯燥。授课幽默、富有活力，其清晰的讲义和通俗易懂的解读让人印象深刻。善于把握出题思路，对于出题者的陷阱解读有自己独特的技巧，让考生能在听课后迅速提高解题技能。向老师目前也是一位执业律师，其丰富的实务经验使授课内容更符合当下法考案例化的考试要求。
李辞	中国政法大学博士，高校副教授、硕士生导师。深谙法考重视综合性、理论性考查的命题趋势，善于搭建刑诉法学科体系架构，阐释法条背后的原理、立法背景与法条间的逻辑关系，通过对知识点的对比串联强化记忆。
赵嫚	厚大新锐讲师。多年一线辅导及授课经验，了解学生在刑诉法备考过程中的痛点、难点、易错点。授课方面注重刑诉法学科的框架体系和背后法理，应试性强。注重对学生学习方法的培养，授人以渔。
柳子亮	厚大新锐讲师。熟悉刑诉法学科的法考命题规律和解题技巧。授课条理清晰，强调应试，直击重点。在教学实践中以耐心、细致、负责的态度深受学员喜爱。

商经知主讲老师

鄢梦萱	西南政法大学经济法学博士，知名司考（法考）辅导专家。自2002年开始讲授司法考试商经法，从未间断。在21年教学中积累了丰富的经验，熟悉每一个考点、每一道真题，掌控每一个阶段、每一项计划。不仅授课节奏感强、循序渐进，课程体系完备、考点尽收囊中，而且专业功底深厚，对复杂疑难问题的讲解清清楚楚、明明白白，犹如打通任督二脉，更重要的是熟悉命题规律，考前冲刺直击考点，口碑爆棚。
赵海洋	中国人民大学法学博士，法学博士后，商经法新锐名师。"命题人视角"授课理念的提倡者，"考生中心主义"讲授模式的践行者。授课语言诙谐，却暗蕴法理，让复杂难懂的商经法"接地气"。注重法理与实务相结合，避免"纯应试型"授课，确保考生所学必有所用。独创"盲目自信法"和"赵氏科学蒙猜法"，真正做到"商经跟着海洋走，应试实务不用愁"。
文君	厚大新锐讲师。多年一线辅导及授课经验，熟悉法考考试重点以及命题规律，深知考生学习中的痛点和难点。授课逻辑清晰，帮助考生准确理解考点，提升记忆速度，协助考生将知识点转化为具体的做题能力。
吕延秀	厚大新锐讲师。民商法学研究生毕业，理论功底扎实，授课思路清晰、逻辑性强。善于概括总结知识点，从应试的角度帮助学员将繁琐的商经法知识点体系化，方便学员理解记忆。

三国法主讲老师

殷敏	上海政法学院教授，法学博士后，硕士生导师；美国休斯顿大学访问学者、中国人民大学访问学者；中国国际法学会理事、中国国际私法学会理事、中国国际经济法学会理事；入选2019年度上海市浦江人才计划。从事三国法司法考试（法考）培训十余年，对考点把握极其精准，深受广大学员喜爱。

理论法主讲老师

白斌	中央财经大学副教授，法考理论法名师，法学博士。对理论法学的难点、重点、考点把握准确，独创的授课方式将枯燥的理论法学转化为简单记忆的方法，使得广大考生在法考考试复习中不再惧怕理论法学。授课生动幽默、深入浅出，对知识的归纳、总结清楚、细致，便于记忆，深得广大考生的赞誉。
高晖云（廖峻）	成都大学法学院副教授，中南财经政法大学法学博士，中央电视台CCTV-12"法律讲堂"主讲人。自2004年起执教高校，讲授法理学、宪法学、中外法律史等多门课程，授课幽默风趣，风格轻松流畅，善于以扎实的理论功底打通理论法学脉络，独创"抠字眼、讲逻辑"六字真言，让考生穿透题面，直击考点，斩获高分。
李宏勃	法学教授，硕士生导师。讲课深入浅出、条理清晰，能够将抽象的法学原理、宪法条文与鲜活的社会生活相结合。在传授法律知识与应试技巧的同时，强调培养学员的法律思维与法治理念。
赵逸凡	人称"安扣赵""赵宝库""赵小娟"。中国人民大学法学硕士，复旦大学法学博士，主讲法考理论法、法硕法学综合，独创"风火轮"高速带背。

厚大法考（北京）2024年客观题面授教学计划

班次名称		授课时间	标准学费（元）	阶段优惠(元)				备注
				11.10前	12.10前	1.10前	2.10前	
尊享系列	九五至尊班	3.21~主观题	168000	主客一体，协议保障，终身免费重读。私人订制，建立学习档案，专属辅导，高强度、多轮次、高效率系统学习；强力打造学习氛围，定期家访，联合督学，备考无忧。				本班次配套图书及随堂内部讲义
	尊享荣耀班	3.21~主观题	69800	主客一体，协议保障。全程享受VIP高端服务，量身打造个性化学习方案，让备考更科学、复习更高效、提分更轻松，全方位"轰炸式"学习，环环相扣不留死角。2024年客观题成绩合格，凭成绩单读主观题短训班；2024年客观题未通过，退费30000元；2024年主观题未通过，退费20000元。				
高端系列	大成VIP主客一体班	3.21~主观题	39800	主客一体，无优惠。定期纠偏、抽背，布置课后作业。2024年客观题成绩合格，凭成绩单读主观题短训班；2024年客观题未通过，退费20000元。				
	大成VIP班	3.21~8.31	39800	26800	27800	28800	29800	
	大成特训主客一体班	4.9~主观题	35800	主客一体，无优惠。定期纠偏、抽背，布置课后作业。2024年客观题成绩合格，凭成绩单读主观题短训班；2024年客观题未通过，退费18000元。				
	大成特训班	4.9~8.31	35800	22800	23800	24800	25800	
	大成集训主客一体班	5.8~主观题	29800	主客一体，无优惠。定期纠偏、抽背，布置课后作业。2024年客观题成绩合格，凭成绩单读主观题短训班；2024年客观题未通过，退费15000元。				
	大成集训班	5.8~8.31	29800	16800	17800	18800	19800	
暑期系列	暑期主客一体班	7.5~主观题	15800	主客一体，无优惠。2024年客观题成绩合格，凭成绩单读主观题短训班；2024年客观题未通过，全额退费。				
	暑期全程班	7.5~8.31	13800	7300	7800	8300	8800	
冲刺系列	考前密训班A班	8.12~8.31	8800	2024年客观题成绩合格，凭成绩单读主观题密训班；2024年客观题未通过，退8000元。				
	考前密训班B班	8.12~8.31	6980		4300		4500	

其他优惠：

1. 多人报名可在优惠价格基础上再享团报优惠：2人（含）以上报名，每人优惠200元；3人（含）以上报名，每人优惠300元。
2. 厚大老学员在阶段优惠基础上再优惠500元，不再享受其他优惠，密训班和协议班除外。

【总部及北京分校】北京市海淀区花园东路15号旷怡大厦10层　　免费咨询电话：4009-900-600-1-1

厚大法考服务号

扫码咨询客服
免费领取2024年备考资料

厚大法考（上海）2024年客观题面授教学计划

班次名称		授课时间	标准学费（元）	阶段优惠(元)			备注
				11.10前	12.10前	1.10前	
至尊系列	至尊私塾班	全年招生，随报随学	199000	自报名之日至通关之时，报名后专业讲师一对一私教，学员全程、全方位享受厚大专业服务，导师全程规划，私人定制、小组辅导、大班面授、专属自习室，多轮次、高效率系统学习，主客一体，签订协议，让你法考无忧。			专属10人自习室，小组辅导，量身打造个性化学习方案
	至尊主客一体班	3.22~主观题考前	69800	主客一体，签订协议，无优惠。2024年客观成绩合格，凭客观题成绩单上2024年主观题决胜VIP班；2024年客观题意外未通过，退30000元；2024年主观题意外未通过，退20000元。			
	至尊班	3.22~9.5	59800	40000		45000	
大成系列	大成长训主客一体班	3.22~主观题考前	32800	主客一体，签订协议，无优惠。2024年客观成绩合格，凭客观题成绩单上2024年主观题决胜班；2024年客观题意外未通过，退10000元。			本班配套图书及内部资料
	大成长训班	3.22~9.5	32800	23800	24800	25800	
	大成特训班	4.18~9.5	28800	18800	19800	20800	
	大成集训主客一体班	5.15~主观题考前	25800	主客一体，签订协议，无优惠。2024年客观成绩合格，凭客观题成绩单上2024年主观题决胜班；2024年客观题意外未通过，退15000元。			
	大成集训班	5.15~9.5	25800	15800	16800	17800	
	轩成集训班	6.10~9.5	18800	12800	13800	14800	
暑期系列	暑期主客一体尊享班	7.9~主观题考前	18800	主客一体，签订协议，无优惠。专业班主任跟踪辅导，个性学习规划。2024年客观成绩合格，凭客观成绩单上2024年主观题决胜班（赠送专属辅导，一对一批阅）；2024年客观题意外未通过，退10000元。			
	暑期主客一体班	7.9~主观题考前	13800	主客一体，签订协议，无优惠。2024年客观成绩合格，凭客观题成绩单上2024年主观题决胜班；2024年客观题意外未通过，退8000元。			
	暑期全程班	7.9~9.5	11800	6480	6980	7480	
	暑期特训班	8.11~9.5	7980	4980	5480	5980	
	大二长训班	7.9~9.5(2024年) 7.9~9.5(2025年)	15800	7480	7980	8480	一年学费读2年，本班次只针对在校法本大二学生
周末系列	周末主客一体班	3.16~主观题考前	13800	主客一体，签订协议，无优惠。2024年客观成绩合格，凭客观题成绩单上2024年主观题决胜班；2024年客观题意外未通过，退6000元。			本班配套图书及内部资料
	周末VIP班	3.16~9.5	16800	VIP模式无优惠，座位前三排，专业班主任跟踪辅导，个性学习规划。			
	周末全程班	3.16~9.5	11800	6480	6980	7480	
	周末精英班	3.16~8.18	7980	4980	5480	5980	
	周末强化班	3.16~6.16	5980	3280	3580	3880	
	周末特训班	6.24~9.5	7980	4180	4580	4980	
	周末长训班	3.16~6.16(周末) 7.9~9.5(脱产)	15800	7980	8480	8980	
冲刺系列	点睛冲刺班	8.26~9.5	4580	2980			本班内部资料

其他优惠：
1. 多人报名可在优惠价格基础上再享团报优惠（协议班次除外）：3人（含）以上报名，每人优惠200元；5人（含）以上报名，每人优惠300元；8人（含）以上报名，每人优惠500元。
2. 厚大面授老学员报名（2024年3月10日前）再享9折优惠（VIP班次和协议班次除外）。

备注：面授教室按照学员报名先后顺序安排座位。部分面授班次时间将根据2024年司法部公布的考试时间进行微调。

【松江教学基地】 上海市松江大学城文汇路1128弄双创集聚区三楼301室　咨询热线：021-67663517
【市区办公室】 上海市静安区汉中路158号汉中广场1204室　咨询热线：021-60730859

厚大法考APP　　厚大法考官博　　上海厚大法考官博　　上海厚大法考官微

厚大法考(广州、深圳)2024年客观题面授教学计划

班次名称		授课时间	标准学费(元)	阶段优惠(元)					配套资料
				11.10前	12.10前	1.10前	2.10前	3.10前	
至尊系列(全日制)	主客一体至尊私塾班	随报随学直至通关	177000	协议班次,无优惠;自报名之日至通关之时,学员全程、全方位享受厚大专业服务、私人定制、讲师私教、课前一对一专属辅导课、大班面授;多轮次、高效率系统学习,主客一体;送住宿二人间;当年通过法考,奖励2万元。					理论卷8本 真题卷8本 法考特训集 随堂讲义等
	主客一体至尊VIP班	4.10~9.1	157000	协议班次,无优惠;享至尊班专属辅导。若通过2024年客观题,学费全退;若未通过2024年主观题,学费退一半。					
	至尊班	4.10~9.1	76800			50000	55000	60000	
				若未通过2024年客观题,免学费重读第二年客观题大成长训班;若通过2024年客观题,赠送2024年主观题短训班。					
大成系列(全日制)	大成长训班	4.10~9.1	38800	24800	25800	26800	28800	30800	
	主客一体长训班	4.10~9.1	38800	若未通过2024年客观题,免学费重读2025年客观题大成集训班;若通过2024年客观题,赠送2024年主观题短训班。					
	大成集训班	5.18~9.1	28800	17800	18800	19800	20800	21800	
	主客一体集训班	5.18~9.1	28800	若未通过2024年客观题,免学费重读2025年客观题大成集训班;若通过2024年客观题,赠送2024年主观题衔接班。					
暑期系列	大三先锋班	3.25~6.30	15800	3~6月每周一至周五,晚上线上授课,厚大内部精品课程,内部讲义。					理论卷8本 真题卷8本 随堂讲义
		7.8~9.1		8200	8500	8800	9300	9800	
	暑期全程班	7.8~9.1	13800	7500	7700	8000	8300	8500	
	暑期主客一体冲关班	7.8~9.1	16800	若未通过2024年客观题,免学费重读2025年客观题暑期全程班;若通过2024年客观题,赠送2024年主观题密训营。					
				14300	14800	15300	15800	16300	
	私塾班	3.16~6.30 / 7.8~9.1	18800	13000	13300	13500	13800	14000	
周末系列	周末精英班	3.16~8.18	8980	7580	7880	8180	8580	8780	
	周末精英班(深圳)	3.30~8.18	7980	6580	6880	7180	7580	7880	
	周末全程班	3.16~9.1	15800	9300	9600	9800	10200	10500	
	周末全程班(深圳)	3.30~9.5	14800	8300	8600	8800	9300	9800	
	周末主客一体冲关班	3.16~9.1	16800	若未通过2024年客观题,免学费重读2025年客观题周末精英班;若通过2024年客观题,赠送2024年主观题密训营。					
冲刺系列	点睛冲刺班	8.24~9.1	4980	4080					随堂讲义

其他优惠: 详询工作人员

【广州分校】广东省广州市海珠区新港东路1088号中洲交易中心六元素体验天地1207室
　　　　　　咨询热线:020-87595663/020-85588201
【深圳分校】广东省深圳市罗湖区滨河路1011号深城投中心7楼717室　　咨询热线:0755-22231961

厚大法考APP　　　厚大法考官博　　　广州厚大法考官微　　　深圳厚大法考官微

在职周末主客一体直播班

（仅需5980元，不过重读）

- **在职考生**：体系不完整，没有固定学习时间，做题训练少
- **零基础考生**：对考试不了解莫名恐惧无从下手，没有方向
- **屡考不过**：难突破瓶颈、缺乏应试技巧想成功上岸的考生
- **全职妈妈**：时间碎片化，学习效率低，学习动力欠缺
- **初入职场**：缺少一纸证书，抓不住心仪的工作机会
- **在校学生**：毕业事情多，准备多个考试，需要最大化有效备考

课程包含

客观阶段	时间	学习效果
基础导学	报名~3月初	三实两诉夯实基础，细致梳理，让专业的知识通俗化、简单化；专业的指导以及学习习惯的养成，让备考有计划、有底气
系统精讲	3月中旬~7月初	搭建知识框架，名师直播授课与答疑，抽丝剥茧、重点突出；真题训练，即时检测学习成果
刷题强训	7月初~8月中旬	名师亲编黄金模拟题，将知识转化为分数，让你会做题，做对题
点睛押题	8月底~9月初	学院派名师精心打造，考前临门一脚，快速提分50+

主观阶段	时间	学习效果
主观三位一体阶段	出成绩后2天	主观重要科目考点梳理，帮助考生从客观到主观答题思维与答题方法的转变
主观考前密训阶段	10月1~10月7日	高质量模拟大案例的讲解，让考生掌握主观考试重点的同时，锻炼主观答题逻辑思维，有效掌握答题技巧
主观民事融合课程	10月8日	讲授民事融合的高频考点，训练答题技巧，定向突破民法、商法、民诉50多分的案例综合题，有效提高综合性题目得分

课程服务

- 入学调查
- 专业答疑
- 学科导学
- 名师直播
- 布置任务
- 跟踪督学
- 阶段班会
- 考前抽背

扫码即可报名

厚大法考
HOUDAFAKAO
法考生备考一站式服务平台

官方微博

扫码关注官方微博@厚大法考培训官博
获取更全、更新、更多的法考资料&信息库

公众号

扫码关注微信公众号"厚大法考"
获取法考资讯、干货、备考技巧、学习方法

=== POPULARIZING LAW ===
[普法平台]

抖音	B站	小红书	今日头条
厚大教育官方	厚大教育	厚大法考咨询	厚大法考

认真是我们的底色,优质是我们的常态!
让法律学习不再晦涩难懂,每一次探索都是为了让你的学习之路更加顺畅!

面授咨询:4009-900-600-1　　在线网课:4009-900-600-2　　学习包咨询:4009-900-600-3
地址:北京市海淀区花园东路15号旷怡大厦10层